周易入门

ZHOU YI RU MEN

胡玉成 ●———● 著

团结出版社

图书在版编目（C I P）数据

　　周易入门 / 胡玉成著 . -- 北京：团结出版社，
2024.9
　　ISBN 978-7-5234-0920-6

　　Ⅰ . ①周… Ⅱ . ①胡… Ⅲ . ①《周易》Ⅳ .
① B221.1

中国国家版本馆 CIP 数据核字 (2024) 第 077720 号

责任编辑：赵广宁
封面设计：宋　萍

出　　版：团结出版社
　　　　　（北京市东城区东皇城根南街 84 号　邮编：100006）
电　　话：（010）65228880　65244790
网　　址：http://www.tjpress.com
E-mail：zb65244790@vip.163.com
经　　销：全国新华书店
印　　装：北京天宇万达印刷有限公司

开　　本：145mm×210mm　　32 开
印　　张：17.75　　　　　　　字　　数：366 千字
版　　次：2024 年 9 月　第 1 版　　印　　次：2024 年 9 月　第 1 次印刷

书　　号：978-7-5234-0920-6
定　　价：69.00 元

前　言

在人类文明的历史长河中，《周易》作为"群经之首，大道之源"，以其博大精深、包罗万象的内容，承载着先贤们对宇宙、自然、社会及人生的深刻洞察。其古老而深邃的智慧不但影响了孔子、朱熹、王阳明等先哲，也如明灯般照耀着我们的探索之路。作为中华文化宝库中的一颗璀璨明珠，它所蕴含的丰富的哲学思想，跨越数千年而历久弥新。《周易》既是一部哲学著作，也是一部指导人生的智慧宝典。

《周易》以八卦为基础，通过六十四卦的演变，揭示了天地间万物生成、发展、变化的规律，以及人与自然、社会之间的和谐共处之道。可以说，《周易》六十四卦是解决各种问题的法宝。但对初学者而言，面对如此晦涩的文字符号时，大部分人会望而却步，想要深入理解《周易》的精髓，无疑是一项极具挑战又充满吸引力的任务。

胡玉成老师在2020年出版了《周易诠解》，此书一经面市就深得读者喜爱，作为小众书籍，能在短短一年多的时间就印刷三次，可见其受欢迎的程度。后来，很多读者提议，想让胡老师再做一些更为通俗易懂的《周易》入门讲座，于是这本《周易入门》便应运而生了。

　　胡玉成老师六十年代生于浙江东阳胡村，该村居民的祖先始于北宋一位儒学教授"实久公"，先生年老返乡后创办了静栖书院。自此，胡村文风便代代相传。胡老师自幼受到家乡文风的影响，聪慧好学，成年后参军入伍，在紧张的工作之余也未放弃学习。回到地方工作后，胡老师又在不同的岗位积累了丰富的社会实践经验。正是这样丰富的人生阅历与长期坚持学习的良好习惯，为他研学中华传统文化，尤其是在《周易》研究及解读方面打下了坚实的基础。

　　《周易》对于大多数人来说之所以晦涩难懂，是因为他们都不得其门而入，胡老师则为广大读者提供了一个简单易懂的入门途径。胡老师始终坚持严谨的治学作风，在深入学习各类研究成果的基础上，对于《周易》中的难点常有自己独特的体悟。他结合自己在研习过程中遇到的问题及解决方法，从最基础的概念入手，引导读者从多个角度进行思考，而不是死记硬背、生搬硬套，比如《周易》的"易"字，他从太阳、月亮的运行规律及特征讲起，让读者在轻松的学习氛围中深刻掌握"易"的三层基本意思：变易—简易—不易。

　　《周易》作为中华优秀传统文化的源头，在传承过程中，其本体、义理部分往往被人们忽略，而认为它的应用部分如风水、占卜等就是《周易》的全部。胡老师在引导大家学习的过程中，也在为《周易》正本清源，让更多人真正了解《周易》，领会其中博大精深的思想内涵，并指导自己的工作和生活。

　　为此，胡老师在讲解时先从最基本的阳爻、阴爻入手，引出八卦的产生及在自然、家庭和动物界的含义，诠释卦德，解释卦象与卦画的联系与区别，介绍《周易》所作时间及作者，阐述学习《周易》时要经、传并重，以及何谓《十翼》等内容，旁征博引，内容全面又通俗易懂，同时结合生活实际，读之令人茅塞顿开。

接下来，胡老师又对开篇的乾、坤二卦进行了着重讲解，他说，对于初学者来说，这两卦是基础中的基础，因此对其进行了细致详尽的解读。他从白话经文、经文原文、解读序言、卦名含义、卦象寓义、关联卦画、卦辞象辞、大象之辞、爻辞小象等九个部分进行细致讲解，中间还会穿插历史或当今生活中的实例，令习《易》之旅不再枯燥，而是变得轻松有趣，也令读者从懵懂状态逐渐明晰起来，对习《易》不再有畏难情绪，能信心满满地跨入学习《周易》的大门。

总之，《周易入门》是一本集知识性、趣味性、实践性与启发性于一体的佳作。它不仅适合对《周易》感兴趣的初学者，也适合想深入学习中华传统文化、寻求人生智慧的读者。通过阅读本书，将为读者开启一段自我探索、了解宇宙、指导人生的智慧之旅。无论是对《周易》的研究，还是对人生实践的指导，《周易入门》都将为读者提供宝贵的资源和启示，令读者在轻松学习《周易》体系的同时，又能快乐践行《周易》之理，以《周易》的智慧指导人生！

胡老师常说起北宋张载的四句名言："为天地立心，为生民立命，为往圣继绝学，为万世开太平"，这也许正是胡老师多年来对《周易》孜孜不倦、锲而不舍地追求的印证。习《易》之路任重而道远，愿每位学习者都能成为弘扬中华优秀传统文化的一员。

引　言

　　各位易友,大家好!我是胡玉成。从今天(2021年7月24日)开始,我们录制这一套《周易入门》系列讲座,这一集是《引言》。

　　在这里,我先向大家介绍一套书,叫《周易诠解》,分上下册,一共一百多万字。这套书我写了八年,于2020年5月由团结出版社出版。推动这套书出版的是出版人萧祥剑先生。

　　2020年8月萧祥剑先生专门从北京赶到上海书展现场,来主持这套新书的发布仪式,并组织了作者与读者的见面交流会。我与读者进行了面对面交流,现场的人气很旺。同时,当当网还做了现场直播,在线人数也不少。

翟倩硕士 摄影

　　这套书出版以后,读者的反响是正面的、积极的和热烈的。2020年底作了第二次印刷,2021年又作了第三次印刷,并且还远销到了台湾。作为一套易学的书,它的阅读对象应该说是小众的,能在一年多的时间里做到三次印刷,相当不容易。

翟倩硕士 摄影　　　　　　　　罗惠龄博士 摄影

后来,萧祥剑先生向我转达了部分读者的意见并提出建议,希望能够有个更加通俗易懂的《周易入门》讲座。在这样的背景下,我录制了这套系列讲座。

《周易诠解》(上下册)由中国人民大学温海明教授作《序》。温教授是中国人民大学哲学院教授,博士生导师,北京大学中国哲学硕士,美国夏威夷大学比较哲学博士,北京大学博士后,现任国际易学联合会秘书长兼学术部部长。我本人也被聘为国际易学联合会学术部学术委员。

温海明教授在《序》中说:这套书有三个特点:一是体系完整,二是理象并重,三是通俗易懂。因此,这套书比较适合普通读者,也就是对《易经》了解不多,基本处于"小白"层面的读者。只要各位易友舍得花时间去看,用心去看,每个人都能看懂。在后来北京大学出版社出版的《教授书单》中,温教授作为荐书嘉宾就推荐了《周易诠解》。他在推荐理由中写道:"作者结合自身的人生和社会经验,形成自成体系的解易思路,力求丰富完整地展现各种解易思路的合理性，做到兼容并包，很好地理解和展示古今各种解易思路内在逻辑，尤其是取象的多样性，并说明卦变的合理性和系统性。该书体系完整，理象并重，在象数理占之间取得了较好的平衡，而且解释得通俗易懂。"

《周易入门》系列讲座，就是为了帮助各位易友能够尽快走进《易经》大门，但愿对大家能有所帮助。借此机会，我要感谢我的老师，没有见过面的老师，有三位具有代表性，他们是曾仕强先生、李守力先生、傅佩荣先生。在此对以上三位老师表示诚挚感谢，对温海明教授表示诚挚感谢，对萧祥剑先生表示诚挚感谢！同时，我们对《周易诠解》校对了一年，《易经》研学公益班的三位班委秦砺锋先生、张小林先生、程纬光先生，还有吴美娟、陈伟军、张琴等学员，他们认真细致地校对了一年，因此这套书的质量还是比较可靠的，是可以让人放心的。为此，我也向他们表示诚挚感谢！

作为一本入门的普及性教材，我认为《周易诠解》有自己的独到之处，是比较适合自学的，希望大家能够喜欢。我愿意和各位易友就《易经》的传承普及，或者就某些基础性、常识性的问题进行切磋交流。在随后的《周易入门》讲座里，我会陆续向各位易友介绍《易经》的基础知识，可以作为研习《周易诠解》的前置基础课程。掌握了这些基础知识之后，大家再看《易经》书籍，包括这套《周易诠解》，或其他易学书籍就比较容易了。

需要说明的是，《周易入门》视频开讲于2021年7月，结束于2022年1月。其后，萧祥剑先生安排专人对讲座视频的内容进行了听打，做了大量艰苦细致的工作。在此，谨向听打工作人员表示诚挚感谢！

2022年，我收悉萧先生发来的听打文字稿。发现听打视频讲座是件难度极大的工作，一是难在口语转化为书面语，二是难在南方口音的准确转译，三是难在《周易》内容本身的艰涩难懂。于是，我决定用一年时间，包括充分利用新冠疫情在家隔离的两个月，在此基础上，保留视频讲座的形式，认真做好深入细致的校勘、重新梳理和相关内容的进一步充实增补工作，直到2023年1月才全部完成。因此，书中某些内容涉及的时间节点不限于视频讲座的时间节点。

为了方便易友阅读理解，我自行制作了几张图片和表格，好友地山谦博士、罗惠龄博士、翟倩硕士等提供了制图和摄影照片，在此谨致诚挚感谢！部分图片来自网络，因制作者不详，也向他们表示诚挚感谢！《周易入门》形成书稿清样后，《易经》研学公益班的秦砺锋、张小林、程纬光、吴美娟、陈伟军、刘华吉等易友参与了校对工作，在此一并表示诚挚感谢！

目　录

1 "易"字有哪三个基本含义？

今天和大家分享一下《易经》的"易"字含义。

我们既然学习《易经》，首先就要知道这个"易"是什么意思。《易经》在国外被称为《变经》，《变经》的"变"就是变化的"变"，因此这个"易"字自然是有变化的意思，但是仅仅把它理解为变化是不够完整的。

大家知道"易"分两部分，上面是一个"日"，下面是一个"勿"。大家数一数这个字有多少笔画？一共八画。这跟《易经》有什么关系呢？《易经》有八个经卦，"易"字有八画，无论是有意为之，还是巧合，都说明这个"易"字和八卦是有千丝万缕的联系的。

"易"字为上下结构，这与《易经》六十四卦卦画的上下结构是吻合的。我想这不会仅仅是一种巧合，古人之所以用上下结构的"易"字对《易经》进行命名，也体现了作者的匠心独运。

"易"到底是什么意思？从《说文解字》来看，它的原义或本义是指爬行动物蜥蜴。"易"是蜥蜴的"蜴"的前身，古时这个字是归在"虫"字旁下面的。"易"上面的一个"日"，相当于蜥蜴的脑袋；下面的"勿"相当于蜥蜴的四只脚，这是非常形象的。

可以说，"易"就是根据蜥蜴形状创造出来的象形字。

　　那么，古人为什么会用一个爬行动物的名称来给《易经》命名呢? 我想这需要从两者的共同特征中去探究它们的内在联系。《易经》是讲求变化的智慧、世界观和方法论，变化是它的重要特征。蜥蜴是会变色的，至少部分蜥蜴是会变色的，因而民间又称其为"变色龙"，它会根据周边环境和气温条件的变化而改变身体的颜色，从而达到伪装隐身的目的，既是为了觅食的需要，又是为了自身安全的需要。可见，蜥蜴的特征也是善于变化的。我猜想正是两者都有善于变化的这一共同特征，才使得古代易作者把它从动物名称中借用到《易经》的命名上。这样一来，"易"字在蜥蜴含义的基础上，增加了变化的含义和《易经》的含义。于是，一个"易"字就有了蜥蜴、变化、《易经》等意思了。那么，在一篇文章中，"易"到底代表蜥蜴呢，还是变化呢，抑或是《易经》呢? 为了避免歧义，于是古人在"易"字的左边加个"虫"字旁，创造出一个新的字"蜴"，用它来代表蜥蜴，而把"易"字让渡给变化和《易经》等含义。我称汉字中的这种演变现象为鸠占鹊巢，类似的情况并不鲜见，如需儒、畜蓄、孚孵、然燃、它蛇、夬决、莫暮、益溢等等，它已成为汉字演变发展的一种路径或模式。总之，由蜥蜴之"易"，因其具有变色特征而引申出"变化"的意思，又根据"变化"的意思来对《易经》进行命名。

后来，根据《易经》变化的特征，古代易学者又赋予"易"字新的含义。"易"字上面的"日"代表太阳，下面的"勿"代表月亮。这种解释的内核没有变化，其显著特征仍然是变化，蜥蜴是会变化的，《易经》是讲变化的，日月是会变化的。《易经》如同纽带与桥梁，"蜥蜴——《易经》——日月"的演变存在着内在的逻辑关系，它们都兼收并蓄于"易"字之中，但是此处的"日月"与蜥蜴的关系已经是相当疏远了，从表面基本看不出它们之间有什么联系。本来八杆子打不着的"蜥蜴"与"日月"之所以会有这种关联，除了都有共同的"变化"特征外，还因为两者在文字形象上的相似性。"易"在古代有一种篆文写法，上面是一个太阳，下面是一个月亮，这种写法与蜥蜴之"易"的头部、四足上下结构非常相似。这也许是蜥蜴之"易"演变成日月之"易"的最直观原因。易学者将《易经》之"易"从蜥蜴之"易"转换成日月之"易"后，就大大方便了人们对《易经》的学习和理解，可以说这是对易学具有重要意义的创新之举。相对于用蜥蜴变色去理解《易经》而言，运用日月变化去理解《易经》的原理，就更加形象生动，更加简单明了，更加贴近生活。

对于刚刚处于《易经》入门阶段的读者来说，只要记住"易"字代表太阳和月亮这个意思就可以了。"易"字主要有三个意思：一是变易，二是简易，三是不易。怎么来理解呢？我们从太阳月亮的形象特征、运行轨迹、变化规律来考察，就可以加深对"易"字三层意思的理解。"一是变易"，太阳和月亮每天都在变化，每时每刻都在变化，它的位移、大小、阴晴都在不断的发生变化，这是显而易见的。"二是简易"，太阳、月亮的变化是容易被人观察到的，其变化过程并不复杂，太阳从东到西的位移是个匀速渐进的过程，月亮的大小变化也是个渐进的过程，这些都是简单易见容易理解的。"三是不易"，在太阳、月亮不断变化的背后是有客观规律支撑的，这种天体运行的规律是由大道所决定的。太阳每天都是从东到西，而不可能出现从西到东、从南到北或从北到南的现象；月亮阴晴圆缺，缺了圆，圆了又缺，都是有规律可循的，通常不会出现今天圆了、明天缺了、后天又圆了的情况，除非是发生了月蚀的特例现象。太阳和月亮的周期性运行轨迹是不变的，由日月这种不变的客观规律可以进一步拓展到其他万事万物所遵循的亘古不变的客观规律，这就是"不易"的内涵所在。作为初学者只要记住"易"的变易、简易、不易这三个基本意思就可以了。

2 什么是阳爻和阴爻?

　　这一篇我们来介绍一下阳爻和阴爻。

　　《易经》里的阳爻是连续不断的一根横线—。阴爻是中间断开的一根横线--。我们拿一根筷子来打比方,阳爻是一根完整的筷子,阴爻相当于把一根筷子折成两段。构成八卦或六十四卦的基本单位,一个是阳爻,一个是阴爻,非常简单,就两种状态。相当于计算机中的"1"与"0","1"代表阳爻,"0"代表阴爻。计算机用简单的"1""0"两种状态,可以模拟出万事万物各种图象。由此反推,在现实世界中,万事万物五彩缤纷千奇百怪的景象,通过层层的追根溯源,最终都可以找到它的本源"1"和"0"的初始状态。

　　那么,古人为什么要用这种阳爻和阴爻来作为《易经》卦画的基本单位呢?这源于古人对万事万物的观察总结,源于古人对宇宙的认识和理解。古人在长期的观察实践中逐步认识到,万事万物数量众多,种类浩繁,禀性不同,形态各异,扑朔迷离,纷繁复杂。但是,万变不离其宗,归结起来万事万物都是由两类基本元素构成的。注意是两类元素,而不是两个元素。两类元素,一类可以归结为阳元素,在《易经》里就用阳爻来表示;

另一类是阴元素,在《易经》里用阴爻来表示。可以说,《易经》是古人对万事万物、客观世界的观察、梳理、实践和总结,是关于世界观和方法论的学问,属于哲学范畴。

那么,阳爻和阴爻分别代表哪些种类的事物呢?一般来说,阴阳是以成双成对的形式出现的。阳爻代表主动力,它是有创造力的,积极向上的,刚健有力的,阳爻代表这一类特性的事物;阴爻就代表被动力,或者称其为受动力,它是从属辅助的,配合执行的,柔弱服从的,阴爻代表这一类特性的事物。如果说,大的事物用阳爻表示,那么小的事物就用阴爻表示;刚的事物用阳爻表示,那么柔的事物就用阴爻表示;强的事物用阳爻表示,那么弱的事物就用阴爻表示;高的事物用阳爻表示,那么矮的事物就用阴爻表示;长的事物用阳爻表示,那么短的事物就用阴爻表示;宽的事物用阳爻表示,那么窄的事物就用阴爻表示;重的事物用阳爻表示,那么轻的事物就用阴爻表示;新的事物用阳爻表示,那么旧的事物就用阴爻表示;膨胀的事物用阳爻表示,那么压缩的事物就用阴爻表示;扩张的事物用阳爻表示,那么内敛的事物就用阴爻表示;运动的事物用阳爻表示,那么静止的事物就用阴爻表示;上升的事物用阳爻表示,那么下降的事物就用阴爻表示;快的事物用阳爻表示,那么慢的事物就用阴爻表示;炎热的事物用阳爻表示,那么寒冷的事物就用阴爻表示;男人用阳爻表示,那么女人就用阴爻表示;雄性事物用阳爻表示,那么雌性事物就用阴爻表示;主角用阳爻表示,那么配角就用阴爻表示;活的事物用阳爻表示,那么死的事物就用阴爻表示;白天用阳爻表示,那么黑夜就用阴爻表示;晴天用阳爻表示,那么雨天就用阴爻表示等等,这样的例子不胜枚举,各位易友可以顺着这个思路去观察思考和实践验证。从而用阴阳的观念对一个系统中的一对事物作出判断,到底谁是阳爻角色、谁是阴爻角色,然后根据阴阳关系的原理去指导社会实践和解决矛盾问题。

阳爻与阴爻两者之间是一种什么关系呢? 一是阴阳一体,阳中有阴,阴中有阳;二是阴阳互变,阳极变阴,阴极变阳;三是阴阳是一个相对概念;四是阴阳平衡是事物的最佳最恰当状态。

"一是阴阳一体,阳中有阴,阴中有阳。"纯阳纯阴的事物在现实世界中几乎是不存在的。人无完人,金无足赤。全身哪儿都美没有一点瑕疵的人是不存在的,只有优点没有缺点的人也是不存在的,言行举止永远正确从不犯错的人更是不存在的。黄金再纯也只是%前99小数点之后N个9,但永远达不到100%的纯粹。因此,阴阳是分不开的,万事万物都是以阴阳间杂的复合形式存在的。再比如,无论是男性还是女性,人体里都有雄性激素和雌性激素同时存在,只不过男性体内的雄性激素居多,女性体内的雌性激素居多,并不存在完全没有雌性激素的男性和完全没有雄性激素的女性。在《周易》的六十四卦中,乾卦是六爻全为阳爻的卦画,坤卦是六爻全为阴爻的卦画,这样的安排只不过是人们想象中的理想化状态,完全是为了分析卦画卦象的需要而设置的,并不意味着现实世界中存在纯阳纯阴的事物。《周易》除第一第二乾坤两卦外,其他六十二卦都是阴阳交错间杂的,人们用这些不同的阴阳组合组成的数十种情境,以及再由这些基本情境演化衍生出来的数百个情境，来模拟和解释带有一定规律性的人生事业，就能满足人们对人文哲学方面的最为基本最为基础的需要了。

"二是阴阳互变，阳极变阴，阴极变阳。"事物的阴阳元素是会变化的，它不是静止不动固定不变的，而是始终处于此消彼长的动态变化之中，不是阳元素在增长，就是阴元素在增长，不是阳元素在减少，就是阴元素在减少，阴阳元素无时不刻不在变化之中。水满则溢，月盈则亏。阳元素到了颠峰的极致状态后就会向阴元素转化，相反阴元素到了低谷的极致状态后就会向阳元素转化，正所谓盛极则衰衰极则荣，这是万事万物发展的必然规律。

"三是阴阳是一个相对概念。"阳的不可能永远是阳的，阴的也不可能永远是阴的。在一个体系里是阳的事物，在另一个体系里可能就是阴的事物；现在是阳的事物，在将来可能就成为阴的事物。比如，一般来讲在一个家庭里男主人属于阳爻角色，女主人属于阴爻角色，男主人女主人可以分别用阳爻和阴爻来表示。但是，到单位里，这位男主人可能是公司的老板，也可能是普通员工。如果他是公司的老板，那么他仍然属于阳爻；如果他是普通员工，那么他的角色就变成了阴爻。在家庭里，女主人通常是阴爻角色，但在学校里她可能是班主任或校长，这时她就扮演着阳爻的角色。再比如，在水生物中有些鱼类的性别是会发生变化的，本来雌性的鱼在产卵之后，有的会变为雄性；而有的鱼则表现为水温较低时是雌性，当水温随自然气温逐渐升高并符合一定条件时则会变成雄性。在不同的系统里，阳爻阴爻的角色定位和属性是不一样的，阴阳只是一个相对的大致分类，千万不要把它僵化固化了。用阴阳观点来解读这个纷繁复杂的现实社会和神奇微妙的自然世界才是适当的，有效的，符合客观实际的，但必须采用灵动的视角和思维，才不至于误入歧途。

"四是阴阳平衡是事物的最佳状态。"实际上，事物都是阴阳一体密不可分的，不是越阳越好，也不是越阴越好。事物只有具备阳元素才能充满生机活力，同时必须具备一定比例或数量的阴元素，事物中的阳元素才能得以涵养和存续。一旦没有了阳元素该事物就将归于消亡，一旦没有了阴元素该事物中的阳元素便会无所依着而迅速流失，从而导致该事物也将归于消亡。因此，阴阳只有处于比例适当的平衡状态时，该事物的状态才是最好的。当然这个比例不是简单的各占一半，而是需要具体情况具体分析，究竟多少比例合适应视情而定。这是古人对事物的观察和实践验证得出的结论和《易经》对阴阳两类事物关系的朴素表达。下面举一个人体五脏六腑的例子。作为普通易学者，对这部分内容不要求掌握，可以把它搁置一边不予理会。但是，对于对中医或养生感兴趣的易友而言，了解下这部分内容是大有裨益的。各位易友可以根据自己的实际情况，有选择性地研读，或许可以把它作为学习中医或养生的入门基础。

在中医体系里，五行相生相克、阴阳平衡是个重要理念。五行金、木、水、火、土的相生相克，是指人体内五大元素之间的相互依存、相辅相成、相互制约和对立统一的关系。如果人体内五大元素之间达到适当的平衡状态，那么人体就是健康的，否则就意味着健康方面出现了问题或存在隐患。阴阳是从二元论的角度，将人体分成阴气阳气两部分进行观察、分析和调理，着重考察和研究阳气阴气之间相互作用相互转化的机理及其外在表现和特征。人体内的五脏六腑，从五行角度划分可归属金、木、水、火、土五类；从阴阳角度划分，可根据脏腑的不同功能和形态特征分别归属不同的类别。

《黄帝内经·素问·金匮真言论篇》曰："夫言人之阴阳，则外为阳，内为阴。言人身之阴阳，则背为阳，腹为阴。言人身之脏腑中阴阳，则脏者为阴，腑者为阳。肝、心、脾、肺、肾五脏皆为阴，胆、胃、大肠、小肠、膀胱、三焦六腑皆为阳。所以欲知阴中之阴、阳中之阳者，何也？为冬病在阴，夏病在阳，春病在阴，秋病在阳。皆视其所在，为施针石也。故背为阳，阳中之阳，心也；背为阳，阳中之阴，肺也；腹为阴，阴中之阴，肾也；腹为阴，阴中之阳，肝也。腹为阴，阴中之至阴，脾也。此皆阴阳、表里、内外、雌雄相输应也。故以应天之阴阳也。"

这段话是《黄帝内经》中关于人体阴阳的表述，可以理解为《易经》阴阳爻在中医领域的反映和体现，或者说《易经》中的阴阳与中医中的阴阳在此遇合融通。它的大致意思是说，对于人的阴阳而言，身体表面为阳，身体内里为阴。对于人体阴阳而言，背部为阳，腹部为阴。对于人体脏腑的阴阳而言，脏器官为阴，腑器官为阳。肝、心、脾、肺、肾五脏皆为阴，胆、胃、大肠、小肠、膀胱、三焦六腑皆为阳。之所以要知道阴中之阴、阳中之阳，这是因为什么呢？因为通常情况下冬季发病在阴，夏季发病在阳，春季发病在阴，秋季发病在阳。要根据疾病的季节、部位施以针灸药石。因此背为阳，阳中之阳是心；背为阳，阳中之阴为肺。腹为阴，阴中之阴为肾；腹为阴，阴中之阳为肝；腹为阴，阴中之最阴是脾。这些都是阴阳、表里、内外、雌雄相互制约和对应的，因此人体的阴阳要与天地自然的阴阳相适应。

以上这段中医理论对于健康养生和疾病的初步诊断具有重要的指导意义和实践意义。当我们掌握了人体的阴阳之后，就知道夏季、秋季的疾病通常多数发生在阳或偏阳的脏腑上，比如，胆、胃、大肠、小肠、膀胱、三焦等六腑，背部、心、肝等方面；冬季、春季的疾病多数发生在阴或偏阴的脏腑上，比如，肝、心、脾、肺、肾等五脏以及腹部等。特别是上述重复出现的脏腑更是首当其冲。我们掌握了这些常见疾病的基本规律后，就能提前做好防病治病和养生保健工作，从而减少疾病的发生。即使出现了些轻微的症状，也能帮助我们作出初步诊断，以便及早干预调理或就医治疗。

我们还可以根据"阴阳、表里、内外、雌雄"相对应的原理来初步诊断疾病的表症与根源的关系。比如，"背为阳，阳中之阳，心也；背为阳，阳中之阴，肺也。"由此可见"背"与"心""肺"的关系非常密切，有时背部不适，其问题根源可能出在心或肺上。"腹为阴，阴中之阴，肾也；腹为阴，阴中之阳，肝也；腹为阴，阴中之至阴，脾也。"据此，"腹"与"肾、肝、脾"关联密切，有时腹部不适，其病因很可能在肾、肝或脾上。文中之所以出现"至阴"的概念，其出处很可能来自脾所对应的五行上，脾所对应的五行为土，土所对应的八卦有两个，分别是艮卦与坤卦，艮为阳卦，为阳土；坤为阴卦，为阴土。脾为五脏之一，五脏属阴，自然脾所对应的土应为阴土，阴土即对应坤卦，坤卦三爻皆为阴爻，代表大地、母亲，阴柔之极，因此有"至阴"之谓。

为什么夏秋情况相似、冬春情况相似呢？这是由它们的季节特征所决定的。夏季天气炎热，而秋季延续夏季的炎热，两者具有相似性，只不过是呈现渐趋寒冷的趋势；冬季天气寒冷，而春季延续了冬季的寒冷，只不过是呈现渐趋暖和的趋势。这跟民间"春捂秋冻"的观念是一致的。春天因为延续了冬天的寒冷，身体各脏腑尚未从冬季模式中转换过来，需要给身体一个适应过程，而不能天气稍有暖和就减少衣服，因而初春阶段需要继续对身体"捂"上一段时间。秋季的情况正好相反，因为刚从夏季转入初秋，天气基本延续夏季的炎热，身体脏腑尚处在夏季运行模式上，如果稍有凉意就增添衣服，那么身体也不能马上适应，因此初秋时节需要让身体继续"冻"上一段时间，当然这个"冻"不是真正的冻，只是稍有些寒凉而已。这样，当天气由冷变热或由热变冷的时候，通过人们有意识的"春捂秋冻"行为，就能为身体适应季节性天气变化留下充裕的过渡时间，从而对身体平稳换季提供了健康保障。

《素问·五脏别论篇》："黄帝问曰：余闻方士，或以脑髓为脏，或以肠胃为脏，或以为腑。敢问更相反，皆自谓是，不知其道，愿闻其说。岐伯对曰：脑、髓、骨、脉、胆、女子胞，此六者，地气之所生也，皆藏于阴而象于地，故藏而不泻，名曰奇恒之腑。夫胃、大肠、小肠、三焦、膀胱，此五者，天气之所生也，其气象天，故泻而不藏，此受五脏浊气，名曰传化之腑。此不能久留，输泻者也。魄门亦为六腑，使水谷不得久藏。所谓五脏者，藏精气而不泻也，故满而不能实。六腑者，传化物而不藏，故实而不能满也。水谷入口，则胃实而肠虚；食下，则肠实而胃虚，故曰实而不满。"

这段话的大致意思是说，黄帝问岐伯说，我听方士说，有人认为大脑和骨髓是脏，有人认为肠和胃是脏，也有人认为肠和胃是腑。说法五花八门各不相同，都认为自己是正确的，我不知道哪种说法是对的，想听听您的意见。岐伯回答道，大脑、骨髓、骨骼、血脉、胆囊、子宫等六类器官，这是由大地之气所生发涵养的，它们都贮藏精气而与大地厚德载物的情形相类似，因而贮藏而不流泻，将它们命名为与众不同的腑；而胃、大肠、小肠、三焦、膀胱等五类器官，由天体之气生发涵养，这些器官的运行方式与天体自强不息刚健运行的情况相类似，因而流泻而不贮藏，它们接受收纳五脏中排出的浊气，给它们命名为"传化之腑"，这是指汤水食物不能久留其间需要及时输通流泻的情况。肛门也属六腑组成部分，要使食物消化后的糟粕不久留于体内。所谓五脏是指贮藏精气使其不流失，因而要让脏器官元气满满而不是像腑器官那样让食物去充实它。所谓的六腑是指消化承接传来的食物，其目的不是为了贮藏这些物质，这些腑器官只是根据入口食物的不同流程而阶段性地充实食物，而不是让食物一直处于塞满某个腑器官或全部腑器官的状态。汤水谷物刚入口后，胃里装着食物但肠道里是空虚的；等到食物进入肠道，则肠道里是实的而胃里却是空虚的，所以说腑器官只是流通粮食实物而不能把它塞满。

脏的繁体字是"臟","月"字旁代表身体,"藏"有贮藏、收藏、珍藏等意思,这个藏不是藏别的,就是收纳贮藏精气或元气的。因此,脏指的是胸腔腹腔内组织密实并能贮存、分泌或制造精气或元气的脏器。五脏分别是肝、心、脾、肺、肾,属阴;六腑是胆、胃、大肠、小肠、膀胱、三焦,属阳。《白虎通·性情》曰:府者,为五藏宫府也。俗作腑。意思是说,腑就是五脏的仓储之地。腑字的"月"字旁代表身体,"府"是指有空间有一定体积可以储藏物质的场所,把两者意思组合起来,腑可以理解为人体内用来收纳储存、加工消化、流通处置食物或糟粕的器官,食物中的精华提供给五脏器官,消化分解后的残渣排出体外。《康熙字典》注云:五脏属里,藏精气不泻,故为阴;六腑属表,传化物而不藏,故为阳。大致意思是说,五脏属于内外表里中的内里,而且它是把精气贮藏起来不使其丧失的,贮藏表现为静止,因而属阴;而六腑属于内外表里的外表,用来传送消化分解食物或排泄废弃物质而不是把它们贮藏起来,表现为流动,因此属阳。此外,脏器贮存的精气是看不见摸不着的,而腑器中流通的食物是看得见摸得着的,因而前者为阴,后者为阳。

《辞海》对"三焦"的解释:①六府之一。主要功能是通调水道与主持气化。《素问·灵兰秘典论》:"三焦者,决渎之官,水道出焉。"明代张景岳注:"决,通也。渎,水道也。"《难经·三十八难》称其有"主持诸气"的作用。②以胸膈部、上腹部及脐腹部的脏器组织分作上、中、下三焦。《难经·三十一难》唐代杨玄操注:"自膈以上,名曰上焦","自齐(脐)以上,名曰中焦","自齐以下,名曰下焦"。可见,三焦指的是胸腔腹腔上、中、下不同的部位，并不是一个完整独立的器官。

综上所述，脏腑器官是有紧密联系又有明显区别的。一是形状结构不同。脏器官是实质性的组织，而腑器官是袋囊式的结构。肝、心、脾、肺、肾等五脏中间都是实体而非空心。但胆、胃、大肠、小肠、膀胱、三焦腑器官都像个袋囊，中间是可以填充物质的。如，胆囊里装的是胆汁，胃里装的是刚入口的食物，小肠里装的是经过消化分解的食物，大肠里装的是粪便，膀胱里装的是尿液，三焦里装的是整套五脏六腑。二是虚实动静不同。脏是贮藏精气的，精气看不见，贮藏属于静止，属阴；腑是流通食物的，食物看得见，流通属于运动，属阳。三是天地属性不同。脏生发涵养于大地，地为坤，属阴；腑生发涵养于天体，天为乾，属阳。值得注意的是，如前所述阴阳是个相对的概念，阴阳的识别和运作是辩证灵动出神入化的，切莫僵化固化机械化。千万不要误以为五脏贮藏的精气全是阴气，精气本身也是阴阳兼俱的；也不要以为六腑中产生的全是阳气，六腑产生的气也是阴阳皆有的。

五脏与五行的对应关系是：肝为木，心为火，脾为土，肺为金，肾为水。调养梳理五脏之间的关系可适用五行关系，即水生木，木生火，火生土，土生金，金生水；水克火，火克金，金克木，木克土，土克水。也就是说运用五行的相生相克关系去调整处理五脏之间的关系，有助于保持五脏之间的平衡。同时，五脏与六腑之间具有对应的匹配关系，肝与胆、心与小肠、脾与胃、肺与大肠、肾与膀胱，因此这相应的五个腑器官也与五脏有相同的五行属性。而三焦的情况稍有些特殊，它涵盖所有的脏腑器官,而不是只与某个脏器相对应。由上可见,五脏六腑是个精密协调天衣无缝的综合生态系统,古人用五行关系去处理各个脏器官之间、或各个腑器官之间的关系,用阴阳关系去处理脏器官与腑器官之间的关系、单个脏器官或腑器官的内部关系、以及各层级更大或更小单元的内部关系。我国博大精深源远流长的中医发展历史证明,这套中医理论和思想理念是中华民族独有的一颗璀璨绚丽的明珠和宝贵的精神财富,必将在新时代进一步绽放出蓬勃生机、青春活力和耀眼的光芒。

3 八卦是哪八个卦, 它是如何产生的?

上一篇我们介绍了作为八卦构成基本单位的阳爻和阴爻。有了这个基本单位, 我们再来认识八卦就比较简单了。

八卦就是一个由三个爻构成的卦, 也就是由三个阴爻或阳爻构成的卦。下面我们就来认识一下八卦是哪八个卦。

第一个卦是乾卦。三个爻皆为阳爻。

第二个卦是兑卦。上面一个阴爻, 下面两个阳爻。

第三个卦是离卦。中间一个阴爻, 上下两个阳爻。

第四个卦是震卦。下面一个阳爻, 上面两个阴爻。

第五个卦是巽卦。下面一个阴爻, 上面两个阳爻。

第六个卦是坎卦。中间一个阳爻, 上下两个阴爻。

第七个卦是艮卦。上面一个阳爻, 下面两个阴爻。

第八个卦是坤卦。三个爻皆为阴爻。

这就是八卦的八个卦。刚开始接触, 对这个名称可能比较抽象, 不好记。没关系, 接触多了以后自然就记住了, 不用死记硬背。

下面, 我向大家介绍一下, 怎么记住这八个卦, 了解一下八卦是怎么产生的。其实, 八卦并不神秘, 更无迷信, 其背后完全是有数学规律支撑的。比如说, 阴阳是两种状态, 基数就是二,三个爻就相当于阴阳状态变化了三次,而二的三次方就等于八。也就是说,按照排列组合规律,两种状态组合三次,所得到的结果不多不少,正好是八,这就是八卦的来历。八卦的数字之所以是八,其背后蕴含着规律性,从中也体现了科学性,由此表明以伏羲为代表的古代领袖和圣贤睿哲们是非常智慧的,中华的传统文化是博大精深和令人叹为观止的。下面,我告诉大家八卦是怎么产生的,了解了它的产生原理,记住这八个卦就变得非常轻松了。

这张《八卦衍生图》是我刚刚画的,看了这张图以后,大家自己可以把它画出来,非常简单。这张《八卦衍生图》的产生过程实际上在《易经·系辞上传》里作了介绍:"易有太极,是生两仪,两仪生四象,四象生八卦,八卦定吉凶,吉凶生大业。"这段话所描述的就是八卦的产生过程,也是古人对宇宙变化规律,包括人生事业发展规律的观察、梳理和总结。

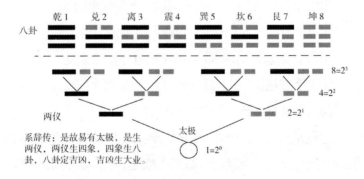

胡玉成八卦衍生图

(该《八卦衍生图》由好友地山谦博士根据本人手工图绘制)

《八卦衍生图》最下面那个符号代表"太极",也就是宇宙产生前的一个混沌状态, 或者说宇宙大爆炸以前的那个原点。
所说的"易有太极", 就是指这张图最下面的那个符号。这是相
当于二的零次方, 结果是"1", 代表一个太极。"是生两仪"是
指这个太极开始变化了, 分化成了两个部分。两仪就是一对配
偶, 一个是阳爻, 一个是阴爻, 两部分, 就像一对夫妻。它们是由
一个太极里分化出来的, 阳爻、阴爻, 分别代表天、地。这是第
一次变化, 相当于二的一次方, 结果是"2", 代表关于天和地的
产生。

　　然后"两仪生四象"。阳爻、阴爻继续分化。这是第二次发
生变化, 在阳爻的基础上再产生一个阳爻和阴爻, 在阴爻的基础
上再产生一个阳爻和阴爻。这相当于二的二次方, 结果是"4",
即阳阳、阴阳、阳阴、阴阴等四种状态, 称其为"四象"。我们可
以把它理解为四种景象或四种现象, 用它来反映或表述多种类
事物的四个阶段。如, 一年的春、夏、秋、冬四季, 方位中的东、
南、西、北, 一天的上午, 中午、傍晚、深夜等四个时段, 人生的
少年、青年、壮年、暮年等四个阶段等等, 还可以用来说明更多
更宽泛的事物。我们初学者只要先记住一两个就可以了, 以后再
慢慢地拓展。

　　接着"四象生八卦"。"四象"继续发生变化, 产生了第三层
级的八种状态。第一个阳爻又分别产生出一个阳爻和阴爻, 第
二个阴爻又分别产生出一个阳爻和阴爻, 第三个阳爻又分别产
生出一个阳爻和阴爻, 第四个阴爻又分别产生出一个阳爻和阴
爻。上述第三次变化, 相当于二的三次方, 其结果是"8", 与八
卦的数量完全吻合。我们只需要将第三层、第二层、第一层的阴

阳爻组合起来,于是八卦就这样产生了。

第三层的阳爻、第二层的阳爻和第一层的阳爻,阳、阳、阳,把这三个阳爻组合起来,就产生了乾卦。

第三层的阴爻、第二层的阳爻和第一层的阳爻,阴、阳、阳,把这三个爻组合起来,就产生了兑卦。

第三层的阳爻、第二层的阴爻和第一层的阳爻,阳、阴、阳,把这三个爻组合起来,就产生了离卦。

第三层的阴爻、第二层的阴爻和第一层的阳爻,阴、阴、阳,把这三个爻组合起来,就产生了震卦。

第三层的阳爻、第二层的阳爻和第一层的阴爻,阳、阳、阴,把这三个爻组合起来,就产生了巽卦。

第三层的阴爻、第二层的阳爻和第一层的阴爻,阴、阳、阴,把这三个爻组合起来,就产生了坎卦。

第三层的阳爻、第二层的阴爻和第一层的阴爻,阳、阴、阴,把这三个爻组合起来,就产生了艮卦。

第三层的阴爻、第二层的阴爻和第一层的阴爻,阴、阴、阴,把这三个阴爻组合起来,就产生了坤卦。

这个《八卦衍生图》很整齐,大家可以自己把乾、兑、离、震、巽、坎、艮、坤八个卦推导出来,慢慢地接触多了,就能做到烂熟于心,一辈子不会忘。

4 八卦在大自然、家庭和动物界有何含义?

上一篇我们讲了八卦的名称,以及八个卦是怎么产生的,了解了八卦产生的思维导图,有利于我们理解八卦,记住八卦。

这一篇我们继续对八个卦做进一步的解读。也就是说,古人发明了这八个卦,它是干什么用的?应该说这种发明不会是无缘无故的,决不是闲着没事,发明一套八卦符号玩玩,不是这样的。八卦的发明源于古人的客观需要。它是以伏羲为代表的古代圣贤从生产生活的实际出发创制的符号系统,主要目的是适应生产实践和社会经济文化发展的需要。易经八卦的产生基础,就是当时的自然环境和社会生活,包括居住条件、劳动生产、人际关系、思想意识、情感沟通和信息交流等等,客观上有这方面的迫切需要,才发明了这套八卦体系,用它来解释自然,解释社会,解释整个世界和宇宙。

在八卦产生时还没有文字,也可以理解为八卦就是文字的前身,发挥着文字的功能。古人在当时没有文字的情况下,是用什么来传递信息表达意思的呢?除了语言、表情和肢体动作外,八卦就起到了沟通交流的作用,为人们更好的劳动生产和生活提供了便利。比如,伏羲挂出来这么一个符号☵,大家知道这个符号是什么卦? 震卦, 地震的"震", 代表雷电的天气状况。也就是说, 当时有没有语言不知道, 也可能有, 但不会太成熟, 再说语言沟通是有诸多局限性的, 语言交流需要面对面进行, 一两个人来询问伏羲, 伏羲可以一对一地作出回答。但是, 如果陆陆续续有十个、几十个、几百个人接连不断地来问, 那么伏羲就什么事也不用干了, 成天去回答同一个问题还应付不过来呢。既繁琐得让人厌烦, 又十分低效, 同时也不太现实, 因为作为首领的伏羲还有许多重要事务要做。

伏羲是很有智慧的, 他预测到天气情况后, 会挂出一个卦画来告诉大家。如果说他预测到明天可能有雷暴雨, 他就挂出这个震卦, 提示大家注意安全防止雷击, 这样卦画就能起到天气预报和安全警示的功能和作用了。卦画挂在醒目的公共场所, 大家看到了震卦符号, 就明白了具体含义, 知道明天可能要有雷暴雨, 就提前储存些食物, 做好各种准备工作, 尽量避免雷雨天外出活动, 以确保人身安全。

如果伏羲挂出来的是这么一个符号☴, 大家还记得吗? 什么卦? 巽卦, 巽在大自然代表风。如果伏羲挂的是巽卦, 那么明天就可能要刮大风了, 同样可以起到一种提示作用, 注意避风, 注意保暖。

如果伏羲在外面挂了这么一个符号☵, 大家知道什么卦吗? 坎卦, 代表水。挂出坎卦, 表明明天可能要下雨, 或小雨, 或中雨, 或大雨, 挂一个坎卦也许是小雨, 同时挂两个、三个坎卦, 则可能是中雨、大雨。下雨天对捕捞狩猎、劳动生产和日常生活都可能带来不便, 提示大家提前做好安排。

还有，如果伏羲挂了这么一个卦☲，这是什么卦? 离卦，代表太阳，也代表火。挂出离卦代表明天可能是晴天，在特定的季节里也可以表示明天可能出现高温天气。提示大家明天天气不错，或者明天可能高温，注意防暑降温等等。

所以，八卦是有用的，但刚开始时，可能只是起到一种天气预报的作用，与口口相传的语言功能相比，这自然是一种很大的进步。但这还不够，接着伏羲赋予了八卦更多的含义。除了天气预报作用外，他要用八卦来解释由万事万物构成的纷繁复杂的世界。他在八卦的天气预报功能基础上，分别赋予了它各种各样的含义。今天我们要介绍的就是八卦在三个领域里的含义。

我画了一张简易图，大家看一下，上面一排是八个卦，包括卦画名称，下面三排分别代表八卦在三个领域的含义。

八卦类象图

	乾☰	兑☱	离☲	震☳	巽☴	坎☵	艮☶	坤☷
自然	天	泽	火	雷	风	水	山	地
家庭	父	少女	中女	长男	长女	中男	少男	母
畜禽	马	羊	雉	龙	鸡	猪	狗	牛

在自然存在或自然现象这个领域，乾卦代表天; 兑卦代表泽，湖泽的"泽"，包括海、湖、水库、水塘等有一定范围的相对静态的水域; 离卦代表火，生活中几乎天天要用到的火; 震卦代

表雷, 打雷的 "雷"; 巽卦代表风, 刮大风的 "风"; 坎卦代表水, 这个水除了一般概念上的水之外, 主要指流动的江、河、溪、川中的水, 这样就与兑卦代表的湖泽区分开了, 人们看到湖泽是喜悦的, 但面临快速流淌的江河却让人随时感到危险的存在; 艮卦代表山, 包括丘陵、山头、峰岭、大山、高山、群山、山脉等等; 坤卦代表地, 大地、疆域、广阔无垠的平原、一望无际的田野等等。

这样, 八个卦对于自然存在或自然现象来说, 就代表天、泽、火、雷、风、水、山、地。也就是说, 八个卦与八种自然存在或自然现象就对应起来了, 这是八卦在大自然中的应用。这八种自然存在或自然现象与人们生产生活密切相关, 这是八卦的第一层含义。八卦卦画原来是非常抽象的, 乾、兑、离、震、巽、坎、艮、坤, 给人生涩神秘和捉摸不定的感觉。但是, 这些自然存在和自然现象是实实在在形象具体的客观存在, 人们天天与它们打交道, 对它们再熟悉不过了。八卦一旦与我们日常生活中如此贴近的自然存在和自然现象联系起来, 它的神秘感、疏离感一下子就消除了不少。因此, 在第一层面, 八卦所代表的天、泽、火、雷、风、水、山、地, 就使我们对八卦亲近了许多。

然而, 人类社会在不断地向前发展, 这就需要把八卦的内涵和外延作进一步拓展, 用它来解释或说明大自然和社会生活的方方面面。在家庭领域, 八卦就代表八口之家, 乾卦代表父亲, 兑卦代表少女, 离卦代表中女, 震卦代表长男, 巽卦代表长女, 坎卦代表中男, 艮卦代表少男, 坤卦代表母亲。可见, 古人认为一个理想的家庭, 由父母和三男三女组成的八口之家最为合适。现在三口之家比较普遍，放开二胎三胎政策后，四口之家、五口之家逐渐多了起来，而我小时候，八口之家规模的家庭并不鲜见。这是八卦在第二层面家庭领域的含义，其内容得到了拓展。而且家庭更是与人们的日常活动息息相关，把八卦与至亲至爱的家庭成员联系在一起，便使八卦拥有了情感和温度，不仅有助于对八卦体系的深入了解，而且会让人们感觉八卦体系倍加温馨可爱了。

第三层面，是八卦体系在动物界的角色定位。如果把八卦与人们日夜相处的畜禽和动物联系起来，那么八卦的应用范围又得到了进一步的拓展。在动物界，乾卦代表马，马是古人离不开的重要交通工具，也是人类的忠诚伙伴；兑卦代表羊，羊肉鲜美可口，羊皮羊毛还是极好的御寒之物；离卦代表雉，山鸡、雉鸡、鸟禽等意思，这些都是惹人喜爱的漂亮动物；震卦代表龙，龙是中华民族的图腾，是中华精神文化的象征，凝聚着中华民族生生不息的强大力量，"飞龙在天"是人们所期盼的美好愿望；巽卦代表鸡，公鸡打鸣报晓，帮助人们安排作息，母鸡下蛋，提供人们美味营养；坎卦代表豕，豕就是猪，猪性格温顺，猪肉是人们重要的荤食原料，猪粪还是上好的庄稼肥料；艮卦代表狗，狗也是人类的忠实朋友，看家护院，忠心耿耿，恪尽职守；坤卦代表牛，牛是古代重要的运载耕作畜力，脾气温驯，勤勤恳恳，耕耘不止，人们称赞勤奋工作的人为老黄牛。这样，八卦与生活在人们周边的八种动物就对应起来了，八卦的内涵和外延得到了进一步的丰富和拓展。

顺着这种思路，我们还可以继续赋予八卦第四个层面、第五个层面，甚至第N个层面的含义。于是，一个卦画便可以代表几种、十几种、甚至几十种意思。而同一个卦画所代表的这些事物都有一个共同的特征，这些共同的特征就是下一篇将要介绍的卦德。比如，乾卦所象征的万事万物种类，都有乾卦积极进取、蓬勃向上、自强不息、刚健有力等特性。"刚"是乾卦类事物的特征和属性，也就是它的卦德。这样，我们用简单的八卦，以事物特征为标准，就把世界上万事万物分门别类地划分为八大类别。如此一来，用八卦的原理来解释大自然和现实社会生活的范围和能力就大大拓展了，八卦付诸实践应用的意义便得到了充分彰显。比如，人们如何处理人与自然、人与物、人与人、物与物之间的关系，如何判断社会发展和人生事业的趋势走向，只要懂得八卦体系的相互作用和演变规律，就可以对其进行预测预判和指导调整了。当然八卦体系的这些相互作用和演变规律也是古人先哲对自然和社会长期观察实践的经验总结。它与马克思主义的实践—认识—实践的认识论原理是一致的。

5 什么是卦德，八卦有哪些显著特征？

　　我们接着上一篇八卦和它所代表的含义，继续再作一些说明。

　　我们在上一篇提到，八卦分别在大自然领域代表八种自然存在或自然现象，天、泽、火、雷、风、水、山、地，这些都跟我们的日常生活息息相关，每天都会接触到。在家庭领域分别代表父亲、少女、中女、长男、长女、中男、少男和母亲，八口之家。在动物领域分别代表马、羊、雉（山鸡）、龙、鸡、猪、狗和牛，跟我们的生活关联度非常紧密。

　　然后按照这个思路还可以推出来很多，在更多的N个范围内，分别代表着不同意思。但是，从哪里去知道在哪些领域分别代表什么，从哪里去获取这方面的知识呢？

　　在《易传》里有部《说卦传》，我们可以到《说卦传》里去查。与此相关的还有八卦与万物类象图，也就是八卦所代表的万事万物的图表，八卦的主要类象从《说卦传》里基本上能够查到。平时这样的类象看多了，它所代表的大部分含义就慢慢记住了。

　　比如说，乾卦除了天、父和马等意思之外，还有在人的身上代表脑袋，从整个社会来看代表老人，也可以代表君王。从事物的形状上看，它代表圆形的事物。在颜色方面代表赤，红色的。还包括金、玉，比较贵重的首饰或稀有之物。还代表冰等等，这些都是乾卦所代表的具体事物。其他七个卦也是一样，在《说卦传》里都能查到它的意思。

刚才我讲的乾卦，以天、父、马，包括脑袋、老人等等这些意思里面，可以概括出来一个共同的特性，那就是"刚"。也就是说，一个卦所象征或代表的一大类事物所具有的共同显著特征，我们叫它卦德。乾卦的卦德用一个字来表示，就是"刚"，刚健有力的意思。

八卦类象图及卦德

	乾☰	兑☱	离☲	震☳	巽☴	坎☵	艮☶	坤☷
自然	天	泽	火	雷	风	水	山	地
家庭	父	少女	中女	长男	长女	中男	少男	母
畜禽	马	羊	雉	龙	鸡	猪	狗	牛
卦德	刚	悦	明	动	顺	险	止	柔

同样，可以概括出来，兑卦的卦德是"悦"，喜悦的"悦"。兑，在大自然里代表湖泽。我们旅游的时候，到湖边去游玩，心情非常愉悦。这样你就把兑卦的卦德"悦"的特征记住了。

离卦的卦德就是"明"。离为火，为日。有了火、有了太阳，就有光明，所以离卦的卦德是"明"。离为雉，雉鸡非常漂亮，但只有在明亮的状态下才能展现这种美丽，因此雉鸡这一含义也跟"明"的特征有很大关联。

震卦的卦德就是"动"。震就代表动，打雷时动静很大，惊天动地，地动山摇，所以它的卦德就是"动"。震为长男，长男出生也与"动"关联密切，可以理解为，长男的出生，意味着这个家族后继有人了，从而震动了整个家族，动静和影响也是很大的。

巽卦的卦德就是"顺"或"入"。顺就是驯顺、温顺。比如说长女，长女的性格非常孝顺、温顺，"顺"是她的突出特点。另外，巽卦代表风。针大的孔，斗大的风。风的特点是无空不入、无孔不入。因此，也可将"入"视为巽卦的卦德。

坎卦的卦德是"险"。坎卦在大自然代表水。古代的洪灾、水灾，有那么几次是非常巨大的、毁灭性的，对整个人类的生存构成了严重威胁。因此，古人一直认为水是非常危险的。所以，坎卦的卦德就是"险"。

艮卦的卦德是"止"。艮卦在大自然代表山。古代交通比较困难，有时候往往一座大山就阻挡了前行的道路，遇到山就要止，就得停下来，所以艮卦的卦德就是"止"。在家庭中艮卦代表老三，可能认为三个儿子差不多了，应当停止了，不要再生了。因而"止"是艮卦的一个显著特征。

坤卦的卦德是"柔"。刚柔的"柔"，刚柔是相对的。坤为母，母亲相对于父亲而言，父亲是刚，母亲就是柔。乾坤是相互配合的关系，一刚一柔、一主一辅、一阳一阴，这是一组最佳搭档。

　　我们通常讲事物的最佳搭档就是乾坤配，两者相互配合协调，事物在对立统一和协调配合中向前发展。所以要把事情做成功，离不开乾坤间的刚柔并济和配合协作。

　　以上介绍的是《易经》八卦的基本含义，以及它的卦德，包括一个卦在共同卦德下所代表的一系列事物。大家在理解的时候不要急于求成，把基本的卦德理解了再说，以后易学书籍看得多了，自然会对八卦所象征的一系列具体事物有感觉了。

6 八卦与六十四卦是什么关系，如何看六爻卦？

前面我们介绍了八卦，八卦所代表的万事万物分为八大类，用于帮助人们解释和说明自然现象和社会生活。在一定范围内八个卦代表八种事物，也就是说，刚开始时一个卦只代表一种事物。后来八卦的应用范围逐步得到拓展，一个卦从代表一种事物，拓展到代表几种、十几种、二十几种事物，这样加起来，八个卦就代表了一百多种、二百多种事物。但是，随着社会的发展变化，需要解释和说明的事物越来越多，仅仅一、二百种还是不够的。怎么办呢？古人很聪明，就把八个卦叠加起来，八八六十四，于是八卦就演变成了六十四个卦了。

六十四个卦，可以理解为，易经作者把自然世界和社会生活中纷繁复杂的情形梳理归纳为六十四种情境，这就很丰富了。六十四种情境，每一个卦又代表二、三十种事物。所以，利用六十四卦来解释和说明自然现象和社会生活就基本可以了。根据每个卦所代表的不同含义，上卦、下卦两两组合，可以演化出几百几千种情形，用它来解释万事万物基本上是够用的。在这样的情况下，六十四卦就确定下来了。

我们理解了六十四卦是由两个单卦叠加而成的。如果说八卦是三个爻，那么六十四卦就是六个爻了。我们看六爻卦时，从一个整体而言，可以把它想象成六层楼，但实际上是由两部分组成的，分别为下卦、上卦。下卦也叫主卦，上卦也叫客卦。下卦为主，客卦为辅，构成了下、上卦的主客关系。下卦也叫内卦，上卦也叫外卦。因此，一个卦有下、上之分，主、客之分，内、外之分。这些概念或术语需要作些了解，这对我们易学入门是有帮助的。

看卦是从下面往上看的。我们可以把它想象成走进一座六层楼，通常是从第一层开始，然后依次进入第二层、第三层、第四层、第五层、第六层，一层层往上走。

例如，六爻乾卦就是由两部分组成的，下卦、上卦；主卦、客卦；内卦、外卦，都是三爻乾卦。我们站在六爻乾卦卦画的正面看，乾卦的六个爻与六层楼一样，越是往上，地位越高。第一爻地位最低，中间第二爻、第三爻、第四爻、第五爻渐次走高，第六爻最高，所以从下到上代表地位由低到高的变化。

从时间纬度来看，最下面第一层，表明某个事物或事件出现或发生的最早时间段，然后再一点点往上走，越往上走时间越靠后。如果说，第一层代表现在的事物状态，第二层就代表过一会儿或一定时间间隔后出现的事物状态，第三层又是再过一会儿或更长时间间隔后出现的事物状态，第四、五、六层依此类推。

从人生来看，一生可以分成六个阶段，第一层代表婴幼儿和少年时代，第二层可以理解为青年时代，第三层可以理解为壮年时期，第四层大概相当于四、五十岁的年纪，第五层大约为

五、六十岁阶段，到了第六层，相当于七、八十岁或者更高年纪。一层大致代表十至二十年的人生阶段，从下往上，越下面越小，越上面越大，这是卦画所代表的时间轴的方向。从人的社会地位上看，下面是低的，上面是高的，这个也是好理解的。

前面讲了，六十四卦是由两个单卦两两叠加而成的。我画了一个表（见本节末尾的附表《〈周易〉六十四卦构成图》），大家可以看一下，这是用来推导六十四卦的一种思路，给大家作个示范。让我们在纵坐标和横坐标上，分别把八个卦画下来，然后把它们两组八卦一一对应地叠加起来，其结果就是八八六十四卦，正好将矩阵填满。我在这里没全填，大家自己可以去推导将它填满。

表中我用黑体字标出来的卦画，上、下卦都是一样的，如上面是乾卦、下面也是乾卦，上面是兑卦、下面也是兑卦，上面是离卦、下面也是离卦，上面是震卦、下面也是震卦。用同样方式一直把八个卦排完，它们正好处在矩阵的对角线上。这种上、下两个卦完全相同的卦，叫纯卦。八卦的基本卦是八个，这种纯卦也是八个。纯卦的"纯"是单纯的"纯"、纯粹的"纯"，表明上、下卦都是单纯的一种卦，纯卦也是《易经》的一个术语，了解一下就可以了。

八卦是三爻卦，我们称其为单卦，两个单卦叠加起来就叫重卦，重叠的"重"。单卦，还有一个名字叫经卦，易经的"经"，经卦就是最基本的卦。重卦，还有一个名字叫别卦，"别"是另外的意思，是指它是由经卦演绎而来的，有别于经卦。因此，我们也可以说，两个经卦叠加后所形成的卦叫别卦。

　　单卦、重卦，经卦、别卦，是分别针对八卦体系和六十四卦体系卦画的两种称呼。简单地说，一个是对三爻卦而言的，叫单卦、经卦；另一个是对六爻卦而言的，叫重卦、别卦。这是容易理解的，慢慢地熟悉了，也就适应了。

　　我们再来看六爻乾卦，就像一座六层楼，一个卦六个爻蕴含着几层意思。第一爻叫初九，初在前面，九在后面，"初"代表时间，是个时间概念。"九"代表爻的性质是阳爻。这样，我们不用看卦画，一看到或听到"初九"，就知道这是第一爻，并且还是个阳爻。到了第二爻就叫"九二"，"九"在前面了，它代表该爻的性质是阳爻，"二"代表爻位，处于卦画中的第二层，即第二爻。九三、九四、九五，与九二结构相同，都是性质在前、爻位在后。到了最高第六层，也就是第六个爻，却叫"上九"了，"上"代表"位"，地位、方位的意思，"九"代表它的属性。

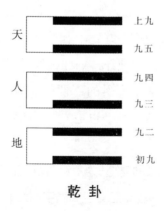

乾 卦

　　因此，我们发现，六爻卦的两端，一个是"初"在前，另一个是"上"在前。"初"在前面，表明一个事物最早产生或出现时，对它而言时间是最重要的，因此将"初"放在前面。一个事物到了末尾终结阶段，人们最关心它处于什么位置，做到了什么程度。也就是说，当事物发展到最后状态的时候，它取得什么样的成就很重要。"上"代表地位，它的位置很重要，所以把"上"突显出来放在前面。上九之"九"代表事物最后阶段的性质状态，九是阳爻，阳爻用来表示事物的阳刚状态。二到五爻是事物发展的过程性状态。对它而言，每个爻是什么属性更加重要。这中间四个阶段中，时间并没有显得那么重要，因为它既不是最早时间，也不是最后时间，人们通常不会太在意。位置也是如此，因为它既非最低位，也非最高位，而且处于经常变化的不确定性之中，不足以代表一个事物或人生的最终成就。相对而言，人们更关心事物过程性进展的顺逆、快慢、刚柔、好坏、优劣、多少等属性，顺、快、刚、好、优、多等用阳爻表示，逆、慢、柔、坏、劣、少等用阴爻表示。因此把属性放在前面，如九五、六五，"九"代表阳爻，"六"代表阴爻，后面的"五"表明它处在卦画的第五爻。

《周易》六十四卦构成图

	乾	兑	离	震	巽	坎	艮	坤
乾	1乾乾	43夬	14大有	34大壮	9小畜	5需	26大畜	11泰
兑	10履	58兑兑	38睽	54归妹	61中孚	60节	41损	19临
离	13同人	49革	30离离	55丰	37家人	63既济	22贲	36明夷
震	25无妄	17随	21噬嗑	51震震	42益	3屯	27颐	24复
巽	44姤	28大过	50鼎	32恒	57巽巽	48井	18蛊	46升
坎	6讼	47困	64未济	40解	59涣	29坎坎	4蒙	7师
艮	33遁	31咸	56旅	62小过	53渐	39蹇	52艮艮	15谦
坤	12否	45萃	35晋	16豫	20观	8比	23剥	2坤坤

7 如何理解六爻卦画的时、性、位三要素，"卦"字有何含义？

上一篇的内容稍微有点复杂，这一篇再就相关内容作适当阐述，我们继续来了解一下怎么看卦。

例如在上一篇我们看到的乾卦的卦画，它蕴含着时、性、位三个方面的信息，也可称其为卦画三要素。其他卦画也是这样，我们以乾卦为例。

卦画的第一个要素是"时"，即卦画内蕴含着时间信息。"初"是个时间概念。按照逻辑关系，如果第一爻为"初九"，那么第六爻应该为"终九"或"末九"，对不对？但是卦画里却没有"终九"或"末九"的说法。初九之"初"，表明事物产生或出现的最初状态是比较重要的，所以卦画中用"初九"对第一爻进行命名，旨在突出这个时间点的重要性，而事物终了时的这个时间点并没有显得那么重要，所以没有把它写出来，而是把它让位给更有意义的"上"字，但是实际上第六爻"终"或"末"的时间信息是存在的，只是没有写出来，把它省略了而已。

比如，我们说一个企业，一个商店，什么时候开业很重要，至于什么时候倒闭或歇业，跟开业相比就显得不那么重要了。

所以在初爻，我们叫初九，把"初"的时间概念放在前面，旨在强调事物产生初期这个时间点的重要性。

卦画的第二个要素是"性"。"性"即属性，是卦画中蕴含的第二个信息。属性是指该爻是阳爻还是阴爻。如果是阳爻，其属性为阳，即代表刚健有力、积极向上、迅速发展等这类性质的事物；如果是阴爻，其属性为阴，即代表柔弱纤细、收缩内敛、进展缓慢等这类性质的事物。

卦画的第三个要素是"位"。"位"是位置、位阶、地位、方位等意思。这是卦画蕴含的第三个信息。我们称第六爻为"上九"。"上"是就该爻或该爻所代表事物的地位、方位而言的，是个方位词。按理说，如果第六爻用"上九"来表示的话，第一爻应该称其为"下九"，但是易作者没有这么命名。因为，凡是人生事物的初始阶段，其地位都是最低的，这是显而易见的，人们非常容易理解，没有必要特别强调，因而把"下九"的"下"字省略了，让位给更有意义的"初九"的"初"字。尽管"下九"没有写出来，但是这层意思是实际存在的，这一点与"终九"的情形相类似。

换句话说，第一爻既有时间概念，又有方位概念，还有属性概念，但就其重要性而言，依次为时间、属性、方位。"初九"保留了前两个要素，省略了排名靠后的第三个要素。第六爻既有方位概念，又有属性概念，还有时间概念，但就其重要性而言，排序却发生了变化，依次为：方位、属性、时间。"上九"保留了前面两个要素，省略了不太重要的第三个要素。

关于属性问题，为何初九、上九，初六、上六，将代表属性的"九""六"放在后面，而九二、九三、九四、九五，六二、六三、六四、六五，却将代表属性的"九""六"放在前面。这也反映了易作者对客观规律的观察、梳理和把握，蕴含着古人的智慧成果。对于代表事物两端的初九、上九而言，时间、方位更重要，因此把"初""上"放前面；属性居于其次，所以把"九""六"放在后面。比如，一个小孩出生了，人们更关注是哪年哪月哪日几点几分生的，这便是"初"所代表的含义。然后再关注是男是女、是胖是瘦、是美是丑、健康与否等等，这便是"九""六"所代表的含义。再比如，一个大佬去世了，人们更关心他在某个领域处在什么位置、取得什么样的成就，这是"上"的应有之义。而至于他去世前这段时间过得顺不顺、快乐不快乐、赚钱多不多，这是居于其次的事，这便相当于"九""六"所代表的含义。

除了事物产生的初九、事物终了的上九外，九二、九三、九四、九五，代表事物发展的中间阶段。"二、三、四、五"既代表"时"，又代表"位"，但在这个阶段里，时间只是大致作了划分，并不具备特别意义，而"位"的概念也是动态的，过程性的，具有不确定性，而且并非最终状态，因此，"时""位"要素居于其次，"二、三、四、五"相应地放在后面。在事物发展的过程性阶段，"属性"具有特别重要的意义，事物发展得快还是慢，是顺还是不顺，业绩是优还是劣，等等，对全局影响重大。所以二至四爻把代表属性的"九""六"放在前面。乾卦都是阳爻，表明每个爻都刚强有力，把积极进取、自强不息的特性表现得非常充分。

当然，从阳爻我们自然可以联想到阴爻，如果说六个爻全是阴爻，那就是一个坤卦，坤卦的"初""上"与乾卦的"初""上"含义一样。只不过是把属性由"九"变成"六"，由阳变成阴，对不对？坤卦就是这样的一个情况，初六、六二、六三、六四、六五、上六。

这样的话，我们知道了怎么看卦，初九、九二代表什么意思，今后慢慢形成习惯以后，你对卦画的情况就会逐步了解，对术语的情况就会比较了解。以上是以乾卦和坤卦作为例子，介绍为什么是"九"？为什么是"六"？为什么第一爻、第六爻"九""六"写在后面，第二、三、四、五爻"九""六"写在前面。"九""六"代表的是事物的属性，放在前还是放在后，反映了属性在每个阶段的重要程度。

下面再深入介绍一下。我们把六个爻组成的卦，给它一个名称，叫什么？卦画，也叫卦图，还有一种说法叫卦符，符号的"符"。

为什么把它叫作"卦"呢？八卦，为什么叫"卦"，"卦"有什么含义呢？这个"卦"，在古代实际上就是"挂"，就是把一个东西，比如一张图挂起来，最早的意思就是把一个卦图挂起来，以方便人们观看。易学者把六十四卦卦图一张一张挂起来，用来观看、学习和分析研究。"卦"和提手旁的"挂"，挂起来的"挂"，在古代是相通的。但是这个"卦"字，大家去数数看，也是八画，跟《易经》的"易"字一样，都是八画。无论是巧合，还是有意为之，都说明汉字跟《易经》关联密切，"易"也好，"卦"也好，跟八卦有着千丝万缕的联系。比如说，"卦"字是左右结构，但是左边那个是两个土。两个土你能联想到什么呢？三个爻，上面三个爻，下面三个爻，你把横划可以看作阳爻，中间把它隔开的一竖可以视为阴爻。也就是说"卦"字的左边，包含着阴爻、阳爻的信息。"圭"的上下结构相当于卦画的上卦、下卦结构形态。"卦"字的右半个字为"卜"。用来说明卦的功能，表明卦是可以用来占筮的，可以预测未来，有一个预测功能在里面，所以这个字也很形象。"圭"字由两个土叠加而成，这个字本身就有预测的意思，古人在观测天体的时候，修筑两个大土堆，有点类似现在的观象台，这是观测，所以说这个汉字的意思是很丰富的。

8 卦象与卦画有何联系与区别?

本篇要给大家介绍一下卦象和卦画这两个概念之间的联系及区别。

我们说卦画,还有两个名字叫卦图,图画的"图",或者卦符,符号的"符"。卦画、卦图、卦符三者的概念是相同的,只是说法不一样。但是我们经常听说卦象,卦象和卦画是不一样的两个概念,它们是有联系的,但这两个概念的侧重点不一样,是有区别的,所以我们学习《易经》应该了解卦象和卦画的联系与区别。

接下来,我们就重点介绍一下卦象。卦画我们前面已经介绍了,大家应该有所了解了。比如说,我手里拿着三个爻的乾卦,这是属于八卦体系里的乾卦卦画。然后我再拿一个三爻卦,两个三爻卦组成一个六爻卦。三爻卦叫单卦,也叫经卦;当然两个三爻卦叠加起来就叫重卦,重叠的"重"。相对于经卦的概念,这个重卦也叫别卦。前面已经讲过,我想大家应该有印象。所以由阳爻或者阴爻组成的这种卦的图形,我们把它叫作卦画。

如果你没有学过《易经》,看到卦画就会感觉很抽象,不明白它所代表的寓意,就没有太大意义,因为你不知道它要表达什么东西。但是，我们学了《易经》以后，就能知道卦画背后所代表的意思，也就是说它所象征万事万物的具体景象或者社会现象。这样的话，就把一个抽象的图画，一个由阳爻阴爻构成的抽象画，变成了一个具体生动的自然景象或社会现象。这种通过抽象的卦画表达出来的具体自然景象或者社会现象，我们称其为卦象。

不知道大家能否理解？经过我们头脑的加工，给一个抽象的卦画以具体的形象，或者是自然现象，或者是社会现象，自然的、人文的，什么景象、现象都可以，反正都是象。也就是说，经过我们头脑加工以后，发生联想，就会展现出一幅一幅的、N幅的、生动的、具体的、有意义的图像。这个象可能是景象、图像或者是社会现象，等等。

由抽象的卦画，经过联想过渡到后面产生了具体的一幅一幅的图像，这个图像就是卦象。也可以简单地理解为，由卦画经过人脑联想形成的图像叫卦象。比如，这个卦是六十四卦里的第一卦乾卦，用六根连续的短横表示，即六个阳爻，这六个阳爻构成的图就是卦画。我们学过《易经》的人看见乾卦卦画，就会联想到，这就是蓝天白云的景象，一层层的天空。上下卦各三个阳爻，就相当于用三条弧线来表示天的层次感。小朋友在画图画时，你叫他画一个天，他也许就会画三条弧线来表现。也就是说连小朋友都会用这种方法去联想。我们看到的天是连续的、没有中断的，又有弧形的感觉。我们把三条弧线画得规范一点，就变成了三条直线，就相当于三个阳爻。这样三个阳爻构成的一个卦画，学了《易经》后就知道它的背后所代表的就是天。我们已经知道，两个经卦组成一个别卦，两个单卦组成一个重卦。用六爻乾卦来表示天，我们说天高地厚，天就有高度了。如果把它分成两部分，每部分用三个爻来表示，就是上天、下天；如果把它分成三部分，每部分用两个爻来表示，天就分为上天、中天、下天。这种划分可以是很灵活的。因此，我们看到这么一个乾卦的卦画，就知道其背后是一幅幅关于天的自然景象。

同样，我们来看六十四卦的第二卦坤卦，也是两个单卦叠加起来的重卦，坤代表大地，我们可以把它想象成广袤无垠的大地，非常厚实的大地。没学《易经》前，我们看见六根中间断掉的短线没有任何意义，当你学完《易经》以后，就知道六根断掉的短线就是六个阴爻，用它来代表大地，所以你看到这六个阴爻的卦画就会联想到它的卦象，这就是无比辽阔的大地。

学了《易经》以后，这些卦画在你的脑海里就有了特殊的意义，就会变成一幅一幅的卦象，而且一个卦画可以派生出许多个卦象，十几个、二十个都有可能，直至N个卦象。这样，我们用六十四卦来解释和说明这个现实世界，就非常方便，容量是很大的。

《周易》六十四卦里的第三个卦是屯（zhūn）卦。"屯"字跟村屯（tún）的"屯"写法一样，东北叫屯，《易经》里叫屯卦，这个卦也叫水雷屯。水雷屯，今天刚好外面下雨，打雷、下雨，前面是瓢泼大雨，又打了雷，所以屯卦就反映了这种电闪雷鸣暴雨来临的景象。上卦是水，水在天上是云，也就是雷暴雨前夕黑压压的乌云，下卦是雷，天上打雷，地下震动，所以天地是有联系的。地下震动，表明很有力量，所以震卦初爻用阳爻表示。

　　别看简单的这么一个抽象的符号，其实是一种非常智慧的表达，蕴含着万事万物的某种意境，是非常实用、非常有意义的。水雷屯，天上下雨，有利于下面那个"震"，震也代表树木、庄稼，下雨有利于庄稼的生长。屯卦的情境虽然是艰难的，但是它代表着万事万物、植物庄稼的这种始生和初长，同时成长的过程反过来又是艰难的。这种卦象非常生动形象。今天的天气和我们讲的水雷屯正好是高度契合的。我们也可以把它归结为天人感应，这种感应不是迷信色彩的感应，而是人作为感应主体，积极发挥主观能动作用，把自己的想法和要表达的意思主动地与外部环境结合起来，以激发为人做事的正能量。

9 《易经》作于何时, 是谁写的?
何谓"人更三圣, 世历三古"?

本篇我们来介绍一下关于《易经》的作者。关于《易经》的作者和成书时间, 有这么一个说法, 叫"人更三圣, 世历三古"。"人", 是指《易经》的作者。"更", 更迭。"三圣", 三个圣人。关于时代, 这个"世"就是世纪、时代、时间。"历三古", 经历了"三古"。三个古代时期, 可以理解为上古、中古、下古, 或者远古、中古、近古。这句话记住以后, 哪三个圣人、哪三个古就比较清楚了, 便于我们记忆。

那么, "三圣"是指哪三个圣人呢? 第一个"圣"就是伏羲。是我们古代一个原始部落的领袖, 有一种说法我是赞同的, 实际上伏羲不是一个人的名字, 而是一个职务名称, 是一个职位, 有点类似于我们现在的总统、酋长、首相、首领等等, 反正是位君主, 是一个君王, 是古代一个很有智慧的君王、一个杰出的领袖。据说, 伏羲有十四代。一代一代传下来, 十四代, 这个历史阶段至少也在一千年以上。这十四代中共有十八个伏羲, 因为有的政权交接发生在兄弟之间, 当然更多的是代际交替。发明《易经》的伏羲大概是第三个、第四个伏羲, 也就是第三代、第四代的君王，原始部落的领袖，非常有智慧，这是第一个圣人。

第二个圣人是谁呢？第二个圣人是周文王和周公。周文王就是姬昌，周文王和周公，两人属于父子关系，作为历史长河来讲，这个时间基本上在一个点上，所以把他们父子俩作为一个圣人来看待，而且他们的学术体系也是高度统一的，因而我们把他们看作一个圣人。这是第二个圣人，其实是两位，就是周文王和周公。

那么，第三个圣人是谁呢？第三个圣人自然就是孔子。孔子作为一个伟大的思想家、教育家，是我们的导师。同时，孔子又是哲学家。他作为我们的人文先祖，对于我们整个中华民族思想文化历史的发展所产生的影响是非常巨大的，相当了不起。正因为有孔子这样一位作为作者典型代表的存在，才使得《易经》传到了现在。孔子在易学传承中的地位和影响力都是无可替代的，起到了非常巨大的推动作用。当然，孔子没有去写《易经》本身，孔子的一般做法是述而不作，所以他是传承，而不是自己去创作。以孔子领衔的，他作为一个代表性人物，带领一帮弟子，包括孔子去世以后，他的后续弟子在内，持续不断地推进这项浩大工程。这项浩大工程就是孔子团队围绕《易经》的阐释和传承，编撰了一部《易传》。孔子是《易传》作者群体的杰出代表，实际上《易传》作者可能不计其数。

有一个词语叫"名不见经传"，不见经传的"经"指的就是经文，"传"指的就是传文。经和传的关系表现为，经是主干，是传的服务对象，传是用来说明经文的；同时，经是离不开传的，经正是在传的辅助推动下才得以传承并发扬光大的。孔子团队编撰的《易传》共有十册, 相当于给《易经》安上了十个翅膀, 所以才能传到现在。

关于经传的概念, 以后我们会继续分享, 这里不再展开。实际上《易经》的作者有几十、几百、几千、甚至几万, 这里所介绍的仅仅是有代表性的人物, 他们为《易经》的传承做出了杰出的贡献。请大家记住他们, 《易经》有代表性的作者分别是伏羲、周文王及周公、孔子等圣人。

"世历三古"当然也好理解。三古就是上古、中古、下古, 也可以说远古、中古、近古, 都可以。上、中、下; 远、中、近, 这三个阶段, 这是相对的划分。那么, 伏羲发明八卦, 那个年代到现在有多少年了? 6500年左右; 周文王和周公到现在, 周朝到现在是3000年左右; 然后从孔子到现在是2500年左右。

也就是说, 《易经》这部书光写就写了3000多年, 对不对? 写完以后流传到现在, 也有3000多年了。在这几千年间, 有好多解读《易经》的作者, 包括本人, 也是其中的一员, 沧海里的一粟。所以说, 这部《易经》非常神奇。《易经》代表性作者的境界是最高的, 档次是最高的, 都是圣人, 很有智慧。作书的时间跨度几千年, 这项文化工程非常浩大, 到现在还在不断地得以传承和发扬光大。这说明《易经》本身就非常神奇, 是非常有生命力的, 对于我们今天的人生事业都有着非常重大的指导意义。所以希望大家好好学习, 用心领悟并践行这一人生智慧。

10 学《易经》为何要经、传并重，
《十翼》是指哪十册书？

　　本篇将为您介绍一下《易经》和《易传》的概念，《易经》和《易传》是什么关系，以及《十翼》是指哪十册书？

　　我们前面讲过，日常生活中有一句话叫"名不见经传"。经和传，就可以说明《易经》和《易传》的关系。"经"讲的就是经文，从《周易》来讲，就相当于《周易》的卦辞、爻辞等。那"传"呢，就是传文，比如说《周易》里面的彖辞、大象、文言传等。《易经》分为经、传两部分，传是用来说明经文的，经文比较抽象，比较简练，比较晦涩，一般人不太容易看懂，而用传文来对经文进行注解、解读、阐发，则便于人们对经文的理解和把握。

　　在经、传的关系中，经是基础、主干，传是为它服务的。反过来要是没有传的作用，经就流传不到现在，所以传对经的传承发挥了重大作用。我们学习《易经》时，应当经、传并重，不要偏废。而且传有很多种类，有好多支流，我们现在所学的是主流的传，它以孔子为旗手，作为文脉就像一条河流一样，如长江、黄河，源源不断地延续下来，可它还有好多支流，有的支流离主流是比较远的，我不建议大家去学支流，当然有兴趣的易友学学也无妨。所以，我们今天要讲的传，指的是主流的传，是《易经》学术长河中的大流，是比较正统的，是以孔子为代表的思想文化之脉的延续。

这里对以前的内容作点补充，《周易》自古至今流传到现在，它吸收了已失传的《连山易》《归藏易》的精华。所以现在的《周易》与《易经》差不多是同一概念，我们讲《周易》，用《易经》来代替也是可以的，从现代意义上讲，《易经》和《周易》是统一的。本来《易经》有三个版本，分别是《连山易》《归藏易》《周易》，但是因为前两个版本已经佚失了，因而现在所说的《周易》和《易经》基本上是一回事。

另外，还要补充一点，1973年在湖南长沙马王堆出土了《易经》的另外一个版本，一个帛书版的《易经》，帛书的"帛"字，上面一个白、下面一个巾，是丝织品的统称，这里是指将《易经》文字写在丝织品上。帛书版《易经》与我们现在通行版《易经》稍有点差别，一些文字内容、卦爻辞、写法等有些不同。但主要的思想内容和框架结构大致是一致的。我没有仔细深入地研学过帛书版《易经》，有兴趣的易友可以接触看看，与通行版可以互参。当然不同的学者去解读，也会得出不同的结果，这都是正常的。因为《易经》确实是博大精深的，仁者见仁、智者见智，有不同的版本、不同的说法完全可以理解，学习《易经》一定要有包容的心态。您可以认准比较适合自己的一种版本，同时要包容或者吸纳其他版本里的有益成分，这样您对《易经》的掌握就会越来越全面。

关于《易经》的"经"好理解，有卦辞、爻辞，这些文字是经的基本内容。

关于"传",前面讲到了有十册书,因而古人称其为《十翼》,相当于给《易经》安了十个翅膀,因而才能流传至今。十册书分别是什么呢? 第一册是《序卦传》,序卦,序言的"序",次序的"序"。《序卦传》不长,主要介绍的是《周易》六十四卦的排序。为什么要这么排,有什么逻辑关系? 可以通过研学《序卦传》慢慢体悟。几千年来,数以万计的易学者都在寻找《周易》的排序规律,结果大多无果而终。有的虽称找到了排列规律,却难以得到广泛认同。我理解的排序规律有两层意思,一是按照数学理论,依据某种规则,对《周易》六十四卦进行排序;二是打乱按照数学理论、依据某种规则得出的排序结果,而按照事物发展的客观规律,重新对《周易》六十四卦进行排序。事实上,这两个纬度的排序方法得到的结果肯定是不一致的。因此,我认为按照数学理论规则这一路径,去寻找事物发展客观规律的排序,本身就是个伪命题,是不可能有结果的。为此,我们可以这么说,如果按照数学理论的角度来考察《周易》六十四卦的排序规律,那是没有规律的,至少不存在一个能够贯通《周易》六十四卦的数学理论规律;如果按照事物发展的客观规律去衡量《周易》六十四卦的排序规律,那么我们完全可以说《序卦传》的卦序是有规律的,非常符合事物发展的客观规律和内在逻辑。

《周易》六十四卦的口诀是:

"乾坤屯蒙需讼师,比小畜兮履泰否。

同人大有谦豫随,蛊临观兮噬嗑贲。

剥复无妄大畜颐,大过坎离三十备。

咸恒遁兮及大壮，晋与明夷家人睽。

蹇解损益夬姤萃，升困井革鼎震继。

艮渐归妹丰旅巽，兑涣节兮中孚至。

小过既济兼未济，是为下经三十四。"

上经三十卦，它所反映的世上万事万物的发展逻辑关系如下："乾卦坤卦"是天地，是万物的父母，是一切事物的根本，其重要地位是不言而喻的；"屯卦"是他们的第一个孩子，始生艰难，创业艰辛；"蒙卦"表明，孩子天生懵懂，需要对他们进行启蒙教育；"需卦"表明，孩子的成长有物质的、心理的、精神的等各种各样的需求；"讼卦"表明，在生产力低下生活资料匮乏的历史阶段，人们在获取生活资源和生产资料过程中发生了争执，于是就有了诉讼；"师卦"表明，诉讼失利后，当事人就有可能纠集人马试图用武力解决问题，如果规模升级了就演变成了战争；"比卦"表明，战争总不能无休止地进行下去，"宁为太平犬，莫作离乱人"，战争结束了还是要尽快恢复和平外交关系；"小畜卦"表明，与邻邦亲比后，换来了休养生息的和平空间，百姓安居乐业，国家和百姓拥有了少量积蓄，过上了小康生活；"谦卦"表明，幸福生活来之不易，要格外珍惜，只有谦逊低调才能保持安宁富庶的生活；"豫卦"表明，谦逊富庶的生活使人愉悦，同时要注意，凡事预则立，不预则废，做好预见、预测、预防和预案，防患于未然非常重要；"随卦"表明，一个富裕的人、一个谦逊的人、一个快乐而有预见的人，就会引来他人的追随；"蛊卦"表明，追随的人多了，容易在社会上形成利益小团体，结党营私，强买强卖，尔虞我诈，欺行霸市，成为社会弊病；"临卦"表明，社会出现弊病后，作为一国之主要君临天下，发号施令，及时进行纠治和整顿；"观卦"表明，在治国理政过程中要注意观察民生，考察民风，做好调查研究，掌握第一手材料；"噬嗑卦"表明，针对社会上的顽瘴痼疾，必须动用法治手段，坚决予以强力清除；"贲卦"表明，社会需要装饰美化，要重视精神文明建设，大力发展文化文艺事业；"剥卦"表明，房屋家俱旧了涂料油漆就会剥落，国家社会安逸的时间长了便会导致贪腐剥蚀盛行。

"复卦"表明，要对房屋家俱进行维护保养，以恢复其外表美观和功能正常，同样，必须下大力坚决惩治贪污腐败，如此才能实现一个国家一个民族的伟大复兴；"无妄卦"表明，在中华民族伟大复兴的征程中会遇到意想不到的困难、障碍和阻力，当然这些都阻挡不了中华民族的前进步伐，有"无妄之灾"，必有"无妄之福"，在承受无妄之灾的同时人们也将获得意想不到的支持帮助、成就成功和提升进步，我们中国特色社会主义发展道路正越来越受到国际社会正义力量的广泛赞誉和热切支持、我国的朋友圈越来越大便是铁的证明；"大畜卦"表明，开启复兴通衢大道之后，国家社会积蓄了极大财富，现在我国的GDP居世界第二位，再过十年左右将稳居世界第一位，这是不必怀疑的，中华民族本来就具有这样的基因，伟大复兴只是回到原本应有的位置而已；"颐卦"表明，物质富有了就有口福可享，人们注重健康养生，中国人民的预期寿命越来越接近世界发达国家水平并将超越引领世界；"大过卦"表明，日子富裕了，吃饱喝足了，就极有可能犯下大过大错，许多荒唐事都是吃饱了撑的人干的；"坎卦"表明，犯下了大过之后，人生跌进了坎坷泥潭，这大概是贪官们牢狱生活的写照吧;"离卦"表明,经历坎坷之后可能迎来希望曙光,也可能再次陷入水深火热烟薰火燎的境地之中,何去何从取决于当事人自己如何认识、如何把握、如何行动和作为。

下经三十四卦的事物发展逻辑关系是这样的。"咸卦"的"咸"是无心之感,这种感应是最纯真的,少男少女的爱恋最真诚,它告诉人们谈恋爱少男应该主动些,少女居上卦,是被追求的对象,要有高不可攀的感觉,不能过于主动,如果少女自降身段,少男少女位置互换的话,咸卦就变成了损卦,双方都有损失,而少女的损失可能更大;"恒卦"是已婚男女居家过日子的生活情形,这里的"恒"是经常性、常态的意思,这时女方是家中的主角,男方主要是挣钱养家,当然倒过来问题也不大,若长男长女交换位置,恒卦则变成了益卦,也是一个不错的卦象;"遁卦"表明儿子长大了,逐渐进入人生事业舞台的中央,父亲老了,逐渐淡出了舞台,大有儿子取代老子的趋势,以此比喻属于当事人的高光时刻已近尾声,人生事业暂且遁退;"大壮卦"表明,主人公在遁世期间潜心修炼,积蓄了能量,具备了推进人生事业的强大力量。

"晋卦"表明,人生事业更上一层楼,各方面都得到了长足的提升和发展;"明夷卦"表明,人生事业遭遇了挫折,凡事都不可能一帆风顺,有晋升就有降落,有成功就有挫败,有光明就有黑暗;"家人卦"表明,家里永远是避难的港湾,人在外面受了伤,就宜在家里疗伤调养,事业如果受到重创,那么亲情就是医治创伤的最好药物;"睽卦"表明,家家都有本难念的经,在家里呆久了，潜在的矛盾就会暴露出来，家人之间容易出现隔阂，发生误会，谁也不理谁；"蹇卦"表明，家和才能万事兴，如果家人失和，那么艰难困苦就会找上门来；"解卦"表明，一切困难都会过去，一切困境总有化解的办法；"损卦"表明，化解困境是要付出代价的，可能会损失一些物质利益或需要支付一定的费用；"益卦"表明，损益是对孪生兄弟，塞翁失马，焉知非福，因益而损，因损而益，损益转换是经常性动态性的过程；"夬卦"表明，君子爱财，取之有道，人们在追求利益过程中必须坚持公平正义，坚决同小人行径作斗争；"姤卦"表明，在人生事业发展过程中，会遇到各种各样的事，遇到各种各样的人，也会遇到各种各样的机会；"萃卦"表明，人以群分，物以类聚，英雄好汉会聚一堂，就可干一番惊天动地的事业。

"升卦"表明，置身于伟大的事业和干事创业的浩荡队伍，就有可能获得升迁的机会，可能是提升职级和头衔，可能是提升事业的平台和层次，也可能是提升技艺的水平和能力；"困卦"表明，伴随着人生事业的升迁，困难也可能接踵而至，人才资源缺乏、财产资金匮乏、就学就业困难、伤残疾病、情感纠葛、对手竞争、人际关系障碍等等都可能使当事人陷入困境；"井卦"表明，处于困境中的人应当从井卦中获得启迪，井是修德之地，要涵养自己的品德，做一泓清澈的井水，甘愿奉献周边众人；"革卦"表明，当旧事物阻碍新事物发展的时候，就应当改革创新，改朝换代；"鼎卦"表明，革故鼎新，不破不立，不仅要善于打破一个旧世界，而且要善于建设一个新世界；"震卦"表明，无论是国家政权，还是家族事业，都是需要后继有人的，震为长男,是古代嫡长子继承制度的首要人选,接班人的培养和选定至关重要。

"艮卦"是作为震卦的综卦引出来的,艮卦也可代表长男的少年时期,少年长大了就得男大当婚;"渐卦"表明,少男少女的婚礼是需要经过法定的一套程序的,古代是"纳采、问名、纳吉、纳征、请期、亲迎"六个步骤,称为"六礼",现在也需要到民政部门登记履行法律手续,并且还有订婚结婚等民俗系列程序,目的是增强结婚的仪式感、责任感和庄重性;"归妹卦"反映了古代特有的媵(yìng)妾制度,也与婚姻有关,如果说渐卦讲的是普通的婚姻形式,那么归妹卦讲的就是特殊的婚姻形式,因此排在渐卦之后;"丰卦"表明,男女成家立业后,男主外,女主内,男耕女织,丰衣足食,通过辛勤劳动,获得了丰厚的收成;"旅卦"反映曾经富庶的家庭,因主人或不思进取,或不务正业,或吃喝嫖赌,或其他变故,败光了家业,被迫流落他乡的情形,这个"旅"并非像现代旅游那样惬意,而是旅居、旅寄的意思,俗话说富不过三代,正是对由丰卦转变为旅卦的家庭变故的真实写照;"巽卦"表明,站人屋檐下,怎敢不低头,旅居之人人生地不熟,只能低三下四,处处小心,遇事多顺从他人,方能勉强度日少受欺侮;"兑卦"是作为巽卦的综卦引出来的,人生不能总是愁眉苦脸的,愁是一天,乐也是一天,人生需要笑脸面对;"涣卦"表明,一盘散沙是没有力量的,团结才能产生伟大的力量,通过祭祀形式,传承先人美德、优良传统和作风,把国家、民族和家族的力量重新凝聚起来,就能改变软弱涣散落后的局面;"节卦"表明,凡事都需要节制,节卦位列第六十卦,正好与六十甲子的纪年周期相吻合,时令节气是对气象的调节,湖泽海洋是对水流的调节,节庆是对百姓枯燥生活的调节,法制是对社会矛盾和利益的调节,税收是对收入分配的调节,也可以说节卦是对涣卦涣散状态的修正和调节。

“中孚卦”表明,诚信是最受人欢迎的品格,九二爻辞说“鸣鹤在阴,其子和之;我有好爵,吾与尔靡之”,意思是说,大鹤在山的背面或树荫下鸣叫,其子女随声应和着,我这里有壶好酒,让我与你一起把它干了,我认为这是《周易》中最温馨的爻辞;“小过卦”表明,只要诚信在身,即便是犯了错误也只是小过而已;“既济卦”表明,你可以完成一项任务,完成一个工程,完成一项学业,但所有这一切都只不过是漫漫人生长河中的一朵浪花而已,不可能一蹴而就,一劳永逸,不可能毕其功于一役,所谓的成功都是暂时的,人不可能躺在以往的功劳簿上吃一辈子,只要还活着,人生事业就不会结束;“未济卦”意味着这一轮人生事业接近尾声、新一轮人生事业即将开启,生命不止,脚步不停,愿我们像毛主席说的那样,自信人生二百年,会当水击三千里。不要以为人到六七十岁就老了,也许第二期美好人生的青春时光才刚刚开始呢。

第二个传叫《象传》。“象”,是姻缘的“缘”、缘故的“缘”的右半部分。这个“象”上面是一个相互的“互”,把两头横划去掉,余下的中间部分,它像不像两排咬嗑的牙齿? 象下面部分是一个“豕”,就是猪。实际上下面的“豕”就是野猪,上面就是指代野猪的嘴,上下两排牙,很形象。这个“象”跟判断的“断”在古代是同音字,可以理解为“象”实际上是对《易经》内容的一种论断、判断、推断，作一个结论。这个字的原始意义是，野猪的牙齿非常锋利，可以在几分钟内把一棵碗口粗的树咬断，借用野猪牙齿锋利无比、坚强有力能咬断树木这种特性，把这个概念用作判断，有点铁口直断的意味，就是把判断的含义从野猪咬树中引申出来。因此，《彖辞》就是易传作者对《易经》卦名、卦义和卦辞所作的判断、推断和论断。《彖传》分上、下两册，分别对应《周易》的上经和下经，这已经是传的第二、第三册了。

接下来，还有《系辞传》，也分上、下两册。《系辞传》的"系"要怎么理解？系，其基本意思，若作动词解是悬挂、捆绑等意思，若作名词解则是带子、绳索等意思，可以理解为把某物系挂在另一物上面，叫系挂或者挂系，都可以。现在有一个音叫系（jì），是打结、扣的意思。与此有关联，但是我们仍叫系辞。系辞，直截了当地说，就是把文辞系挂在每个卦画的下面，卦画本身就是挂在那儿的一幅图画，然后再把文辞系挂在卦画的下面，用来对《周易》作进一步的解读。《系辞传》也分上、下两册，是以孔子为代表的儒家思想的集中反映。学《易经》需要了解一定的基础理论，学《系辞传》是必不可少的。其内涵丰富，思想深刻，文字优美，《易经》的博大精深也体现在《系辞传》里，所以我们学《易经》要把学卦爻辞和《系辞传》结合起来，这样可以帮助我们到达一定的深度和高度。《系辞传》是上、下两册，这样已经是第四、第五册传了。

还有《象传》。象本来是动物的名称，古代日常生活中通常能见到的最大动物恐怕就是大象了。形象、景象、现象等词都是由动物大象之"象"派生引申出来的。我们讲的《易经》卦画所代表的景象、现象，就像一幅幅画，由卦画通过大脑联想生成相应的卦象，使卦象所代表的自然现象和生活场景生动形象地展现出来。《象传》也分两册，俗称大象、小象，但在古代书面语皆称"象曰"，究竟是指大象、还是小象，要视情而定。大象是指对整个卦的景象所作的描述，小象是针对某个爻的爻辞作出的描述或说明。这是《象传》，分为大象、小象两册，这样的话已经到了第六、第七册了。

第八册叫《说卦传》，《说卦传》就相当于一部词典。也就是说，针对八个经卦，每个卦代表什么意思，在学习《易经》过程中，对某句话代表的含义不明确，或者对某个卦的含义记不起来，就可以到《说卦传》里去查，起到一个查词典的功能，查多了以后就记住了。

第九册就是《文言传》。《文言传》只有一册，但包括两部分，分别是乾文言、坤文言。这个"文言"不是我们现在所称的文言文的"文言"。此处的"文"是花纹、漂亮、绚丽等意思，这里的"文言"与现代的美文、美篇意思相近。《周易》六十四卦中只有乾、坤两卦有《文言传》，以此足以说明乾坤两卦地位之重要了，学好了这两卦便可以走进易学的大门了。《文言传》也是以孔子为代表的易传作者，从儒家思想角度出发，对乾卦和坤卦所作的系统性解读，内容丰富，文辞优美。

《易传》的最后一册是《杂卦传》，相对来讲篇幅简短，就一页纸左右，用十分精炼的语言，对各卦作了高度概括。它把六十四卦分成了三十二对，两两成双成对，通过对比方式，把每个卦的主要特点或显著特征画龙点睛般地表述出来。

11 《易经》有哪三个版本？
《连山易》《归藏易》《周易》都是什么意思？

上一篇我们讲了《易经》和《易传》的关系。《易传》实际上是七部，其中有三部是两册。分别是《系辞传》、《彖传》和《象传》，它们各两册，这就是六册了，再加上《序卦传》、《说卦传》、《文言传》和《杂卦传》，总共是七部十册。十册就相当于给《易经》安上了十个翅膀，所以一直流传到现在。下面要给大家介绍的是《易经》的三个版本。

《易经》的三个版本分别是《连山易》、《归藏易》，再加上我们现在通行的《周易》。这三个版本跟古代三位首领有关系。我们常说我们中华民族是炎黄子孙。所谓的"炎"指的是炎帝，"黄"指的是黄帝。前面两个版本的"连山"和"归藏"，跟炎帝和黄帝有关系。《周易》与周文王、周公父子有关系。下面我们分别作一个简单的介绍。

第一个版本是《连山易》。"连山"实际上是炎帝诸多称谓中的一种。炎帝是我国上古时期一个姜姓部落的首领，传说因懂得用火技能而得到王位，因而称其为炎帝，大约传位九代。炎帝是人们对他的尊称，他还有其他多种称谓，如，神农氏、连山氏、列山氏、烈山氏、厉山氏等等。《辞海》解释："神农氏，传说中农业和医药的发明者。相传远古人民过着采集渔猎生活，他用木制作耒（lěi，古代一种农具，形状像木叉。）耜（sì，古代的一种农具，形状像锹），教民农业生产。反映中国原始时代由采集渔猎进步到农业的情况。又传他曾尝百草、发现药材，教人治病。《神农本草纲目》即是依托他的著作。一说神农氏即炎帝。"《易经》与炎帝的称谓连在一起，表明《连山易》与炎帝时代的生活是紧密关联的。通常认为《连山易》的创作起源于距今5300年的炎帝时代，通行于夏朝，也就是说《连山易》在夏朝最为流行，相当于是当时治国理政的教科书。

为什么要称其为"连山"？我们从这两个字的字面上可以看得出来，炎帝时代跟"山"有着千丝万缕的联系。"连山"可以让我们联想到连绵不断的群山或者起伏延绵的山脉。当时村镇城市还没有出现，连绵不断的群山就是原始部落祖先生活的大本营，是日常渔猎生产和生活的基地，因而"山"对于炎帝时代的百姓有着特别重要的意义。《连山易》作为一部记载祖先哲学文化思想的典籍，反映了当时的社会现实生活状况，因而在《连山易》版本中，把代表"山"的"艮卦"放在了第一卦，以示突出强调"山"在先民心目中的崇高地位。

"连山"就是两座山相连，反映在卦画上，就是上卦、下卦都是"山"。"山"所对应的八卦是艮卦，两个三爻艮卦叠加在一起组成了一个六爻艮卦，它所呈现出来的卦象就是两座山连在一起的景象，用两座山相连进一步拓展为连绵不断的群山或者起伏延绵的山脉。这样我们就理解了为什么《连山易》要把艮卦放在第一卦了。《连山易》从炎帝时代一直持续到夏朝广为流行，后来随着夏朝的灭亡，《连山易》也随之消亡了。

第二个版本是《归藏易》。《归藏易》中的"归藏"，是黄帝的称谓之一。《辞海》解释："黄帝：①传说中中原各族的共同祖先。姬姓，号轩辕氏、有熊氏。少典之子。相传炎帝扰乱各部落，他得到各部落的拥戴，在阪泉（今河北涿鹿东南）打败炎帝。后蚩尤扰乱，他又率领各部落在涿鹿（今河北涿鹿东南）击杀蚩尤。从此，他由部落首领被拥戴为部落联盟领袖。传说有很多发明创造，如养蚕、舟车、文字、音律、医学、算数等，都创始于黄帝时期。现存《素问》一书，即系托名黄帝与岐伯、雷公等讨论医学的著作，相传是《黄帝内经》的一部分。黄帝又被战国时黄老学派推崇为始祖。今国人自称炎黄子孙，所谓炎黄即指炎帝与他。②中国古代神话中的五天帝之一。系中央之神。《晋书·天文志上》：'黄帝坐在太微中，含枢纽之神也。'道教尊为'中央黄帝玄灵黄老一炁（qì，同"气"）天君'。"作为部落联盟的领袖，与炎帝一样，黄帝的称谓也很多，除了上述轩辕氏、有熊氏之外，归藏氏也是黄帝的称谓之一。

从黄帝的"黄"字上可见，这个颜色是跟土地的颜色联系在一起的。可以说，黄帝的称谓也反映了那个时代的现实生活状况。我国几千年来长期处于农业社会历史阶段。土地在农耕社会里占据极其重要的地位，人们日常生活离不开大地。我国大约从黄帝时代开始逐步进入农业社会，先民们日出而作，日落而息，面朝黄土背朝天，每天都在与土地打交道。所以一般认为《归藏易》的第一卦是坤卦。六爻坤卦由两个三爻坤卦组成，上卦是一个坤卦,下卦也是一个坤卦。坤卦在大自然代表大地,两个坤卦叠加在一起,用来代表广阔无垠的整个大地。同时,坤卦代表母亲,因而有大地母亲之说。据说,《归藏易》起源于距今4800年的黄帝时代,通行于商朝,也就是说在商朝最为流行,对当时的治国理政发挥了重要作用。

有个神话传说与商朝有关。商朝的祖先是契(xiè),与契约的"契(qì)"是同一个字,但读音不同。契的母亲叫简狄,简单的"简",狄仁杰的"狄"。简狄有一次到郊外去玩,捡到了一颗玄鸟蛋。玄鸟就是燕子,玄鸟蛋就是燕子蛋。她就把玄鸟蛋吞了下去,回家后不久便生下了契,这当然只是一个神话传说。但它表明,商朝的祖先往上追溯到顶端是母亲简狄,意味着母亲在商朝有着十分突出的地位。这个神话传说也可以理解为,原始社会母系氏族时期文化的遗存,以及它在商朝社会生活中的反映。因此母亲在商朝的地位是非常高的,这跟《归藏易》以坤卦作为第一卦的地位相吻合。

第三个版本就是《周易》。《周易》前面也介绍过,它起源最早,起源于距今6500年前的伏羲氏时代,伏羲氏创造了八卦,然后一直延续到了距今3000年的周朝,由周文王、周公父子在伏羲八卦的基础上共同推导演绎了《周易》,通行于周朝并一直传承至今。当时,周文王被商纣王囚禁在羑里,他创造性地把八卦拓展成为六十四卦,并填写了卦辞。有一种说法认为,爻辞是周文王的儿子周公旦写的,他们是《周易》有代表性的作者,由于两人相隔时间很短,在历史长河中只是稍纵即逝的一个瞬间,因此把他们合二为一视同一人。据说,因《周易》具有为百姓所用的占卜功能而躲过了秦朝焚书坑儒的浩劫。

前面两个版本《连山易》和《归藏易》，到现在基本上看不到了，已经失传了。只有《周易》凭借着十册《易传》一直流传到现在，足见其生命力是非常强大的。有种说法是，《连山易》和《归藏易》的精华部分，在《周易》的《彖传》或《象传》里得到了保留和传承，这是一种令人欣慰的说法，具体怎么样也不得而知，仅供大家参考。

12 何谓爻际关系? 何谓阴阳亲比? 如何理解异性相吸和同性相斥?

　　本篇我们来分享两个概念, 什么叫爻际关系, 什么是阴阳亲比, 以及如何理解异性相吸和同性相斥现象。

　　世界上的事物都是相互联系的, 人有人际关系, 物有物际关系, 那么在一个卦画中爻与爻之间的关系就构成了爻际关系。所谓爻际关系, 具体地说, 就是一个卦画中的六个爻之间, 特别是上下卦位置对应的两个爻之间, 即初爻与四爻、二爻与五爻、三爻与上爻之间, 所呈现出来的或亲比或排斥、或配合或竞争、或正应或敌应等的现象或状态。

　　在现实生活中, 我们经常听到一句话叫"异性相吸, 同性相斥", 大家对此耳熟能详。异性之间相互吸引, 同性之间相互排斥, 这是一种普遍现象, 也是一种普遍规律。从宏观世界到微观世界, 从大自然到人类社会, 都遵循着这种普遍规律。比如说, 正电子与负电子、雄鸟与雌鸟、公马与母马、男人与女人等等, 当然这是有一定范围和有一定条件的。

　　有例行必有例外。类似异性相斥的现象也是存在的。医学上在进行人体器官移植时就存在排异反应。当不属于自身的器官,加入到身体里时,身体系统会表现出阻止排斥这一外来之物在此落地生根的倾向,这种排异现象就不是异性相吸了,这种近似异性相斥的现象也是客观存在的,可视为异性相吸规律的例外情形。因此,在现实生活中,异性相吸和异性相斥现象或状态都是存在的。

相对于同性相斥现象,还有一种类似同性相吸的现象也是存在的。比如说,铝合金或者碳素钢,不同的材料按一定的比例加工成另外一种新的材料,其坚硬度和坚韧性得到了显著增强,这就是强强联合,起到了一加一大于二的效果。如果这两种材料是不同性质的,那么它们属于异性相吸范畴;如果这两种材料都是属于同种类的金属,从中观角度考察,那么它们就属于同性相吸现象。性质大致相同的两种材料掺和在一起,其坚硬度和坚韧性都得到了成倍的强化。这不就是同性也能相互融合、相互配合、相互协调的例子吗? 实际上在现在生活中,同性相斥和同性相吸的两种现象或状态都是存在的。

我们一般讲异性相吸和同性相斥,都是有一定的适用范围和前提条件的。它们适用于什么范围? 它们往往局限于心理、感情、婚姻等方面,这些领域大多属于有生命迹象、思维活动和情感交流的特定领域。我列举上述反常现象,只作为例外的情形存在。我们对异性相吸、同性相斥的理解要灵活机动,随机应变,因地制宜,视情而定,切莫把它僵化、机械化和绝对化。

按照"异性相吸、同性相斥"的规律,把它作为考察《易经》爻际关系的原则,就能得到爻际关系的结果了。在一个由阴爻、阳爻组成的六爻卦卦画里,如果发现初爻与四爻、二爻与五爻、三爻与上爻之间, 在三对爻里, 如果一个是阴爻, 另一个是阳爻, 那么它们之间就是相互吸引的。表面上看, 阴爻阳爻是冷冰冰, 没有生命, 静止不动的, 实际上卦画就是古代圣贤用来反映解释大千世界万事万物的载体工具和手段方法, 一个爻就可以代表形形色色的人、林林总总的事物, 因而每个爻都是极富生命力、极富行动力和极富感染力的。

我们将爻际关系的"异性相吸"现象称之为"阴阳亲比"。"亲"是亲近、亲昵、亲和, 喜欢, 有好感等意思。《古代汉语词典》解释:"比", 周代地方的基层组织, 《周礼》说"令五家为比, 使之相保", 让五家为一比, 使他们相互担保。词典还载有并列, 挨着; 亲近偏爱; 近, 密等意思。词典只标了第三声一个读音, 其实在易学环境中应念第四声"bì", 它与《周易》第八卦比卦的"比"读音是一致的。如何理解"阴阳亲比"呢? 就是说, 阴爻阳爻所代表的两个主体之间相互是有心灵感应的。可以用男女谈恋爱来作比喻, 少男少女谈情说爱有种来电的感觉, 大多数人都有过这样的经历, 带着这种经历体验来理解《易经》里的阳爻和阴爻的关系就比较有感觉了。卦画中的阳爻用来代表少男, 阴爻用来代表少女, 这样你就知道阳爻、阴爻的这种爻际关系, 就如同少男少女的恋爱关系, 一日不见如隔三秋, 相互惦念, 相互吸引, 这样对"阴阳亲比"概念的理解就比较深入了。

同样, 关于"同性相斥", 怎么来理解这种关系呢? 比如说, 有两个小伙子去追求同一个女孩子, 两个小伙子之间的关系, 就是相互竞争关系, 就会相互排斥。为了得到心仪的女孩子, 两个小伙子在竞争中所表现出来的心理状态、思想态度、行为方式等，就属于"同性相斥"的现象。把这种理解引入对卦画的考察，用来理解两个阳爻之间的排斥关系，就比较形象生动和通俗易懂了。因此，从婚姻、家庭、情感这个角度来考察，两个阳爻之间就没有感应，他们之间是相互排斥的，或叫作敌应，两者势均力敌，互不响应，互不相让，相互对峙，就像战争中的敌我双方针锋相对相互对垒的状态。但是，也不要把爻际关系中的敌应关系绝对地对立起来，有时候两爻之间虽然没能正向感应，但是也能做到井水不犯河水相安无事。当同性相斥的关系尚未达到尖锐程度的时候，也能处于相对平衡的状态，只是没有主动感应、没有心灵沟通、没有积极配合而已。

如果两个爻都是阴爻，情况也相类似。比如，两个少女看中了同一个帅哥，少女之间也是一种竞争关系，这个时候两个少女之间的关系，也是相互排斥。以这种关系来理解《易经》中的两个阴爻之间的相互排斥关系，也是容易接受的。同性相斥是事物的总体态势，具体表现形式是多种多样的，应具体情况具体分析，有时是尖锐激烈的，有时是缓和稳定的，并不总是表现得水火不容、你死我活和势不两立。因此，两个阳爻、两个阴爻之间没有感应，有可能是尖锐对立的，也有可能是和平共存的，相互之间谁也不理谁，谁也不碍谁，我走我的路，你过你的桥的状态也是可能存在的。

我们现在只须记住阴阳亲比、异性相吸、同性相斥的一般原理。那就是阴阳之间是有感应的、有配合的。同性之间是没有感应、没有配合的。这样来考察卦画的时候，如果发现一对爻是阳爻和阴爻的关系，就可以理解为两个主体之间是有感情的，有感应的,有配合的,有互动的。这种"阴阳亲比"的良性关系,对于人生事业来说是一种积极因素,是可以借助利用的有益资源和有效力量,它有助于促进人生事业的稳健发展和取得成功。在分析卦画时,如果发现一对爻之间都是阳爻或都是阴爻,那么根据"同性相斥"的一般原理,当事人就不具备这样的优势,没有可用来借助的外来资源和力量,只有自力更生艰苦奋斗,依靠自身的能力和资源去努力克服面前的困难,解决面临的矛盾和问题了。相对而言,在这种情况下人生事业的发展就会显得缓慢和艰难些。

俗话说:"一个篱笆三个桩,一个好汉三个帮。"理解掌握了"阴阳亲比、异性相吸、同性相斥"的一般原理后,就要学以致用,知行合一,用易理指导实践,用实践检验学习效果,有意识地将《易经》的智慧转化为推进人生事业的智慧和能力,主动调整和改进不良人际关系,积极创建资源共享、优势互补、互通有无、合作共赢、相互成就的积极健康的人际关系。这样,《易经》必将帮助阁下成为人生的赢家。

13 何谓爻位适当?
如何理解阳爻居阳爻位、阴爻居阴爻位?

    本篇要给大家分享一个概念,叫爻位适当。我们已经讲过,六十四卦里每个卦是六个爻,爻有阴爻和阳爻,那么到底是阳爻好、还是阴爻好呢?如果没有学过《易经》的朋友,可能会发出这样的疑问。实际上阴、阳爻无所谓好坏,只有适当和不适当。具体到某个爻,无论它是阳爻、还是阴爻,它的表现是否适当,这要看爻位对它的要求。

    一个卦有六个爻,六个爻里包含着奇数和偶数,也就是说爻位有奇数的爻位和偶数的爻位。

    我们从阴阳的角度来考察数字,奇数就是阳数,偶数属于阴数,这样自然就是一、三、五三个爻,因为它是奇数,我们称它为阳爻位;二、四、六三个爻是偶数,我们就称它为阴爻位。一般情况下,《易经》倡导的最佳状态是阳爻居阳爻位、阴爻居阴爻位。阳爻、阴爻与爻位属性相适应,表明主体的行为举止是适当的,所以阳爻居阳爻位、阴爻居阴爻位的这种情况叫当位。还有一个名称叫"正",正与不正,当位就是正,不当位就是不正。阳爻居阳爻位、阴爻居阴爻位,叫当位,也叫正。反过来,阴爻居阳爻位, 或者阳爻居阴爻位, 那叫不当位, 也叫不正。

所以在《易经》里, 吉也好, 凶也好; 什么是有利的, 什么是不利的, 其中一个衡量标准或判断原则便是: 当位是有利因素, 相对来说是吉的; 不当位是不利因素, 相对来说是凶的。也可以理解为 "正" 是一个比较好的状态, "不正" 就是一个有缺陷的状态。行为举止的当与不当、正与不正, 其结果就有好与坏、适合与不适合、有利与不利、吉与凶等的差别。这些都是相对的概念, 就是这么一种此消彼长的关系。

有了这些基础知识, 我们去看卦的时候, 就可以去评价具体某个爻的行为。一个爻可以代表某个人的行为或事物状态。爻的当与不当、正与不正, 可作为对事物是有利还是不利、是吉祥还是存在一定凶险的大致判断依据。可以对某个主体在某个阶段其行为举止是否恰当作出一个评判。

我们来看一个卦画, 这个卦画叫既济卦䷾, 是六十四卦倒数的第二卦。既济, 后面的 "济" 是渡河, 前面那个 "既" 是已经完成, 也就是说已经完成了渡河的行为, 这个动作、这个行为、这个事件已经做成了。大家看, 一、三、五爻都是阳爻, 二、四、六爻都是阴爻。也就是说, 该阳的阳, 该阴的阴, 这是一种非常好的状态, 这在六十四卦里是绝无仅有的, 每一个爻位都是适当的。如果作为一个人, 相当于他一生中每个阶段、所做的每一件事, 他的行为举止和精神状态都是适当的, 从这个角度讲, "既济" 也可以理解为他的人生事业取得了成功。如果一个人每个阶段每件事其行为举止都是适当的, 都是按照客观规律办事的, 那么他的人生事业就一定能够取得成功。

相反，有没有爻位表现完全不在状态的情况发生呢？那就是把既济卦的卦画倒过来，翻转180度。一、三、五爻成为阴爻，二、四、六爻成为阳爻，正好完全相反，这个卦画实际上就是六十四卦的最后一卦，叫未济卦☲☵，"济"还是渡河的行为，"未"是尚未、没有，也就是说渡河的行为还在过程中，还没有渡过去。渡河行为正在进行，那就意味着其结果具有不确定性，也可能成功、也可能失败，努力了成功的概率很高，不努力放弃了就会失败。

把未济卦放到六十四卦的最后一卦，这是有深刻寓意的。人生事业从来都不是一蹴而就一劳永逸的，任何一件事情的完成，一个工程的结束，一个项目的收尾，都不过是漫长人生之路上的一个小站，人生事业要取得成功必须不断地累积这样的一个个人生小站，积小胜为大胜，积小善为大善，积小成为大成。事物的发展是永无止境没有穷尽的，六十四卦的最末一卦也可以视为事物发展第二轮六十四卦的开始，这样循环往复，永无穷尽，它揭示了事物发展的永恒规律。

今天我们介绍爻位的当和不当，这两个卦是两个极端的代表，既济卦是所有爻位都是当的、都是正的，未济卦是所有爻位都是不当的、都是不正的。我们在日常生活中，大多数人其行为举止的基本情况是，有时是当的，有时是不当的。如果能够做到大部分时间是适当的，爻位是正的，你的人生事业就可能比较顺畅和顺遂，就有可能达到你设定的人生目标。如果说你每个阶段多数的行为举止是不当的，也就是说你该阳的时候阴了，该阴的时候阳了，这是违反易理的，也就意味着这是违反易理所反映的天道规律的, 这样的人生事业要取得成功就会非常艰难。

　　所以我祝各位易友都以适当的行为, 在每个阶段都有适当的表现, 如此你的人生事业一定会取得不俗的业绩。

14 爻位对应是什么意思? 何谓有正应与无正应?

本篇我们分享一个概念,叫上下对应。

六十四卦是六爻卦,这个六爻卦里实际上由两部分组成,分别是上卦和下卦。这样上卦、下卦之间就形成了一个对应关系,一对一对地进行分组,上卦、下卦都是三个爻,相应的爻位构成一对爻,共有三对爻。下卦的初爻和上卦的初爻,实际上就是六爻卦里的第一个爻和第四个爻,这是一对。第二个爻和第五个爻是一对,第三个爻与第六个爻是一对。上卦的上、中、下,与下卦的上、中、下,一一对应,构成了相应的三对爻。

然后,我们来考察上卦与下卦之间的这三对爻,分清什么叫有正应,什么叫没有正应。没有正应也叫敌应,敌人的"敌",敌有个意思就是同等、相当。敌应,可以理解为两个相同性质的爻之间的对应状态,即阳对阳、阴对阴。根据异性相吸、同性相斥的原则,换句话说,敌应就是没有正应,没有应答,没有感应。反过来,有正应,就是相互之间有应答、有感应、有配合。

我们分析卦画的时候,一般来讲,有正应是一个有利因素,没有正应是个不利因素。当然,也有例外情况,比如,如果这个卦画所反映的人和事处于一种风险的状态,一种负面的不良状态,这种情况下如果有正应, 反而会使事态朝着一个不好的方向加剧发展, 这是一种例外。

我们今天讲的是指一般规律, 有正应, 是积极因素、有利因素; 敌应, 没有正应, 那是一个不利因素, 是一个消极因素。

怎么来理解有正应和无正应呢? 如果我们把一个卦画看作是一个社会的话, 上卦相当于一个社会中的管理阶层, 下卦相当于我们整个社会的基层民众。上卦与下卦的关系, 就类似于高层与基层的关系。有正应, 可以理解为上面社会管理层发出号令, 而相应爻位所代表的基层干部或百姓民众就拥护、支持这个政策, 以积极主动的态度推行实施, 就是这样的一种良性互动状态。

如果是不应, 没有正应, 就是说是一种敌应关系, 一种情况可以理解为对上面的号令、政策不理不睬、我行我素、不予执行; 还有一种比较过分的情况, 也可能是进行一种抵触、公开的反对、或者有一些言行动作进行抵抗, 等等。这样的话, 我们对有应、有正应, 或者无正应、敌应的情况就理解了。

然后, 我们以一个卦画来作一个例子, 下面是六十四卦里的蒙卦䷃, 是《周易》的第四卦。大家看, 蒙卦的初六爻与蒙卦上卦的初爻、也就是六四爻, 都是阴爻, 这样的话我们就可以说它没有感应, 没有正应, 也就是说谁也不理谁, 没有发生一种心灵上的交流、情感上的交流。

　　再来看这里面的九二爻，在蒙卦里九二爻相当于老师的定位，它是阳爻，很有力量，有点像教室里站在讲台上的老师，九二爻与上卦的六五爻是一对爻，六五爻是上卦的中位，九二爻是下卦的中位，两个爻位相对应，九二爻为阳爻，六五爻为阴爻，根据阴阳亲比、阴阳相吸的原理，我们就可以说，九二爻与六五爻有正应，表明学生和老师之间有心灵沟通，有感应，这样的教学效果就比较好。老师认真讲解，学生认真听讲，有问有答，上下互动，做好配合，这样的教学效果肯定不会太差。

　　同样，我们来看第三爻六三爻，与上卦上九爻，也是一对爻，也是阴阳关系，有正应，所以配合也是比较好的。

　　蒙卦里除了初六爻和六四爻是敌应的、没有正应外，其他两对爻都是有正应的，总体上看这个卦还是不错的，它反映了我们启蒙教育的一种状态。通过启蒙教育使少年儿童学到了知识，懂得了道理，培育了品德，成为一个对社会有用的人。在启蒙教育中多数学生与老师之间是有正应的。蒙卦的九二爻可以理解为负责教学的主要老师，上九爻可以代表辅助教学的老师，相当于督学，地位比较高，适合抓校风、校规、校纪，起到一个辅助教学的作用。传播思想品德和文化知识主要是通过九二爻这个老师，中间的这些阴爻都是学生，坐在教室里听老师讲课学习，所以这个卦画还是比较形象的。

　　只要上下有正应，这个事情就好办了。希望我们每位易友都能做到上下有感应、有交流、有配合，把我们的人生做好，把我们的事业做成，成为人生事业的赢家。

15 何为阳乘阴承？如何理解阳乘阴承
是有利因素，而阴乘阳承却是不利因素？

　　本篇我们介绍一个概念，叫"阳乘阴承"。就是这么几个字，一个是居于上面的"乘"，这是乘法的"乘"；处于下面的"承"，这是承受、承接的"承"，发音都一样，但两个意思是有区别的。这里的"阳"，指的是阳爻或者是阳爻所代表的一系列阳性事物；这里的"阴"，就是阴爻或者阴爻所代表的一系列阴性事物，但这个阴阳是相对的，它是可以转化的。

　　所谓"阳乘"，这个"乘"在这里主要的意思是占据、凌驾于某事物之上，它的位置在上面，占据了高位，或者上位，凌驾于某物之上，但没有贬义的意思，只是客观描述了它的位置，它是在上位。下面那个"承"，是继承、承接，还有承受。承，实际上是代表了他们在下位，就是阴性事物处于在下承接的地位。

　　《易经》的一个规则，或者其所倡导的一种法则，它是这样的，阳爻居上位，阴爻居下位，一阳一阴，这是一种行为模式。为什么要这么说？因为阳爻是富有创造力的，属于主动力的一方；阴爻是属于配合辅助的力量，属于受动力的一方。这样一主一辅，一个是创造的，一个是配合的；一个是主导的，一个是从属的，就是受动的，这是一种最佳的阴阳匹配模式。

《易经》就是通过观察大自然和人类社会活动，从而得出符合客观规律和实际情况的正确结论。"阳乘阴承"实际上是一种协同配合的最佳模式，是一种有利于人生事业取得成功的最佳模式。

这里要注意避免产生误解，"阳乘阴承"，乍一看好像有些男尊女卑之嫌。实际上这跟男尊女卑、性别歧视是没有关系的。也就是说，我们从性别的角色和角度，有男有女，对吧？男士由阳爻来表示，女士由阴爻来表示，这只是从性别这个角度来划分阴阳。但是，如果从其他角度，从能力、品德、贡献度等这些角度来区分阴阳，您完全可以不受性别这个角色的限制，您也可以把比较能干的女同胞视为阳爻，把善于配合的男同胞视为阴爻。

所以，在不同的领域和范围里，阴阳的角色是会发生变化的。男女在不同的场合里角色是不一样的，女性可以成为阳爻的角色，男性也可以成为阴爻的角色。

《易经》所倡导的"阳乘阴承"，这个概念和性别歧视无关，它只是一个客观的描述，把事物相对地分为阴阳两类，阳乘阴承的分工协作效果最佳。也就是说，阳爻在上，阴爻在下，这种行为模式是最为恰当的。那么倒过来会怎么样呢？《易经》认为，倒过来就将成为影响人生事业发展的一个不利因素。换句话说，《易经》倡导阳爻在上，阴爻在下，这是一个比较理想的、比较适合的一种状态，我们可以把它视为有利于人生事业的积极因素。反过来，阴爻在上，阳爻在下，相对而言就是不利因素。

我们举一个例子，可能大家会比较容易理解。比如，在一家公司里，一般情况下，公司的领导、中层管理人员能力都是比较强的，包括决策能力、组织能力、开拓能力，综合素质都是比较高的，所以我们用阳爻来表示。员工用阴爻来表示，因为员工不需要去决策，也不需要太大的开拓能力，只要能按照领导的意图、管理层的意图，把意图要求配合落实就非常好了。这种情形表明，公司上下是有正应的。这样这个公司的发展就会比较顺利。

相反，如果把这种状态反过来，领导层很弱，为什么有很弱的领导层，因为这家公司可能是个家族企业，是他们家族投资的，一个家族不能保证每一个家族成员的能力都很强，所以有时在领导层面会遇到一个弱的领导。管理层也会遇到类似问题，有的管理层负责人是关系户介绍进来的，导致管理层偏弱，而相反员工能力可能很强。在这种情况下，就是弱的去领导强的，人家自然就不服气，员工也不会听话，因而在这种状态下企业肯定是搞不好的。就是弱的去指挥强的，弱的没有决策力，没有开拓能力，也没有组织能力，强的员工自然不可能去听这种管理层的组织指挥，也就不可能有完美的配合。

因此，把"阳乘阴承"上下倒置的话，这种结构对于公司发展肯定是不利的，可以视为"阳乘阴承"的反面例子。也就是说，如果阴爻凌驾于阳爻之上，《易经》认为这是一个不正常的状态，是一个不利状态。一个有能力的人屈居于无能者之下，他的积极性、创造力受到了遏制，是不利于人生事业发展的一种状态。易经的"阳乘阴承"原理,在我们分析卦画的时候很有用,用它来指导我们人生事业实践、生产生活实践也有很重要的参考作用。

16　何谓居中有德? 六个爻分别代表哪些社会阶层?

本篇我们分享一个概念, 叫"居中有德"。

"居中有德"具体指的是下面这种情况, 在一个六爻卦里, 这个卦是由上卦和下卦组成的, 上卦和下卦各有上、中、下三个爻, 这个"中"指的是上卦或下卦里居于中间的那个爻。对于六爻卦来说, 上卦和下卦的中间爻, 分别是第五爻和第二爻。"居中有德"表明第五爻和第二爻所代表的人或事物是符合道德规范并为人们所敬重、推崇和支持的。

如果说把一个六爻卦画来比作一个社会、一个国家或整个天下, 我们古代把比国家还大的区域叫天下, 从这些行政区域来考察的话, 六个爻所分别代表的社会阶层如下:

第一爻也就是初爻, 代表百姓、知识分子。知识分子在古代叫士, 因为还没有得到提拔, 可以认为是国家的后备干部。初爻这个群体非常庞大, 处于基层位置。

第二爻就相当于诸侯国的大夫。这是诸侯国的骨干层, 是古代就整个天下和诸侯国角度而言的。按现在的情况来讲, 我们可以把第二爻代表的阶层理解为基层干部。《大学》讲的齐家、治国、平天下中的"齐家"就是指诸侯国中的大夫治理自己封邑的行政行为，而不是管理现代意义家庭的概念。齐家的治理对象不仅有庞大的家族成员，同时也包括生活在这片行政区域内的百姓。

第三爻代表古代诸侯国的诸侯。古代诸侯国数量很大，多的时候有"万国"之称，分为几个层次，设有公、侯、伯、子、男五个爵位，诸侯国有大有小，这是六爻卦画中的第三层。如果按现代社会来讲，可以理解为处于下层社会的比较有实力的阶层。

第四爻进入了上卦，到了高层，是古代"三公"级别的朝廷要员重臣。管行政的是宰相，掌握兵权的是太尉，监察百官的是御史大夫，占据重要职位，是朝廷里大权在握的显赫人物，协助皇帝统辖着行政权、军事权、监察权等等。这是第四层，也是君主身边的高层管理人员，相当于现在常委级别的人物。

第五爻是全卦的核心。有一个说法叫"九五之尊"，实际上在古代九五爻代表天子，所以百姓称周朝的君王叫周天子，第五爻是君王之位，是一个君主的位置。它主持我国古代全天下最高的国家机器运作、行政权力的运行，就是天子、君王、君主、皇帝等这一序列。

第六爻相当于退了位的君王，或者已经去世的君王。去世或退位以后，他们的精神思想还是流传了下来，并在一定时间和范围内继续产生作用。在哪里流传呢？其精神思想在宗庙里流传、记载、传承下来。所以我们把第六爻也叫"宗庙之位"。

以上就是六个爻与天下、国家和社会体系的大致对应关系。可以说，一个卦画就是一个天下；反过来，一个天下就是一个卦画。有时候层级界限并非十分清晰，层际之间可能存在模糊地带或交叉现象。比如, 三四爻之间的层际关系有时很难切分得十分清晰, 居"三公"之位的人往往都是有封地的大诸侯, 身兼"三公"、诸侯多重身份, 他究竟是以诸侯身份居于九四爻位, 还是以"三公"身分居于九四爻位很难说得清楚, 但无论是哪种身分, 他居九四爻位却是合适的。即使同是诸侯, 其影响力也是千差万别的。有的是公侯, 名震天下, 把他放在第四层并不算高; 有的是男爵声名式微, 把他放在第三层也不算低。还有些人物出身卑微却因功勋卓著而被授予高官, 他们虽不属诸侯之列, 却有可能位居诸侯之上。因此有观点认为三爻是"三公"之位、四爻是诸侯之位, 也不能说它是错的, 要允许它作为一家之言而存在。我们在实践应用时要具体情况具体分析, 灵活运用, 不可僵化。

关于"居中有德", 第五爻或者第二爻, 都是上、下卦的中位, "居中"表明居于此位的君王或基层干部品德过硬, 德行良好, 能够按照道的要求来治国理政或为人处世。一方面表明居于这个位置的人是有德行的, 另一方面也反映了《易经》的价值观, 那就是你要担任国家领导人或者基层干部, 其基本条件之一是必须要有德行, 只有具备很高道德水准的人才能胜任这些公共职位。

所以说, 德非常重要, 古代非常注重一个人的品德修养, 要求居于第五爻、第二爻位置的人具有很高的道德修养和道德境界, 因为他们的责任重大, 直接关系到老百姓的切身利益和生活状态, 因此负责治国理政的人必须是善于主持公平正义的有高尚道德的人。可见, "居中有德"是易学中很重要的理念。

我们用一个具体的卦画来举个例子。比如说比卦☰☷，上卦是坎水，下卦是坤地，称其为水地比。这个卦画很形象，全卦只有九五一个阳爻，这个阳爻就代表君王。这个"比"实际上就是亲比、亲近、团结的意思。在这个卦画里，一个君王，用阳爻表示。而相对君王而言，其他人都是阴爻，用其余五个阴爻代表全天下各阶层的百姓民众。一个君王九五之尊，居于上卦的中位，其他五个阴爻，包括基层干部六二也是阴爻，所有阴爻都跟阳爻有亲比关系，阴阳相吸，彼此感应，这个状态就是上下一心的良好状态，全天下百姓都团结在君王的周围。

《论语》里有一句话叫"君子周而不比，小人比而不周"。一般理解为君子是团结人、而不勾结人的；小人是勾结人、而不团结人的，这样的解读当然没有错。但是，结合比卦和它所反映的卦象来说，我认为孔子说这句话的时候，是结合比卦的意境有感而发的，跟现在一般的理解有所不同。

我认为，孔子的本意是九五作为君王要"周而不比"。要团结全国人民或天下百姓，包括全天下所有阶层，而不要仅仅亲比自己的家族或利益团体，也就是说九五爻不能只跟六二爻有感应，而是要与其他五个阴爻都发生感应，因为这是九五爻的责任要求，全国百姓的生活，天下苍生的安危，用现在的话来说就是百姓的幸福、民族的复兴，都是九五的职责所在，所以他要"周而不比"，要周全、周到、周密地统筹好全国人民的利益，而不仅仅是关照自己家族的利益和小团体的利益，这是第一句话的意思。

关于"小人比而不周"，意思是说，作为百姓，只要团结在君王的周围, 拥护、支持、听从君王的领导就可以了, 因为百姓没有能力周全、周到、周密地去统筹考虑全国的事务。我觉得比卦蕴含着"君子周而不比, 小人比而不周"的这么一个意境, 这样的解读算是我的一家之言吧, 对与不对请各位易友自己去评判, 认同或不认同都没有关系。

17 天、人、地三才怎样对应爻位，不三不四是什么意思？

本篇给大家分享一个概念，叫天、人、地"三才六爻规则"。

关于天、人、地有一个"三才"的说法，那么我们六个爻位和它是一种怎样的对应关系呢？《系辞下传》里有这样一段话："《易》之为书也，广大悉备，有天道焉，有人道焉，有地道焉。兼三才而两之，故六，六爻非它也，三才之道也。"

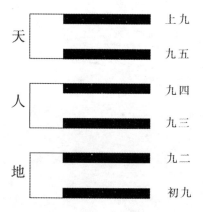

关于《系辞传》我们已经介绍过，是《易传》十册里面的两

册，分为上、下册，这段话出自下册。《系辞传》的文辞非常优美，全面深刻地对《周易》作出了概括性阐述和高度评价，生动体现了《易经》博大精深的丰富内涵，非常系统，很有深度。

这段话把它翻译过来是什么意思呢？大致意思是说，《易经》作为一部书，它所反映的对象广大悉备，也就是说宇宙中包罗万象的事物都是它的反映内容，在这部书里对万事万物表述得非常完备，其中包含着一个天道，一个人道，还有一个地道，兼顾了天、人、地三才，每一才对应两个爻，总共是六个爻。最后得出结论就是，六个爻不是其他什么东西，它讲的就是天、人、地三才之道。

"三才"就是前面讲的天、人、地，实际上是指作为生活在地球上的"人"这一主体，以及"人"生存生产生活所必需的时间、空间、气象条件和地理环境等客体。"三才之道"是指《易经》所反映的天、人、地之间的相互作用、相互依存、相互制约的关系，它揭示了三者运行、发展、变化的轨迹，这是《易经》赋予六个爻的一种人文哲学功能。

那么，三才与六爻分别是如何对应的呢？

我们从上往下看，天在上面，自然是五爻、六爻代表天，五爻、六爻所对应的就是天。这里的天是指整个无边无际的天空，天体非常浩大，涵盖整个浩瀚宇宙，把地球以外的天体都包含其中了。五爻、六爻所对应的就是这个天。

接下来，三爻、四爻所对应的就是人。因为人生活在天地之间，人是人类社会经济文化发展历史舞台上的活动主体，天、地是人的活动场所和生存条件。三爻、四爻所象征的是人的方位，侧重反映人类的活动轨迹、行为举止等等。

所以,有时候我们评价一个不怎么样的人时,经常说这个人是不三不四的,表明他的行为是不符合人的正常的行为规范的。换句话说,人的正常的行为方式应该是三是四。三爻、四爻是代表人的爻位,凡是符合三爻、四爻德行要求的行为规范,才算是正常人的行为规范。如果一个人的行为举止不符合三爻、四爻的德行要求,那么他就不能算是一个正常的人,因此贬低一个人说不三不四,说明这个人不是一个规矩的人或者积极向上的人,很可能在道德品质方面存在某些问题。

最下面的两个爻是初爻和第二爻,它们的位置在六爻里最低,因此初爻和第二爻代表大地。这样,六爻与天、人、地,以两爻对应一才的方式,分别进行了对应。这是六爻卦画就三才问题的基本划分,我称其为"三才六爻规则"。

《易经》里有很多规则,这只是N个规则里面的一个。看卦时,要知道存在这么一个"三才六爻规则",但这只是普遍规则中的一种,不是唯一的规则。什么时候采用这个规则,什么时候采用其他规则,要看卦爻所呈现的具体情境,灵活取舍,不能生搬硬套。

就像我们看问题一样,视角很多。有时候用俯视,从高处往下看,有时候是平视,有时候可能是仰视,有时候可能是侧视,视角不一样,看到的事物形状或者效果也是不一样的。

因此,我们来分析一个卦和一个爻所代表的情境的时候,你用到的是哪一个规则或哪几个规则,取决于你所要解决的是什么问题,以及你对总体情况的把握。使用不同的规则,采用不同的角度，就会得到不同的结果。以上是就"三才六爻规则"适用问题所作的一个特别说明。

下面，我们看一下乾卦，以乾卦为例做一个比方。乾卦六个爻分别对应天、人、地三个爻，我们从它的爻辞里来验证一下"三才六爻规则"。

比如说，初九、九二的爻辞，初九是"潜龙勿用"，九二是"见龙在田，利见大人"。初九"潜龙"，潜在水下的，这个区域当然属于大地的区域。九二"见龙在田"，在广阔的田野上，这还是在大地上的，所以乾卦初九、九二指向大地的特性就非常明显。

再来看看中间两爻。九三"君子终日乾乾，夕惕若，厉，无咎"，你看这个九三的主体首先是"君子"，当然指的是人，前面是龙，后面是龙，只有中间三四爻，没有龙，却出现君子，三爻代表有人类的活动，从"君子"这个主体就可以看出第三爻是人的爻位。

第四爻"或跃在渊，无咎"，"或跃"可以理解为龙在跳跃，但这个九四没有出现"龙"字，这只是一种比喻，也可以说你的人生或某个人的人生处于一个关键阶段。跳跃，跳上去就成功了，到达了上一个位阶，跳不上去就失败了，可能回到原来的位阶，或者是更低的位阶。用龙的跳跃来比喻人生的质变和升迁，目的还是为了说明某个人处于人生的关键阶段，说的是龙在跳跃，实际上讲的还是人事。当然，初爻、二爻、五爻、上爻所写的龙事也都是用来比喻人事的，但相对而言"龙"活动区域所反映出来的天、地空间环境还是非常明显的。四爻的"渊"取象于其所对应的初爻,从"渊"里跃起之时,表明此时的"龙"已经离开了大地区域,却还未及天空,上不着天,下不着地,这正是"人"的活动区域。

九五的"飞龙在天,利见大人",还有上九的"亢龙有悔",主体都是龙,"飞龙"在中、低空飞翔,"亢龙"则飞得更高,飞行区域在高空。所以,从乾卦的爻辞里我们可以感受到"三才六爻规则"的存在,考察乾卦所反映出来的天、人、地三个特点,三才的爻位分布还是比较生动形象的。

18　下主上客规则是什么意思，
其中蕴含着何种智慧？

　　本篇给大家介绍一个概念，叫"下主上客"，一个基本概念，也可以说是一个基本规则。《易经》里涉及到的"下主上客规则"是什么意思呢？

　　原来我们介绍过，一个卦，也就是我们通常讲的六十四卦，它是一个重卦，也叫别卦，是由两部分组成的，有两个单卦，也叫两个经卦组成的，分别是上卦、下卦。我们把上卦、下卦作为两个部分来考察，同时两个部分又构成一个整体。

　　如果说，我们把上卦、下卦组成的一个整体作为一个体系来考察，我们的人际关系，比如说我们经商，跟人家谈判，就有一个主客的关系在里面，包括我们接人待物，和人打交道，存在一个主客关系，谁是主人，谁是客人，应当区分清楚。有时候如果主客关系处理得不好，或者定位不准，往往会给人际关系造成一些障碍，也就是说处下来不愉快，内心不痛快，这样的话会给今后的人际关系带来困难，就可能没有今后的合作发展，就是交往不下去了，这是我们生活中经常会遇到的一种现象。

　　如果我们对《易经》的"下主上客规则"所蕴含的道理能够

领悟，而且是比较透彻的领悟了，就能对我们处理这些人际关系有所帮助。我们前面讲过，下卦是主卦，也叫内卦；上卦是客卦，也叫外卦。这样就有主客、内外、下上之别。

为什么《易经》里面把主卦放在下面，而不把它放在上面，大家也可以去思考一下，自有它的道理所在。

我们从主客的关系上来讲，主卦是主导方，是比较积极方，是主导整个局势的，或者在一个场面上起着主导作用，它的主动性、主导性特点非常明显，它是掌控整个局面的发起人，担任着主要的角色。

从另外一方面讲，上卦是客卦，所代表的对方可能是一个客户，处于客方地位，它是受动的，相对来讲是被动的，是配合主方的，是根据主方提出的意见、建议和要求来进行互动的这么一个角色。

但是，我们从双方的位置来看，主方处于一个比较低的位置，客方处于一个比较高的位置，是不是真的主方地位比客方要低呢？不是这样的，这里面蕴含的意境是一种智慧，一种道德评价或者价值导向。因为主方你是强势方，强势方在处理人际关系和接待客方的过程中，要放低姿态，让客方感受到尊重，这就是我们古人的智慧，如同水性一样，水往低处流，这叫谦德。

如果说我们一个主人，一个强势方，放低了姿态再去做事，对方的感觉就会很好。也就是说，人都有一种同理心，要设身处地地为对方着想，给对方一个面子，给对方莫大的尊重或赞誉。这样的话，在主客关系中，客方受到了尊敬，地位比较高，处于一种受到重视的地位，以这样的心态来处理主客的事情，就营造了一种良好的氛围，这是非常好的，也是非常智慧的。

当然，作为客方来讲，自己的定位也要准确，对方之所以给你一个比较高的地位，不要以为这就是真实情况的反映，这是人家客气，千万不要顺杆爬，把别人的客气当成自己的福气，用东北话说就是"说你胖你就喘"，客方一定要有自知之明。只有这样，双方才能完成一个比较完美的协作配合。

在所有的人际关系里面，主客关系是不太好相处的，这里面有复杂的客观因素和心理因素，所以《易经》要求，如果你是主方，是强势方，就一定要放低姿态，把自己放在一个比较低的位置；如果你是客方，是弱势方，是受动方，只是由于主方的客气或谦让才把你放在一个比较高的位置，但你自己一定要有平常的心态和清醒的认识，积极配合主方来完成共同的事务，这样就把合作做成了。

这里有一个失败的例子，那就是睽卦☲，叫火泽睽。火是中女或二女儿，居于上卦位置，处于客方地位；泽作为少女或三女儿，处于下卦位置，扮演着主方角色。这里矛盾就出来了。我们说，处理人际关系，如果能把少女和中女这两个关系处理好了，其他人际关系就都好处理。也就是说，少女和中女这个关系是最不容易处理的，是人际关系里面难度相对较大的一个关系。

为什么这样说？因为双方势均力敌，各有所长。少女年轻可爱，她的特点也就是兑卦的卦德是"悦"，少女活泼可爱，笑意写在脸上，人们见到少女也是心情愉悦，这就是她的特点，可爱喜悦是少女的强项，并由此带来一些任性的性格特征，但是她年轻，在家里没有地位，地位低是它的一个弱项。中女由离卦表示，离又代表火、太阳、雄鸡等事物，这些事物都有光明、美丽、漂亮等含义，所以一般来说中女是三姐妹里比较漂亮的一位，这是她的强项。而在年龄方面，她跟少女差不了几岁，也不输给少女。从地位方面讲，由于中女年纪比少女要大几岁，地位比少女要高一点。因此，在这个睽卦里面，一个比较漂亮的，地位、年龄比少女要高一点的中女，却居于一种客方的地位、从属的地位，在家政事务上受少女支配；而虽然年轻、可爱，却有些任性，容貌、资历都不及中女的少女却处于主方地位，主持着家政。所以在这样的情况下，主客双方谁也不服谁，谁也不让谁，谁也不讲究，谁也不谦让，谁也不妥协，这个关系就很容易搞僵。

所以，睽卦的意境就是这么出来的，势均力敌的双方处于一种睽违僵硬的态度。睽卦的卦、爻辞，在于提示人们如何预防睽违情况的发生，以及怎么去破解这种睽违局面。这是从一个反面的卦象去阐述正面的义理。睽卦卦象所反映出来的情境，可以视为主客关系处理不当的案例。可见，正确理解并运用"下主上客规则"，对于开展正常的人际交往实践有着重要的指导意义。

19 什么是阳卦、阴卦? 何谓卦主, 如何确定卦主?

　　本篇向大家介绍两个概念, 什么是阳卦、阴卦, 何谓 "卦主", 以及如何确定卦主。

　　先介绍阳卦、阴卦的概念。按照卦的性质来划分, 我们可以把卦分成阳卦和阴卦, 这是针对三个爻的八卦而言的。一共有八个卦, 分成阳卦和阴卦两大类, 八卦对开, 便有四个阳卦、四个阴卦, 应该说这是比较好理解的。

　　我们从八个卦所代表的八口之家里就可以看出来, 四个阳卦分别是乾卦, 代表父亲; 震卦, 代表长男; 坎卦, 代表中男; 艮卦, 代表少男。从家庭成员的性别里可以看出来, 这四个卦就是阳卦。

　　《系辞下传》里有一句话说 "阳卦多阴"。它指的是代表长男、中男、少男的震卦、坎卦、艮卦, 这三个卦里阴爻有两个, 而阳爻只有一个, 按照 "物以稀为贵" 原则, 确定这个卦的性质是少的那个。比如说震卦, 上面两个阴爻, 下面一个阳爻, 阴爻有两个, 阳爻却只有一个, 而这个卦实际上是个阳卦, 这就叫 "阳卦多阴"。其他阳卦也是这样, 坎卦是中间一个阳爻, 两边各一个阴爻, 阴爻比阳爻要多, 但物以稀为贵, 决定这个卦的性质是少数的阳爻。艮卦的情形也是这样，上面一个阳爻，下面两个阴爻，同样艮卦也由少数阳爻来确定它的属性是阳卦。

　　四个阳卦中，乾卦的情况比较特殊，三个爻都是阳爻，把它列为阳卦应该没有疑义，但乾卦不适用"阳卦多阴规则"，可把它作为特例看待。震卦、坎卦、艮卦等其他三个阳卦都符合"阳卦多阴规则"。《系辞下传》说："阳一君而二民，君子之道也。"这里的"阳"指阳卦体系，一君，就是一个阳爻代表一个君主或君王；二民，就是两个阴爻代表民众，受君子领导，震卦、坎卦、艮卦所体现的组织结构便是：一个君主领导两个民众。这是一种比喻，具有象征意义。君主是少数，民众是多数，少数领导多数，这种一君二民的组织体系是正常模式，《易经》把它归结为君子之道。

　　阴卦的情形正好与上述情形相反，也比较好理解。《系辞下传》说"阴卦多阳"，"阴二君而一民，小人之道也。"坤卦代表母亲，因为三个爻都是阴爻，自然属于最典型最特殊的阴卦了，但坤卦不适用"阴卦多阳规则"，可视为例外情形。巽卦代表长女，上面两个阳爻，下面一个阴爻；离卦代表中女，两边两个阳爻，中间一个阴爻；兑卦代表少女，上面一个阴爻，下面两个阳爻。除了坤卦作为特例毫无疑问地列为阴卦外，巽卦、离卦、兑卦等三个卦都是符合"阴卦多阳规则"的。阴卦的组织形式和行为方式是两个君主领导一个民众，两人都要当头目，各不相让，互不妥协，《易经》认为这便是小人之道。这样的话，我们就把三个爻的八卦分成了四个阳卦和四个阴卦。

　　我们在搞清阳卦、阴卦概念的基础上，再来理解"卦主"

这个概念就比较方便了。卦有卦主, 主人的"主"。一个卦, 有经卦, 也有别卦, 三爻卦也好, 六爻卦也好, 都有一个主要的爻, 我们称其为卦主。

八个经卦的卦主比较好认, 比如说乾卦, 三个都是阳爻, 代表天、父亲、君王等等, 哪个爻是卦主? 我们已经介绍过"居中有德"的概念, 有德者堪担重任, 这样我们就将乾卦的中间这个爻认定为该卦卦主, 那其他三个阳爻呢, 震卦、坎卦和艮卦, 当然就是以"物以稀为贵"的原则来确定卦主, 阳爻是三个阳卦的少数派, 这个阳爻决定着这个卦的性质, 自然也理所当然地成为了该卦的卦主, 因此震卦的初爻、坎卦的中爻和艮卦的上爻, 就是这三个卦的卦主。

与阳卦的上述情况相类似, 阴卦的卦主自然也是好理解的。坤卦代表母亲, 按照"居中有德"原则, 坤卦中间那个爻即是卦主, 巽卦、离卦和兑卦, 按照"物以稀为贵"原则, 阴爻是它们的少数派, 决定着三个卦的性质, 自然而然地这三个阴爻便是它们的卦主, 巽卦的初爻、离卦的中爻、兑卦的上爻, 分别是这三个阴卦的卦主, 因此认定八个经卦的卦主还是比较容易的。

那么, 在一个六爻卦里怎么来确定卦主呢? 一般情况下它有几个大的原则用来认定卦主, 仅供大家参考, 这是一般性原则, 不能绝对化。在一个六爻卦里, 我们先看一看, 在六个阴爻、阳爻里, 是否存在阳爻很少或阴爻很少的情况, 如果有这种情况, 那么按照前面讲过的"物以稀为贵"原则, 这六个爻里唯一的那个阴爻或阳爻, 就是该六爻卦的卦主。

比如说，小畜卦☴☰，风天小畜，小畜卦里只有六四一个阴爻，就可以认定六四爻就是小畜卦的卦主。再比如说，比卦☵☷，水地比，只有九五一个阳爻，其他都是阴爻，那么这个九五就是比卦的卦主，这个比较好认。

有的情况是，一个六爻卦中存在两个阳爻或两个阴爻。在这种情况下，可以在两个阳爻或两个阴爻里去找该卦的卦主。比方说，蒙卦☶☵，山水蒙，有九二、上九两个阳爻，按照"物以稀为贵"原则，就是说可以认定这两个阳爻是卦主，一个是主要卦主，另一个是次要卦主。两个都是卦主，怎么来确定它们的主次呢，可以看它们的爻位是不是中位。如果是中位，则按照"居中有德"原则，更适合作主要卦主。蒙卦九二在下卦的中位，所以可以认为是主要的老师、班主任，是这个卦的主要卦主；上面上九地位比较高，年纪比较大，可以认为是督学、抓校风校纪的校长，可以认为是次要卦主。这样的话主次就分出来了，虽然两个阳爻都是卦主，但有主有次。

还有一个认定卦主的原则是，如果爻辞里有与卦辞相同的内容，基本上可以认定这个爻就是卦主。比如说，屯卦，水雷屯，屯卦卦辞有"利建侯"之说，它的初九也有"利建侯"的表述，爻辞和卦辞里有相同的内容，那么就可以认定初九即是屯卦的卦主。

其他情况下，如果说不好区分谁是卦主，一般要考虑从该卦的第五爻、第二爻中来认定卦主，因为这两个爻分别是上、下卦的中爻，而且第五爻是全卦的核心之爻、君王之位。如果还不能认定卦主，再看看第五爻、第二爻当位不当位、正与不正。如果是九五, 阳爻居阳位, 如果是六二, 阴爻居阴位, 则宜作为卦主的有利因素来考量。当然以上这些都是认定卦主的一般原则。

具体在确定卦主的时候要结合多种因素, 要搞清楚一个卦想要表达的主题思想, 也就是该卦的中心思想, 哪个爻的爻辞与这个主题或中心思想联系最为紧密, 哪个爻最能反映整个卦的主旨, 就应当确定哪个爻为卦主。总之, 卦主的确定, 仁者见仁, 智者见智, 也不一定非得千篇一律。但是, 正确地认定卦主, 对于正确把握整个卦所要表达的主旨意境是有好处的, 全卦的表述基本上是围绕卦主来展开的。所以我们说, 抓住了事物的关键, 就等于把握了事物的整体。对 "卦有卦主" 这个基础知识, 建议大家了解一下, 希望对大家学习《易经》有所帮助。

20 六个爻位各有何特征? 人生事业六个阶段各有什么特点?

本篇为大家介绍一下"爻位特征",这也是我们学习《易经》时需要了解的一个基本知识。

我们说六十四卦每卦共有六个爻,六个爻相当于我们人生事业的六个阶段。也就是说,从万事万物的产生、生长、壮大到高潮,然后再到持续发展、衰落,直到结束,就是这么一个过程。人生是这样,万事万物也是这样。这样六个爻就相当于反映人生、事业、万事万物从产生到衰亡的整个过程。六个爻就是人生事业的六个不同阶段,每个阶段的特征是不一样的。所以,如果我们了解了六个爻的阶段性特征,反过来就能指导我们的人生事业,这就大有益处了。

六个爻各有什么特征? 有那么六句话,应该是比较好记的。"初难知,上易知;二多誉,四多惧;三多凶,五多功。"大家看一下,这是六个爻的特征,我们用它来对照我们的人生事业各个阶段,可以引发思考,获得启迪。因为《易经》是对客观规律的一种概括、一种总结、一种体验,我们通过学习《易经》了解掌握了这种客观规律,并用它来有意识地指导我们的人生事业,这就是《易经》的价值体现。

　　下面,分别介绍一下。有一句话说,人生就是阶段性的调整。就是说,人生事业的每个阶段对人的要求是不一样的,我们的人生事业要根据每个阶段的特点来进行适当的调整和有针对性的应对。这样的话,就有利于我们的人生事业走得更加顺畅,走得更快或者更远。

　　第一个阶段叫"初难知",应该比较好理解,比如说,一棵小树苗刚长出来的时候,今后能不能成材很难说,有可能夭折了,或者被人拔掉了,或者因营养不良枯萎了,或者被牛羊吃掉了,等等。从人生来看,一个小孩今后能不能成大器,小的时候未必能看得出来。有一句话说"小时了了,大未必佳",但有时又说"三岁看到老"。这两种现象都是存在的。从一般情况来讲,小的时候很难看出来一个人今后有多大成就。多数人看不出、想不到今后能成为多大的一个人物。不少大人物小的时候是很普通、甚至是非常平庸的,这说明"初难知"的现象是客观存在的。

　　再比如说,我们常说"丑小鸭终将变成大天鹅",这是因为最初这只小天鹅是混杂在鸭子群里的,鸭子长得都很正常,唯独这只小天鹅长得很另类,甚至不如鸭子好看,所以被人们误认为这是鸭子里面长得最丑的小鸭。其实它是一只天鹅,小的时候看起来很丑,但是今后长大了就能在天空中展翅翱翔,这是鸭子做不到的。然而,在它们小的时候,天鹅和鸭子并没有本质的区别。再比如说,龙与蛇也存在类似情况,小的时候龙跟蛇差不了多少,当龙蛇混杂群居的时候,不太容易知道它今后是一条龙、还是一条蛇。为此"初难知"的特点还是不难理解的。

"上易知"，这是指上九或者上六，事物已经发展到第六爻的阶段，快终结的时候。作为一个人生快结束的时候，作为一个公司快关门的时候，人们会比较关注这个人取得什么成就，这个公司做了哪些业绩。在这个阶段，回过头去梳理一下一路走来取得的成就和业绩，这是人们经常会做的事情。因此"上易知"的特征也是比较容易理解的。

"二多誉"，从人生来看，相当于二十几岁大学毕业了，到机关工作，到企业工作，经过几年努力，慢慢地崭露了头角，在单位起到了一个骨干的作用。这个时候就会受到领导的表扬、同事的赞誉，所以"二多誉"这个特点也是比较明显的。包括植物、动物长到第二阶段的时候，长得很好看，状态很好，大家见了都会夸赞。这是"二多誉"的特征。

"三多凶"，事物发展到第三阶段，人生比较成熟了，事业取得了初步成效，听到来自别人的赞美多了，获得的奖励、荣誉也比较多了，自我感觉越来越好了。结合人性的弱点和人生的规律，这个时候人容易骄傲自满，容易自以为是，觉得自己与众不同，非常了不起。许多人栽跟头都栽在第三阶段，所以这个阶段特别凶险，风险因素在急剧增加。既有上述自身的主观因素，也有客观的因素。树大招风，枪打出头鸟。事业有了成就就必定会招来竞争对手或嫉妒者。不少名人都是在这个阶段没有把握好，成为众矢之的，一下子从神坛上跌落下来，摔得鼻青脸肿的，现实生活中有许多这样的例子，这说明在"三多凶"的第三个阶段，防范风险非常重要。

"四多惧"，恐惧的"惧"，第四爻的人通常是君王身边的人，地位很高，岗位很重要，在老大的身边，在"一把手"的身边。俗话说，伴君如伴虎，这个位置虽然很重要，但风险也很大。说话、办事时时事事处处都得小心，一旦说错话、发生了差错，其后果具有放大效应，往往不堪收拾。因此，在这个位置上的人必须战战兢兢，如履薄冰，小心谨慎，处事周全，只有这样才能避祸，否则可能性命难保。所以"四多惧"是第四爻的特征。

"五多功"，第五爻是核心之爻，君王之位，是系统里的老大，一个企业的老总，一个单位的"一把手"，全国的君王。人生处于第五爻位的时候，他是整个系统的权力顶峰，享有各种资源调配的权力，但同时权力与责任是相应的，权力大责任也大，因此九五的职位不是一般人能够胜任的，其重要性不言而喻。我们经常听到这样的说法，之所以取得这么大的成绩，要归功于"一把手"的正确领导。虽然有些拍马屁的味道，但也不是没有道理。事实的确这样，没有一个好的领导，下面要取得好的业绩是非常困难的。可以说"五多功"也一定程度地反映了客观现实。只要领导有方，没有发生重大失误或颠覆性失误，下属在工作推进、事业发展过程中取得了良好业绩，把归功于领导作为其中的一个重要因素，我觉得还是说得通的。这样"五多功"也是比较好理解的。

21 为何用"九"代表阳爻、用"六"代表阴爻?

本篇向大家介绍一个概念, 叫"六阴九阳"。

六阴九阳, 这是我们学习《易经》经常遇到的概念。也就是说, 我们所称的阴爻用"六"来表示, "六"代表阴爻; 我们所称的阳爻用"九"来表示, "九"代表阳爻。因此有初六、六二、六三、六四、六五、上六; 初九、九二、九三、九四、九五、上九这么一说。为什么用"九"来代表阳爻、用"六"来代表阴爻? 有几种说法, 我在这里做一个介绍。

第一种说法。我们说前五个自然数是一二三四五, 这五个数字是所有自然数里最基本、最基础、最常用的五个数字, 其中包含两个部分, 分别是奇数和偶数, 奇数一三五, 那么我们把一三五加起来是多少呢? 九。也就是说, 五个基本自然数里的奇数之和为九, 而奇数属于阳数, 所以用数字来表示阴阳爻的时候, 我们就用"九"来代表阳爻。那么, 大家也自然可以联想到, 五个基本自然数里的偶数是二四, 二四相加就为六, 因为偶数属于阴爻, 所以就用五个基本自然数里的偶数之和"六"来代表阴爻。我想这是最简便的记住为何用"九""六"代表阳爻、阴爻的方法。这是第一种说法, 应该说还是比较简单的, 也好理解。

　　第二种说法。我们从乾、坤两个经卦卦画里来找依据。从八个经卦中，坤卦三个爻均为阴爻，是最阴的卦，坤卦最能反映阴爻的特征，用坤卦的元素来给阴爻命名具有代表性。我们数数看，坤卦有几段线条，六段，所以用"六"来代表阴爻也是有道理的。同样，八个经卦中最阳的卦是乾卦，三个爻都是阳爻，乾卦最能代表阳爻的特性，所以用乾卦元素来给阳爻命名也是顺理成章的。可是乾卦只有三段线条，按上述逻辑推论，岂不应该用"三"来代表阳爻？但是大家别忘了在《易经》里面有一个规则，叫做"以阳统阴"。因为阳爻是主动力，阴爻是受动力，《易经》主张由阳爻统领阴爻。阳爻元素、阴爻元素存在于同一个系统内，两者是相互联系、相互依存、相互配合、相互作用、相互转化的。如果将两者完全割裂开来，那么两者都将不复存在。在一个体系里，阳爻起着主导作用，居于支配地位；阴爻起着配合作用，处于从属地位。它们是一对不能分离的最佳搭档，但是两者的地位和作用是不一样的。所以我们说阳爻数值的时候，应当包含阴爻的数值。也就是说，把乾卦的三段和坤卦的六段加起来的数值来代表阳爻，两者之和是多少段？三加六当然就是九了，因此用"九"来代表阳爻，这种观点也是有道理的，这是第二种说法。

　　第三种说法。《系辞上传》里介绍了一种占卜的方法，叫揲蓍布卦法，比较经典。孔子是精通占卜的，很可能用的就是这套方法。我正确地掌握了这套占法，并且能够熟练运用，经过多年的实践，解决了朋友们的许多疑难问题，取得了非常好的效果，我觉得这套占法非常有用，有很大的实用价值。当然占卜不是迷信，而是一种预测的方式、方法和手段，它就是一个工具、平台和载体。这套占卜方法用五十根签，也叫蓍，经过一番复杂的运作分别产生六个爻，每产生一个爻的最后结果是四个数字里面的一个，这四个数字分别是：六七八九。大家看，两个奇数分别是七和九，奇数就是阳数，因为阳数是往上走的，如果说七代表一般的阳爻，那么九是这两个奇数中最大的，与一般阳爻比，它更阳，因此用"九"来代表阳爻，更能反映阳爻的特征。同时，这四个数字里六和八是偶数，偶数代表阴爻，阴性的事物是往下走的，越往下走越阴。如果说八代表一般的阴爻，那么六比八更阴，更加具有阴性事物的特征。所以以"六"来代表阴爻是比较恰当的。

我认为这三种说法都有道理，都比较靠谱，可用来解释为什么用"九"和"六"来代表阳爻和阴爻，说明它的背后都是有数字规律支撑的，也比较符合社会现实情况，体现了很强的客观性、现实性和指导性。

然后，我们用一个实例来说明"六阴九阳"这个概念在现实生活中的应用。夏至这一天在一年中白天最长、黑夜最短，白天和黑夜之间的时间比，正好符合阳爻和阴爻的数值之比，九比六，把它约数后就是三比二。我们知道地球自转一天360度，夏至这天白天是216度、夜晚是144度。乾卦代表白天，坤卦代表夜晚，因而又有乾之策216、坤之策144的说法。乾、坤各六个爻，如果将策数平均到每个爻，那么阳爻为36策、阴爻为24策，阳爻、阴爻策数比例约数后也是三比二。由此可以推算出六十四卦的总策数，总共192个阳爻、192个阴爻，阳爻、阴爻策数之和是11520，这也就是"万事万物"名称的来历。大家有兴趣的话自己可以去推算一下。《易经》是古代圣贤对客观事物和客观规律的观察、总结和反映。阳爻与阴爻的数值比例，对于人们在现实生活中如何妥善处理阴性事物和阳性事物的关系，也许具有启迪作用。究竟是五五比例叫阴阳平衡，还是四六比例叫阴阳平衡，可能不是道简单的选择题，需要具体情况具体分析，至少《易经》为我们打开了另外一种选择的思路。因此，我们说《易经》是很有实用价值的，几千年的经典能流传到今天，足见其生命力之强大，同时也说明它对老百姓是有用的。如果能用《易经》的思维来指导自己的人生事业，就可以使我们少走许多弯路。在此，我祝愿大家从《易经》中得到更多的人生智慧，从而使我们的人生事业更加顺畅更加成功。

22 《易经》的吉凶有多少等级？

本篇我们来分享一个《易经》的概念，叫"吉凶等级"。

《易经》学派不同，对吉凶的等级划分也有所不同，总的来说是大同小异，有九个等级，也有十一个等级。

十一个等级分别是：元吉、大吉、吉、亨、利、无咎、悔、吝、厉、咎、凶。处于中间的是"无咎"，可以理解为这是中间状态，不好不坏。它前面的是吉祥的，比较吉利的，属于比较好的、正面的一种状态，分为五等，即"元吉、大吉、吉、亨、利"，这是吉的五个等级。它后面的是凶的范畴，按照从轻到重的程度，也分为五等，即"悔、吝、厉、咎、凶"，属于负面的。这样的话，以"无咎"作为一个中间状态，前面吉祥五个等级，后面凶险五个等级，还是比较平衡的，这是按照十一个等级来划分吉凶的情况。

还有一种九个等级的划分方法也说明一下，大家了解一下就可以了。九个等级，就是把前面三个吉视为一个等级，统称为"吉"，吉祥之意，实际上吉的程度还是有点区别的。为了便于大家理解，而且考虑到吉凶之间的平衡状态，我想还是吉凶各为五个等级比较好，吉五等，凶五等，中间是无咎，这样比较平衡一点，大家也容易理解。

"元吉"是最好的一种状态。元，我们说元旦、纪元，就有开始的意思，因此元吉也可以理解为这个事情从一开头就很吉祥，可能一直持续到最后都是吉祥的一种状态，可以理解为最为吉祥的状态。"大吉"好理解，吉祥程度是比较大的。"吉"可理解为吉祥里的普通状态，多数的吉祥是这种状态，当然也是很好的。"吉"都是很好的。"亨"，就是通达。我们说绍兴有个咸亨酒店，鲁迅的作品里写到了咸亨酒店，"咸"就是全、都等意思，"亨"就是通达，"咸亨"就是所有事务全部通达、诸事皆顺。做事通达，意味着事情进展比较顺利，容易成功。这个"利"在《易经》里一般解释为适宜，为便于人们理解，你也可以理解为有利于、有益、利益等，这些意思都是有关联的。如果说事物都处于一种适宜的状态，那就是一个比较好的状态，这对于人生事业来说当然是有利的，很可能会因此获得利益或好处。

"无咎"的"咎"跟凶险五个等级里的第四个"咎"意思相同，"咎"就是灾祸，"无咎"就是没有灾祸，没有灾祸可以理解为不好不坏。我们人生的状态多数情况是不好不坏，"无咎"应是常态。如果我们把"无咎"作为人生追求的终极目标，这也是非常不错的，因为人生不如意事十有八九，一辈子能做到"无咎"已经是非常难得的了。

然后，"凶"的五个等级里，"悔"的凶险程度是最轻的。乾卦的上九爻辞"亢龙有悔"，还好这个凶险程度不是很重。悔是悔恨、后悔、遗憾等意思。世上没有后悔药，人生难免会发生些后悔、懊悔、悔恨的事，好在只要不发生遗恨终身、后悔一辈子的事，一般性后悔的事很快就会过去，对人生的影响是轻微的、暂时性的。这里记住"悔恨"的意思就可以了。"吝"，实际上是指小灾、小难。"吝"字由文、口组成，它的本身意思是吝啬的意思，嘴上说得好听，而实际上是口惠而实不至，结局往往会产生些后遗症的，这里我们记住"耻辱"的意思就可以了。自取其辱当然有些自作自受的意味，若是无辜受辱，的确是种很不好的感受和体验，但问题不是很大，结果还不太严重。"厉"是凶险里的中等程度，这个风险因素就比较高了，就比较危险了，所以我们记住"厉"就是危险。这是《易经》里需要引起特别注意的警示语。"咎"是代表灾祸，如果说"厉"是一种潜在的风险，那么"咎"可以说已经既成事实了，处理起来也颇为棘手。"凶"当然就是凶险，风险程度是最高的，是要极力防范、倍加小心的，这也好理解。以上即是吉凶十一个等级。

无论是十一个等级，还是九个等级，大多数判断吉凶的标准都是一致的，情况大同小异。为什么说我们要趋吉避凶？《易经》教给我们的是人生的一种道理、一种哲理，或者是一种天体运行的、自然运行的、社会运行的规律。如果能按照客观规律去做，事情就容易成功，就有可能是吉，或者吉的成分更大一点。当然，如果说违反了自然规律、社会规律就会凶。所以《易经》讲的吉凶，只是一种价值取向，引导你趋吉避凶。因此，不要把它理解为一种迷信，迷信就变成宿命论了，这是有害的。吉凶一般都是作为占卦的结果，来协助我们判断这个事情的趋势是吉、是凶、还是无咎的状态。它是帮助我们来决策的，或者是去调整我们的行为方式，使事情朝着更有利、更好、更吉祥的方向去推进。

　　吉和凶不是一成不变的，它是互变的。你面临一种凶的状态时，只要操作得当，就能转危为安、转凶为吉。相反，在吉的状态下，你如果盲目乐观、疏忽大意，或者放纵放任，风险因素就可能很快增长，极有可能出现变吉为凶的情形。所以吉、凶是动态的、可以相互转化的。

　　《易经》里的占卜，是一种预测活动，是一种方法论，并不是不能改变的一种宿命论，更不是迷信。既然是预测，就像我们现在的天气预报那样，虽然用科学技术手段进行预测，但仍然可能出现不准确的现象。《易经》占卦也是一样，这种预测有时是准确的，有时是部分准确的，有时是不准确的，它只是供人们决策时参考。其效用也是因人而异，对于道行高的占卜者和层次高的求占者而言，占卜的预测作用是非常大的。

　　孔子有一句话叫"吾百占而七十当"，意即孔子占了一百次，有七十次是有效的。也就是说，我们通过占卜的手段，对事物发展态势、吉凶状况进行预测，准确率或有效率可以达到百分之七十左右。当然，有效率的高低跟占卜者道行有很大关系，道行高可以高于这个比例，道行低甚至连百分之五十都达不到，这样的预测就没有太大的意义了。

　　所以占卜只是一种平台、载体和工具，只是预测的方式、方法和手段，它不是迷信，占卜结果你可以相信，也可以不相信。如果说你相信它，占到一个凶的结果，你可以通过有针对性的措施、正确的行为，对凶险的可能性进行改变或弱化。如果占到的是吉的状态，你也要小心谨慎，防止因疏忽大意使事情朝着凶的方向转化，因为吉凶是动态转化的。我们懂得了吉凶互变的道理，再加上谨慎、稳妥地按照规律去行事，人生事业的成功概率就会大大提高。

23 何谓综卦（覆卦、镜卦），何谓错卦?

本篇我们来介绍两个概念，叫"综卦"和"错卦"，这是《易经》里的两个基本概念。

我们先来介绍一下综卦。综，综合的"综"，错综复杂的"综"，也就是一个绞丝旁、一个祖宗的"宗"。综卦另外还有两个名字叫"覆卦"和"镜卦"。覆，天翻地覆的"覆"，倒过来、扣过来那个"覆"，综卦也叫覆卦。综卦还叫镜卦，这跟镜子里所呈现出来的影像的反向性有很大关系。所以实际上综卦、覆卦、镜卦三个不同的名称都指向相同的意境，三个意思是有关联的。你理解了三个意境，然后把三个名称作为一个体系来记就记住了。

平时一般讲得比较多的是综卦这个概念。综，绞丝旁，说明这个字跟古代的织布是有关系的，它是织布机上的一个部件，这个部件起什么作用呢? 因为织布的丝线有经线和纬线之分，织布时经线上下交织，纬线穿梭其中，循环反复无数次后就形成了布，所以综实际上就是控制经线上下交换位置的这么一个部件，或者说是一个机关，两排经线忽上忽下，位置在不断地颠倒置换，于是这个"综"字就有了上下颠倒的意思，用它来表述综卦的概念是最为生动形象的。覆,天翻地覆的"覆"、颠覆的"覆",也蕴含上下翻转颠倒的意思,也就是把一个物件翻转过来的情形。

然后是镜卦,镜是镜子的"镜",在日常生活中我们几乎每天都会照镜子。如果把一张卦画挂在墙上,将一面镜子镜面朝上、与墙垂直地放在卦画的下面,那么镜子里呈现的卦画是倒过来的,用墙上的卦画与镜子里的卦画所呈现的颠倒180度的关系,来理解综卦的概念,也是直观生动的。通过上述介绍,大家对综卦的概念应该是有所理解了。

举个例子,这是家人卦䷤,风火家人,对不对?如果把它倒过来,综卦就是把它倒过来,把家人卦卦画倒过来后,就不再是家人卦了,而是变成了另外一个卦火泽睽。大家看看,家人卦倒过来就变成了睽卦䷥。《易经》里有六十四个卦,我们观察卦画的时候,可以把它看作三十二对,家人卦和睽卦就是一对综卦。《易经》六十四卦的排列规律,一般情况下是相综排列,或者多数情况下都是综卦排在一起的。为什么要综卦排在一起?因为一对综卦之间的关联度非常密切,两者在一定条件下能够相互转化。

家人卦,风火家人是一种很好的寓意,风吹火旺,或者上面是柴火,下面用火把它点着了,家里就有了烟火气,家里人气兴旺,用火旺来形容家庭兴旺发达,这是一种很好的意境,这是家人卦透露出来的信息。但是,我们说卦是会变的,综卦就是它发生变化后容易出现的一种状态。从哲学意义上来看,综卦相当于我们从不同的角度来看一个事物。我们常常听到有关庐山的一句话"横看成岭侧成峰"，表明观察的角度不一样，得到的景象就不一样。看卦也是这样，你站在不同的角度去看，得到的卦画是不一样的，相应地卦画背后的卦象也就不一样了，因为卦象是由卦画来决定的。

综卦的概念相当于你是从不同的角度来观察事物，可能是在它的上面，也可能是在它的下面；可能是在它的左面，也可能是在它的右面。从不同的角度来观察一个事物，所得到的景象和结果是不一样的。

我们去欣赏庐山的风景，角度不一样，你看到的景象、景色就不一样。《易经》就是通过卦画之间的卦际关系把这个原理体现出来，提示大家观察事物时一定要从不同的角度，站在不同人的立场，多角度、多维度、多路径地去观察，这样得出来的结果就比较完整，比较客观，比较可靠。

在家人卦和睽卦这对综卦中，家人卦是风火家人的良好状态，火越烧越旺，家里有烟火气。但是，家里并不总是和谐的，家庭关系如果处理得不好，家人卦就很容易转变为睽卦。睽卦就是家人之间生气了，谁也不理谁，产生了分歧与隔阂，相互不通气，处于冷战状态，这是家庭生活里经常会发生的现象。为了我们的生活更加和谐美满，就要事先防范并努力避免睽卦情境的出现。一旦遇到睽卦的这个情形，也要根据综卦转化原理，采取有针对性的措施，让睽卦的状态尽快回复到其综卦家人卦的状态。

下面介绍一下"错卦"的概念。错卦的"错"指的是阴阳相错、交错的情形，错卦通常是一对卦。也就是说，在一对卦画中，在这个卦里是阳爻的地方，在另一个卦里就是阴爻；在这个卦里是阴爻的地方，在另外一个卦里就是阳爻。如果将一对错卦重叠起来的话，每个爻都是阴爻阳爻的复合体，每爻的阴阳都是平衡的。大家看一下中孚卦☲，大家想一想，结合刚才讲过的综卦，中孚卦倒过来还是中孚卦，也可以理解为中孚卦是没有综卦的，因为它是具有对称性的卦，对称性的卦你怎么倒还是它原来那个样子，所以对称性的卦是没有综卦的，相应地它的排列就没法进行相综排列了。

在六十四卦里，没有综卦的卦，也就是对称性的卦，它的次序是相错排列的。比如说，第六十一卦中孚卦，第六十二卦小过卦☲。大家看这两个卦，中孚卦阳爻的地方，在小过卦就是阴爻；中孚卦阴爻的地方，在小过卦就是阳爻，呈现出非常明显的阴阳交错的特征，相错排列的情形可视为《易经》卦序中的特例。从哲学意义上看，我们怎么来理解它、怎么来运用它呢？我们可以理解为站在对方的立场上来看问题。比如说，我们遇到了一个矛盾或隔阂，情况比较复杂尖锐，双方势均力敌，针锋相对，僵持不下，谁也不愿作出让步，导致矛盾久拖不决，难以调和，难以了结。这个时候你就可以运用卦际关系中的错卦原理，要站在对方的立场上来看问题，想办法，找对策，这样双方就有了一个同理心，有利于形成共识共情，从而合情合理合法地解决好双方之间的矛盾和问题。

前面讲过主客关系，相当于矛盾的甲、乙双方，或者主要矛盾和次要矛盾，包括主要矛盾方面和次要矛盾方面等。如果你能够做到换位思考，站在对方的立场上来看问题，这样双方的认识就有可能趋于一致。这就是错卦原理在我们现实生活中的应用，用错卦原理来指导协调、妥善解决生活中的复杂矛盾和问题，体悟和理解对方的立场、感受和其他利益等因素，这样的话就可能使双方达成共识，有利于妥善化解矛盾。

24 何谓本卦, 何谓交互卦, 何谓之卦?

本篇我们来介绍一下本卦、交互卦和之卦, 这是一组存在内存联系的集合卦, 在一定条件下可以相互转化, 其背后反映了客观事物的发展变化规律, 或者变化趋势和概率。这是《易经》里几个常识性的、基础性的概念。

我们看一下这张图, 我画了一下, 本卦是一个蒙卦。本卦就是我们要着重考察的最基本最基础的卦, 是主要的考察分析对象。根据不同的情形和要求, 六十四卦每个卦都可以作为本卦。每一个本卦都可以找出它的交互卦, 交互卦是由本卦用中间四个爻重新组合派生出来的卦。一个本卦的交互卦是唯一的, 具有确定性的, 它反映了事物发展变化的过程性形态, 交互卦所代表的事物情境是本卦最有可能转变的形态, 可以理解为"一因一果"; 但是一个交互卦所对应的本卦却有几个, 具有不确定性, 换句话说, 一种新的事物形态的出现, 可能是由几种不同的事物形态转变而来的, 可以理解为"一果多因"。

我们以蒙卦☶为例, 蒙卦是山水蒙, 它的交互卦是怎么派生的呢? 首先把蒙卦的两头去掉, 两头初六和上九去掉, 剩下中间就是四个爻, 二三四五, 四个爻, 用中间的这四个爻, 重新组成一个卦，用三爻、四爻、五爻，作为上卦，用二爻、三爻、四爻，作为下卦，这样重新组成的一个卦，我们称它为蒙卦的交互卦，这个交互卦是地雷复卦䷗。

在古代，把上面三爻、四爻、五爻组成的上卦，称其为"交卦"，把二爻、三爻、四爻组成的下卦称为"互卦"，实际上两者的原理是差不多的。为了便于记忆和区分，我将它统称为"交互卦"，不再细分交卦、互卦，将交互卦的上卦称上交互卦，将交互卦的下卦称下交互卦，这样可能比较容易掌握一点。两种叫法都可以，只是个人觉得古代的交卦、互卦分法稍稍复杂了一点。

知道了这些名称以后，大家去看古代的一些案例，就容易看得懂了。如果你觉得繁琐，就直接把交互卦分为上交互卦、下交互卦。大家看见了吗？从蒙卦转变为交互卦以后，中间三爻、四爻这两个爻被使用了两次，是上、下卦都有的，在画对应的连线的时候，中间有两条连线是交叉的，"交互"的概念或意义也正是由于三爻、四爻分别居于上、下卦，使上、下卦具有某些相似性而得以体现出来。也就是说，蒙卦里的三爻、四爻，在蒙卦的交互卦里面，上、下卦都有这两个爻，对不对？因为蒙卦的三四五爻组成上卦、二三四爻组成下卦，上卦三四五爻里有三四爻，下卦二三四爻里有三四爻。蒙卦的交互卦是复卦，复是复兴的"复"，因此可以说复卦是由蒙卦派生出来的。蒙是什么状态？蒙是蒙童、启蒙的"蒙"。在蒙昧的这种状态下，说明需要教育，通过教育能使个人、家庭、社会、国家等组织进入一种复兴状态。通过教育孩子成才了，能够使整个家庭兴旺发达，走上复兴的道路。蒙卦的交互卦一定是复卦，但从复卦倒推它的本卦,却有四种可能性,一是山水蒙卦,二是地水师卦,三是山泽损卦,四是地泽临卦。因此,交互卦和它的本卦之间存在着内在的有机联系。

我们可以做一个比喻来加深对交互卦涵义的理解,相当于几个评委在评分的时候,去掉一个最高分,去掉一个最低分,用中间的平均分来作为参赛者的成绩。可以理解为我们在观察事物的时候,排除两端极端的因素,用中间这个主体作为考察对象,这样更加能够接近事物的本来面目,因为相对两端而言,这个中段主体是比较稳定的,把它作为考察对象所得到的结果比较准确可靠。我们看一根木材能不能作为栋梁,既不能光看根部,以为那么粗可以承受很大的重量,又不能光看它的树梢,以为那么细承受不了重量。因此,这个木材能不能成为栋梁,主要是考察中间段的有效长度和粗细。这样,将交互卦的原理应用于实践,有助于我们更加准确的把握事物的本质或者它的性质状态,还是很实用的。

下面再介绍一个概念叫"之卦",还有个名字叫"变卦",两者意思相同。之卦的"之",是动词,有到什么地方、去哪里等意思,多指在预测事物时其发展变化后可能出现的最终状态。我们平常经常听到一句话,说得好好的,怎么突然变卦了?计划赶不上变化,变化赶不上电话,讲的都是变。《易经》正是通过本卦、交互卦、之卦的卦际关系,来反映现实世界中的这种发展变化的。我们看前面的本卦是一个乾卦☰,乾卦怎么会变成之卦的?主要是因为占筮时出现一个动爻,动爻表明该爻不稳定,在发生变化。我们说阳极变阴、阴极变阳,占筮的结果如果是九,称其为老阳或者太阳, 它就会变成阴爻, 太阴或者老阴就会变成阳爻, 阴阳是会转化的, 我们用小圆圈来标注卦画里的动爻。举个例子, 假如占筮的结果, 初爻是动爻, 那就把这个爻由阳爻变成阴爻、或者由阴爻变成阳爻。如果乾卦的初九是动爻, 初九变成初六, 乾卦的之卦就成了姤卦, 天风姤卦☰。

　　从原则上讲, 一个本卦六个爻, 有可能是一个爻在变, 这个爻有可能在初爻, 也可能在二至六爻都有可能。这样的话, 一个本卦乾卦, 不同的爻发生了变化就会变成不同的之卦。只要有一个爻发生变化, 有可能分别发生于六个不同的爻上, 就会得到六个新的之卦。有两个爻同时变的, 还有三个爻同时变的, 四个爻同时变的, 五个爻同时变的, 还有所有六个爻都变的, 这样产生的之卦是五花八门的。因此, 从理论上讲, 一个本卦就可能演化出其他六十三卦来。

　　之卦或者变卦最终会变成什么样的卦, 或者说事情进展会呈现什么样的状态, 具有不确定性, 因为哪个爻会变你不知道, 几个爻将变你也不清楚, 换言之, 事物发展过程中有哪些环节会发生变化, 有哪些要素将发生改变, 都不得而知, 所产生的结果就有N种可能, 结局很难预料。但是, 当你了解了本卦和之卦的卦际关系和变化规则之后, 就可以对这些不确定性结果作出一个相对确定的正确判断。在占筮预测的时候, 我们从本卦、交互卦和之卦之间的关系来考察, 你就会知道, 本卦之后下一步可能出现的交互卦是种什么情境, 最终的之卦预示着事物将处于一种什么状态。你如果事先知道这些变化趋势和可能性, 就可以获得有效的指导, 使事情朝着有利的方向发展, 及时避免和遏制一些不利因素。

　　前面讲了，本卦指的是用来重点考察的基本的卦，交互卦是从本卦中派生出来的，之卦是根据不同的动爻变了以后产生的卦，这些规则、原理和方法在占筮预测的时候用得比较多，本卦代表求占者目前的状态；交互卦代表下一步最有可能出现的过程性状态；之卦或者变卦表示事态发展变化可能出现的最终状态或最有可能的结局。因此，了解掌握本卦、交互卦和之卦的基本原理、基本知识和基本方法，对于预测事物是很有用的。

25 何谓十二消息卦? 三阳开泰是什么意思?

　　本篇向大家介绍一个概念, 叫"十二消息卦"。

　　农历一年有十二个月份, 这十二个月份用十二个卦来表示, 也就是用十二个六爻卦来表示农历的十二个月份, 卦的阴阳爻变化反映了季节气象的阴阳变化, 包括阳气的上升、下降, 与之相对应的阴气的下降、上升, 把握这种规律对于农业生产是十分有用的。十二消息卦形象生动地反映了一年之中的气象变化曲线, 用阴爻和阳爻代表阴气和阳气, 用阴爻和阳爻的增加或减少表示阴气和阳气的增加或减少, 简洁直观地描绘出了气象的季节性变化。通过十二消息卦来反映气象变化情况, 卦画非常整齐, 而且比较简单、比较直观、比较形象、容易理解、容易记忆, 非常实用。

　　所谓"消息", 对于我们现在是一个词, 就是代表资讯、信息、新闻等。但在古代实际上是两个词组成的词组, 分别是"消"和"息"两个有联系但相对独立的词, "消"指的是下降、消亡、减少等的一种状态、一个过程或一种趋势。"息"指的是上升、生长、增加的一种状态、一个过程或一种趋势, 两者相互对立、相互联系、相辅相成。比如说, 我们把钱存在银行里所得的利息，每天、每月、每年都在逐渐增加，我们说孳息、利息，这个"息"与消息的"息"意思相同。所以"消"和"息"，一个是降，一个是升。它非常形象地反映出一年中阳气和阴气的变化曲线。一年十二个月是一个变化周期，十二个月又分成一年四季。十二消息卦既反映了每个月份的气象状况，同时也反映了四季的不同特点，使阴气和阳气的此消彼长呈现出明显的规律性。

　　下面这张图就是十二消息卦。从农历十一月一阳来复的复卦，到农历四月六爻全阳的乾卦，经历了六个月，阳气呈现出逐渐上升的趋势；从农历五月一阴而生的姤卦，到农历十月六爻全阴的坤卦，也经历了六个月，阴气呈现出逐渐上升的趋势。大家看泰卦，泰卦代表农历正月，农历一月份，泰卦上卦为坤卦，代表地；下卦为乾卦，代表天，称其为地天泰。泰卦由三个阴爻和三个阳爻构成，表明正月的阴阳爻所代表的阴阳之气是平衡的，而且是阴气在上，阳气在下，阳气往上升，阴气往下降，这样阴阳之气就有了交流，因而这个泰卦是很好的。安泰，阴阳有交互就是安泰的局面，所以我们有句俗语叫"三阳开泰"，正月是农历整年的第一个月，表示一年中有一个很好的开始，阴阳平衡，彼此交流，开启了一年奋发有为的新征程。"三阳"指三个阳爻，代表阳气，也象征三位君子，在大地上开疆拓土创建基业。

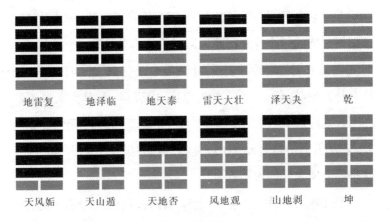

| 地雷复 | 地泽临 | 地天泰 | 雷天大壮 | 泽天夬 | 乾 |

| 天风姤 | 天山遁 | 天地否 | 风地观 | 山地剥 | 坤 |

十二消息卦

到了农历二月份就是大壮卦, 上卦为震卦, 代表雷; 下卦为乾卦, 代表天, 称其为雷天大壮。天上打雷了, 相当于惊蛰节气, 有助于庄稼、植物、动物等生长壮大。大壮, 反映了动、植物的生长规律和季节性气象。天上打雷, 刮风下雨, 雨露滋润庄稼草木, 植物、动物都受到了雷震的激发和雨露的滋养。因此, 大壮卦很好地反映了动、植物等万事万物的生长状态。这是农历的第二个月份。

农历第三个月份是夬卦, 夬卦卦画是上面一个阴爻、下面五个阳爻, 上卦为兑卦, 代表泽; 下卦为乾卦, 代表天, 称其为泽天夬。这时的阴气和阳气比例较为悬殊, 五个阳爻表明阳气非常旺盛, 一个阴爻就代表阴气很少, "夬"与"决"字形有联系, 意思也有关联, 都有对决、决斗、决断、决战等意思, 相当于阳气对阴气作最后的决战, 最终把这个阴气赶跑, 相当于五个阳爻驱赶一个阴爻, 五个君子驱赶一个小人。这是夬卦所表示的农历三月份。

到了农历四月份就是乾卦了。四月份春暖花开，应该说是到了阳气最盛的一个月份了，所以四月份是非常美的一个季节。

农历五月份用姤卦表示，上面五个阳爻，下面一个阴爻，姤卦上卦为乾卦，代表天；下卦为巽卦，代表风，称其为天风姤。在四月乾卦六个阳爻的基础上，有一个阴爻回来了，阴气开始回复。农历五月份虽然天气比较炎热，但此月阴气已经开始产生，这是姤卦所表示的农历五月。

到了农历六月份是遁卦，上卦为乾卦，代表天；下卦为艮卦，代表山，称其为天山遁。此月阴气在进一步发展，阴气往前进，阳气往后退，相当于小人把君子赶走了，君子处于一种退缩、隐遁的这么一个趋势和状态。

到了农历七月份就变成否卦了。否卦一般都是指不好的状态，上卦为乾卦，代表天；下卦为坤卦，代表地，称其为天地否。因为乾卦是个阳卦，阳气往上走，坤卦是个阴卦，阴气往下走，上下卦两部分阴阳分离，没有交流，也就是说天与地出现相互分离、互不沟通的状态。七月份天气非常炎热，体感比较难受，这从否卦的卦象里就能看得出来。

农历八月份用观卦表示，上卦为巽卦，代表风；下卦为坤卦，代表地，称其为风地观。此月阴气进一步往上走，这个观卦就像一扇大门，可供人们观瞻，代表农历八月份。八月份也是秋季收获的季节，丰收的情景也是可观的可看的。

到了农历九月份，就是剥卦所表示的月份。剥卦上卦为艮卦，代表山；下卦为坤卦，代表地，称其为山地剥。此时阳气被阴气剥蚀得所剩无几了，硕果仅存就是指剥卦里只有上九一个阳爻了, 阴气占了上风, 阳爻到了比较危险的状态, 随时可能被赶走。

到了农历十月份, 用坤卦来表示, 六个爻全部都是阴爻, 阴爻占据了全卦, 表明农历十月份是整年十二个月份之中阴气最盛的一个月份。

到了农历十一月份是复卦, "复"代表复兴, 复卦上卦为坤卦, 代表地; 下卦为震卦, 代表雷, 称其为地雷复。表明一阳来复, 君子回归, 阳气开始产生。相当于冬至节气, 这一天白天最短、夜晚最长, 自此之后白天渐渐变长、夜晚渐渐变短, 因此农历十一月也称冬月, 较为准确地反映了该月份的节气和气象特点。地雷复, 地下有雷, 雷为动, 表明阳气已在地下酝酿萌动, 春回大地的序幕即将徐徐开启。

农历十二月份是临卦。上卦为坤卦, 代表地; 下卦为兑卦, 代表泽, 称其为地泽临。相当于人们站在岸边去观赏湖泽的风景。为什么叫临? 冬天快结束了, 春天快来了, 处于两者交替之际的临界状态。我们站在大地上看湖泽, 岸与泽相邻, 人站在临水的边缘, 呈现居高临下观赏风景的状态, 把这个原理引用到治国理政方面, 就代表君临天下, 人站在岸边观看湖泽, 就相当于君王站在社会顶层领导整个天下, 这个意境也是从临卦的卦象中反映出来的。它与临卦所代表的农历十二月份的气象具有意境上的关联性。

所以, 大家看农历十二个月份, 用十二个消息卦画来表示, 非常整齐, 而且具有规范的反向对称性。比如说, 以四月乾卦为中轴线, 往前一个月是三月份夬卦, 往后一个月是五月姤卦, 夬卦和姤卦是一对综卦；往前两个月是二月份大壮卦，往后两个月是六月份遁卦，大壮卦与遁卦是一对综卦；往前三个月是正月泰卦，往后三个月是七月份否卦，泰卦和否卦既是综卦又是错卦，因为两卦相隔正好是六个月。假如以十月坤卦为中轴线，其前后各卦之间也呈现出与上述情况相似的反向对称性，只是阴阳爻的情况正好相反。比如，九月剥卦与十一月复卦是一对综卦，八月观卦与十二月临卦是一对综卦。

十二消息卦的第二个特征是，相隔六个月的两个卦之间正好是相错关系，除了泰卦与否卦外，四月乾卦和十月坤卦、五月姤卦与十一月复卦、六月遁卦和十二月临卦等，都是相差六个月，两卦之间呈现出阴阳相错的关系。因此，这十二个消息卦是非常整齐的，很形象地反映了阴气和阳气的变化规律。

几千年来，我国长期处于农业社会，十二消息卦对于指导农业生产和百姓的日常生活是非常有用的。直到今天仍然指导着我们的农业生产和百姓的日常生活，包括播种收割、田间管理、防暑降温、保暖抗寒、健康养生、休养生息等，人们可以根据十二消息卦的原理，结合气象的阴阳变化和天气的冷暖情况适时作出调整，这说明十二消息卦对于现代人的生活有很强的现实指导意义。

26 何谓五行生克？八卦如何对应五行？

本篇我们来介绍一下"五行生克"这个概念。

五行，大家都听说过的，在我们古代是用得比较多的。五行，也就是我们古人把万事万物进行分类，分为五大类或者五个种类，它是一类一类地归类。有一句话叫"物以类聚，人以群分"。古人把天下所有事物分成五大类，分别是金、木、水、火、土。这五大类的关系是相生、相克的关系，"相生"是什么意思？我们说父母生儿子，这是生的一种，生就是成就对方。两种事物之间，一种事物对另一种事物是有帮助的，成就对方，帮助对方，辅助对方，这叫生。克，就是制约对方，克制对方。我们常说克星，谁是谁的克星，也就是说，本方对对方、或者对方对本方，实施克制、制约、掌控这么一种状态。我们一般认为，如果说以我们自身作为考察主体，"生我"当然是对我有好处了，父母生我、培养我，当然是生我的一种。朋友帮助我，也可以理解为生我，即生扶我，让我的生活变得更好或者事业更加顺利，因为我得到了他人的帮助，这是一种积极因素，是大家都希望得到的，属于有利因素。"克我"一般认为是负面的、受制于人、受人家支配、被人家所掌控，所以人们对此一般都持排斥的态度。但是，如果是我克别人，说明我掌握了双方关系的主动权，这对我来说就是积极因素和有利因素。

这样，我们在日常生活中，利用五行生克关系来分析处理我们遇到的矛盾和问题，将给我们带来极大帮助，它是解决问题的好工具。当你理解了五行生克关系以后，你就可以尽可能地调动一切积极因素为你所用，同时有效避免或努力克服不利因素，在双方关系中掌握主动权或尽力摆脱对方的控制，不受对方左右，从而化被动为主动，化消极为积极，化不利为有利，这在实践中还是很有用的。

下面这张图大家可能并不陌生，在网络里都能搜到。外层是一个大圆圈，圆圈内切一个五角星，每个角分别代表五行之一。让我们来看一下，这张《五行生克图》都有些什么规律。首先，我们看"相生"关系。在大的圆圈上，看一看水和木的关系，水生木，水浇灌树木，就能促进树木的生长。水生木，这是一种生扶关系，用箭头来表示。同时，木生火，树木燃烧后产生火苗。火生土，火把木材烧成灰烬之后就变成了土。土生金，土是大地、群山，所有金属、包括贵金属、重金属、稀有金属等，都产于土壤、山脉，大多数金属矿藏都在山里或地壳深处。然后是金生水，用高温把五金融化了以后就变成了液体状态，呈现出水的形态。这样，你看圆圈上相邻紧挨着的元素之间呈现出一种相生关系，也就是说，大圆圈顺时针方向、相邻元素之间存在着相生关系。

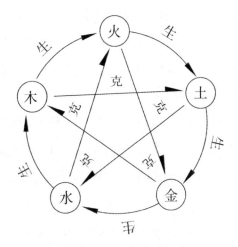

　　再来考察居于圆圈中间的五角星,五角星对角线上呈现出来的就是"相克"关系。比如说,水和火的关系,水克火,火着了以后可以用水把它扑灭,这个箭头所指的方向代表着水克火的态势,在水火关系中,水是占据主动的,火是被克对象。火克金,燃烧产生热量,当温度上升到一定程度之后,金属发生了扭曲变形,失去了往常坚固耐磨的作用,甚至于能使金属化为液态。接下来是金克木,我们用砍刀、剪子、锄头等工具去砍伐、修理、加工木材,木材作为行为施及对象,被各种金属工具所掌控。木克土,树木将根扎在土壤里,根须越长越粗,而且延伸很长,树根可以轻易地挤开土壤,深植土壤之中,甚至于可以把岩石、墙根挣裂,这是木克土的关系。再说土克水,俗话说"兵来将挡、水来土掩",表明土可以阻塞水流,兴利除弊,变害为宝。以上这些五行生克关系反映了古人的朴素辩证法思想。

　　观察世界上五大类物质的相互作用,它对人们的工作和生活是有意义的。"卤水点豆腐,一物降一物。"这是五行生克关系的通俗例证。世界上每种事物都处于各种各样的生态领域、生物链条、位置节点，或者错综复杂的关系之中，每个事物都有可能克制对方、成为主动方，同时每个事物都有可能被对方所克、成为被动方。

如果人们能够正确理解并熟练运用五行生克的规律，就能做到前面讲到的化被动为主动，化不利为有利，其中蕴藏着博大精深的中华智慧，一旦悟透了这个原理，就能掌握人生事业的主动权。

下面，介绍一下五行与八卦的关系。五行是五个，八卦有八个，八卦和五行是怎么一种对应关系呢？八卦中有坎卦和离卦，分别代表自然界的水和火，水与火意思比较明确，与其他事物的界限也比较清晰。因此，坎卦与五行之水、离卦与五行之火是一一对应的关系。剩下来，五行还有金、木、土，八卦还有六个卦，两个卦对应五行里的一种元素。乾卦和兑卦对应的是五行中的金，乾卦是阳卦，因此它是阳金；兑卦是阴卦，所以它是阴金。震卦和巽卦分别对应五行之木，因为震卦是阳卦，是阳木，它所代表的是乔木，高大的、粗的、比较坚硬的这类木头；巽卦是阴卦，代表阴木，可以理解为灌木、比较细的树木、藤条类的、草本类的、比较纤柔的、脆弱的植物。五行中还剩下一个土。土是什么呢？坤卦代表大地，是最典型的土，大地是最柔软的。还有艮卦，代表山，山也是土，但山里有石头，比较坚硬，而石头粉碎或风化后归根到底还是土。土也有阳土和阴土，艮卦是阳卦，山土相对质地坚硬且杂夹着石头，所以它是阳土；坤卦是阴卦，而且大地泥土柔软细腻，坤卦为阴土。

这样的话，八卦和五行就对应起来了，其中金、木、土分别对应两个卦，而且进一步划分为阴阳两种状态，这么划分还是比较合理的，比较符合客观实际的，因而也是比较科学的。

那么，把八卦与五行对应起来，是干什么用的呢？我们在占筮预测分析卦画、卦象、卦意的时候，有一个本卦、一个交互卦，还有个之卦，或叫变卦。这三个重卦都有上卦、下卦两个单卦，共有六个单卦，这六个单卦分别指向五行中的一种元素，也就是说这六个单卦分别有自己的五行属性，或金、或木、或水、或火、或土。本卦中一个单卦代表"体"，即被预测的事物主体，另一个单卦代表"用"，即对主体所面临的事情进展或行为结果是吉是凶、是顺是逆等情况作出判断。交互卦和之卦四个单卦所代表的五行元素，相当于主体所处的周边环境和背景条件，然后对有利因素和不利因素进行综合分析，其结果可为预测提供参考和借鉴。对主体有生扶作用的相生关系、主体能够克制对方的主导状态等，是主体的有利因素；主体被对方克制、主体生扶对方，这是不利因素。生扶对方，意味着是需要向对方支付成本的，如要获得对方的帮助，就应当向对方支付费用、报酬、代价等，其中存在着一定的合理性。

结合具体的预测案例，在分析卦象的时候，利用八卦与五行关系的对应原理，可帮助我们把错综复杂的矛盾关系梳理清楚，然后采取有针对性的措施予以妥善协调和处理，所以它是有现实意义的。

27 何谓先天八卦图?
为什么说它是最早的中国地图?

本篇向大家介绍一下"先天八卦图"。

八卦图有先天与后天之分,分别称"先天八卦图"和"后天八卦图"。关于对先天与后天的理解,有各种各样的说法,从字面上理解,似乎指天地产生之前和天地产生之后而言的,但是天地产生之前,我们现在所处的宇宙是一个混沌不堪的大气团,连生物都没有,更谈不上人类文化和文明了。因此,我认为先天大致可以理解为人类产生前的地球原生态,包括地形地貌、地理环境、自然气象等状态;后天是人类产生后的社会生态,包括人伦秩序、社会秩序、人际关系、意识形态、思想文化等状况。从这个意义上讲,先天八卦图可以理解为是最早的中国地图,其描绘的重点是自然地理状貌和气象状况;后天八卦图可视为人文社会功能图,描述的重点是社会秩序、方位分布、季节特点和五行关系等内容,这些内容都是围绕人类这一主体而展开的。

大家看一下,下面左边这个图就是先天八卦图,一般认为这个图是伏羲所作,但是伏羲时期没有中间的阴阳双鱼图,阴阳双鱼图据说是宋朝陈抟所作,因此可以理解为先天八卦图也是多人创作的结果,但主要的贡献者应该是伏羲。右边这张图是后天八卦图,相传为周文王所作,因此也叫文王八卦图。这两张图大家都见过,所蕴含的内容是非常丰富的,在此着重就先天八卦图作一个简要介绍。

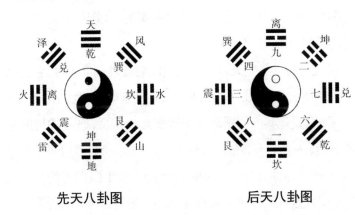

先天八卦图　　　　　后天八卦图

　　第一个特点就是排列有序。我们在前面已经介绍过八卦的排列,乾、兑、离、震、巽、坎、艮、坤。在先天八卦图里乾、兑、离、震等四个卦是按逆时针排列的,接着巽、坎、艮、坤是按顺时针排列的,四个卦是逆的,四个卦是顺的,这样的排列很有规律,而且我们前面介绍过乾、兑、离、震、巽、坎、艮、坤是按照二进制的规律推出来的,这一套排列非常整齐,很有逻辑性,所以这张图也是根据其内在的数字逻辑而进行排列的。四个卦为一组,分为两组,先是逆的,后是顺的,规律性很强,非常整齐,很有秩序,排列有序是先天八卦图的第一个特点。

　　第二个特点是阴阳相对,或者阴阳对应,它是成双成对的。我们从这张图的米字形结构看,米字形每一个对角线上就是一对卦。我们从八卦和家庭八口之家相对应的角色关系来理解，就更加形象生动了。父和母，父母是一对，在一条纵向直线上，在横线上是中男中女，左斜线上是少男少女，右斜线上是长男长女，所以非常整齐，米字形的竖线、横线、斜线都是一对卦，阴阳相对，成双成对。如果把这一对卦的阴阳叠加起来，每个爻都是阴阳、阴阳、阴阳，阴阳是非常平衡的，阴阳相对是先天八卦图的第二个特点。

第三个特点是先天八卦图与我国的地理高度契合。它反映了我们中华民族版图的地形地貌及其气象状况，我们先看一下这张图，会发现其方位跟现在的地图正好相反，现在的地图是上北下南、左西右东，先天八卦图正好相反，是上南下北、左东右西，但实际上把它转个180度后两者就重合了，两者的实质是相同的，只是古人与现代人看地图的习惯有所不同，就相当于《易经》里的综卦，人们从不同的角度来看这个地图。我国古代的习惯是上面代表南方、下面代表北方，我们看这张图天南地北，所以天在上、地在下，这是古人的看图习惯和传统说法。

先天八卦图的东边是离卦，离为日，代表太阳，说明太阳是从东边升起来的，特点非常明显。西边是坎卦，坎为水，我国的整个水系是从西北流向东边的，昆仑山脉、天山山脉，或者喜马拉雅山脉，都在西部，我国的地形是西高东低，水流的发源地来自西部，代表水的坎卦安排在先天八卦图的西边，这是符合我们国家地理状况的。东离西坎，东边日出，西部水源，太阳和水系运行轨迹方向正好相反，太阳从东到西，水流从西到东。

先天八卦图的东南是兑卦，兑为泽，泽包括海，这跟我国

的地形、地貌、状态完全吻合。那西南呢? 西南是巽卦, 巽为风,
呈现西南地区多风的特点。东北呢, 先天八卦图的东北为震卦,
震为雷, 东北地区多雷, 也反映了实际的气象特征。西北呢? 先
天八卦图的西北为艮卦, 艮为山, 西北部山脉非常丰富, 所以也
是符合我国西北部地形地貌实际状况的。因此, 先天八卦图非
常好地反映了我国的地理特征、地形地貌和气象状况, 这也是
伏羲长期观察和反复实践以后获得的智慧成果。

　　先天八卦图还有一个特点, 我们看, 整个图八卦的排列分
成两部分, 将两部分连接起来, 即在震卦和巽卦之间画一条直
线, 然后把前面四个卦和后面四个卦, 包括中间的斜线连起来,
这条连线就相当于一个S型曲线。这条S型曲线表明万事万物的
发展变化和成长轨迹也是一条曲线, 人生事业往往在艰难曲折
中前行, 所以不要试图一蹴而就、一步登天。我们从心电图上可
以看出来, 直线意味着生命的终结, 所以万事万物要走的路线
是条曲线, 这是人生事物的成长发展规律, 不要试图走捷径,
这是先天八卦图给我们的一种启示。

　　另外, 先天八卦图中间的阴阳双鱼图, 阴阳交接的边界线
也呈现出S型曲线。我想这个阴阳双鱼图应该是受先天八卦原
始图的影响而创作出来的, 我猜想陈抟的创作灵感应该是来源
于伏羲八卦的排列路线, 只不过是把它更加规范化了。同时, 阴
阳双鱼图还体现了阴中有阳、阳中有阴的规律, 并且两条鱼的动
感十足, 说明万事万物都在不断的运动变化, 静止是相对的, 稳
定只是动态的平衡, 这样就使得先天八卦图承载的内涵更加生
动形象和丰富多彩。

28 何谓后天八卦图？为何称其为文王八卦图？

本篇我们来介绍一下"后天八卦图"。

上一篇我们介绍的是"先天八卦图"，这是伏羲为代表的易作者所创。我们今天要分享的就是"后天八卦图"，又称"文王八卦图"，说明这幅图跟周文王有关，通行的说法是该图为周文王所创。如果说先天八卦图反映的是我们中国的地理、地貌和气象状况，反映的是我们国家的自然状貌，那么后天八卦图可以理解为八卦在人文社会领域的应用，使八卦图从大自然层面转移到人文社会层面，它更注重发挥易经的社会应用功能，更注重易经在人文社会领域的实践，使易经指导服务于人们的社会生活和劳动生产，可以说这是后天八卦图与先天八卦图在功能效用上的明显区别。

　　上面这张图就是后天八卦图，也叫文王八卦图。方位设置是一样的，上面为南，下面为北，左面为东，右面为西，简称"上南下北、左东右西"，跟我们现在的地图"上北下南、左西右东"正好相反，前面已经介绍过，两者颠倒180度后就重合了，实质上两者是一致的。为了便于大家理解，我们还是从易经的八口之家来考察。八个单卦就是八口之家。在后天八卦图中，可以发现一个规律叫"女上男下"。先来看这个正南方之卦，离卦，离为中女，与其相对应的是坎卦中男，坎卦居于离卦的下方正北方。离卦和坎卦，分别代表中女和中男，中女在上、中男在下。巽卦和震卦是一对，分别代表长女、长男，巽卦居东南位，震卦居正东位，巽卦长女在上方，震卦长男在下方。第三对卦是兑卦和艮卦，兑为少女，艮为少男，兑卦处正西方，艮卦处东北方，两者分布在一条对角斜线上，但也有上、下之分，兑卦少女在上，艮卦少男在下。再从父母的角度观察，坤卦坐落在西南方，乾卦坐落在西北方，坤为母，乾为父，坤母在上面，乾父在下面。因此，从家庭的角色来看，四位女性均居于上位，四位男性都居于下位，这是易经匠心独运的结果，集中体现了易经的智慧。就跟泰卦一样，地天泰，大地在上，苍天在下，母亲在上，父亲在下。可见，后天八卦图和易经卦画所承载的理念内涵是高度一致的。这是易经传递给我们的一个很重要的理念，那就是尊重女性，把女性放在一个重要的地位。用这种思路去处理社会矛盾和问题，可能就会比较顺利，社会就可能比较和谐安定。尊重女性，女士优先，女在上，男在下，这是《易经》反映的重要理念。这是后天八卦图所反映出来的第一层意思。

后天八卦图所反映出来的第二层意思是，卦图蕴含着"五行生克图"。前面我们介绍过，五行为金、木、水、火、土，五行五种元素之间存在相生关系和相克关系。我们可以从后天八卦图中派生出五行生克图，这是我在研学过程中把它还原出来的。

我用手工画了一张图，就是这张图。八卦与五行的对应情况如下：水、火，与坎卦、离卦一一对应，坎卦对应水，离卦对应火。震卦和巽卦都是木，艮卦和坤卦都是土，乾卦和兑卦都是金。金的特性是刚强、坚硬、坚韧，我们在乾卦和兑卦中间画一个小圆点代表金；坎卦、离卦与水、火一对一，我们在坎卦、离卦上各画一个小圆点；震卦与巽卦都是木，我们在震卦与巽卦的中间画个小圆点代表木。土的特点是柔，坤卦与艮卦相比，坤卦更能代表土的特征，所以我们在坤卦上画个小圆点。这样，五行金、木、水、火、土都用小圆点标出来了。把五个小圆点画成一个五角星，再加上外面的大圆圈，活脱脱的五行生克图便呈现出来了。从该图中可以看出来，对角线上是相克关系，金克木、木克土、土克水、水克火、火克金;大圆圈上的相邻元素之间是相生关系,金生水、水生木、木生火、火生土、土生金。因此,可以说五行生克图是由后天八卦图派生出来的,非常有用,同时后天八卦图和五行生克图是相互融合的。

此外,后天八卦图还承载着风水的功能。从风水的角度看,"前朱雀、后玄武、左青龙、右白虎、中明堂",我们可以从这张图里找到它们的坐标方位。通常我们喜欢坐北朝南,坐的地方是坎卦正北方的位置,面向南方离卦位,离为火、为日,日即太阳,太阳处于正南方的时候最为明亮,代表光明,离火是红色的。古人南面而治,代表内心光明正大,追求公平正义,按照这种理念治理天下,自然是国泰民安。坎水北方的颜色是黑色,就是背对着黑色的玄武。左青龙,是指图左边震卦正东方所对应的颜色,震为木,木头的颜色是青色,就是现在的绿色,青龙实际上取象于震卦,震为龙,所以"青龙"是这么来的。右白虎,图的右边,是西方兑卦,其对应的颜色是白色,白虎之"白"取象于图正西方对应的白色,而白虎之"虎"究竟取象何处不太明确。

但我认为,龙与虎的相对性在中华文化中已是由来已久了,龙为华夏民族的图腾,虎为山中之王,如虎踞龙盘、虎啸龙吟、龙腾虎跃、龙争虎斗等等,东方有龙、西方生虎也在情理之中;按照逻辑关系,既然龙取象于震为龙的震卦,那么虎也应取象于兑卦。但是,兑为羊,与龙不在一个重量级上,如果改成虎,两者就平衡了。那么虎与兑卦有没有联系呢?有的,虎的最典型特征是虎口,虎口是最容易伤人的,而恰恰兑卦有"兑为口、为毁折"的含义,这样从卦象逻辑角度也就讲得通了,再说从"兑"

这个字的形状看，就有点像老虎的样子，久而久之，兑卦与虎便发生了关联。

《周易》第十卦履卦有"履虎尾"的卦爻辞，履卦是天泽履，"履虎尾"既是卦辞，又是九四爻爻辞，有学者主张虎取象于乾卦，因为九四在上卦乾卦上，而且虎与乾卦特征比较吻合，这种说法不无道理。但是，易经中有"乾为马"的含义，却没有"乾为虎"的说法，把虎理解为取象于乾卦有些牵强。如果把它理解为取象于兑卦则更加合理，一是有上面所说的风水与后天八卦图中的虎与兑卦的关联，二是九四爻紧挨着兑卦末尾，六三爻是动物的尾巴部位，九四爻是上卦动物脚的部位，通常我们理解"履虎尾"是指人踩在老虎的尾巴上，因为乾有君、父、男人、老人等含义，用九四爻指代脚没有问题，其实再拓展些视野，乾为马，用"马踩虎尾"来比喻人处在危险的境地也是可以的，而且与卦象的吻合度也好。再说，卦辞、爻辞都谈到"履虎尾"的内容，表明"履虎尾"的这个象，不仅取象于局部小象，同时也取象于全卦的整个大象。因此，是先有八卦与五行融合的后天八卦图、还是先有"履虎尾"的卦爻辞，并不重要。这种不同体系的文化融合现象应当是个潜移默化的长期过程，其间发生的交互融合不是简单的单向运动，而是双向渗透的、互为因果的。以上是关于"白虎"的一点个人拙见，延伸开去多说了几句，下面再回到正题。

　　所以风水里的青龙也好，白虎也好，颜色、方位都是后天八卦图里反映出来的，风水理论与后天八卦图都是一致的。朱雀，是红色的鸟，正南方为离卦，离为雉，即为野鸡、山鸡，羽毛艳丽，颜色偏向红色，这与离卦正南方位的红色色系相一致。玄武，居于坎卦正北方位，玄武是乌龟和蛇的动物组合，正北的色系为黑色，因此在中华的文化体系里，龟蛇是吉祥之物。

　　综上所述，"前朱雀"与离卦相对应，"后玄武"与坎卦相对应，"左青龙"跟震卦相对应，"右白虎"跟兑卦相对应。因此，可以理解为，《易经》里的风水是从后天八卦图中派生出来的。也有一种可能性是，刚开始时易经八卦与风水是两个不同体系，后来慢慢发生了交互融合，后天八卦图可以作为这种融合的例证。除了风水内容之外，在后天八卦图上再加载天干、地支、五行等内容，使后天八卦图成为多体系彼此融合的、综合性很强的、多用途多功能的、庞大的易经应用系统。可以把它应用在占筮预测、算命看相、养生保健、中医治疗、风水堪舆、军事阵法等领域，形成了许多学科分支。易经的众多应用功能都是在后天八卦图的基础上开发出来的，它为百姓的日常生产生活提供了很大帮助，因此后天八卦图是非常有用的。

29 何为阳数？阳数与二进制是什么关系？

本篇向大家介绍一下"阳数"这个概念，太阳的"阳"，数字的"数"，阳数。阳数主要是针对八个经卦而言的，也就是说八个三爻卦，每个卦都有它自己的阳数。

阳数，它的基本意思可以理解为每个经卦的阳刚指数。经卦的排列都是很有秩序的，它是按照阳刚指数的高低排列的，也就是说，乾、兑、离、震、巽、坎、艮、坤的阳刚指数，分别是7、6、5、4、3、2、1、0，所以我们看到的先天八卦的排列顺序，其实它背后是很有规律的数字作为支撑的，那么这个数字是怎么来的呢？它是通过八个经卦的二进制数字转化而来的。

我们知道，"二进制"是一位叫莱布尼茨的德国数学家和哲学家发明的。他是什么时候发明的？是1679年，当时他发明二进制是觉得好玩，因为他是从事数学研究的，通常数学采用的是十进制，当时他就想要是采用二进制会怎么样呢？于是莱布尼茨发明了二进制，他发明二进制的目的并不是为了计算机，但是在客观上却为后来的计算机诞生奠定了重要基础。莱布尼茨这一无目的性的好玩之举，对人类的科技进步产生了巨大作用，催生了在科学技术发展史上具有划时代意义的计算机技术，这就是我们中华道学里所说的"无用之用，是为大用"。

你看，二进制的发明是1679年，离现在也就300多年，可是我们的老祖宗在6500年前就发明了八卦，而且八卦就是根据二进制的原理产生的，因此我们的老祖宗是非常伟大的。我们此前介绍过八个卦是怎么来的，阴、阳是两种变化状态，所以它的基数是2，经卦的三爻卦，相当于阴、阳两种状态变了三次，相当于三次方，2的3次方，2×2×2=8，一个也不多，一个也不少，总数正好是8，与八卦的数量完全吻合。

当时，莱布尼茨发明了二进制以后并没有马上发表，直到后来他的一个好朋友法国传教士白晋给了他一张卦图之后才作了发表。白晋当时在清朝康熙年间作为法国的传教士在我国传教，与康熙皇帝关系很好，交往密切，并在朝廷任职，从事中西方科学技术和思想文化的交流工作。后来康熙送了他一幅北宋邵雍画的六十四卦图，白晋就把这幅卦图送给了好友莱布尼茨。莱布尼茨看到这幅卦图之后，突然发现跟他研究的二进制数学完全吻合，这大大增强了他对二进制的信心，于是于1703年发表了他的二进制论文，从二进制的发明到发表相隔了二十多年。也有学者提出观点，认为莱布尼茨的二进制是受六十四卦图的启发而发明的。不管怎么样，有一点可以肯定，我国的六十四卦图与二进制的原理是一致的，六十四卦图可以理解为我们祖先在6500年前实施的二进制应用案例，它至少为莱布尼茨的二进制发表起到了重要的促进作用。那么，阳数和二进制究竟有什么关系呢？

其实阳数就是由二进制转化而来的，把八卦从二进制转化到十进制，就产生了阳数。《易经》是符合数学规律的，这是它具有科学性的具体体现之一。

八卦卦画 　　　　翻转90度后的八卦卦画

大家看一下上面两张八卦排列图，左边是横向排列的八个卦的卦画。然后看右边这张图，我们把每个卦按顺时针方向翻转90度，即把横着的卦画竖起来。再看阳爻，竖的阳爻表示1，在对应的位置写1；阴爻为0，在对应的位置写0，实际上这就是每个卦的二进制表示方式，把它写下来就是二进制，这是三位数的二进制，大家可以自己去画，慢慢地去琢磨和体悟。

说得形象一点，比如三爻卦的乾卦，一般情况下乾卦的初爻可以理解为父亲，中爻可以理解为儿子，上爻可以理解为孙子，就是这样的一组数字，把它按顺时针方向倒过来以后，上爻相当于个位数，中爻相当于二位数，初爻相当于三位数。

这样的话，顺时针倒过来的八个卦就是二进制的形象表达。如果说把阳爻和阴爻转化为二进制数字1和0，这样就可以用二进制的数字来代表八卦了，这为我们学习《易经》带来了很大方便。我们看到111就知道它代表乾卦，110代表兑卦，101代表离卦，100代表震卦，011代表巽卦，010代表坎卦，001代表艮卦，000代表坤卦。

　　大家看，二进制的111转化为十进制是7，二进制110转化为十进制是6，二进制101转化为十进制是5，二进制100转化为十进制是4，二进制011转化为十进制是3，二进制010转化为十进制是2，二进制001转化为十进制是1，二进制000转化为十进制是0。八个经卦的阳数就是这么来的，乾、兑、离、震、巽、坎、艮、坤等八卦的阳数分别是7、6、5、4、3、2、1、0，因此八卦的次序体现了很强的逻辑关系。

　　我们前面也介绍过，我们再看一下八个经卦所对应的五行，为什么乾卦和兑卦对应金，因为这两个卦的阳数与金的关联最为密切，两卦是紧挨着的，阳数分别是7和6，阳数最高，表明五行元素中金的强度最大，呈现出刚硬、强硬、刚强等特征，跟五金的硬度、韧度等属性是高度契合的。乾卦是阳卦，对应的是阳金；兑卦是阴卦，对应的是阴金。再来看，震卦、巽卦所对应的是木，因为震卦、巽卦的阳刚指数分别是4和3，两者也是紧挨着的，相对于金来讲，木比较软一点，它们的阳刚指数大小也体现了这种对比关系。震卦是阳卦，它是阳木；巽卦是阴卦，它是阴木。再说土，艮卦和坤卦所对应的都是土，艮卦和坤卦也是紧挨着的。艮卦是阳卦，它是阳土；坤卦是阴卦，它是阴土。所以，无论从哪个角度来考察八卦，都能做到融会贯通，殊途同归，顺理成章，这是《易经》博大精深的具体体现，也是它的神奇所在。

　　阳数是不是越大越好？阳数大的是不是一定能克阳数小的？其实不一定。比如说"金克木"，阳数大的克阳数小的；"木克土"，也是阳数大的克阳数小的。但是，正如"卤水点豆腐——一物降一物"，阳数小的也可以克阳数大的。比如说"土克水"，土的阳数小，水的阳数大；"水克火"，水的阳数小，火的阳数大；"火克金"，火的阳数小，金的阳数大。所以不是说阳数越大越好，也不是阳数越小越好。大家可以观察一下，乾卦与坤卦是一对，相当于父母，他的阳数相加是7；艮卦与兑卦是一对，相当于少男少女，它们的阳数相加是7；坎卦与离卦是一对，相当于中男中女，它们的阳数相加也是7；震卦与巽卦是一对，相当于长男长女，它们的阳数相加还是7，这就不是简单的巧合了，恰恰体现了易作者的价值取向和人文追求。这跟先天八卦米字形图中每一条直线上两个卦阳数相加都是7的结果完全一致。

在五行关系中，有的阳数大的克阳数小的，有的阳数小的克阳数大的，这两种情形都是存在的，为此，既不是越阳越好，也不是越阴越好，而是阴阳要相互平衡，只有在阴阳平衡的时候才是稳定的、可靠的、协调的。同时，还要做到阴阳之间相互匹配、分工协作和有机融合。

30 何谓乾卦的创始之道？
关于乾卦《序卦传》和《杂卦传》是怎么说的？

今天天气很好，窗外艳阳高照，是一个非常晴朗的天气。正好这一篇我们要讲的内容是乾卦☰，阳光灿烂和乾卦的意境是高度契合的。

乾卦在《周易》六十四卦中排序第一卦，我给乾卦所配的标题是《乾卦的创始之道》。我建议大家看这个讲解的时候，最好结合《周易诠解》这套书，把讲解与《周易诠解》里的相关内容对照起来看，把两者结合起来，这样学起来可能更加方便一点，效果也许会更好一些。下面，我们来看一下经文原文：

乾，元、亨、利、贞。

初九，潜龙勿用。

九二，见龙在天，利见大人。

九三，君子终日乾乾，夕惕若，厉，无咎。

九四，或跃在渊，无咎。

九五，飞龙在天，利见大人。

上九，亢龙有悔。

用九，见群龙无首，吉。

以上是经文原文，如果以前接触《易经》不多的易友，看了这段经文，可能是云里雾里，不知所云，但没关系，这很正常。让我们再来看看，我把它翻译过来，这样你看下来就会比刚才多懂一些了，这就是一种进步。白话经文是这样的：

乾卦，创始，通达，适宜，正固。

初九，潜于水下之龙，不要急于发挥作用。

九二，龙出现在田野上，适宜拜见大德大能之人。

九三，君子整日努力奋斗，夜晚保持警惕姿态，有风险，没有灾祸。

九四，带着疑惑，如同龙在深渊跳跃，没有灾祸。

九五，龙在天空飞行，适宜表现出大人物风范。

上九，高空之龙存在悔恨之事。

用九，呈现群龙无首境界，吉祥。

大家有没有这个感觉？至少白话看起来可能更容易一些。下面，我做一点解读。为什么要对乾卦的标题取名为"创始之道"？主要取意于乾卦的卦辞"元、亨、利、贞"的"元"字上。乾卦之"元"包含着创造、开始两层意思，创造成了乾卦的独特品质，而"元"字在其他卦中只有开始之意而无创造之意。因此，我们可以理解为乾卦所象征的天是万事万物的造物主。

关于乾卦的名称，我们原来介绍过乾卦，实际上乾卦指的是两种卦：一种指的是八卦之一的乾卦，它是三爻卦；还有一种所指的是六十四卦之一的乾卦，也就是六爻卦。简单地说，一是三爻乾卦，二是六爻乾卦，两者都叫乾卦。六爻卦的乾卦是重卦，实际上是由两个单卦乾卦组成的。古人的表述方式是：乾，乾上乾下。意思是说，《周易》六十四卦之一的乾卦，是由上卦和下卦两个单卦乾卦组成的。同样都叫乾卦的时候，是指重卦乾卦、还是单卦乾卦，要视具体情境而定。一般情况下，我们在学六十四卦的时候，所指的是六爻乾卦，在对六十四卦各个卦画作具体解读分析的时候，所指的多为三爻乾卦，这是第一点。

然后，我们学习《易经》的经文，还要配合《易传》的内容来学，学习《易经》要经传并重。传，实际上就是古人来解读《易经》的经典，就像我今天给大家介绍、解读一样，其功能是相似的。

我们来看看《序卦传》是怎么来描述乾卦的。《序卦传》说："有天地，然后万物生焉。"生焉，这个"焉"是一个代词，就是那儿、那里，代表一个地点、场所、地域等等。这两句话是什么意思呢？就是说，有了天地之后，天地产生之后，在此基础上万事万物才能生长于天地之间的这个领域，"焉"就代表天地之间的区域、范围、空间地点等等。《序卦传》介绍了天地与万物的关系，通俗点讲，天地就是父母，万事万物就是父母所生的子女，这样就比较好理解。乾卦的主要含义是，乾为天、乾为父、乾为君等等，天在人们生活中占据什么地位，就相当于乾卦在六十四卦中占据什么地位，这样就能帮助我们正确理解乾卦在《周易》六十四卦体系中的地位、功能和作用了。

接下来，再看一下《杂卦传》是怎么说的，《杂卦传》也是十册《易传》之一，它解释这个乾卦的时候说"乾刚坤柔"，它的解读非常简洁。实际上，《序卦传》也好，《杂卦传》也好，它们都是把乾、坤两卦一起解读的。《序卦传》的"有天地"，乾卦代表天, 坤卦代表地, 天地扮演着万事万物父母的角色。《杂卦传》的解读也是这样,"乾刚坤柔", 把乾坤这对阴阳交错的错卦, 以两相形成鲜明对照的形式, 把它们的各自特征用最简洁的语言明明白白地揭示出来。一个是刚强的, 一个是柔弱的, 性质相反, 相互对立, 相互统一, 相辅相成, 它们构成了一个有机整体, 双方地位都很重要, 谁也取代不了谁, 谁也离不开谁, 谁也赶不走谁。

所以, 学《周易》六十四卦, 前面两卦非常重要, 乾坤就是天地, 就是家庭中的父母, 它们相当于《周易》这套庞大体系中的两扇大门。我们把乾坤两卦理解了, 学扎实了, 就能逐渐走进《易经》这座宫殿的厅堂。对于理解其余六十二卦乃至整个《易经》体系, 就有了坚实的基础。因此, 我们要在乾坤两个卦的研习上多花点时间、多下些功夫, 基础打得扎实了, 才能建立起易学的高楼大厦。

31 乾卦的"乾"字有何含义？

本篇我们来介绍一下乾卦的"乾"的含义。

乾，乾坤的"乾"，有两个通假字，一个是"健"，健康的"健"；还有一个是"键"，金字旁加建设的"建"，也就是钢琴键的"键"。所以这两个字，健康的"健"和钢琴键的"键"，和乾卦的"乾"，在古代是通假字，可以相互假借使用。

我们来介绍一下乾卦的"乾"字，它的字形就比较形象地反映了它的含义。乾卦的左边偏旁中间是一个"日"字，代表太阳；左上、左下两个"十"字，相当于测量太阳投影时使用的若干根木杆，这样"乾"字的左半个字的意思就出来了，它反映了古人用木杆来测量日影的长度、太阳的位置或者位移等情形，从而绘制出太阳运行的轨迹、方位，为人们的生产生活确立时令、季节，等等。

测量的结果是用来做什么的？我们再看 "乾" 字的右半部分，右边上半部分是一个横着写的 "人"，相当于把单人旁倒过来放在上面；也可以理解为它实际上是人民的 "人" 字的变体写法，这个 "人" 字结构代表行为的主体是人，一方面测量太阳的主体当然是人，另一方面测量出来的结果也是供人们使用的。这个 "人" 在做什么？请看 "乾" 字右边下半部分，这是个 "乙" 字，是个象形字，它代表庄稼的根须或幼苗，包括稻子、玉米、豆类、高粱、小米等等，泛指一切农作物的根须和秧苗。这样，我们从这个字的结构就可以看出来，"乾" 字的原意就是通过观测太阳运行轨迹或者所处方位，从而来确立每年季节、时令的具体日期，进而用于指导老百姓的农业生产和生活起居。所以说《易经》是有用的，它对于指导人们生产生活和社会活动是非常有益的。

我国是一个农业大国，几千年发展下来，大部分历史时期处于农耕社会，所以我国的卦画、文字跟农业生产、以及当时社会的生活状况是密不可分的。乾卦卦名 "乾" 字的发明也是同样的道理。伏羲发明八卦约在6500年前，黄帝命仓颉造字的传说约在4800年前，先有卦画，后有汉字，乾卦的卦名没有命名之前，只是一个三条横线的卦画，主要的意思是代表天。伏羲发明八卦的目的，不是闲着无聊为了好玩，而是为了解决人们现实生活中的意识表达、沟通交流、协作配合和生存安全等实际问题，是为人们更好生活所创造的一套符号工具和信息媒介。把象征天的三横卦画取名为 "乾"，就把卦画与农业生产紧密地结合起来了，用它来记录、描述、指导古代的农业生产场景，为老百姓的现实生活和农业生产带来了很大便利。

然后，我们可以从乾卦的"乾"字延伸出植物、庄稼、农作物等破土而出的意境。从一粒种子圻（chè，裂开）甲破土开始，农业生产围绕播种、生长、壮大、抽穗、成熟、收割等大致六个阶段来展开。人们把庄稼生长的这六个阶段，与乾卦的六个爻对应起来，就促进了卦画与生产生活的有机融合；反过来，乾卦也可反映庄稼生长的六个阶段，这种作用是双向交互的，文化产生于生产生活，却可以指导生产生活。后来通过不断的观察实践，发现这种六个阶段的规律也适用于其他事物。于是，乾卦的反映内容从农业生产拓展到了更大的范围。因此，乾卦所反映的事物发展过程六个阶段便有了普遍意义。

乾为天，天是日、月、星、辰等天体运行的总称，它们时时刻刻处在不断的运行之中，勇往直前，从不停歇，表现得刚健有力。你再看，从庄稼生长开始，利用太阳的能量、阳光、雨露，然后生长壮大、抽穗成熟，生命力非常旺盛，同样表现得刚健有力。因此，从乾卦的"乾"字含义中又派生、衍生出"健"的意思，刚健有力。在多数情况下，乾卦的"乾"字所反映的测量太阳指导农业生产的含义和代表天体运行、庄稼生长的刚健有力的含义，都是融为一体的，体现出既有联系又有区别、不可分割、相辅相成的关系。

另外，从《说卦传》里罗列了乾卦的好多意思。此前我们讲过，《说卦传》相当于一本词典，也就是说乾卦除了天和父亲这个含义外，还有哪些意思呢？能体现乾卦特征的事物有一大类，很多很多，多达几十种，《说卦传》里把常用的意思基本上都罗列出来了，但乾卦代表的含义不仅限于此，我们可以根据乾卦所象征的事物特征作合理的推演和拓展。《说卦传》所罗列的乾卦所代表的一系列事物，有一个共同的特点，那就是这一类事物都具有自强不息、刚健有力的特点。

我们来看一下，《说卦传》讲的乾卦代表哪些事物。《说卦传》说，"乾，健也"，这个 "健" 就是刚健有力的 "健"，它的意思是说乾卦的 "乾" 通假刚健的 "健"，并代表刚健有力；"乾为马"，也就是乾卦代表马；"乾为首"，这个首就是人的脑袋、动物的脑袋，包括事物的首部、头部、顶部等；"乾，天也"，乾代表天；"故称乎父"，所以在家庭和社会层面就称其为父亲，天的功能和父亲的功能非常接近，父亲在家庭的地位就跟天在整个万事万物里的地位是一样的；还有 "乾为圜"，圜通 "圆"，与圆圈的 "圆" 是一个意思，圆形的事物用乾卦表示；"为君"，君臣的 "君"，在君臣、君民关系中，君代表君长、君主、君王；"为父"，刚才讲过的乾代表父亲；"为玉"，玉是质地好、比较坚硬的稀罕之物；还有 "为金"，这个 "金" 泛指金属、五金，范围比较大，当然也包括金银之金，前面讲过乾卦的阳数最大，它的阳刚指数为7，代表质地坚硬，这与乾卦所代表的玉、金属等的质地十分吻合；"为寒"，寒冷的 "寒"，寒冷的天气用乾卦表示，可能与金属的特性有关，人们用寒光闪闪、寒气逼人来形容刀剑的锋利，当人们面临刀剑威胁的时候往往会不寒而栗，此时气象意义的 "寒" 就转化为心理恐惧的 "寒"；"为冰"，冰跟寒冷关联密切；"为大赤"，赤是普通红色，大赤就是比普通红色更深更艳的红色，如朱红、大红等颜色；"为良马"，就是非常好的、性情品质精良的马匹；还有"为老马"，是年龄比较大的马；
"为瘠马"，瘠马就是体型瘦弱的马；"为驳马"，驳马就是它的
毛色不纯，是各种毛色相杂一体的马；"为木果"，相当于水果，
多指果树上结出的果实。

上面这些都是《说卦传》里列举的内容，是乾卦所代表的
主要事物。易学是个开放系统，我们在实践研学解读过程中，不
要局限于这些内容，可以结合具体情境不断延伸、拓展、推理和
演绎。

32 怎样理解《易经》的类象思维？
何谓乾卦两重天空之象、六龙御天之象、天人地位之象和纯阳纯刚之象？

　　本篇我们介绍一下乾卦的卦象寓义。所谓卦象寓义，是指某卦卦画通过类象比拟所反映出来的自然景象、社会现象、情境场景及其内涵意蕴。乾卦的卦象寓义，就是由六个阳爻组成的乾卦卦画，它象征什么事物？或者说乾卦的卦象中存在着哪些意境？在这里，我们介绍乾卦的几个卦象寓义。

　　说到卦象问题，这实际上涉及到了我们古人的思维方式。一般来说，人的思维大致分为两种，一种是形象思维（或称其为"类象思维"），另一种是抽象思维。这是专家们为了研究思维活动规律而对其所进行的划分。其实人们在日常生活中的思维活动是比较复杂的，往往是形象思维、抽象思维交织一起，情感因素和理性因素交织一起，主观感受和客观环境交织一起，难以找到各自的边界，很难把它切割得非常清楚，因此我们在分析研究时可以把两种思维分开阐述，而在实践应用时却不能把它们完全割裂开来。

　　我认为，形象思维要早于抽象思维，抽象思维是在人们产生意识、概念、经验等必要的素材之后，在形象思维的基础上逐步发展成熟的，同时又通过形象思维来检验其正确性。例如，古人甲遇见老虎并被老虎咬伤，古人乙遇见狮子并被狮子咬伤，古人丙遇见豹子并被豹子咬伤。甲、乙、丙三人先后向氏族首领丁反映了事情经过。这里，甲、乙、丙描述事情经过用的是形象思维，把他所见到的被虎、狮、豹咬伤的经过如同情景再现般地还原出来。而丁没有亲历事情过程，脑子里画面感不强，但作为族长他意识到了事情的危险性，于是告诫族人最近发生几起猛兽伤人事件，请大家提高警惕，结伴而行，防范猛兽侵袭。这里丁用的是抽象思维。把虎、狮、豹等凶残的动物用一个相对抽象的概念"猛兽"来代替，猛兽的范围不仅限于虎、狮、豹，其涵盖的范围比这要大得多，而经验告诉人们猛兽是会伤人的，这"伤人"也是由若干个具体伤害行为概括出来的相对抽象的概念，为了不被伤害就要提前采取防范措施。

　　远古的古人以形象思维为主、抽象思维为辅，现代人正好相反，以抽象思维为主，再辅之以适当的形象思维。《易经》中的卦象是典型的形象思维，或者称其为类象思维，反映了远古人类对客观世界和人类社会规律的认知水平。远古时代没有文字，没有普遍通行的概念，这意味着远古人类不太可能大量使用抽象思维，那么它们是怎么进行思维的呢？我们只能推想远古人类的思维是一种形象思维，就像看电影一样，看到的是一幕一幕的动态性场景。人是会联想的，看到一个场景，会联想到另外一个相似的场景。就像我们旅游时看到一处风景，就何谓乾卦两重天空之象、六龙御天之象、天人地位之象和纯阳纯刚之象？

会想起在另一个地方曾经见过的相似景象，有种似曾相识的感觉。大脑欺骗了主人，同时又成全了主人，大脑的这种善于联想的特性，为人类思想文化的创新发展创造了重要条件。《易经》的卦象就是人脑发生丰富联想后，形成若干个有意义的场景和情境，人们通过对它的深思细悟，从而获得有益启迪和有效指导。

利用形象思维的原理和人脑善于联想的特点，人们把某一个领域的情境和场景引用到另外一个领域，联结它们的是两者共有的相似性，这是一种类比性质的形象思维，其特点是形象生动、直观灵活、简洁明了。就像我们中国的水墨画一样，富有内涵之美、哲理之学、传神之美，它不是完全自然状态的描绘，仅仅通过寥寥几笔，营造出一种意境，是一种模糊的，留白的，给人丰富想象空间的艺术，不同的人可以看到不同的意境，它的容量很大，反映的主题也很丰富，这是中国传统文化所具有的共同特点。所以我们要善于理解古人的类象思维方法，这一点对于学习《易经》非常重要。看卦象与看水墨画非常相似，两者有异曲同功之妙。研习《易经》一定要有想象力，养成这样的思维习惯后，再去理解《易经》体系就会容易许多。

这里要介绍的第一个象叫"两重天空之象"。乾为天，乾卦上卦是一个乾卦，乾卦下卦也是一个乾卦，这样我们自然可以联想到，乾卦所代表的天空分成了两部分，上天、下天，当然这只是一个初步的划分，我们的思维不要被它局限住了。我们可以把它一分为二，也可以把它一分为三，用两个爻作为一组，代表低空、中空、高空三层天。我们还可以把它分成六层天，六个爻，六个层次,乃至于可以分到九重天。古人常说九霄云外,说明天有九重,这个"九"在个位自然数里是最大的奇数,所以《易经》中的阳爻用"九"来表示,这个"九"并不是实指,在古代通常代表数量很多的意思,甚至可以多到接近极限,所以天空是无限之高的,你说天空仅仅是九层吗?我们可以一直分下去,分多少层都可以。但是,在《易经》卦画卦象分析中用得最多的是二分法和三分法,尤以"两重天空之象"最为常用。

所以学了《易经》以后,我们从二要想到三,由三要想到六、九,甚至到N,乃至无限,这就是一种想象力,乾卦表达出来的这种意境,就是天高,高得没有止境,这是乾卦的第一个卦象"两重天空之象",可以联想到N重天,总的意思就是天空很高,可以分成好多层。

乾卦的第二个卦象是"六龙御天之象"。乾卦爻辞里讲到了龙,龙是我们中华民族的图腾,它不是实际存在的动物,这是一种理想中的动物,是一种吉祥物,是由多种动物拼凑起来的,同样是人们头脑中想象出来的,是一种精神化身,是一种情感寄托,是一种理想中的吉祥之物。

所谓"六龙",我们当然可以联想到六个爻,六个爻就代表六条龙,也可以理解为一条龙成长过程中的六个不同阶段。我们说天圆地方,这是古代的一种说法,在古人的概念中,天是圆的,地是方的。"御天"就是保卫天,而天是圆的,是保护的对象,那么作为保卫者的六龙采用围成一个圆圈的方式来履行职责,也就不会觉得奇怪了。圆圈的意思从哪里来的?它来自乾卦的涵义,前面讲过,《说卦传》说"乾为圜",圜通"圆"。

何谓乾卦两重天空之象、六龙御天之象、天人地位之象和纯阳纯刚之象？

天空是圆形的，六龙御天的队伍阵形也是圆形的。六龙御天，保卫、保护、维护天道规律。天体运行的客观规律是道所决定的，这个道就是我们现在所称的真理，因而天也是真理的象征和化身，大概念是一致的。之所以称其为"六龙御天之象"，就是因为乾卦有六个爻，代表六条龙；每爻爻辞不同，表明龙处在不同的阶段，需要有不同的表现来维护天道，引导人们按照天道规律去办事，人生、事业、以及人的所有行为活动，都要遵从天道规律。

乾卦的第三个卦象是"天地人位之象"。此前已经讲过，这里就不展开了。初九、九二代表地，九三、九四代表人，九五、上九代表天，这是一个大致的划分。

乾卦的第四个卦象叫"纯阳纯刚之象"。也就是说乾卦的六个爻都是阳爻，阳爻代表刚健有力。纯阳纯刚之象，表明乾卦卦象里充满了力量和能量，这是一种生机勃勃、积极向上、自强不息、踔厉奋发的良好状态。

33 如何理解乾卦的农历四月之象
和夏至白昼之象？

上篇我们介绍了卦象寓义，第一个是"两重天空之象"，第二个是"六龙御天之象"，第三个是"天地人位之象"，第四个是"纯阳纯刚之象"。本篇我们来继续介绍第五个"农历四月之象"和第六个"夏至白昼之象"。

我们常听说一句话叫"三阳开泰"，它指的是农历正月。"三阳开泰"来源于代表正月的泰卦☷☰。泰卦上卦是地，下卦是天，称其为地天泰。其上卦是三个阴爻的坤卦，下卦是三个阳爻的乾卦，所以正月阴阳正好是平衡的。"三阳开泰"可以理解为三个小伙子在大地上开创事业，是比较好的一种寓意，阴阳平衡，上面的阴气往下降，下面的阳气往上升，阴阳相互交流融合，这是正月的气象。然后，每过一个月阳爻往上升一格，阴爻相应地减少一格。这样二月份下面是四个阳爻，上面是两个阴爻，也就是雷天大壮；三月份下面是五个阳爻，上面是一个阴爻，也就是泽天夬；到了四月份六个爻就全部为阳爻了，也就是乾卦。我们可以想象得到，六个爻全部是阳爻，代表着阳气最旺盛最充足，在一年四季十二个月份里，四月份的阳气是最盛的、最充足的，所以我们可以从卦画里看出气象变化和季节特点。卦画与我们现实生活中的气象或季节发生关联后，就能够对我们的日常生活生产起到指导作用了。四月份是一年中最好的时节，春宵一刻值千金，春暖花开，春意盎然，春天的时光是美好的。用六爻乾卦来表示农历四月，卦象寓义与我们实际生活中的气象状况和季节特点是高度吻合的。

但是，有一点大家可能会有一点纠结，或者有点难以理解。就是说我们通常感觉到的是农历六、七月份的天气是最热的，太阳也是最毒辣的。但是，为什么偏偏是农历四月份阳气最盛呢？阳气与气温两个概念之间有什么关系呢？对此我们自己可以去思考一下。

我认为阳气最盛和温度最高是两个既有联系又有区别的概念。通常来说，应当阳气越盛，气温越高，但两者不是完全同步的，表现出一定的滞后性。比方说，就像我们烧火炒菜一样，先把锅烧热了，刚开始时我们把火开得很大，尽管火苗可能是最大的，但这时锅还不是很热，温度并不高，我们用手去摸还是可以承受的。烧了一段时间以后，哪怕把火关小了，这时的锅却是很烫的，温度会很高，我们用手根本没法接触它。甚至于我们最后把火关掉了，切断了热源，可锅的温度仍然是很高的。这说明火和温度之间存在着关联性，有了火，锅就产生了温度，但温度呈现出一定的滞后性。虽然这个比方不一定完全恰当，但是也可以给我们带来启发，可以帮助我们正确理解阳气最盛和温度最高之间的关联性和滞后性关系。

导致阳气盛衰与气温高低出现滞后性的因素比较复杂，其中很重要的一个因素可能与包裹着地球的大气层有着密切联系。大气层相当于一个天然大空调，当农历四月阳气最盛时，大气层阻挡了部分阳光，没有让太阳的光能全部辐射到地面上，而是把部分能量先储存起来，因而人们没有感受到四月份的气温是最高的；当农历十月阴气最盛时，大气层却释放了部分预先储存的能量，延缓了寒冷阴气对人们的冲击，因而人们没有马上感受到气温的急速下降。一切都是最好的安排，大自然实在是妙不可言。

下面再介绍一个象，六爻乾卦的第六个象叫"夏至白昼之象"。这里讲到了夏至节气，我们前面也讲过，夏至这一天的白天和黑夜的时长比例是3∶2，此前我们把它作为一个例证，来解释在《易经》中为什么阳爻用"九"来代表、阴爻用"六"来代表。阳爻和阴爻之间的比例是3∶2，夏至这一天白天跟黑夜的时长比例也正好是3∶2，于是夏至成了表示阳阴比例的典型案例。

在《易经》中，六爻乾卦代表白天，因为六个爻都是阳爻，代表光明；六爻坤卦代表黑夜，因为六个爻都是阴爻，代表黑暗。光明与黑暗是一对，两者此消彼长，不断变化，相互转化，相辅相成，所以人们把社会生活中的最佳搭档称为"乾坤配"。乾坤二卦是整部《周易》的两扇大门，但两扇门并不是完全一样的，有阴阳，有主次，有配合，可以理解为阴阳匹配的典型模式，或至少是最佳模式之一。因为阳爻、阴爻的比例是3∶2，乾卦、坤卦的比例是3∶2，夏至昼夜时长的比例也是3∶2，其中体现了《易经》的智慧和价值取向，我们也许可以从中获得启迪。

我们平时常说"阴阳平衡"是最好的，社会上阴阳平衡了社会就稳定，家庭中阴阳平衡了生活就和谐，人体内阴阳平衡了身体就健康。但是，什么是平衡？是不是一定就是一半对一半、各占二分之一？我看也不尽然，不能那么机械地认为一样多就是平衡，一切都得视情而定，有时各占一半是平衡的，有时阳多阴少是平衡的，有时阴多阳少是平衡的。我认为《易经》阴阳数值2∶3，至少给我们判断阴阳平衡提供了一种参照的样本。当然，这种比例适当与否，是有适用场景的，是有条件限制的，并不能适用所有场景。因此，我们讲阴阳平衡比例，不能脱离实际情况，要具体情况具体分析。

《易经》揭示的2∶3阴阳比例拓展了我们的视野，为我们的生活工作实践提供了思路。如果用这个比例理念来指导我们的家庭生活，是不是可行呢？也许有人会提出疑问，这不是歧视女性吗？应该说这种质疑不无道理，生活中确实有人借冠冕堂皇之名、行大男子主义之实。但是，权利与义务是对等的，享受什么样的权利就得履行什么样的义务，家庭领域也不允许长期存在只享受权利而不履行义务、或者享受权利多履行义务少的情况，否则这种家庭是难以为继的。我们如果从尊重女性、保护女性的角度来理解和应用这种阴阳比例原理，也许就能避免上述质疑。如果说在一个家庭中，作为男主人，其承担的责任和对家庭的贡献度要占到五分之三，而女主人的责任和贡献度占五分之二，这样的比例划分，应该不会有多少人反对吧。我想这样的家庭其和谐程度也是相对较高的。当然，这只是针对一般家庭情况而言的，事实上各个家庭的情况有所不同，应当允许有例外的情况存在。这是《易经》的阴阳比例、夏至昼夜的时长比例带给我们的一个启示，我们如果能够体悟这个易理，从中寻找特定领域阴阳平衡的最适比例，并把它应用于现实生活和实际工作之中，这将是非常有益的。

34 如何理解乾卦南方西北之象?
阴阳相薄是什么意思?

上两篇我们介绍了乾卦卦象寓义里的六个卦象,分别是两重天空之象、六龙御天之象、天地人位之象、纯阳纯刚之象、农历四月之象和夏至白昼之象。这一篇我们再来介绍一下乾卦的"南方西北之象"。

这里有两个方位,分别是南方和西北,为什么一个乾卦能代表两个不同的方位呢? 主要是因为有我们原来介绍过的两个图,一个是先天八卦图,另外一个是后天八卦图。这两个图的功能分工是不一样的,先天八卦图相当于我国的自然气象、地理方面的中国地图,后天八卦图相当于人文社会功能图,也就是八卦在社会生产生活实践中的应用。简单来讲,一个是自然的,一个是人文的,这样就把两张图区分开了。因为有两张八卦图,八卦分别代表四面八方,这样同一个卦就代表了两个不同的方位,而同一个方位由两个不同的卦来表示。在先天八卦图里,上南下北、左东右西,跟现在的地图上北下南、左西右东正好相反,但实际上两者是一致的,只是看地图的习惯不同,只要其中一张图颠倒180度,两张图就完全重合了。

在先天八卦图里, 乾卦就在正南方的位置, 坤卦在正北方的位置, 所以古代常用的说法是 "天南地北", 就是根据先天八卦图的方位情况而形成的一种说法。《西游记》里写到孙悟空一个筋斗翻到了南天门, 也应该与此相关。因此, 乾卦在先天八卦图的体系中代表正南方位。

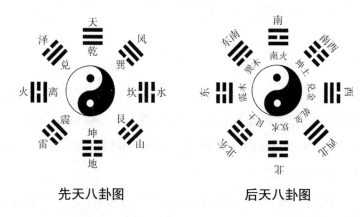

先天八卦图　　　　　　后天八卦图

在后天八卦图里, 乾卦在西北的位置。《说卦传》是这样描述的: "战乎乾。乾, 西北之卦也。言阴阳相薄也。" "战乎乾", "战" 是战斗的 "战", "乎" 是之乎者也的 "乎", "乾" 是乾卦的 "乾", "战乎乾" 意思是交战于乾卦所在的方位。《说卦传》进一步解释说: "乾, 西北之卦也。" 也就是说, 乾卦在后天八卦图中位居西北。

《说卦传》接着说: "言阴阳相薄 (bó) 也。" "薄" 字与厚薄 (báo) 的 "薄" 是同一个字, 是个多音字, 在这里念薄 (bó)。"薄" 字怎么来理解? 第一个意思是迫近、逼近、接近; 第二个意思是依附; 第三个意思是 "薄", 通假为搏斗的 "搏", 提手旁的 "搏", 搏斗、搏击等意思。这三个意思来解释 "言阴阳相薄也"都是解释得通的，阴阳两气既有相互交流、相互融合、相互依存的一面，同时又有相互对立、针锋相对、势不两立的一面。多数情况下前者是指阴阳平衡、和平相处的状态，后者是指偶尔也会出现矛盾激化到剑拔弩张的态势。

举个例子，后面将会讲到的坤卦上六爻有"龙战于野，其血玄黄"的爻辞。两条龙，天龙、地龙在野外交战，造成两败俱伤，一个是玄的黑色的血，一个是黄色的血，场面十分血腥，反映了两龙交战的惨烈程度。当然，对这句话有不同的解释，也应当允许，我们学习《易经》需要有包容的态度。但同时，把"交战"解释为天龙、地龙展开搏击战斗，也为许多易学者所接受。

如果将"龙战于野"中的"战"的意境，用来解释"战乎乾。乾，西北之卦也。言阴阳相薄也。"我认为是顺理成章的。怎么来理解"战乎乾"？谁跟谁交战？以什么方式交战呢？"战乎乾"交代了战场设在乾卦所在的西北方位。交战的主体是阴气和阳气，交战的方式是搏击的方式，当然这是拟人化的表述，只是一种形象的比喻。

那么，西北方位与阴阳交战有些什么内在联系呢？从后天八卦图上可见，乾卦居于西北方。按照通常理解，交战需要兵器，而"乾为金"，乾为阳卦，该金为阳金，质地最为坚韧刚硬，适合制作兵器。古代兵器之一的"戟"，与乾字左偏旁相同，右边为戈，正是古代作战最常用的兵器之一，我想两者的联系是不言而喻的。因此，由乾卦之"乾"联想到交战是自然而然的。

可是，西北与阴阳又有什么关系呢？我想应该有三方面的联系。第一，是时辰上的联系。按照后天八卦图十二地支分布情况，乾卦对应的是戌、亥时辰，相当于现在的19时至21时、21时至23时，这是从白天过渡到夜间的时段，如果用阴阳来代表白天和黑夜，那么显然阳是白天，阴是黑夜，在这两个时辰里天色渐渐暗将下来，似乎光明不愿退去，黑暗步步进逼，如同阴阳两股势力持续进行激烈交战。

第二，是日期上的联系。过了亥时就进入子时，子时为23时至次日1时，子时跨越了两日。除了月末、月初特殊情况外，一般来说连续两天中，无论使用哪种日历，总会分别包含一个奇数日期和一个偶数日期，奇数日为阳，偶数日为阴，因此乾卦的位置也是阴阳双方由量变到质变的关键阶段，这个量变到质变的过程就相当于阴气和阳气的交战过程。

第三，是与日落有联系。乾卦位于西北，该方位也是太阳下山的方位。除了地球，太阳就是人类最重要的天体。它不仅带来光明，还带来了促进万物生长的能量。人们称有太阳的天气为晴天、艳阳天，称太阳被遮蔽的天气为阴天、阴雨天。同理，我们以太阳落山的瞬间作为分界线，太阳落山前为阳，太阳落山后为阴，日落西山的瞬间也反映了"阴阳交战"的情景。

此外，我国远古的神话传说"共工触山"的故事，也反映了与"战乎乾"极其相似的交战场面，无论是有意还是无意，是巧合还是不是巧合，都给我们留下了想象空间。西汉《淮南子》这么记载"共工怒触不周山"的故事："昔者，共工与颛顼争为帝，怒而触不周之山，天柱折，地维绝。天倾西北，故日月星辰移焉。地不满东南，故水潦尘埃归焉。"

相传，共工是炎帝之后，善于治水，死后被封为水神；颛顼是黄帝之后, 五帝之一, 为了治水问题两人意见不一, 实质上反映了两人的统治权之争。不周山就是现在的昆仑山, 在人们的想象中, 它作为天柱, 本来是正中直立在天地之间的, 被大力士共工猛烈撞击后向西北方向发生了倾斜, 因此西北多山, 东南方留出凹陷的低洼空间, 积水泥沙都流向了东南, 东南因此变成了海洋, 这种地理状况与先天八卦图的东南兑卦为湖海、西北艮卦为山脉完全一致。

地维是用来捆扎大地把它拴挂在天柱上的大绳索。神话传说是在现实基础上, 由人们脑洞大开, 添油加醋加工而成的, 因此有现实成分, 如共工与颛顼争夺帝位的战争是很有可能存在的, 西北多山、东南多海的地形地貌也是客观存在的, 但是天柱和牵引系挂大地的绳索是古人想象出来的, 因为当时的科技水平并不足以明白星球引力、地球自转、公转的原理。

各民族的文化往往是从神话创作开始的。因此, 我认为, "共工触山"的神话故事与"战乎乾。乾, 西北之卦也。言阴阳相薄也"这段《说卦传》的表述, 或许存在某种联系。按照传统观念, 颛顼代表正义力量, 通常被视为阳的元素; 共工有时是正面的, 但多数情况下是反面的, 特别是在与颛顼的交战、以及后来作为水神与大禹的较量中, 扮演着邪恶的角色, 因此代表阴的元素。共工与颛顼二者交战用"阴阳相薄"来解释也是说得过去的。

阴气和阳气相互迫近, 可以是交流, 也可以是交战。阴阳是一个整体, 是动态变化的, 谁也离不开谁, 只有相互作用、相互交流、相互配合才能产生万物。同时, 阴阳关系发展到一定程度会呈现出尖锐性。阳极变阴，阴极变阳，在阴阳变化临界之际就会产生激烈的"交战"。因为阴气的力量积聚到了一定程度，便会从臣服于阳气转变为与阳气平起平坐，从而形成矛盾冲突，通过交战，或胜或败，使阴阳双方力量达到新的平衡。所以，有时候阴阳交融，与阴极变阳以后导致的阴阳交战，这两种状态是同时存在的。

我们学习《易经》一定要富有想象力，善于联想，灵活运用，不能把阴阳割裂开来，也不能把它们绝对化，阴阳在不同的场景，发展到不同的比例，处在不同的阶段，它们会呈现出或平衡、融合、或对立、激化、交战等不同的形态。要具体情况具体分析，不同的问题和矛盾，需要采取不同的方式方法去解决。实质上反映出来的是矛盾的统一性和斗争性，两者在一个事物里是同时存在的，只是在不同的阶段，它所表现的形式、特点不一样而已。说到最后，哲学都是相通的，中华优秀传统文化与马克思主义的辩证法、矛盾的统一性和斗争性等，都是高度契合的。《易经》中的阴阳关系，与矛盾的两个方面，包括相互联系、相互依存、相互对立、相互斗争、相互转化，这些理念都是相通的。

35 如何理解乾卦内刚外刚之象
和金金比和之象？

　　本篇我们来介绍乾卦☰卦象寓义中的第八个卦象和第九个卦象，分别叫内刚外刚之象和金金比和之象。

　　先来介绍"内刚外刚之象"。我们把一个六爻乾卦作为一个系统、一个场景、一个整体来考察。把它分成两个部分，分别是下卦部分、上卦部分，我们已经介绍过，下卦也叫内卦、主卦，它是系统中的事物主体；上卦是外卦、客卦，它是系统中的事物客体，这样我们把一个卦分成主、客或内、外两个部分来考察，可以帮助我们对当前事物性质、状态、形势等作出比较符合客观实际的判断，以便指导我们把事情做成或做得更好。

　　乾卦是个纯卦，前面讲过，对于上卦、下卦都是一样的卦，我们称其为纯卦。六爻乾卦的上卦是三爻乾卦，下卦也是三爻乾卦，这是卦画里比较独特的一种结构。上卦、下卦都是相同的经卦，针锋相对，势均力敌。"内刚外刚"的内、外，指的是主客体所处的地点、场所、方位、位置等，"刚"取意于乾卦的特征，乾卦的卦德是刚，乾卦三爻均为阳爻，阳刚指数为7，是八个经卦中阳数最大的，因此乾卦在五行中代表金，金属五金之"金"，质地坚韧刚硬，乾卦为阳卦，与此相应的乾金也为阳金。

这种上下平衡对等的情况好还是不好，不能一概而论，有时很好，有时不很好，有时很不好，这些情形同时存在，这是符合我们客观世界和现实生活状况的，与万事万物形形色色的现象是一致的。甲之蜜糖，乙之砒霜。同样一件事情，对有的人看起来很好，对有的人看起来就很不好，而对有的人则无关紧要。六爻乾卦的情形也是这样。如果把乾卦的主体看成企业，"内刚"表明下卦所代表的主体企业非常刚强，很有实力；"外刚"表明上卦所代表的外部企业同样实力雄厚旗鼓相当。

我们可以把上卦代表的企业理解为合作伙伴。主体企业很强，合作伙伴也很强，如果两家企业达成合作协议，用恰当的方式把它组合起来，是不是就实现了强强联合？强强联合在当前是司空见惯的，跨国企业的联合、中外企业的合作、现代企业的联营，高等学府的协作合并，等等，这种强强联合是不是实力得到大大增强，甚至达到几何级的增强？这就能起到1+1>2的效果，它所产生的是一种积极效应、放大效应和强化效应，极大地提升了合作体的能级，这就是好的正面的例子。

关于"内刚外刚"架构，不好的负面的情形也是存在的。如果主体企业与客体企业是同行，双方存在竞争关系，在利益上发生了冲突。这时，主方强客方也强，势均力敌，针锋相对，针尖对麦芒，谁也不让谁，势必造成两败俱伤。化解这样的矛盾，就要利用《易经》的智慧，运用《易经》灵动的思维，调整思路，创设机会，求同存异，尽最大努力调动一切积极因素，化被动为主动，从而使事态朝着有利于解决矛盾问题的方向发展。《易经》

里蕴藏着这样的智慧，只要正确分析和把握"内刚外刚"的形势，因地制宜，多措并举，综合施策，就能够把有利因素发扬光大，把不利因素降至最低，有效避免恶性竞争，最终获得配合协调、互利共赢的结果。

最后，介绍下乾卦卦象寓义的第九个卦象，叫"金金比和之象"。金，五金的"金"，五行是金、木、水、火、土。从五行关系上来分析上、下卦之间的关系，或者内、外卦之间的关系，与上面乾卦"内刚外刚"的原理有些类似，只是角度不一样。我们曾介绍过八卦与五行的对应关系，乾卦和兑卦，阳数分别是7和6，是八个经卦中阳数最大的两个卦，也是力量最为强劲刚健的两个卦，乾卦和兑卦对应五行里的金，五金之"金"，泛指一切金属，金属硬度很大，强度很大，所以用阳数最大的这两个卦来对应，这是非常合理的。《易经》的博大精深也体现在这里，纵横捭阖，殊途同归，从不同的纬度、路径、方式、方法、渠道来解释，都是混成一体的，这是《易经》的高明之处，令人叹为观止。

在"金金比和"中，"比"与比较的"比"写法相同，但读音不同，"比"在比和、亲比中念第四声。"比和"就相当于上面介绍过的强强联合。在五行关系中，两个事物的性质如果属于同一类别的话，两者的相遇或结合就形成了一个功能效用得到明显增强的结果。六爻乾卦中，上、下卦是两个乾金，而且都是阳金，两个阳金叠加在一起，其强度将是坚不可摧的。在占卦预测的时候，如果占到金金比和的卦，这是非常好的有利条件和积极因素，它能增强当事人对未来的信心。可以理解为，求占主体在某件事物上将得到来自外界的，比如合作方、朋友、家人的帮助和支持,可谓是"有贵人相助",从解卦的角度,这是一个良好的结果。但愿我们每个易友在生活中多一些这样的贵人相助,让"金金比和"的状态常常遇见,多多益善,祝大家一帆风顺,事业有成。

36 如何理解关联卦画？
乾卦的错卦、综卦和交互卦是什么卦？

　　本篇我们继续来讲《乾卦的创始之道》中的"关联卦画"部分。"关联卦画"，这是什么意思？我们说，人与人之间存在着人际关系，那么卦与卦之间呢，也存在着卦际关系。所谓"关联卦画"，指的是一个六爻卦画，存在着几个与其有着密切联系的卦画。也就是说，在"关联卦画"部分，要介绍一下乾卦的"社会关系"，跟它关系比较密切的有哪几个具有代表性的卦。就像一个人的社会关系，有父亲母亲、妻子儿子、兄弟姐妹、亲戚朋友，等等。

　　我们知道，世界上万事万物都是有联系的。当前流行的"六度空间理论"认为，自己与任何一个陌生人之间，最多通过六个人为媒介，便能实现相互关联。可见，事物是不可能孤立存在的。《周易》六十四卦在几千年前就已经揭示了万事万物之间的这种关联性。因此，六十四卦是一个内部错综复杂的、联系紧密的、规模庞大的整体或系统，每个卦都不是孤立存在的，都有自己的近亲属和朋友圈。

　　物以类聚，人以群分。我们要了解一个人，只要看看他或她的父母和朋友圈;反过来,你了解了一个人,就知道他或她的父母和所交的朋友是什么类型的了。六十四卦的卦际关系与人际关系非常相似。理解了本卦,有助于更好地理解关联卦画;理解了关联卦画,有助于更好地理解本卦,两者相互联系、互为因果和前提条件。因此,研学关联卦画的目的,就在于全面、完整、准确地理解和把握卦画卦象的含义,处理好重点与一般、局部与整体、主体与附属之间的关系,明确它们之间运行变化机制及相互转化原理,继而通过学以致用,知行合一,将这种易理有目的性地付诸实践,把它与生活工作实际结合起来,就能对我们的人生事业起到很好的指引和指导作用。

乾卦☰的第一个关联卦画是,乾卦的错卦为坤卦☷,也可以说乾卦和坤卦是一对错卦。我们原来讲过,错卦的"错",不是错误的"错",而是阴阳交错的意思,这样我们就可以轻而易举地找到乾卦的错卦。乾卦六个爻全是阳爻,那么它的错卦就是六个爻全是阴爻,这个卦就是坤卦。在《周易》六十四卦里,第一卦是乾卦,第二卦就是坤卦,乾卦六个爻全为阳爻,坤卦六个爻全为阴爻,分别呈现纯阳、纯阴的状态,这样的卦在六十四卦里是独一无二的。一个乾卦,一个坤卦,各自分别代表六十四卦中的一类卦,虽然只有一个卦,却能代表一个类别,一个是纯阳类别的卦,一个是纯阴类别的卦。世界上不存在纯阳、纯阴的事物,即使是最纯的黄金,可以是99.9%再加N个九,却不可能是100%的纯。《周易》中出现纯阳的乾卦、纯阴的坤卦,是种理想状态,是种意象,是种极致状态,主要是为了便于易理分析。除了纯阳、纯阴两类卦以外,其他六十二个卦都是有阴有阳。这样就决定了乾卦和坤卦在《周易》六十四卦里面的地位是非常重要的。乾坤就是六十四卦的大门,要了解《周易》首先要从乾坤大门进入。

错卦给我们的一种启示,或者它的实际意义在哪里? 它教会我们在考察事物、调查研究、处理问题和解决矛盾的时候,要站在对方的立场和角度来看问题。如果能够进行换位思考,站在对方的立场来考虑问题,就有可能缓和矛盾的尖锐性,接近或达成共识,从而有利于化解矛盾,解决问题,这对矛盾双方都是有益处的。所以,乾、坤是一对错卦,他们的卦际关系是错卦关系,其实跟马克思主义哲学中矛盾的相互对立、辩证统一关系是一致的,你中有我,我中有你,在一定情况下相互转化,它既是对立的,又是统一的,在条件成熟的时候还会相互转化。它告诉我们,在一对错卦里,双方联系密切,相互依存,相辅相成,谁也离不开谁,一旦错卦的一方消失了,另外一方也没有存在的意义。因此,我们说孤阴不生,独阳不长,就是这个道理。

在这对错卦里,乾卦是主动力,坤卦是受动力;或者说,乾卦是主导力,坤卦是配合力。事物都是这样,一对矛盾,双方相互作用,相互配合,相互转化,事物在无穷无尽的矛盾运动中才能往前发展,失去矛盾的任何一方,这个矛盾就不复存在了。如果说世界上没有矛盾,也就意味着世界无法发展了。以上介绍的内容是乾卦的错卦为坤卦。

乾卦的第二个关联卦画是,乾卦的综卦还是乾卦。我们原来介绍过所谓的综卦,就是把一个卦画上下颠倒过来,翻转一百八十度。在其他卦里,一个卦的综卦,倒过来以后就变成了另外一个卦。但是，乾卦却不是这样，乾卦倒过来后还是乾卦，这是由于乾卦的特殊对称性所决定的。综卦，还有两个名称，一个叫镜卦，一个叫覆卦，三个不同的名称，说的却是相同的卦际关系，都是指向将某个六爻卦颠倒180度。

那么，综卦的实践意义在哪里呢？综卦的原理要求我们在观察事物、处理问题的时候，一定要多个角度、多个维度、多途径、运用多种方式方法来进行，不仅仅是站在对方的立场上来考察，站在对方立场上思考问题是必要的，这是错卦的原理。综卦的原理告诉我们，不仅要运用错卦的原理，而且还要推而广之，要全方位、宽领域、多角度地立体地综合地来观察和思考，不仅仅是站在对方的立场，而是要站在被观察事物的前、后、左、右、上、下各个方位和角度来看问题，就像游览庐山一样，横看成岭侧成峰，欣赏角度不一样，你看到的景象是不一样的。

我们在处理现实问题的时候，所涉对象的社会地位、职业岗位、经济状况、文化教育状况等都不相同，他们看问题的视角各不相同，所关注的重点也不一样，所关心的问题各有侧重。这时作为解决问题的主导方，就应当兼顾社会各个阶层和各个领域人士对这个问题的看法，然后找到一个最大的公约数，形成共识，这样处理问题的结果才能符合广大人民群众的利益，才能得到大多数人民群众的支持，这是综卦给我们的一个启示。

乾卦的第三个卦际关系是，乾卦的交互卦还是乾卦。所谓交互卦，就是把六爻卦的初爻和上爻两个爻去掉，用中间四个爻重新组成一个卦，中间四个爻里的上面三个爻作为上卦，中间四个爻里的下面三个爻作为下卦, 交互卦中的二三爻与四五爻是相同的, 体现了该卦上下卦交互的含义, 所以才称其为交互卦。其目的是去掉事物两端不具代表性的极端情况, 用事物的主干即中间部分作为考察对象, 这样得到的结果更加可靠, 更加接近实际状况, 因而也更加具有现实意义。通常情况下, 某个卦的交互卦会变成另外一个卦, 但是乾卦的交互卦却还是乾卦, 其原因仍然是取决于乾卦是个纯阳的特殊卦画。

上面讲了, 乾卦的综卦还是乾卦, 乾卦的交互卦还是乾卦, 这说明什么问题呢? 这说明孤阴不生, 独阳不长, 纯阳的事物缺乏变化, 或者说它的变化很少, 就像一个圆形的事物, 无论从什么角度去看, 基本上还是圆形的。只有阴爻、阳爻相杂的卦, 其综卦和交互卦之间、以及它们与本卦之间才是不同的卦, 它表明要使事物发展变化, 就需要有阴阳两方面的元素相互作用。所以, 万事万物中大多数都是阴中有阳, 阳中有阴, 相互间杂的, 因而变化就很大, 世界上的事物也因此品类繁多琳琅满目。

乾卦演化三女、坤卦演化三男图

最后, 介绍一下"乾卦演化三女"的概念。这是针对三爻乾卦而言的, 由代表父亲的乾卦演化出三个代表女儿的卦, 分别是巽卦、离卦和兑卦，也就是说三个女儿跟父亲的关系最为密切。如果乾卦的初爻变成阴爻，就演化出大女儿巽卦；如果乾卦的中爻变成阴爻，就演化出中女离卦；如果乾卦的上爻变成阴爻，就演化出三女儿兑卦。可见，在子女中，女儿与父亲之间的关联度可能会更大一些，这是从乾卦演化出三女里得到的启示，现实生活中的情况也确实如此，女儿是父亲的小棉袄，父女的亲情是最真挚最珍贵最温馨的。

37 怎样理解乾卦的卦辞"元、亨、利、贞"？

本篇我们来介绍一下乾卦☰的卦辞。

卦辞在一个卦里是什么含义呢? 我认为卦辞是一个卦的主题思想或中心意思,它主要表达的是一种意境。当然有的人不同意主题思想的说法,我曾经说过这也是允许的,我们学《易经》就应该有包容的心态,就跟前面讲过的综卦一样,横看成岭侧成峰,不同的人可以对同一事物有不同的看法,因而我们要允许有不同的观点存在。但是,不管怎么说,卦辞在一个卦里的地位非常重要,和爻辞相比,卦辞居于更高的层级。爻辞是与每个爻相配合的,是用来解释爻象的,所以它是一个局部的概念。卦辞是对整个卦所作出的概括性描述,所以卦辞比爻辞要高一个层级,它相当于站在该卦的全局高度,对全卦的哲学性易理和象征性意境作一个高度的概括。所以这个卦辞,对于理解整个卦要表达的意境和内容起到一个非常关键的作用。就是说,理解了卦辞可以帮助我们更好的全面、正确、深入地理解全卦的意思。

乾卦的卦辞:"乾,元、亨、利、贞。"前面的"乾"字,指的就是乾卦,"元、亨、利、贞"就是乾卦的卦辞,非常简单,但是同时容量又非常大，往往越是简约的卦辞，它的容量就越大，留给人们一种很大的想象空间。"乾，元、亨、利、贞"，我们把它翻译过来，也就是："乾卦，创始、通达、适宜、正固。"白话不难理解，但是要真正领会它的内涵，它的精髓，需要深入的思考，需要不断的实践。

所以，你学了《易经》以后，每个阶段来思考"元、亨、利、贞"，都会有不同的收获，它的含义是很深邃的。

这里的"元"，怎么来理解？元，我们说元旦、元首、纪元、开元等等，所以这个"元"在这里有"开始"的意思。但是，在乾卦里，"元"还有一个非常重要的意思，那就是"创造、创新、开创"等意思。也就是说，乾卦里的"元"是有特殊意义的，因而我在这里把它翻译为"创始"。"创造"是乾卦类事物或乾卦之"元"的一个特质，同时加上"元"的一般含义"开始、开头、开源、源头"等等意思，所以我们把"创造"和"源头"两部分综合起来理解，就产生了"创始"的意境，其内涵、外延都是相当丰富的。

"亨"，就是亨通、通达、顺畅、畅通、畅达等等，这个好理解。事物处于"亨"这一阶段的时候，发展是比较快速而且顺利的，从外在表现或形态展现方面看，变化幅度都是很大的。

"利"，向来有不同的理解，我在这里把它翻译为"适宜"。当然有的学者把它译成"利益、有利于某事某物"等也是可以的，"利益"有精神的，也有物质的；"有利于某事某物"也是这样，有看得见的，也有看不见的，有具体的，也有抽象的等等。总之，"利"是一个正向的，有利益，或者有好处，有利于、适宜，这些意思都不矛盾，建议最好理解为"适宜"，它的外延可以非常广泛，我们不排斥其他各种各样的解释。

"贞"，忠贞的"贞"，古代的"贞"同现代正确的"正"意思相同。现代意义上的"贞"，即贞节、忠贞等义，跟古代相比，意思范围反而缩小了。古代"贞"字的意思范围是非常大的，它涵盖所有跟现代正确的"正"有关的意境。

我们把"元、亨、利、贞"翻译过来，是"创始、通达、适宜、正固"，看起来好像是并列的、不是太连贯的四个意思。其实不对，它是一个整体，在时间上和逻辑上，有内在的紧密的关联度。

"元、亨、利、贞"可用来形容一天中时间段的变化。"元"，在太阳出来的早晨，人们日出而作开始了一天的劳作。"亨"，通达，包括从上午到中午这么一段时间，就是太阳非常明亮的、阳光灿烂的时段，就跟我们今天的天气一样，外面艳阳高照，阳光明媚，这是亨的时段，人们热火朝天的劳动生产是在这段时间完成的。"利"，大约是下午三四点钟到太阳下山、收工、吃晚饭这个时段。可以理解为，人们在阳光下劳作一天了，劳动有了收获，取得了劳动成果，这是获得利益的体现。既指物质利益，又指精神利益，包括劳动后的成就感、愉悦感和满足感，这时心态、身心等各方面都是适宜的。相当于我们付出劳动之后享受了劳动带来的快乐和益处。劳累一天后终于收工了，通过吃晚饭歇息，疲劳状态得到了缓解，体力逐步得以恢复，这时身心是轻松和适宜的。"贞"，可以理解为夜晚休息睡眠这段时间。贞就是要守正，也就是到了夜晚就要好好休息，养足精神，涵养元气，以利于第二天再来新一轮的"元、亨、利、贞"。如果说到了深更半夜还不休息，那就不是贞了，精力体力得不到恢复，就无法进入第二天的"元、亨、利、贞"了。所以"贞"很重要，就是要守正，要按照自然规律来安排作息，用《黄帝内经》中的养生理念就是要做到"起居有常，饮食有节，不妄作劳"。

如果把一年作为考察对象，我们可以用"元、亨、利、贞"来解释一年四季的特点和规律，分别代表春季、夏季、秋季和冬季。一年结束后，第二年"贞下启元"，再来一轮"元、亨、利、贞"，这也是一个无限循环的过程。

俗话说，一日之计在于晨，一年之计在于春。我国长期处于农耕社会，民以食为天。围绕农业生产，民间素有"春播、夏长、秋收、冬藏"的说法。概括起来说，这是一粒种子的旅行史，也是农民田间的耕作史，更是人类生计的发展史。以上的"春播、夏长、秋收、冬藏"，与乾卦的"元、亨、利、贞"高度契合。"春播"是种子的坏甲始发，与"元"的创始意蕴完全一致；"夏长"是作物的迅速苗壮成长，与"亨"的通达、畅达意蕴完全一致；"秋收"是农民用镰刀收割庄稼的时期，是收获的季节，充满着丰收的喜悦，当然与"利"的适宜意蕴完全一致；"冬藏"是贮藏粮食，留好种子，合理安排口粮，确保平安过冬，并作好来年春耕生产准备，为第二年的"贞下启元"奠定良好基础，与"贞"的正固、守正意蕴完全一致。

乾卦卦辞"乾，元、亨、利、贞"，它揭示了人类创造性事业的普遍规律。我们可以把人生事业、包括家族的发展也分成四个阶段，分别用"元、亨、利、贞"与之相对应，这也是非常贴切的。"元"是人生事业的初始阶段，万事开头难，一个良好的开端就等于事情做成了一半，只有把头开好了，事业才能进一步发展。"亨"是人生事业得到通达顺利发展的阶段，可谓初见成效、初具规模。"利"是指人生事业有了成绩和收益，就像果树上结出了丰硕的果实。"贞"是贯穿始终、承上启下、承前启后的，特别是当人生事业获得利益之后，如何分配利益，如何使用钱财，如何安排消费和再发展的比例，等等，这些都是"贞"对一个人的考验。因此，人生事业要保持繁荣持续发展，做到守正是关键，只有守住了"贞"，才可能实现"贞下启元"，才可能有第二轮、第三轮、甚至百世的发展。

如果守正做不好，再厚实的事业经过一代、两代就没有了。现实中很多失败的案例大多败在第四个"贞"的环节上。因为最后的"贞"的守正要求没有落实好，事业在第一轮就终止了，没有守住"贞"，自然也就没有了"贞下启元"。

为什么易作者要把"贞"放在第四最后的位置？因为这是个承上启下的位置，既是前一轮的结尾，又是后一轮的开始，所以守正是非常重要的，如果做不到守正，那就没有第二轮了，到这里就终结了。在现实生活中，一些暴发户、大款往往就是一夜暴富，但是很快三五年以后就不见了，就是这个道理。现代社会不少家喻户晓的名人，在人生的"元、亨、利"三个阶段顺风顺水，少时努力，青年发达，中年名利双收，最终却在"贞"字环节栽了跟斗，到了老年依旧欲壑难填，贪得无厌，恬不知耻，疯狂敛财，结果落得个晚节不保，被人唾弃，一世英名，毁于不"贞"，这样的例子不胜枚举。

君子爱财，取之有道。如果做不到守正，钱财怎么来就会怎么去，不是守正得来的钱财总归是要失去的。无论是钱财、利益、名誉、地位、命运等等，凡是通过邪门歪道得到的，最后终究是守不住的，"贞"的特殊意义就在这里。所以，"元、亨、利、贞"的涵义是非常丰富的。

说到这里，我再啰嗦几句。这个"贞"实质上就是"正"。"正"字在甲骨文上，上面"一"是由长方形"口"字简化而来的，代表古代的城堡；下面的"止"就是"趾"，代表人的脚足，后来"止"的停止、阻止、制止、静止等意思也是由"止"的脚足本义引申出来的。因此，"正"的最早意思是"征"的意思，攻城掠地，征伐无道。征伐一般用于正义方讨伐非正义方，因而"征"有平定、匡正、纠正、矫正等意思，具有正义性。后来"正"的本义"征"逐渐淡化，正义性逐渐成为其主要含义，而"正"的征伐含义则通过左边加个双人旁来表示，我称其为古汉语中"鸠占鹊巢"的现象，类似的字如：益溢、需儒、莫暮、它蛇、然燃、畜蓄、易蜴、孚孵、夬决、兑悦、咸感等等。因此，"正"的正确、正义、正当、正直、守正、中正等意思是在汉字长期发展演变中逐渐形成的。

"正"上面是"一"，下面是一个"止"，其意境就是"止于一"或"走向一"的意思。《大学》里讲："为人君，止于仁；为人臣，止于敬；为人子，止于孝；为人父，止于慈；与国人交，止于信。"所以"止于一"或"走向一"的"一"就是道，就是我们的思想品德、行为规范要符合天地自然之道，也就是《大学》里讲的仁、敬、孝、慈、信等这些美好品德，我们要把自己的言行举止保持在恰到好处的地方，放在社会上公认的仁、敬、孝、慈、信等这些品德层面上。

38 乾卦的彖辞讲了些什么?

本篇给大家介绍一下乾卦☰的彖辞。

我们原来讲过,"彖"字下面是一个"豕",代表猪,多指野猪,上面部分是相互的"互"的中间部分,相当于野猪的两排牙齿。"彖"这个字是个象形字。"彖"和"断"发音相近,因而"彖"有判断的意思,取意于野猪牙齿的咬啮功能。野猪的牙齿非常锋利,几分钟就能咬断碗口粗的树木。人们从野猪这种铁口钢牙咬断树木的习性特征中引申出判断的概念,而且这种判断几乎接近铁口直断,表明其判断的确定性和可信度是很强的。因此,这个"彖"字就是判断的意思。

那么,它究竟用来判断什么呢? 我们曾介绍过《彖传》有两部,是十部《易传》里的两部,分上、下两部,分别对应《周易》的上经、下经。《易传》是用来解读经文的,《彖传》的文辞就是彖辞,卦辞属于《周易》的经文。因此,乾卦的彖辞是用来解读乾卦卦名、卦义和卦辞的。我们看《彖传》的时候,一定要结合卦辞。乾卦的卦辞非常简单,只有"乾,元、亨、利、贞"五个字。卦辞越简单其容量就越大,因此需要一段较长的彖辞来解读它,否则没有易学基础的人就如同观看天书茫然失措不知所云。彖辞虽然较长，但是它是有层次的，我们可以把乾卦象辞切割分成几段，分别围绕"元、亨、利、贞"四个字来展开。就是说，你把它当成整体去看，觉得很复杂，好像很难，不好理解，但是只要化整为零，逐个击破，先分层理解，再综合体悟，也许就不会觉得学《周易》有多难了。

下面我们来看一下象辞原文："大哉乾元! 万物资始，乃统天，云行雨施，品物流形。大明终始，六位时成，时乘六龙以御天。乾道变化，各正性命，保合大和，乃利贞。首出庶物，万国咸宁。"这是乾卦象辞。

我把白话文再给大家说一下。《象传》说："乾天的初始创造力真是太伟大了! 万物的生长由它提供生命滋养，于是万物统摄于天。云在飘行，雨在施洒，分辨事物种类，在流通中呈现各自形态。日月自始至终绽放光明，六个时间阶段自成其位，适时驭乘六龙维护天道。乾天之道呈现阶段性调整和变化，各自守正于天性和命理。保护融合以至大和，这便是适宜正固的内涵。周易首卦所反映的乾天之元创造出万物，天下万国一片安宁。"以上就是乾卦象辞的白话文内容。

从原文翻译成白话文，听下来可能会有一些理解了，但是还不是非常通透，这不要紧，理解卦辞也好，象辞也好，需要结合实践慢慢地去悟，都有这个过程，请大家不要急于求成。既然事物发展有"元、亨、利、贞"四个过程，我们不要试图去超越，做学问没有捷径，循序渐进是学习《易经》的最好方式。我们可以把象辞看成几个层次，分别来解读"元、亨、利、贞"，这样对照起来理解，思路可能会比较清晰。

先看第一句"大哉乾元"。这是对"乾元"的一种赞美，一种由衷的感叹，因为"乾元"的能量实在是太大了，它的功能和效用实在是太伟大了。没有"乾元"就没有万物，"乾元"是天道的集中体现，天生万物，威力无穷，能量无限。所以，易作者在首句对"乾元"作了非常慷慨的赞美。

前面讲过，"元、亨、利、贞"可用来形容一年四季春夏秋冬，春发、夏长、秋收、冬藏，相当于一粒种子的旅行周期，第二年"贞下启元"，再进行第二轮旅行。以"种子"来比拟"乾元"是形象生动的，这粒种子在春天适当时节适当气候发了芽，正因为它内在有乾元的生命元素和养分，因此加上自然的气象和土壤水分条件，它就会生发，种子的春发就是"乾元"的典型表达。

"万物资始"，指的是万物是由"乾元"提供了生命元素和滋养才得以诞生的，或者说"乾元"具有生命元素和生命所需的滋养，而"乾元"就蕴含在万物之中。有了"乾元"才有万物的创始，没有"乾元"就没有万物，因而"乾元"是万物生长发展的最初源头。

"乃统天"。"乃"，是判断词，相当于"是"，或作连词，相当于"于是"。"乃统天"译成白话是：于是万物统摄于天。"乾元"为万物提供生命和滋养，而"乾元"来自天，万物当然也就统摄于天。其逻辑关系是，天生乾元，乾元生万物，所以，天统领掌控着万物，用被动式来表达，便是万物统摄于天，即"乃统天"。万物按照天道运行就能顺利生长，如果逆天道而行就会灭亡。

第二层内容："云行雨施,品物流形。大明终始,六位时成,时乘六龙以御天。"这五句话可以理解为与"亨"相对应。我们说,"亨"就是亨通、通达、畅通。"春发、夏长、秋收、冬藏"中的"夏长"与"亨"相对应,结合庄稼禾苗的"夏长"阶段性特征来理解上述这段象辞,对我们是很有帮助的。"云行雨施"就是老天施洒阳光雨露,庄稼禾苗得到了快速生长,这是通达的过程。"品物流形",是事物在流通变化中形成各自的形态,从而分成不同品种类别。就庄稼而言,"品物"可以理解为水稻、小麦、玉米、大豆等不同类别的作物。"流形"可理解为,当种子刚发芽时,形态都差不多,只有在"夏长"阶段,经过时光流逝、土壤水分、肥料养分流转,水稻、小麦、玉米、大豆等作物才生长成各自的形状。"大明始终,六位时成。"讲的是代表光明的太阳和月亮,日月如梭,日复一日,循环更迭。随着时间的推移,人和事物按照乾卦的六个爻位而各自有所成就。"时乘六龙而御天"就是告诉作为人生事业主体的人,要把握时机、因地制宜、循天行事、顺势而为,如同驭乘六条龙那样全力保卫和维护天道运行。

第三层内容:"乾道变化,各正性命,保合大和,乃利贞。"这四句话就是用来说明"利"和"贞"的。"利"是适宜,适宜与否其衡量标准就是天地运行的自然之道。乾道变化,就是天地之道,是大自然发展变化的客观规律。符合"乾道变化"就是"利",违反"乾道变化"即非"利"。"各正性命",保合大和"是针对"贞"字而言的。"正"是止于一,使万事万物处于最适当的位置和状态;"性命"是事物的本性和命理。这句话是说,天地之道按照万事万物各自特性和各自命理，让它自然生长、自然发展、健康成长和健康发展。"保合大和"，"保合"是保护融合，"和"是指不同的事物和谐共存，不能以大欺小、以强凌弱、以内排外，仗势欺人，这才是公平正义。"乃利贞"，这才是"利贞"的真谛。也就是说，乾道所反映的天地之道，让各类事物各尽其性自然发展，形成和谐并存的共同体，这才是适宜和正义该有的样子。

最后两句内容是"首出庶物，万国咸宁"，这是对乾卦意境所作的概括性总结。这个"首"有两层意思，既是指乾卦是《周易》六十四卦之首，同时又指乾卦所代表的天，而且这个天又包含地。我们说过，在易学里说天的时候应包含地，说阳的时候还包含阴，因而这个"首"主要是代表天。现代有平行宇宙的说法，说明宇宙不止一个，全部宇宙可以统称为天。天地生万物，有天地才有万物，有万物才有人，有人才有万国。人也是万物之一，也是天地之产物。"咸宁"，咸，表示统括，是都、全等意思，"咸宁"即全都安宁。"首出庶物，万国咸宁"的基本意思就是，天地生万物和人，而人及其所涉的万事万物必须按照天地之道去运行，才能获得天下祥和、安宁的大好局面。

39 乾卦的大象和小象是什么意思，
都讲了些什么？

　　本篇我们来介绍一下乾卦的象辞。我们知道，《象》有《大象》和《小象》，是十部《易传》中的两部，《大象》和《小象》里的文辞都叫象辞，都称之为"象曰"，但实际上分大象之辞和小象之辞，视具体情况而定，只是我们习惯上简称其"大象"或"小象"。所谓《大象》，是对整个六爻卦所反映的具体情境或整体景象所作的概括性描述；所谓《小象》，是对卦画里某个爻所反映的具体情境或局部景象所作的描述。《大象》是大框架的整体的，《小象》是小范围的局部的，两者分工侧重点是不一样的。

　　下面，我们看一下乾卦的《大象》是怎么说的，《象》曰："天行健，君子以自强不息。"这句话不长。大家可能听说过，清华大学的校训是"自强不息，厚德载物"，便来自乾卦的大象和坤卦的大象。"厚德载物"取自坤卦大象"地势坤，君子以厚德载物。"这说明《易经》的《大象》也是深入人心的。

　　怎么来理解乾卦的大象？"天行健"的"健"，是健康的"健"，我们此前介绍乾卦的时候，介绍过健康的"健"和乾卦的"乾"，是通假字，在古代是相互通用的，因此在乾卦大象里，"健"首先要理解为"乾卦"，而不是"刚健"的意思。"健"首先是乾卦的"乾"，这是第一层首要的意思，然后才可以引申出"刚健"的意思，这样理解主次清晰，就没什么问题。如果一开始就认为这个"健"就是刚健有力，虽不能说它错了，但至少是不恰当的。"天行"的意思是，天上日月星辰处于不断地运行之中。是描述这个乾卦的天体运行的一种自然现象。如果把"天行"与"健"用逗号隔开，可能更加便于理解，但习惯上多数情况没有用逗号，但我们初学者脑子里要有这个逗号。"天行健"这三个字的意思是说，天体日月星辰不停运行，这是乾卦所描述的自然景象或客观天象。

我们去看六十四卦大象的时候，只要把握一个句式结构的普遍规律，就能帮助我们很快理解大象的意境内涵。大象象辞通常有两部分组成，前半部分相当于易传作者给你描画了一幅"大象"，就是很大的图象画作，可能是自然景象，也可能是客观现象，可以理解为，这是儒家眼中六爻卦画所反映的客观世界，它为后半部分引出儒家的思想理念作铺垫，也可以说它是儒家思想理念的载体，是典型的形象思维，为后半部分过渡到抽象思维打下了基础。后半部分相当于借景抒情、触景生情、观象说理，就是受此自然景象或客观现象启发提炼出做人的道理，从而运用于人文社会的领域，这样就把自然和人文关联起来了，实现了由形象思维向抽象思维的过渡。因此，这是《易经》里，特别是《大象》里，包括整个《易经》卦、爻辞最明显的特点，就是凭借自然景象和客观现象来阐发人文之理。这个思路很重要, 理解了作者的思路以后, 我们再去理解象辞就会比较容易。

再看乾卦大象的后半部分 "君子以自强不息"。"君子" 代表着社会的精英阶层, 也就是我们的理想人格, 主持公平正义, 这种社会精英是正义的化身, 成为人们为人处事的规范准则。"君子以自强不息", 就是君子看到天体日月星辰刚健有力不停运行, 作为君子就要学习天体日月星辰周而复始刚健运行的自强不息精神。日月星辰按照自然规律运作, 没有人逼迫它们, 也没有人奖赏它们, 或给它们什么好处, 但它们兢兢业业, 始终如一, 从不懈怠。这里易传作者把它拟人化了, 这是高度自觉自律的君子也很难做到的, 因此显得格外珍贵, 因为人是有惰性和趋利性的, 天下熙熙皆为利来, 天下攘攘皆为利往, 大多数人都是无利不起早, 不见利不劝, 不见兔子不撒鹰的。

所以, 社会倡导自强不息精神, 不仅是因为天体运行刚健有力永不停息, 而且日月星辰都是慷慨无私, 不因为谁富贵就多给他阳光雨露, 也不因为谁贫穷便少给他阳光雨露。这种境界和品格正是百姓所期盼的。在古代, "自强不息" 的内涵外延都是很广的, 而现在却有些狭义了, 意思范围缩小了。我们从事易学的朋友有责任恢复其本来面目, 使 "自强不息" 精神进一步发扬光大。无论治国理政, 还是人生事业, 都要学习践行天体运行的这种积极进取、公正无私、自强不息的天道精神。

下面介绍一下《小象》。《小象》的象辞是这么说的, 《象》曰: "潜龙勿用, 阳在下也; 见龙在田, 德施普也; 终日乾乾, 反复道也; 或跃在渊, 进无咎也; 飞龙在天, 大人造也; 亢龙有悔, 盈不可久也; 用九, 天德不可为首也。" 一共是七句话, 分别针对乾卦六个爻和"用九"。

"用九"和"用六"，只是分别在乾卦和坤卦里有，其他六十二卦都没有，从这里也可以看出乾卦和坤卦的与众不同，所以它是两扇大门，相当于万事万物的父母，具有特别重要的意义。相对于其他六十三卦的《小象》来说，乾卦的《小象》还作了一个特殊安排，乾卦《小象》的这七句话是用一个完整段落集中表述的，它们构成了一个完整体系，而其他六十三卦，包括坤卦在内，其小象是放在每句爻辞后面分别表述的，这是乾卦《小象》与其他卦《小象》的明显区别。

乾卦的六个爻就相当于六条龙，不同的阶段其要求是不一样的，人生事业都需要作阶段性的调整，某阶段要求你做什么你就做什么，不要跨越这个阶段，每个阶段的特点是不一样的。我们前面讲到了乾卦卦辞，从大范围和大框架上考察，可以把事物发展划分为元、亨、利、贞四个阶段。如果从另外一个纬度考察，再分细一点，用乾卦的六个爻来表示事物的发展历程，则可以把事物分成六个阶段，因此不要拘泥于一事一物，要灵活应用和解读。

《小象》是配合六个爻的爻象的。第一句话叫"潜龙勿用，阳在下也。"这是小象针对乾卦"初九，潜龙勿用"爻辞而作的点评和解读。易友们可能已经发现，小象的第一句话往往是引用爻辞原文，可能是爻辞的全部，也可能是爻辞的部分重点内容。为了避免重复，乾卦爻辞内容将在今后作详细解读，而为了便于对小象的理解这里又不得不对爻辞作些简要介绍，本篇侧重介绍象辞。

"潜龙勿用"是告诉你现在暂时不要用,你此时还不具备发挥才干的能力,就像潜在水下阶段的幼年小龙,虽然潜力很大,但当前还处于学习知识技能、长本事的过程,还未到能派用场的时候,时机还不成熟。"勿用"是出于无奈,不是因为有本事不让你用,而是因为你没有本事可用。现在不用只是暂时不用,暂时不用是为了今后大用。

"阳在下也"意思是,初九这个阳爻处在最下位,相当于它住在六层楼里的最底层。用初九所处的幼龄阶段、最低地位,来解释为什么"潜龙勿用"的道理。龙在初九这个位置的时候,就好比刚刚发芽的一粒种子,有潜在的力量,将来可能长成参天大树,但当下却是脆弱的,派不上任何用场。因此,一块好材料的使用是需要讲求时、位条件的。现实生活中一些小神童、小童星被拔苗助长提前消费,最终废了这块好材料,实在令人惋惜,因为他们不懂得"潜龙勿用"的道理。

"见龙在田,德施普也。"这是小象针对"九二,见龙在田,利见大人"爻辞所作的点评和解读。意思是说,在下卦第二个阶段这条带有象征意义的龙出现在了田野上,表明龙初步具备了一定的德行能力,一方面其活动范围扩大了,从水域拓展到了陆地,另一方面这么一个大家伙出现在田野上,初试锋芒,初露头角,倍受众人瞩目。如果他是个小伙子,这个阶段相当于大学毕业进入职场的前几年,他的道德品行、综合素质和出色表现,得到上下的高度认可,对他的前景十分看好,把他视为值得重点培养的好苗子。

"德施普也"意思是说,这条龙的德行得到了普遍的施

行。其实这条龙就是君子的象征，君子是龙的化身。"德"的主
体应当是人，因此，龙就是君子，君子就是龙，我们常把出色的
人物称之为"人中之龙"。人们喜爱德才兼备的君子，因为由于
他们的存在，百姓将更加幸福，社会将更加和谐，世界将更加美
好，他们泽被万物，惠及众生，自然为众人所关注和喜爱，百姓
也乐于为这样的君子群体提供发挥才干的舞台。

"终日乾乾，反复道也。"这句小象是针对"九三，君子终
日乾乾，夕惕若，厉，无咎"爻辞所作的点评和解读。这里小象只
引用了爻辞的重点"终日乾乾"四个关键字。它的意思是，君子
一整日接着一整日地努力奋斗，这是循环往复的创业之道。"终
日"指整个白天，因为乾卦代表白天，坤卦代表黑夜。"乾乾"指
下卦、上卦皆为乾卦，表示相连的两个白天，因为九三爻处于承
上启下的位置，起到连接两个乾卦的作用，所以才会有"乾乾"
的说法。

"反复道也"是易传作者分析"终日乾乾"后所得出的结
论。受一个六爻卦只有下卦和上卦两个卦所限，爻辞只能写两个
"乾"，但大脑的联想是不受限制的，人们从两个"乾"可以联
想到N个"乾"，从一个整天接着一个整天，可以联想到日复一日
循环往复，以至于子子孙孙没有穷尽。一天接着一天奋斗，一年
接着一年奋斗，一代人接着一代人奋斗，这种踔厉奋发、开拓创
新、日复一日、笃行不怠、自强不息、坚韧不拔的精神正是君子创
办事业的奋斗之道，也是实现中华民族伟大复兴的成功之道。

"或跃在渊，进无咎也。"这个小象是针对"九四，或跃在
渊，无咎"爻辞而言的。或，通疑惑的"惑"，带着疑惑像龙一样

在渊潭里跳跃，目的是跃上更高的层面或平台，有些鲤鱼跳龙门的意味，一旦如愿实现便身价百倍。乾卦《文言传》说："或跃在渊，自试也"，意即龙在渊潭跳跃，是自行尝试着跃升至更高层次的行为。人生中这种机会不多，过了这个村就没有这个店，有机会就要及时抓住，错过了也许就是一辈子。"或"除了通假"惑"的意思外，还有或许、可能的意思。人往高处走，水往低处流。六爻卦是个大社会，大社会就是个六爻卦。社会又是个大金字塔，越往上走空间越小，越往上走难度越大，越往上走竞争越激烈。这就意味着跳跃成功的概率是极低的，从这个意义上讲，这个"或"就是可能性了，小概率可能成功，大概率可能失败。但人性的可贵之处是，明知希望不大，却要放手一搏，只要有百分之一的希望，就要作百分之百的努力。这就是奥运赛场冠军只有一个，却有数以万计的人为之拼搏的原因。

"进无咎也"是小象作者对"或跃在渊"行为的鼓励性评价，是对爻辞"无咎"的高度认同。人生能有几回搏，谋事在人，成事在天，努力可能不会成功，但不努力肯定不会成功。小象鼓励人们积极进取，知难而进，勇攀高峰，即使失败也不留遗憾，更无灾祸。

"飞龙在天，大人造也。"这是小象对"九五，飞龙在天，利见大人"爻辞所作的点评和解读。"飞龙在天"是引用爻辞的部分原文，在九五爻，相当于龙在中低空活动，独往独来，无拘无束，自由自在，其飞行范围非常广阔。作为一条龙，它已经达到了巅峰状态。

"大人造也"是依据"飞龙在天"，通过类比推导出来的国家和社会层面产生领袖人物的状况。前面说过，大象前半部分讲自然景象或客观现象，后半部分将它引入人文社会领域。这里的小象也有类似情况，它所采用的是类象思维。龙在天上飞行的场景，移植到人文社会，就是造就了大人物，产生了治国安邦的君主。《易经》中的大人是指有道德、有智慧、有能力、有地位、有权力的领导人。时势造英雄，英雄造时势。一个德才兼备坚强有力的领导人对国家和民族的作用和意义是十分重大的。

"亢龙有悔，盈不可久也。"这是小象对"上九，亢龙有悔"爻辞所作的点评和解读。"亢龙有悔"是引用爻辞原文，亢是高、过分、极度的意思，此话的意思是龙飞得太高了，有些过了，处于高处不胜寒的境地，脱离了大地，中间又隔着九五飞龙，难免产生悔恨心理。它反映了水满则溢、月盈则亏、久盛必衰、阳极必阴、物极必反的道理。

"盈不可久也"既是"亢龙有悔"的原因，又是"亢龙有悔"的结果。因为"盈不可久也"，好景不长，难以为继，所以"有悔"；因为是"亢龙"，飞得太高了，所以"盈不可久也"。易传作者借龙喻事，说的是龙的事，讲的是人间的理。民间称皇帝为真龙天子，上九之龙指的是退位的君王，贵而无位，高而无民，曾经的风光不再，存在后悔之事并不奇怪。

"用九，天德不可为首也。"这是小象对"用九，见群龙无首，吉"爻辞所作的点评和解读。小象的"用九"应当理解为全句爻辞的简称，因为这句爻辞有点长，古代在竹简上刻字不容易，能省则省，所以我们看到小象的"用九"，就应当把它视为引用了全句完整的爻辞。

　　"见群龙无首"可以理解为阳爻的使用原则。"群龙无首"在今天是个贬义词，形容一个团体或组织陷于混乱无序的状态，但在《周易》里却是一种高度融洽和谐的理想状态。其实，按照《易经》的思维极度混乱和极度有序往往是近义词，因为《易经》讲求的是变，阳极变阴，阴极变阳。

　　乾卦象辞说"时乘六龙以御天"，后面将会讲到的《文言传》说"乾元用九，乃见天则"。"六龙御天"是个比喻，古人认为天是圆的，六龙作为共同守护天道的群体组织，当然以圆形队型为妥，这样首尾相接就是高度平等的，可以说哪条龙都是首，哪条龙都是尾，这是有高度境界高度自觉的群体。但是，只要有条龙不配合，执意要当首领，那么这种和谐平衡状态就会被打破。因此，要维持这种理想境界，就要共同遵守"天则""见群龙无首"，只有这个维护天道的法则得到实施，才能呈现出群龙无首的局面，才能取得吉祥的结果。

　　"天德不可为首也。"实质上与用九爻辞的意境完全一致，是同一个观点的不同表达方式。"天德"就是"天则"，御天的法则，保卫维护天道的原则，把"天则"作为自己的行为准则而自觉遵守，这便是"天德"。"不可为首也"不是教人推诿逃避，当缩头乌龟不敢承担责任，而是告诫不具备品德、智慧、能力的人不要自己强出头强为首，不要为私利和过官瘾去当头领，这样的人往往不被大众所信任和接受。只有当你具备德才兼备，老百姓真正需要你并一致推举你的时候，你才可以当首领，尧舜应当是这类人物的典型代表。对"群龙无首""不可为首"要正确理解，强行为首、绝不当头都是不符《周易》原意的，要不然核心之爻、九五至尊、君王之位岂不成了摆设和多余？

40 乾卦爻辞中为何以龙说事？

前面我们介绍了乾卦的卦辞，从这一讲开始我们将分享乾卦的爻辞。如果说卦辞是对整个卦所作的一个概括性的描述，那么爻辞就是把着力点聚焦于每个爻。卦辞和爻辞是整体与局部的关系、概述与分述的关系。相对于整个乾卦来说，每个爻就是一个局部或一个点，爻辞的内容更加生动深入、形象具体。卦辞是以高度概括的方式表达该卦的主旨或主要特征，爻辞则是此主旨或主要特征在不同阶段不同位阶的具体体现，各个爻辞因时位不同呈现出差异性，但彼此又是相互关联的一个有机整体，六个爻的爻辞都是围绕卦辞而展开的。因此卦辞与爻辞的分工和侧重点是不一样的。理解了卦辞便能更好地理解爻辞，弄懂了爻辞也能加深对卦辞的理解。两者相互联系，相互协调，相辅相成，相得益彰。

凡是对《易经》稍微熟悉的人都知道，乾卦中多处出现了"龙"的身影。在六个爻的爻辞里，除了九三、九四没有出现"龙"字，其他初九、九二、九五、上九等四爻的爻辞里都出现了"龙"。于是，它引发人们思考，乾卦为什么会在爻辞中多处出现龙的描述呢？通常《易经》中的爻辞是观象所得，爻辞不会无缘无故地出现，有什么样的卦象才会出现什么样的爻辞。"观象所得"的"观"是观看、观察、考察、察看等意思，含有研究分析、思考联想的意味。也就是说，我们对由六个爻组成的卦画进行认真观察研究，通过思索联想，把原本由阴阳爻组成的抽象卦画，想象成自然环境或现实社会中的一幅幅具体生动的景象，这种由卦画经联想产生的景象便是卦象。这些卦象存在于自然世界和现实社会中，内容包括劳动、生产、文化、艺术、军事等现实生活的方方面面，可以说爻辞是自然世界和社会现实生活在《易经》中的反映。

"龙"是中华民族的图腾，在我们中华民族的历史和现实生活中占据非常重要的地位。所谓图腾，是一个民族或一个族群的精神寄托和精神化身。龙并不是现实生活中存在的一种动物，而是由好多种动物拼凑起来的。我们中华民族是多民族国家，现在是五十六个民族，那古代呢？也许比这个更多。当时不像现在这样交通那么发达，资讯那么发达，人际交往那么便捷，客观上只能以氏族作为一个生产生活的基本单位。通常古代氏族规模都不大，都有自己的一套独特的生活法则，都有自己的图腾，而且每个氏族的图腾都不一样，有的可能是鹿，有的可能是马，有的可能是老虎，有的可能是狮子，有的可能是鳄鱼，有的可能是大象，等等。各民族拥有不同的图腾，就相当于该民族区别于其他民族的文化标签。随着社会生产力的不断提高，经济社会的不断发展，民族之间的交流融合也日益加深。人们的活动范围不断拓展，原先互不交集的生活圈发生了覆盖交叉。通过和谈或武力等手段，诸多氏族兼并融合，当十多个氏族整合成一个氏族的时候，再用原先的图腾就不能反映或涵盖现实生活的真实情况了，难以满足氏族全体成员对归属认同的心理需求。于是，氏族首领就要对此前各氏族的图腾进行综合观察、思考、提炼、加工等，分别取各氏族图腾的一部分，然后组装成一个新的动物图腾。按照这样的思路，"龙"的图腾也就应运而生了。据说，龙是由九种动物组合而成的，实际上可能超过九种。这个"九"只是个概数，"九"是个位数中的最大奇数，奇数为阳数，古人以九为最大数，因此经常用九指代许多事物。我们可以得出结论"龙"是由很多种动物组成的，九种也好，十多种也好，各种说法都不一样，都有道理。我们不必执着于谁对谁错孰是孰非，作为学易之人应当以包容的心态去对待，虽然说法各异，但其背后的思路却是大同小异的。

我梳理了一下，"龙"通常是由以下九种动物的部位组成的：驼头、马脸、鹿角、鳄嘴、虎须、蛇身、鱼鳞、鹰爪、鳗尾。驼是骆驼，指龙的脑袋像骆驼的脑袋。马脸的特点是比较长，生活中有人对某人的脸型描述为马脸，其实牛脸、驴脸、骡子脸啊什么的都差不多，但是为什么只说"马脸"呢？这是约定俗成的，也许人对马更有好感吧。鹿角非常奇特，可视为是鹿的典型特征，更何况鹿角还是名贵的中药材呢。鳄鱼的凶猛主要靠那张铁嘴钢牙无比锋利的鳄嘴，哪个部位厉害就选哪个部位。还有虎须，老虎的胡须像钢针一样富有弹性。龙的身躯像蛇圆润灵活。龙的鳞就是放大以后的鱼鳞。龙爪取自鹰爪，也是因其凶猛锋利。龙尾就像鳗鱼的尾鳍，有利于在水中迅捷游动。

可见，龙就是由这么多动物的部件拼凑组装而成的图腾。

它在古人生活中扮演着重要角色，在生产力极不发达，人身安全难以保障的古代，龙成了人们心目中的精神支柱，人们把所有心愿和希望都寄托在龙的身上。在这样的背景条件下，把龙作为《周易》首卦乾卦的描述对象，完全是可以理解的。如果龙对古人的生产生活无关紧要，它是决不会被写到爻辞里去的。正因为龙对古人的生产生活非常重要，所以它才会在爻辞里反映出来。直到现在，人们希望子女有出息，于是便有了望子成龙、望女成凤的说法。

说到这里也许有人会发出疑问，龙跟男性联系在一起，凤与女性联系在一起，那么凤一定是雌性吗？答案是否定的，凤的性别角色具有两重性。通常情况下，凤与龙搭配的时候，扮演着雌性角色；凤与凰搭配的时候或在其他独立场景中，扮演着雄性的角色。正如坤卦六五爻的角色，当坤卦六五爻与乾卦九五爻搭配的时候，坤卦六五爻是臣属；当坤卦六五爻与本卦各爻搭配的时候，六五爻便是核心之爻君王之位，具有阳爻的意味。

让我们来看看词典对凤的解释吧。《古代汉语词典》指出，凤：古代传说中的神鸟；比喻有圣德的人；比喻帝王；喻婚姻关系中的男方。凤凰：传说中的鸟名，雄为凤，雌为凰。《辞海》解释说：凤凰，亦作"凤皇"，古代传说中的百鸟之王，雄的叫"凤"，雌的叫"凰"，通称为"凤"或"凤凰"，常用来象征祥瑞。《论语·微子》："楚狂接舆歌而过孔子曰：'凤兮凤兮！何德之衰！'"盖讥孔子有才德而不识时务，因此"凤德"指士大夫的德行名望。此处"凤德"的"凤"的性别角色不太明显，既可指男性，又可指女性，此时强调的不是其性别，而是其德行的高洁。

我国古代贵族妇女所带有凤饰的礼帽叫"凤冠"，我们中国人婚礼上常有"龙凤呈祥"的贺辞，在这种语境下，龙凤是天生的一对地设的一双，也是理想中的乾坤配，这里的"凤"便兼具了"龙"的属性，是作为龙的配偶角色出现的，此时的"凤"就是用来指代女性的。

根据《古代汉语词典》解释，龙：传说中神异的蛇形动物，能兴云作雨。比喻皇帝、卓异的人；高大的马，《周礼·夏官·廋人》："马八尺以上为龙，七尺以上为騋，六尺以上为马。"我国有句成语叫"龙马精神"，可见马与龙的概念是紧密联系的，好马就是龙，龙就是好马；龙在地上行便是马，马在天上飞便是龙。龙马有时是一体的。我们称卓越优秀的人为"千里马""人中之龙"，称皇帝穿的服饰是龙袍，称皇帝的用具为龙案、龙床、龙辇等等，人们用龙来称呼人，是有很强的象征意义的。

"龙"的出现既有现实生活的客观背景，又有"观象所得"的取象依据。六爻乾卦的上卦、下卦、上爻互卦、下爻互卦等都是三爻乾卦。根据《说卦传》，乾为马，而如上所述龙马是一体的，由"马"的概念过渡到"龙"的概念是不难理解的。同时，《说卦传》说"震为龙"。乾卦中并没有直观的震卦卦画。但是，乾为父亲，震为长男。在我国传统文化中，在父亲不在的情况下，长子为父，长子履行父亲的职责，因此在现实生活中父亲与长男的关系十分紧密，这在卦画里是能够找到它的关联脉络的。乾卦的错卦是坤卦，阴极变阳，阳极变阴，一对错卦之间相互演化是自然而然的事。而乾卦变成坤卦后，坤卦还会继续演化。如果将坤卦的初爻变成阳爻，那么坤卦就成为震卦了，震为

龙。虽然经过一番迂回变通才得到了"龙"的概念,但这与我们
现实生活的实际情况是非常贴近非常符合的。

41 乾卦"初九,潜龙勿用"是什么意思?

本篇我们来介绍一下乾卦初九爻辞"初九,潜龙勿用。"前面讲到小象的时候,已经涉及到"潜龙勿用"的粗略解读,本篇再就初九爻辞作些详细深入的解读。

"初九,潜龙勿用。"爻辞很简单,这句爻辞的白话便是,初九,潜于水下之龙不要急于发挥作用。"初九"的"初"是个时间概念,万事万物始生于何年何月何日何时比较重要,往往是人们关注的焦点,因为从这时起某个事物便按照其生命轨迹生长发展运行,对人们的生产生活将产生有利或不利的影响。所以,易作者将六爻卦第一爻的时间概念"初"放在前面,以突出其重要地位,予以特别强调。

"初九"之"九"表明乾卦的第一爻是个阳爻,代表刚强有力,是力量的象征。但是,"初九"阶段是幼小的龙,凡是幼小的动物都是身体弱力量小的,怎么能与阳爻联系在一起呢?因此不能从外貌形体机械地去理解,而是要从该事物的潜质、潜力和潜能上去理解。这条龙虽然幼小,但其内在蕴含着乾元的巨大力量。就像一个王室家族出生一个王子王孙,其影响力绝对不可小觑,他的强大气场是与生俱来的。

"潜龙勿用"，爻辞已经非常简洁，如果要再精炼一点，只留两个字的话，那就是"潜龙"；如果用一个字来概括该爻位的特征，那就是"潜"，这就是初九爻的关键字。学习乾卦以后，我们会发现，乾卦六个爻，可以理解为六条龙，或者一条龙的六个阶段，而每条龙或每个阶段的特征都是不一样的。把握了每个爻的不同特征，对理解全卦非常重要。下面，让我们分别找出六条龙的名称和它的特征关键字。

第一条龙是"潜龙"，关键字是"潜"；第二条龙是"见（xiàn）龙"，关键字是"见"；第三条龙是"惕龙"，关键字是"惕"；第四条龙是"跃龙"，关键字是"跃"；第五条龙是"飞龙"，关键字是"飞"；第六条龙是"亢龙"，关键字是"亢"。这样我们把六个爻的特征都了解了，再去理解爻辞就等于抓住了重点。

"潜龙勿用"是什么意思? 潜龙，三点水的"潜"，是指潜伏隐藏在水下的龙，这是爻辞所反映的主体。龙是中华民族的图腾，由多种动物集合而成，是神通广大、无所不能的水、陆、空三栖神物。但"潜龙"在水里主要是出于自身安全考虑，是自我保护的无奈之举。因为这是龙最初的幼年阶段，如果真有龙的话，可以想象它幼小的时候跟蛇应该没有太大的区别，尽管它的潜能非常巨大，但此时并没有被开发出来。在它不具备在广阔天地四处活动的能力和足够的自我保护能力的时候，潜藏在水里也许是明智的选择，幼小的时候能够生存下来就已经很幸运了，潜在水下相对来讲安全系数比较高，而一旦暴露在大庭广众之下，就很可能招来横祸，成了其他天敌的盘中之餐。

"潜龙"生长在相对安全的环境里，但并不是什么也不做。作为一条龙，它是肩负重任使命的，将来是要干一番大事业的，所以日子也不能过得太安逸，必须经过艰难困苦的历练，学习掌握过硬的生存技能，才能谈得上今后的发展。比如，要活下来、要长身体，就需要食物和营养，要辨别哪些能吃哪些不能吃，去哪里寻找食物如何获得食物；要在水里活动，就要学会各种游泳技巧，既要有力度，也要有速度，还要有很强的灵活性；在水下世界的社会交往中，难免会磕磕碰碰，拳脚相加，为了在争斗中不吃亏，就要苦练搏击本领，提升自卫保护能力。

联系到社会历史，一些雄才大略的仁人志士就是这么造就的。诸葛亮，字孔明，号卧龙。"卧龙"与"潜龙"词义非常相似，表明他就像龙一样，具有鸿鹄高远之志，又有经天纬地之才。他的智慧才学正是在他27岁出山前于卧龙岗潜心修炼期间获得的。

"勿用"，从字面上解释是：不要有所用。也就是说，"潜龙"尚不具备用的条件，不要急于去发挥作用或功能。勿用，不是永远不用，而是暂时不用，现在不用是为了将来大用。"潜龙"阶段主要是学知识，长本事，打基础，做准备，目的是为将来能堪任大用。就如同一棵树木，只长了三五年便砍伐了，急于让它派上用场，结果只能做个篱笆桩、烧火棍之类的。虽然这也是用，但只是小用，价值不大，与其说有用，倒不如说是夭折了。如果让这棵树木自然健康生长三五十年，就能成为栋梁之材，这便是大用，虽然时间很长，但性价比却是最高的。

《周易》的卦爻辞通常是"观象所得"。是指易作者通过对卦画进行仔细观察和深入思考，使卦画与自然景象、客观现象或社会现象之间发生关联，凭借丰富想象和深厚的历史经验、实践经验和生活阅历，从而形成一幅一幅的系列卦象，少则几个，多则几十个，然后再从这些卦象中萃取一幅或几幅最有代表性的卦象，把它转化为文字，便形成了卦爻辞。"潜龙勿用"的爻辞至少取象以下几个卦象。

一是"潜龙勿用"取象于初九爻位。"潜"字三点水，说明其潜藏的区域在水下。此前，我们介绍过六爻卦与天、人、地的对应关系。五六爻代表天，三四爻代表人，一二爻代表地。如果说二爻代表地势稍高的陆地，那么第一爻就代表地势较低的海平面以下部分。乾卦的初九爻正是处于这个区域，由初九所对应的海水区域，联想出爻辞"潜"是不是就顺理成章了。

二是"潜龙勿用"取象于巽卦。巽卦，巽为风。这个卦的卦德，也就是它的显著特征，是"顺"或"入"，这个"入"如果与水搭配，就是入水，与"潜龙"的潜水，意境就高度契合了。那么这个巽卦来自哪里呢？

乾卦的下卦是一个乾卦，三爻卦的乾卦，三个爻都是阳爻，我们把它来作为一个观察对象。大家知道，爻是会变的，现在讲的是初九爻，在满足一定条件下，任何爻都可以演变为阴阳两种状态，如果把初九变成初六，把它由阳爻变成阴爻，这个乾卦不就变成了巽卦了吗？

我们原来介绍过乾卦"演化三女"。乾卦代表父亲，初爻变阴，变成巽卦，巽为长女；中爻变阴，变成离卦，离为中女；上爻变阴，变成兑卦，兑为少女。可见，乾卦变成巽卦是稀松平常的事，一点都不奇怪。

巽卦，在自然界代表风；在家庭领域代表长女；在人体中代表股，即大腿；在动物界代表鸡；在植物界代表藤条蔓草；在五行中代表木，但它是阴木；在日常生活用品中它代表绳索，等等。这些事物都有一个共同的特征，比较纤细、柔软、顺从，这就是卦德，用一个字来表示卦德比较容易记忆，因此，一般情况下八卦的卦德都是一个字，但巽卦卦德可以二选一，可以是"顺"，也可以是"入"。

我们以风为例，来理解"顺"或"入"这个卦德。一阵风吹过之后，茅草、禾苗、竹枝等植物，都是齐刷刷地顺着风吹去的方向倾斜，风使物顺，于是人们赋予巽卦一个"顺"的卦德。俗话说，针大的孔，斗大的风。说明风是无孔不入、无空不入的，只要有空间的地方、有缝隙的地方，风就能进入，于是"入"就成为了巽卦的另一个卦德。

因此，我们可以梳理出以下一个思维过程：龙是会潜水的，于是初九爻辞出现了"潜龙"的概念；"潜"字是受巽卦卦德"入"的启发想到的，或者说至少是启发的因素之一；而巽卦是由乾卦演化而来的。也可以倒过来说，乾卦演化出巽卦，巽卦卦德是"入"，由"入"的入水联想到潜水，由潜水联想到龙在潜水，又因为龙在潜水称之为"潜龙"。

此外，"潜龙勿用"还取象于巽卦的另一个意思"巽为股"。股，即大腿。龙要潜入水中，或在水中跳跃，都离不开大腿。乾卦初九变成阴爻后，下卦变成巽卦，巽为股，阴爻的两个短横就如同龙的两条腿，而初爻代表大地以下水域，这样龙的两条腿连同身躯就完全潜入水中了，"潜龙" 的形象显得十分生动。与初九对应的爻位是九四，相当于上卦的初九，这样也就可以理解 "九四，或跃在渊，无咎" 爻辞为什么有 "跃" 字了，因为跳跃主要靠大腿。讲九四爻时将会讲到，这里就不展开了。

三是 "潜龙勿用" 取象于乾卦、坤卦和震卦。乾卦差不多整篇都在讲 "龙" 的故事，当然是因为龙是中华民族的图腾，是全民族的精神寄托和象征，把如此重要的神物作为叙述的主角并不意外。也许有人会问，不是说《周易》的卦爻辞是 "观象所得" 吗，能找到 "龙" 作为乾卦爻辞的卦象吗? 我的回答是可以的，不过需要作点变通。

其一，《说卦传》说，乾为马，并没有说乾为龙。但是，民间经常是龙马并称的，如龙马精神、龙马负图、车水马龙等，可以理解为龙在地上为马，马在天上为龙。同时，乾为天，马在天上，岂不就是天马行空，天马行空跟 "飞龙在天" 应该相差无几吧。

其二，《说卦传》说，震为龙。那么，乾卦中有震卦吗? 乍一看是没有，但仔细想想可以有。我们前面讲过，在《易经》中，说到阳的时候要包括阴，说到天的时候要包括地，说到乾的时候要包括坤。六爻乾卦的下卦是三爻乾卦，三爻乾卦的错卦是三爻坤卦，一对错卦之间发生交流和演化是大概率事件，在一定条件下，三爻乾卦就可以变为三爻坤卦。《说卦传》说: "乾天也，故称乎父; 坤地也，故称乎母。震一索而得男，故谓之长男。" 可见，震卦是在坤卦基础上，由初爻变为阳爻演化而来的。震为长男，按照古代嫡长子继承的惯例，长男是国家或家族的接班人，因为人们普遍对长男寄予"望子成龙"的厚望,而恰恰"震为龙"。还有震为雷,可以理解为长男的出生,使事业后继有人,喜讯震撼或振奋整个家族。《易经》中这种多角色竞合现象决非巧合,而是匠心独运的结果,《易经》的博大精深由此可见一斑。因此,乾卦中本身蕴藏丰富的"龙"的基因。

乾为天,乾为父,乾为君,乾为马;震为雷,震为长男,震为诸侯,震为龙。对比一下,两者角色是多么相似,只是年龄、层级、现任与下一任的区别,因此从这个意义上讲,乾为龙、震为马都是没有太大问题的。事实上在《说卦传》中震卦代表多种形态的马,"其于马也,为善鸣,为馵(zhù)足,为作足,为的颡(sǎng)。"

由上可知,一个卦里的卦爻辞并不是易作者坐在家里心血来潮随随便便一拍脑袋瞎想出来的,它是综合考虑卦画卦象、客观环境、现实生活和时间阶段等方方面面因素的结果。乾卦初九爻辞尽管只有四个字,但是其容量是非常巨大的。《周易》是多领域、多路径、多维度、多元素的高度契合、融合圆通、浑然天成、殊途同归的哲学体系。

"潜龙勿用"对于人生具有十分重要的启示。龙的成长轨迹,从某种意义上讲就是我们的人生。爻辞写的是潜龙的事,说的是有关大人物幼小时期的基础培养教育问题。人生要大有作为,必须从基础抓起。人在幼年阶段和青少年阶段是强身体、树德养、学知识、夯基础、长本事的关键时期,千万不要急功近利、杀鸡取卵而急于发挥作用。初九这个阶段大概是从人的出生到二十多岁大学毕业的这个阶段,主要是在家庭和学校里接受教育，打好坚实基础，为将来做大人干大事作好充分的准备。

一位杰出的人才往往是几代人接续奋斗、父母二十多年精心培养和自身几十年孜孜追求的结果。遗憾的是，一些天赋异禀的神童，本来堪当栋梁之材，却因父母急功近利，过早使用，最终栋梁之材变成了樗栎（chū lì）庸材。有的少年成名，成名以后骄傲自满，不思进取，迷失方向，这对基础建设是种极大的不利因素。基础不牢，地动山摇；小事了了，大未必佳。这正是违背"潜龙勿用"原则的必然结果。有的童星，有的网红，少年时非常有名，到成年之后就变得非常普通，非常平庸，一块好材料被硬生生地弄废了，实在令人惋惜。因此，做任何事情打基础是非常重要的。培养小孩，一定要把基础夯实，而不要急于去成名成家，要细品慢悟"潜龙勿用"的丰富文化内涵，这对小孩的培养及其终生发展都是极其有益和至关重要的。

42 如何理解乾卦"九二,见龙在田,利见大人"？

本篇我们继续来讲乾卦的爻辞,九二爻的爻辞是:"九二,见龙在田,利见大人。"爻辞不多,也都是常见的简单的字,但内容是丰富的,要想全面深入准确地理解它并不容易。

"九二,见龙在田,利见大人。""九二"相当于该爻的序号,"九"代表这是个阳爻,用"—"表示,"二"代表这是第二爻,看六爻卦画就像看一座六层楼,九二属于从下往上数的第二层。第二爻至第五爻是卦画的主干或主体,它所反映的是事物发展过程中的中间状态,历时相对较长,状态也比较稳定,既没有事物始生时的脆弱磨难,又无行将就木时的悲怆凄惋。也就是说,在事物发展过程中的中间阶段不用担心它夭折或消亡,人们自然把注意力聚焦于发展的快慢、好坏、顺逆等方面,分别用阳爻阴爻来表示。因此把代表阳爻的"九"或代表阴爻的"六"放在前面,这样便一目了然。

"见龙在田,利见大人。"乍一看,莫名其妙,有些丈二和尚摸不着头脑,两句话并不连贯,好像是把风马牛不相及的两件事硬生生地扯在一起,其思维是跳跃性的,貌似小学生写作文的思维。其实,古人实属无奈。易作者要表达的意思很丰富,但在竹简上刻字实在太费事了,因此就像我们当年去邮局拍电报一样,一个字要一毛多钱,为了省钱只能是能省则省。正因为爻辞简洁,要还原易作者丰富的原意并非易事,有的甚至作出了完全相反的理解,如果古人能复活的话说不定会从棺材里爬出来把他暴打一顿。然而,败也萧何成也萧何,也正因为卦爻辞简洁,才给后人有意义的解读留下了很大空间,历朝历代仁人志士方家学者,将古老的易经与社会实际情况有机地结合起来,使得经典代代相传,常解常新,焕发出新的生机活力,这便是经典的价值和魅力所在。

要理解这八个字爻辞,首先要理解爻辞的表述方式,或者说古人的表述方式。爻辞的表述方式与大象象辞有相似的地方,分两个层面。第一个层面是自然景象、客观现象层面,可视为背景描述,是条起辅助作用的副线,相对来说比较明确具体、形象生动,容易被人理解,目的是由浅入深、由具体到抽象,为引出后面的主线,正确透彻地理解爻辞主旨所作的铺垫。

第二个层面是人文现象、社会政治层面,是易作者要着力表述的主旨要点,是条起主导作用的主线,相对来说,比较隐晦抽象、难以捉摸,不太容易理解,因此需要借助前者描述铺垫,才能起到相得益彰的效果。

当然以上所述不是绝对的,只是一般性特点,前面是自然的,后面是人文的,着力点在于用易理指导人们的现实生活和行为实践。这些启示人们的理念、观念和认识来自于哪里? 它来自于古人对客观世界、自然环境和社会生活的观察、考察、实践等等。

　　第一句话"见龙在田"。龙出现在田野里，说明龙长大了，已经到了青年阶段，在身体形态方面，具备了成年龙的形体特征，掌握了基本的谋生手段，初具了一些基本技能，至少自我保护应该没什么问题了。因此，龙不再潜藏于水下，扩大了活动范围，于是这条龙离开水域上岸了，从水里来到了田野，从而为人们所发现和关注。由于青年阶段的龙综合能力得到了极大提升，潜在的巨大能量得以初步展现，它有足够的防御能力，普通的动物不能构成对它的伤害和威胁。

　　第二句"利见大人"。前一句是副句，后一句是主句；前一句讲的是龙，后一句讲的是人；前一句讲的不是普通的动物而是神物，后一句讲的不是普遍的人而是君子；龙是图腾和人文精神的象征，君子是人们寄予厚望的理想人格；龙是动物中的精英，君子是社会中的精英；龙是虚构的，君子是现实的。从某种意义上讲，龙就是君子，君子就是龙。因此，我们把有道德、有智慧、有能力的人称为人中之龙。相对于青年阶段的龙，一个有志青年应该怎么做呢？爻辞告诉我们这个时候应该"利见大人"。这个"利"，就是适宜、有利于；"见"可以理解为拜见，爻辞建议年轻人在这个阶段适宜去拜见大人物。这个大人物指的是什么？可以是有大德、大能、大智慧的人，也可以是有位、有权、有势的人，也可以是有大学问的人，也可以是腰缠万贯的人，等等。反正是一个正面性质的大人物，拥有丰富的资源或优裕的条件，能对外界产生很大影响力的人物。年轻人去拜见这样的大人，对自己人生事业的成长发展是非常重要的。有句话说得好，你是谁并不重要，重要的是你和谁在一起。

"利见大人"的"见"是个多音字，一个是看见的"见"，另一个是发现的"现"的古字，因此也可以读成利现大人，意思是适宜表现出大人物的风范。在乾卦里，"利见大人"这句话出现了两次，分别在九二爻、九五爻，读两个音都可以，分别解释为适宜拜见大人物和自己要表现出大人物的风范。但是，两者爻辞所要表达的爻义侧重点是不一样的。

我认为，九二爻在下卦，还在基层，至多是个基层干部的角色，可能是具备大人物潜质的，但此阶段也就是二三十岁，不大可能有表现得像个大人物的平台和机会，即使表现得像个大人物，别人也很难识别和认可。因而在九二爻还是解释为适宜拜见大人物比较妥当。因为九二、九五两个爻位是上下相对应的。九五是核心之爻、君王之位，可以理解为整个天下或全国的最高统治者。那么，九二就可以理解为一个地方或一个区域的负责干部。九五与九二的关系，是上级与下级的关系，领导与被领导的关系，主导和从属的关系。九五与九二均为阳爻，均居中位，表明能力都很强品德都很好，可是两者没有正应，本应是不利因素，但在乾卦六个爻全部是阳爻的情况下，不利因素并没有显现，因此问题不大。这个时候九二作为基层干部必须主动去配合九五君主的行为，主动与九五保持一种良好的互动与有效的沟通，及时汇报工作情况，主动争取指导教诲，这样九二的上升空间和进步幅度都将是很大的。

"利见大人"在九五爻，则解释为适宜表现出大人物风范比较合适。因为九五本身已经到了九五至尊的最高位，要求其行为表现与职位相符也是顺理成章的事。同时，还可以再增加一层意思，要求九五君主主动去基层寻找发现有培养前途的接班人苗子，毕竟这也是君主的职责范围。

当然，有人要把九五爻辞解释成适宜拜见大人也没什么错。山外有山，人外有人。君主虽是大人，但大人不止一个，更何况有的君主年轻，要担当治国安邦这样的重任，去拜见一些德高望重有智慧的大人物也在情理之中。因此，我认为"利见大人"的两种解释，既可以有所侧重，又应该两者兼顾。比如，九二和九五的关系，可以用舜和尧的关系来说明。尧为帝，位居九五至尊。其时舜是平民，至多是基层干部，这与九二的爻位相适应。舜在老百姓中有很高的威望，得到了大多数老百姓的信任，在社会上影响力很大。于是尧帝就选择了平民舜作为接班人。这里的尧帝就兼顾了"利见大人"的多重意思。一是尧是天子，是君主，就要像天子、君主的样，适宜表现出大人的风范，他做到了，全天下百姓都为他点赞；二是适宜发现大人物的好苗子，他做到了，他发现并培养了德才兼备的平民舜做了自己的接班人；三是适宜拜见大人物，据传尧帝拜访了许由及其老师等大人物。而舜平民时是九二角色，这时有人建议他适宜表现出大人风范，也在情理之中，只是不容易被百姓识别。相比较之下，舜更适宜拜见尧帝这样的大人，这样成效更加显著。尧帝主动找舜是舜的幸运，舜如主动拜见尧帝，时不时向尧帝汇报思想和工作，其效果要比仅仅自己表现得像个大人好百倍。当舜接受帝位后他就是九五的角色了，也适合借鉴上述尧帝的做法。所以用尧和舜之间的关系来理解九五和九二的关系是比较恰当的。

"见龙在田"和"利见大人"的"见"取象于离卦。我们来看一下，无论是把它解释为出现的"现"，还是看见的"见"，这个"见"字都是受离卦启发而产生的。六爻乾卦的下卦是一个三爻乾卦，我们现在分析的是九二爻辞。如果把九二爻性质变一下，把它由阳爻变成阴爻，在某些条件成熟时这种爻变是可能发生的。九二变成阴爻后，下卦就变成了离卦。我们曾经也介绍过，乾卦演化三女，乾卦在家庭领域代表父亲，如果乾卦的中爻发生了爻变，乾卦就变成了离卦，离卦在家庭领域代表中女。当然，此处离卦的主要意思不是中女，而是离卦的基本义。离卦的卦德是"明"。离是火；是日，即太阳；是电，即闪电；是目，即眼睛。这些都代表光明，火也好，阳光也好，闪电也好，都是通过眼睛来观察感知的。龙出现在田野上，只有在有太阳光或火光的时候，才能进入人们的视野，为人们所注目；人们也只有在光线明亮的时候才能看得见龙的身影。因此"见龙在田"的"见"与离卦卦德"明"是高度一致的。

我们说卦爻辞是观象所得，卦爻辞与卦象的联系非常紧密，这是一种象思维，也叫类象思维，跟现在所说的形象思维有些类似。易作者通过观察卦画，经过类象思维，形成一幅幅卦象图画，再通过人脑的分析加工提炼，最终梳理出一条条义理，而这些义理就是凭借爻辞表现出来的。

"见龙在田"的"田"取象于它的爻位和坤卦。再来看这个"田"，田从哪里来？我们前面介绍过，初九、九二代表大地，初九是地势低洼的大地，大致相当于海平面以下部分；那么九二就是陆地、田野。我国长期处于农耕社会，田野在人们的生活中占据非常重要的地位，所以九二来表示田野是顺理成章的。同时，"田"还取象于坤卦。六爻乾卦的下卦是三爻乾卦，九二在乾卦中爻，而乾卦的错卦是坤卦，并且在《易经》中讲到乾卦的时候要包括坤卦，而坤即为大地、田野。

"利见大人"的"大人"取象乾卦、爻位和离卦。下卦为乾卦，乾为天，乾为父，乾为男人，乾为老人，乾为君，乾为首，乾为马，为良马，为老马，为玉，为金，等等。这些意思与大人的形象基本相符。同时，九二是下卦的中位，居中有德，表明九二品德高尚；而且是阳爻，说明能力很强。德才兼备正是大人或后备大人的典型特征。九二非常适合担任基层骨干。作为基层干部、负责人，这是因民众公认他的品行业绩而推举出来的。九二具备大人的潜质，平常也表现出大人的风范。只有有德性的人才能做大人，而没有德性的人显然是不适合做大人的。此外，"大人"还取象于离卦，九二爻变为六二后，下卦变为离卦。离为火，为日，为电，为大腹，人的内心置于大腹之中。离卦的这些含义综合起来就反映了一个人的内心光明，正如王阳明所言"此心光明，亦复何言"。内心光明不一定是大人，但大人一定是内心光明的，王阳明就是最好的例证。

如果把人生用乾卦六个爻来表示，那么九二爻，就相于二十几岁大学毕业到三十五岁左右这段时间。这时的年轻人，可能是党政机关里的科级干部，可能是企事业单位的业务骨干。如果他是个具备大人物潜质的人，此时就如同青年时期的龙出现在田野上，就会成为公众关注的对象。《易经》的特点是"二多誉"，就是说人或事物在这个阶段，会因出色的业绩和表现，赢得上下众人的许多赞誉，诸如年度考核优秀、评为先进、给予记功嘉奖等。杰出年轻人的许多优秀品质都是令人赞许的，比如，志向远大，积极进取；彬彬有礼，热情大方；主持正义，助人为乐；勤奋学习，努力工作；钻研业务，攻坚克难；吃苦耐劳，坚韧不拔；作风踏实，屡创佳绩，等等。这些都是大人物所具备的优秀特质，就如同龙与生俱来的神通广大的基因。这些优秀青年经过"潜龙勿用"扎实的基础教育和知识储备，参加工作后便有了用武之地，渐渐地在机关或企事业单位里展露出头角，成为领导眼中的香饽饽，同事眼中的大拿，为自己今后更好的成长发展打下了坚实基础。如果这时被九五至尊的一把手所发现和重用，未来的前景将是非常值得期待的。

"见龙在田，利见大人。"短短的八个字，虽然简短，但其来历却不简单。爻辞跟它的爻位和若干个卦象，包括人在社会中的阶层、位阶等都是密不可分的，多种元素、多个路径、多重因素综合考虑，殊途同归，才产生了卦爻辞，实在是妙不可言，更可宝贵的是易理对我们的现实生活和工作实践有很强的指导意义，这是经典的魅力所在。

43 如何理解乾卦"九三，君子终日乾乾，夕惕若，厉，无咎"？

本篇我们来介绍一下乾卦九三爻的爻辞。

"九三，君子终日乾乾，夕惕若，厉，无咎。""九三"相当于序号，"九"代表阳爻，"三"代表一个六爻重卦从下往上数的第三爻，也就是下卦的上爻。为何要用这种表述结构？在前面解读"九二"的时候已有详细介绍，可以参看。把这句爻辞翻译过来，就是说，九三，君子日复一日每天都在开拓进取努力奋斗，夜晚保持着警惕的姿态，虽然会遇到风险，但最终却没有灾祸。正如庄子《人世间》所言："自事其心者，哀乐不易施乎前，知其不可奈何，而安之若命，德之至也。"意思是说，注重内心修养的人，不受哀伤喜乐的情绪影响，知道世事艰难无奈，却仍然像完成使命一样安心做事创业，可称得上品德高尚到极点了。庄子文中的"自事其心者"与九三爻中"终日乾乾"的君子形象是非常相似的。

我们说爻辞是观象所得，那么爻辞是怎么产生的呢？也就是说易作者受什么卦象的启发，通过怎样的逻辑关系，才产生这样的爻辞？我们仔细地来作逐句逐字的分析，其实都能在卦象里找到爻辞的踪影，以此验证"观象所得"并非虚言。值得注意的是，在观象过程中想象力是极其重要的，思路一定要开阔，思维一定要开放，思想一定要开明。古人已经想到的，我们应该想到；古人没有想到的，我们也可以想到。不要怕别人指责牵强附会就畏首畏尾裹足不前，天下第一个吃螃蟹的人是需要有勇气的。学易经需要遵循一定的法则规律，但一味地循规蹈矩不敢越雷池一步也是学不好的。这是《易经》阴阳辨证思想给我们的启示。

"君子"取象于九三爻位、乾卦和离卦。"君子"是爻辞的主语或主体。首先，"君子"取象于人爻位。整个乾卦六个爻，初九、九二、九五、上九等四个爻的主体都是龙，但是九三、九四没有出现龙，这是为什么？这跟我们以前介绍过的六爻天、人、地三才分布结构是有关系的。初九、九二爻对应地，九三、九四爻对应人，九五、上九爻对应天。由于九三、九四爻针对的是人，因此九三爻的爻辞出现了"君子"，这是老百姓所期望的理想人格。九四爻只以龙在水渊中跳跃来比拟人处于挑战和机遇并存的情境之中，用龙跃来比喻人在尝试向更高层次跃升，既不写龙也不写人，而是省略了主语或主体。也许是易作者为了避免在人位写龙的不协调而故意隐去"龙"的名号吧。

其次，"君子"还取象于乾卦。在六爻乾卦中，上卦、下卦、上交互卦、下交互卦均为乾卦。九三爻既在下卦上，又在上交互卦和下交互卦上。乾为天，乾为君，乾为父，乾为首，乾为马，乾为玉，乾为金，等等。如前面所述，进一步推理还可以推出乾为龙，乾卦的所有这些含义都符合"君子"的品格、秉性和特征。

再次，"君子"取象于离卦。如果九三爻发生爻变，二三四爻组成的下交互卦就变成了离卦。离为火，离为日，离为电，离为目，离为大腹，等等。由大腹可以联想到人的内心。离卦卦德是"明"。内心光明正是君子的最大特质。

其实，君子在这里就相当于龙，君子就是龙的化身，可以说龙就是君子，君子就是龙。在乾卦，龙和君子是一个同位语，是个差不多的概念，它们的内涵外延非常接近，只不过是说法不同罢了，都是人们理想中希望出现的主体。因此，在九三"人位"上出现"君子"是合乎情理的。

"终日"取象于离卦和乾卦。终日，指白天时间，就是一整天，可理解为太阳早晨从东方升起到黄昏夕阳西下这段时间。白天明亮是因为有太阳发出光芒。太阳，白天，是有联系又有区别的两个概念，我们都可以在乾卦里找到相应的卦象。如果九三发生爻变，那么由二三四爻构成的下交互卦变成了离卦，离为日，即太阳。前面介绍过，乾坤两卦可以分别代表白天和黑夜，九三爻正好处在下卦乾卦上。

"乾乾"取象于下卦乾卦和上卦乾卦。乾为天，同时又代表大白天，乾还通假为"健"，就是人们从乾卦诸多含义和卦象中引申出刚健有力、坚韧不拔、开拓创新、永不停息等自强不息的精神。我国长期处于农耕社会，形成了"日出而作、日入而息"的自然生活节律，《黄帝内经》一条养生铁律就是"起居有常"，因此古人习惯于白天创办事业，而不象现代人经常熬夜工作。从乾卦卦画上看，九三爻正好处于承上启下的衔接位置，就在下卦乾卦的末爻，并且紧挨着上卦乾卦，可以非常直观地感觉到九三爻与两个乾卦的紧密关系。此外，还间接地关联到另外两个乾卦，就是上面已述及的上交互卦乾卦和下交互卦乾卦。"乾乾"虽然只是两个字，只是例举的概数，实际上是N个乾，代表一个白天接着一个白天，就是连续奋战的意思，即日复一日，天天劳作，不懈努力，奋斗不止。

"夕"取象于离卦、兑卦、巽卦、乾卦和九三爻位。朝夕、上午、中午、下午等时间概念，都与太阳的位置与运动有关。若九三发生爻变，则二三四爻构成离卦，一二三爻构成兑卦，三四五爻构成巽卦。离为日，即太阳。古人用八卦来表示月亮的盈亏，兑卦代表阴历十一的月亮，乾卦代表阴历十五满月，巽卦代表阴历十九的月亮。我们把描述月亮的卦画借过来描述太阳也是说得过去的。夕阳西下时，太阳留一部分没一部分的状态就形同阴历十九的月亮，用巽卦表示是非常形象生动的，巽卦初爻为阴爻，其中爻、上爻为阳爻，阳爻表示明的看得见的，阴爻表示暗的看不见的。

兑卦除了代表阴历十一的月亮外，还有兑为毁折，引申为出现缺口的意思。在此爻主要用其毁折的含义，同样可以用来描述夕阳的形状，在日落西山的过程中，太阳如同被山峦吞噬，原本完整的太阳变成了残阳如血。如果把它进行拟人化，则可以理解为夕阳负伤流血了，多多少少有些伤感、凄凉和哀惋的意蕴，这与兑卦的毁折意境是非常吻合的。

"夕"还取象于乾卦和九三爻位。六爻乾卦下卦为三爻乾卦，如前所述，乾卦代表白日一整天，而九三是三爻乾卦的上爻，代表白日一整天中的后面部分，这就与"夕"的时间段基本吻合了。

"夕"是傍晚，泛指整个夜晚，与"终日"相对应。古时先民遵从自然节律，古朴淳厚，生活简单而有规律，白天努力干活，夜晚安静歇息。黄昏之后，时间进入夜晚模式，先民们结束了一天的劳作，辛苦了一整天，身体疲乏劳累，需要通过夜晚的饮宴、洗浴、休息、睡眠等方式来恢复体力，消除疲劳，养足精神，顺利结束一整日的元、亨、利、贞，为第二天"贞下启元"开启新一轮的元、亨、利、贞作好准备。白天怎么样，晚上怎么样，这种并列式对比式的表述方式是古人常用的习惯手法，其优点是条理清晰，一目了然。

但是，我们在理解的时候，不能把白天和夜晚绝对分开。我们仔细想想，白天与夜晚并不存在绝对的分界线。天色是慢慢暗将下来的，白天与夜晚有一段混沌不清的衔接过渡阶段，这个阶段既不能说是白天，又不能说是夜晚，你说是白天吧天色已暗，你说是夜晚吧却还能看得清路。如果将白天用阳爻表示，黑夜用阴爻表示，那么两者交替衔接的时段就是阴阳交互融合，这是对"阳中有阴、阴中有阳"易理的最好诠释。

因此，我们在理解九三爻辞的时候，也要把"阳中有阴、阴中有阳"的易理融会贯通。虽然爻辞只写"终日乾乾"，也就是说大多数劳作发生在白天，白天要保持勤奋努力，但不能理解为夜晚什么也不做，事实上在夜晚还要劈柴备草，烧火做饭，饲牛喂猪，等等，因此晚上也是有少量劳动的。同时，爻辞写"夕惕若"，《易经》建议晚上要保持高度的警惕，或者是要谨慎、警觉，一是因为夜晚一片漆黑风险因素在增加，可能有小偷光顾，可能有坏人破坏,可能有野兽骚扰,可能有狂风暴雨袭击,等等,需要注重防范;二是因为白天忙于劳动,无暇细想,到了晚上有更多的时间,可以从容、周全、详尽地考虑方方面面的风险或困难,正好家人也都在家里,可以相互提醒告诫,有利于提高全家整体的风险意识和防范能力。但是,这并不意味着白天就没有风险而可以放松警惕,风险在白天也是客观存在的,只是相对容易发现和应对,因而白天也是需要警惕、谨慎、警觉的。因此,我们在理解爻辞的时候一定要举一反三,灵活运用,统筹考虑,合理解释,处理好白天与夜晚、勤奋努力和保持警惕之间的关系,而不要把它们机械地割裂开来。

"惕若"取象于九三爻位、离卦和坎卦。"惕"是警惕、担忧、警戒等意思。惕,竖心旁,体现在心里提高警惕,强化防范意识。若,是什么的样子。"惕若",就是严谨细致小心翼翼保持警惕的样子。一是"惕"取象于九三爻位。《易经》揭示的事物发展规律,在卦画上的反映便是:"初难知,上易知;二多誉,四多惧;三多凶,五多功。""三多凶",表明人生事业发展到第三阶段风险系数是最高的。以人的健康为例,九三爻相当于四五十岁的壮年期或中年期,上有老,下有小,在单位又是骨干主力,多重压力下,疲于奔命,身心憔悴,往往导致健康出现诸多风险和问题,英年早逝的悲剧在不断上演,实在令人痛心和惋惜。学了《易经》之后,人们懂得了"三多凶"的规律,如能在内心引起警惕,在思想上予以重视,在行动上采取积极措施,就能大大降低健康风险,从而有效避免这种风险既成事实。"惕"的必然性和必要性来源于九三爻位所代表的"三多凶"的易理规律。

二是"惕"取象于离卦。若九三发生爻变,二三四爻构成离卦,离为大腹,心在腹中;卦德为明。离卦中爻是阴爻,表明内心是空的虚的,是柔软的,没有装东西,没有那么多非分之想和各种各样的欲望,内心是简单的、干净的、通透的和光明的。这样的内心往往富有智慧,能对人生事业第三个阶段的高风险及时觉察而予以足够重视,并采取有效对策和措施,使风险消弭于未然。

三是"惕"取象于坎卦。在上述"惕"取象于离卦的基础上,我们还可以进一步联想,再多拐一个弯,从一个卦联想到它的错卦。尽管这种迂回曲折的方法不多用,但有时候也不妨一试,可以起到辅助补充的作用。离卦的错卦是什么?离卦的错卦就是坎卦,坎卦有加忧,有心病,这不就跟警惕的"惕"紧密地联系在一起了吗?离卦和坎卦这对错卦,相当于两个兄弟之间的关系,相互转换角色,交换位置,还是比较容易的。

有的版本把"夕惕若厉"连在一起,虽不能算错,但我认为不太妥当。"夕惕若厉"应当是现代人的表述方式,而古代的表述方法通常到"若"就结束了,就是"夕惕若"。古人经常以"若""如"作为句子的结尾,这是古人的语言习惯,在《周易》中体现得比较充分,比如,第三十卦离卦"六五,出涕沱若,戚嗟若,吉。"第五十五卦丰卦六二爻辞"有孚发若,吉"的表述。这里的"吉"作为吉凶判断语,通常是单独成词,"若"与"吉"连成词组的可能性不大。"夕惕若",直译为晚上保持警惕的样子,意思已经很明确。而"厉"作为吉凶程度的判断用语,也是单独成词,而不与其他词组合在一起。

　　"厉"取象于九三爻位和兑卦。上面已述及，因为九三爻正好处于"三多凶"的爻位，出现"厉"是最正常不过的了。若九三发生爻变，下卦乾卦变成了兑卦，兑卦有毁折之意。原本乾卦代表圆形完整的事物，而兑卦则代表该事物遭到了毁损，出现了缺口。比如，月亮处于望的满月的状态用乾卦代表，而在农历十一则还有缺口，即用兑卦表示。月亮亏了还能再圆，如果是镜子破了就再难重圆，这种毁折是无法弥补的。人生也是如此，有些事物毁损了可以修修补补，而有些事物毁损了就永远失去了，再也无法挽回。因此，对于九三之"厉"不可等闲视之。

　　乾卦九三爻辞的第一句"君子终日乾乾"，与乾卦大象是高度契合的。乾卦大象说："天行健，君子以自强不息"，这个"健"，是乾卦之"乾"的通假字。大象的大意是，天体日月星辰连续不断持续运行，是乾卦所描述的客观景象，君子看到这种景象后从中得到深刻启示，激励自己要学习天体运行的精神，自我加压，踔厉奋发，把人生事业做大做强，永不停息。九三爻辞的主体是君子，大象的主体也是君子，两者内涵意境是有机融合的。从时间顺序上看，先有经文卦爻辞，后有易传大象，而在理解《易经》义理的时候可以互参，可以理解为大象是九三爻辞的具体体现，九三爻辞是大象精神的重要源泉。

44 为什么说对乾卦九三之"厉"要特别当心？

本篇我们继续就九三爻的爻辞作拓展性解读，实在是因为九三爻的爻辞不同凡响，它所蕴含的信息非常丰富，需要我们各位易友多花些时间和精力细品慢悟，并结合实际知行合一学以致用，才能逐渐明白其中的深刻真谛和深邃精髓。

总体而言，《周易》的卦爻辞是极其简洁的，一方面是受当时书写条件的限制，把它镌刻或书写在竹简上很不容易，能省即省；另一方面当时周文王被商纣王囚禁在河南羑里，敏感的内容不能直写，有些话只可意会而不可言传，但关键字又不得不写，这是卦爻辞晦涩难懂的重要原因，如此便给后人理解卦爻辞带来了很大困难。在《周易》六十四卦中，凡是极其简洁或者是特别长的卦爻辞都是值得我们格外重视的。简洁如同绘画中的留白，给我们留下了很大的想象空间，特别长的卦爻辞一定是易作者想省而省不了的，可谓字字珠玑，需要我们如切如磋如琢如磨，细细品味，方能见其真意。比如讼卦九五爻辞只有"讼，元吉"三个字，而坤卦的卦辞却多达三十个字。

九三爻的爻辞在乾卦里是最长的。"九三，君子终日乾乾，夕惕若，厉，无咎。"不算序号共有十二个字，而卦辞（不算卦名）、初九、上九爻各是四个字，九二、九五爻各是八个字，九四爻、用九各是六个字。从卦爻辞的字数上看，九三爻绝对属于大户，在乾卦中占据重要之地，以此足见其在乾卦中的份量了。

九三爻在乾卦里从时间上起着承前启后的作用，在方位上起着承上启下的地位，其重要性是不言而喻的。更为关键的是，九三爻对我们人生事业的启示和启发也是至关重要的。大部分人辛辛苦苦忙忙碌碌一辈子，走到九三爻就停止不前了，如同一座大山挡住了去路。又比如说，创业是非常艰难的，初次创业者的失败率高达百分之九十五以上。也有些企业有幸躲过了初创的夭折，创建前期顺风顺水做得风生水起，一度享誉全国名满天下，可是没过几年便风光不再销声匿迹了，甚至债台高筑，东躲西藏，声名狼藉，不少红极一时的企业终究栽倒在九三爻的阶段。因此，把人生事业推进至上卦是极其困难的事，需要跨越一个很大的坎。学好九三爻的爻辞不能保证你肯定成功，但能提升你爬坡过坎的智慧、境界和能力。

九三爻辞中出现了"厉"字，厉害的"厉"，表明人生事业处在九三爻这个阶段是风险高度集聚的阶段，《易经》特别提示人们对此要保持高度警惕。《古代汉语》对"厉"的解释条目中，有四个意思与《易经》中"厉"的意思有关。

一是祸患，灾害。这是《易经》中"厉"的主要意思，由此引申出它的常用义是危险、风险等意思。

二是损害。词典举例引用《孟子·滕文公上》："今也滕有仓廪府库，则是厉民而以自养也，恶得贤？"翻译成白话文便是，如今滕国有储谷米的仓库，存财物的府库，就是损害别人来奉养自己,又怎能算得上贤明呢?

三是通"疠",瘟疫,灾疫。这是诸多祸患、灾害中的一个种类。

四是恶鬼。词典引用王阳明《瘞旅文》:"无为厉于兹墟兮。"瘞(yì),有掩埋、埋葬的意思。瘞旅文是王阳明发明的特殊文体,王阳明被发配至贵州龙场期间在野外发现一具骷髅,便与随从一起帮他掩埋,这时王阳明对骷髅讲了一番话,便形成了这篇著名的瘞旅文,其中有让他不要在这个地方做恶鬼这句话。当然,现实中鬼是不存在的,但存在于有些人的心中,心疑则生鬼。

以上"厉"的四个意思是彼此关联的,发生了灾祸,便会产生损害,发生了瘟疫也就是遭遇了灾祸,人一旦遇到灾祸、瘟疫或险难,便会惶恐不安疑神疑鬼。

我们原来介绍过,《易经》里的吉凶有十一个等级,以"无咎"作为不好不坏、不吉不凶的中间状态。无咎的前面是吉,有五个等级;无咎的后面是凶,也有五个等级。吉的五个等级分别是元吉、大吉、吉、亨、利,以元吉最为吉祥。凶的五个等级分别是悔、吝、厉、咎、凶,以凶的程度最为严重。

九三之"厉"是凶险里的中间状态,表明风险程度还是比较高的,提醒人们应当引起高度警惕。亡羊补牢,犹未为晚。九三之"厉"的风险是客观存在的,不会自行消除,必须真正做到"夕惕若",思想上予以足够重视,适时采取有效措施,才能化解"厉"所包括的各种各样风险和困难,最终达到"无咎"没有灾祸的结果。

　　小洞不补，大洞吃苦。按照《易经》的原理，事物始终处于阴阳互变的矛盾运动之中，"厉" 的状态不是一成不变的。如果对风险没有察觉，麻痹大意，放任自流，那么其结果就不可能是无咎的了，"厉" 的风险将逐渐积聚并迅速放大，从而向咎、凶方向演变恶化，最终导致难以挽回的败局。这就是能进入到上卦更高层次的人少之又少的重要原因。多数人对九三之 "厉" 处理不好，事业就此寿终正寝。不少人本有一番光明前程和辉煌事业，但是由于忽视了九三之 "厉" 存在的各种风险，可谓一着不慎满盘皆输，为此付出了沉重的代价，人生事业毁于一旦，这是非常令人惋惜的。

　　九三之 "厉" 的风险认识来自哪里？来自古人对自然世界和人文社会事物发展客观规律的观察分析、实践体悟和总结梳理。"三多凶" 不是迷信，而是事物发展的阶段性特征。让我们来分析一下，九三阶段为什么有这么多风险？

　　九三之 "厉" 的第一个因素是当事人的主观因素。就是人生事业到了第三阶段算是初具规模初见成效，有些人就沾沾自喜，感觉自己很了不起，不知不觉中内心膨胀了，自负自大，自以为是，脾气也变得越来越大，再也听不进别人的意见和建议，被短时的胜利冲昏了头脑，就像盲人骑着瞎马，危险已经迫近却毫无知觉，直至大祸临头，既成事实，才悔不当初。但是，世上没有后悔药，错过了最佳挽回败局的时机，有些机会失去了就永远失去了。所以，这个时候当事人脑子是不清醒的，人一旦糊涂了，肯定会犯错误，关键时候一个错误就会葬送前程事业，这是九三之 "厉" 的主观因素。

九三之"厉"的第二个因素来自竞争对手的制约。木秀于林风必摧之，堆出于岸流必湍之，行高于人众必非之。如果你的事业做得风生水起，蒸蒸日上，红红火火，你的对立面、竞争对手或者你的同行，凡是与你有利害关系的人，就会千方百计地设置障碍阻止你，拖累你，打击你。还有一些周边的人，包括一些看起来关系不错还算是比较亲近的人，也不想让你春风得意显山露水。人心叵测，人性也有阴阳，有光明的一面，也有阴暗的一面。有的人就见不得别人好，看到别人风光他内心就会嫉妒纠结，看到别人倒霉他心里会有幸灾乐祸的快感，更有甚者哪怕是损人不利己他也会去做，在现实生活中这样的人的确是存在的。这样的人成事不足败事有余，虽然人数不多，但只要不幸遇上一两个，就足以让你的事业一败涂地。所以，这是周围环境对当事人带来的不利因素，给他的人生事业增加了风险，制造了障碍。如果对此没有忧患意识，人生事业之路就很难走高行远，以至于被人卖了还帮人家数钱呢。

九三之"厉"的第三个因素来自于事业本身。如果是位君子或有志青年，人生在世总想创办一些事业，做一些对国家民族社会有意义的事情。凡事开头难，一个好的开头等于事情做好了一半。这是因为许多人都没有经验，创业初期面对陌生领域隔行如隔山，两眼一抹黑，如同老虎吃天无从下口，创业开头自然是艰难的。做着做着，业务逐渐熟悉了，顺手了，上路了，事业推进就比较顺利，这时便是上面讲到的初见成效初具规模阶段，此时又会觉得事情也不过如此。紧接着，又做着做着，发现事情并没有想象的那么简单，做事不但开头难，做到九三爻阶段才发觉此时事情比开头还要难。有时半路杀出个程咬金，令人猝不及防，足以让人一夜回到解放前，之前所有付出的努力都将付诸东流化为乌有。庄子《人世间》有言："凡事亦然：始乎谅，常卒乎鄙；其作始也简，其将毕也必巨。"大意是，凡事也是这样，人们因信任开始交往，而往往随着交往的深入，发现对方为人粗鄙丑陋，最后断交；一件事情开始做的时候很简单，但到将要结束的时候却发现事情巨大、繁杂而艰难。在上海党的一大会址，还挂着朱德同志的题词："其始作也简，其将毕也必巨。"也就是说世事艰辛，要做成一件事情并非像开始想的那么简单，过程中会遇到各种各样的艰难险阻。庄子这几句话与九三之"厉"的爻义是一致的。前面为什么比较顺利？因为创业初期有激情，干劲足，干事特别卖力，再加上前面的事情相对容易些，因而事情推进速度快。可是，到了第三阶段，碰到了硬骨头和拦路虎，创业遇到了瓶颈问题，此前逐渐积聚的困难问题和风险矛盾在这个阶段将集中表现出来，有的冲突还特别激烈，甚至异常尖锐。

由上述分析可见，九三之"厉"反映了事物发展的客观规律。不历尽风雨难以见彩虹，没有人可以随随便便成功，没有什么事业可以是一帆风顺地进行到底的。九三是个考验人性的大坎，九三之"厉"是创业者的必由之路和必答考题。吃得苦中苦，方为人上人。无冥冥之志者，无昭昭之明，无惛惛之事者，无赫赫之功。古之成大事者，不唯有超世之才，亦必有坚韧不拔之志。在九三这个磨练人性的阶段，是知难而进，还是遇难而退，可检验一个人是不是金子以及金子成色如何。怎样对待人生中的艰难困苦和重重磨难，它让我联想到孟子的那段非常著名的话，在这里与大家一起回顾一下，可以与九三爻的爻辞互参，但愿对各位易友能有所启示。

《孟子·告子下》是这么说的："舜发于畎亩（畎，quǎn。畎亩：田地，田间，田野）之中，傅说（说，yuè。傅说为殷高宗武丁的宰相）举于版筑之间，胶鬲（鬲，gé。胶鬲经周文王举荐在商纣王朝任上大夫，以作周之内应）举于鱼盐之中，管夷吾举于士，孙叔敖（楚庄王时令尹，治水名人）举于海，百里奚（秦穆公时宰相）举于市。故天将降大任于斯人也，必先苦其心志，劳其筋骨，饿其体肤，空乏其身，行拂乱其所为，所以动心忍性，曾益其所不能。人恒过，然后能改；困于心，衡于虑，而后作；征于色，发于声，而后喻。入则无法家拂士，出则无敌国外患者，国恒亡。然后知生于忧患而死于安乐也。"孟子这段话非常有名，我想大家必定听说过。把它翻译成白话文，大致意思如下：

舜是在做农民耕作田地时被征召入朝的，傅说是在做泥水匠筑墙时被举荐从政的，胶鬲是在做商贩倒卖鱼盐时被推举做官的，管仲是在做囚犯时被人从狱卒手中接走提拔为宰相的，孙叔敖是做渔民以捕鱼为生时被推荐吃皇粮的，百里奚是做家奴时在市场上被人用五张公羊皮交换而做大夫的。因此，上天如果要赋予重大使命给这个人，必定是先要使他的精神意志经受苦厄煎熬，使他的筋骨承受百般劳役历练，使他的身体肌肤遭受饥饿难捱的考验，使他身处贫困之中并使他的行为一事无成，逆拂扰乱他所做的一切事情，以这种方式使他的心志动荡不宁从而增强其坚韧不拔坚毅忍耐的性格，增长添加他所不具备的才能。人经常会犯过错，但犯了过错后却能够改正。让他的内心置于困境，让他的思虑像根直木横亘在路上阻塞不通，这样才能使他振作有为；让他的愤闷郁结等负面情绪在面貌表情上表现出来，借助他的吼声迸发出来，之后他才会明白其中的道理。一个国家，假如境内没有像法家那样敢于违逆直谏的人士，境外没有实力相当或者敌对国家的威胁隐忧，这个国家往往会很快消亡。了解这些情况之后，人们就明白了忧虑隐患能使人更好的生存生活、过于安逸享乐则会使人过早死亡的道理。

　　孟子应当是精通《易经》的，我们可以把这段话对照乾卦九三爻的爻辞，可以互相借鉴，互相参悟，互相融合，我想这是很有意义的。比如说君子，孟子在文中提到的六位君子，正好跟乾卦六个爻数量相同，六个爻是六条龙，六位君子也是六条龙。无论是有意为之，还是巧合，都没有关系。九三中的君子与这段文章中提到的六位杰出人物是有联系的，舜、傅说、胶鬲、管夷吾、孙叔敖、百里奚等都是辅佐君主的宰相级的卓越人才，他们身上的品德、才能和特质与君子是高度契合的，都是胸怀大志，踔厉奋发，历经磨难，坚韧不拔，然后才取得常人难以企及的成就。他们遇到的风险和危难远远超出了九三之"厉"的范围和程度，他们之所以能过五关斩六将，历尽艰险，终成正果，成功跨越了九三之"厉"这一大坎而做到了无咎，最终进入到与九四爻位相当的宰相位置，做出了彪炳青史的伟大业绩，正是由于他们真正领悟并践行了乾卦"终日乾乾"的君子自强不息精神，并始终保持着"夕惕若"的忧患意识和如履薄冰的严谨作风。因此，九三爻的爻辞和孟子这段话的思想精神和文化内涵是深

度融合并有机统一的。学习孟子这段文章，对于我们深刻理解
九三爻爻辞是有很大帮助的。

45　年羹尧为何因写错乾卦九三爻爻辞而丢了性命？

本篇我们接着上两讲乾卦九三爻的爻辞，介绍一个与九三爻爻辞有关的案例，这就是年羹尧为何因写错九三爻爻辞而丢了性命。

清朝雍正在位时期，有一位重量级的人物叫年羹尧，他21岁时于康熙三十九年考中进士，深得康熙赏识，30岁不到便做了四川巡抚，后又很快擢升至四川总督，成为大权在握的封疆大吏。历史上真实的年羹尧可能与影视剧有些出入，这是正常的，因为艺术源于生活但高于生活。为了把九三爻的爻义说清楚，我们在这里不妨以影视剧中的年羹尧为蓝本来作些分析。

年羹尧是雍正的恩人。雍正娶了年羹尧的亲妹为妻，即华妃或年妃，论亲戚年羹尧是雍正的大舅子。在雍正刚继位时，年羹尧深得雍正信任，趁掌控兵权的十四阿哥允禵(tí)回京奔丧之机，雍正安排年羹尧作为自己人取代了十四阿哥允禵的军职，被任命为川陕总督、抚远大将军，消除了雍正的一块心病。因为允禵在康熙诸子争夺皇位的斗争中，站在了雍正的对立面，并且拥有了令雍正十分忌惮的兵权。年羹尧取代允禵，使得兵权掌握在自己的手中，年羹尧也成了雍正可倚仗的左膀右臂。

紧接着，年羹尧又为雍正立下了汗马功劳。其时西北发生了罗卜藏丹津叛乱事件，对皇位尚未坐热的雍正是个很大的威胁。年羹尧作为川陕总督、抚远大将军，在副将岳钟琪将军鼎力配合下率领23万大军用三个月彻底扫除了叛军。为此，年羹尧受到雍正赐予的无以复加的尊荣和奖赏，封他一等公爵、太保，集高官显爵于一身，除了雍正，没有一个人敢对他说个"不"字。

年羹尧可谓权倾朝野，功高盖世，声隆震主，而此时危险正在向他逼近。年羹尧的确为大清立下了卓著功勋，作为个人已经站上了人生的巅峰，作为人臣已经远远超越了天花板，颇有些坤卦"上六，龙战于野，其血玄黄"的意味了。因为，坤卦讲的是臣道，超越了臣道的上限，天龙地龙必有一战。年羹尧从雍正的恩人沦陷到后来被赐予在狱中自尽，其实早就埋下了伏笔。伴君如伴虎，年羹尧身在险中不知险，把自己置身悬崖边缘而不自知，不知不觉中慢慢地滑向了万劫不复的深渊。阳极变阴，阴极变阳，物极必反，盛极必衰。这些道理《易经》中说得很清楚，可惜年羹尧并不真正懂得易经的精髓。

性格决定命运，知识改变命运，智慧保全命运，厚德佐佑命运。命运不是迷信的概念，所谓的"命"，是指一个人一生生存生活的命理状态，"运"是指这个人命理的运行轨迹。人的一生只不过是在不断地寻找自己的命运或践行自己的命运而已。

命运一部分是不能改变的。命运天定这句话在一定条件下没有错，但它只是人生中先天与生俱来的那部分，如出生家庭、国别、籍贯、遗传秉性等，这些都是难以改变的。有些人却显然把它扩大化了，对它进行了错误地解读，好像命运已经先天注定了，人怎样努力都无能为力无所作为了，从而放弃任何努力和尝试，顺着所谓的命运安排随波逐流得过且过。其实这是自己不努力、怕吃苦、好享乐、图安逸的遁辞，却把自己该尽未尽的责任归咎于天，怨天尤人，嫁祸于天。常言道，人努力，天帮忙。假如自己不努力，老天又能奈你何。

命运的另一部分又是可以改变的。也就是说，命运不是天注定，它因存在诸多后天因素而使它具有不确定性和可塑性。这就意味存在着因人而异的改变空间，有的甚至是后天因素对命运起着主导性作用。虽然说性格决定命运，但人的性格是主体与环境、先天与后天、个体与社会、偶然与必然相交织融合的复杂综合体，这说明性格是可以改变的，什么样的性格就会有什么样的命运，因而命运也是可以改变的。

知识能改变命运，这是大多数人认同的。但知识还不是智慧，改变命运的力度还不大。只有将知识上升到智慧，才能确保自己的命运运行在良性的轨道上。智者千虑必有一失，智慧仍然存在短板。如果有智慧没有德行，那么智慧就变成了智巧和算计，别人会唯恐躲避不及而退避三舍。如果在拥有智慧的同时，还能拥有高尚的品德，那么他就可能是天下无敌所向披靡了。虽然老天没有做什么，而对智慧与德行兼具的人来说，必定是"自天佑之，吉无不利"了。晚清四大名臣之一的曾国藩便是这类人的典型代表。

为什么说着年羹尧，却搬出了曾国藩？实在是因为他们有共同的辉煌，却有天壤之别的结局。论智力年羹尧在曾国藩之上，年羹尧21岁考中进士，而曾国藩考了七年到27岁才考中进士，小偷半夜听曾国藩背书背了半天还背不下来，实在忍无可忍，气得跳出来说你太笨了，我听都听得会背了。论军功年羹尧与曾国藩不相上下。论官爵年羹尧与曾国藩也旗鼓相当，年羹尧是川陕总督、抚远大将军、一品、一等公爵、太保，赏穿黄马褂，曾国藩是两江总督、直隶总督、二品、一等毅勇侯、太保，赏穿黄马褂。

但是，他们有最大的不同，曾国藩性格好，能忍耐，肯吃苦，善于吸取失败教训；又终生嗜书如命，精通中华古典文化，写下了许多锦绣文章，闪现着耀眼的思想光芒，成为立功、立德、立言的标杆；他富有中华智慧，自然也是精通《易经》的，通过写家书家训方式教育后代，同时也等于在向皇上表白我没有野心，只想做一个忠实的臣子，大功告成后又解散了湘军，消除了皇上的猜忌；更为可贵的是曾国藩非常注重个人品德修身，生活俭朴，与人为善。因此，曾国藩是性格决定命运，知识改变命运，智慧保全命运，厚德佐佑命运的成功典范。而年羹尧在这方面与曾国藩相比不可同日而语，年羹尧性格自负骄横跋扈，学识不扎实也不好学，虽要些小聪明却无大智慧，德行更是粗鄙卑劣。他是性格决定命运的反面典型。让我们来看看年羹尧是怎么作死的。

2017年11月，我在《易经》研学公益班上讲到乾卦九三爻的时候，举了年羹尧的这个例子。当时我说年羹尧因为不懂《易经》，给自己招来了杀身之祸，现在看来有点冤枉他了。《易经》是古代的教科书，作为进士出身的年羹尧不可能不懂《易经》，至少对乾卦九三爻的爻辞字面意思他是理解的。但是,从另一个角度讲,说他不懂《易经》也没有错,尽管他懂得爻辞的表面意思,却不能知行合一学以致用,并不真正理解掌握《易经》的精髓内涵,所以才会有悲惨的结局。

这是一个怎样的事件呢? 雍正三年 (1725) 二月初一,天上出现日月合璧、五星连珠的瑞象。五星就是金、木、水、火、土五颗星,都在一个方向上串联起来,如同一颗璀璨的珍珠,这是个非常吉祥的兆头,给人一种无限美好的联想。当时雍正登基不久,经济社会发展不太景气,而且在继位问题上给人留下了说不清道不明的迷团,他的反对派依然很有势力,客观上迫切需要有这么一大喜庆的事件来提振君臣和全国民众的信心。于是,围绕祥瑞天象的一系列庆祝活动就此拉开帷幕。全国各地地方官员纷纷发来贺卡、贺信、贺礼,等等。作为坐镇西北的年羹尧也不例外。

年羹尧是西北的封疆大吏,在第一时间把贺表送到了雍正那儿,这也足见在拍主子马屁方面年羹尧也不甘落人之后,一方面彰显了年羹尧处处都要出人头地舍我其谁的争强好胜个性,另一方面他也是非常在意雍正对他的评价,想在雍正那里留下个好印象,毕竟他的命运捏在雍正的手里,完全不把雍正放在眼里不是事实,没有人会狂妄并傻到这种程度。

年羹尧的书法有一定造诣,字写得很漂亮,所以他就写了四个字,是关于乾卦九三爻爻辞的内容。九三爻的爻辞有“君子终日乾乾,夕惕若”的内容,因爻辞比较长,后来民间在流传过程中把它简化了,压缩成四个字,就是“朝乾夕惕”。可见九三爻的爻辞是非常重要的,深受国人喜爱,在当时已形成俗语流行于世,相当于现在的成语。雍正也曾以"朝乾夕惕"四个字自我勉励,想必年羹尧对此也有所耳闻,要不然也不会鬼使神差地写这四个字来讨好主子。

欲使人灭亡,必先使人疯狂。老天也许正是这样捉弄年羹尧的。如果年羹尧规规矩矩把"朝乾夕惕"写好送到雍正那里,虽不一定得到表扬,至少不会有事,更不至于招来杀身之祸。但是,年羹尧是什么人,一个战功卓著,位极人臣,自视甚高的人,无以复加的光环早已把他闪耀得找不到北了,使得潜藏在内心和骨髓里的自负自傲不可一世的性格暴露无遗,老百姓不都说"朝乾夕惕"吗,我年羹尧哪能与普通百姓一样呢,于是他反其道而行之,偏要写成"夕惕朝乾",才显得与众不同。

人要倒霉的时候,喝凉水都会塞牙。这当然是夸张的说法,凉水能塞牙的事闻所未闻,这是不可能发生的,人们以此来说明人倒霉的时候会发生意想不到而通常认为绝对不可能发生的事。当时的年羹尧恰恰就摊上了这样的事。他被胜利冲昏了头脑,这时犯错也许是不可避免的了。昏了头的年羹尧竟把"夕惕朝乾"写成了"夕阳朝乾",这下等于自己点燃了绑在自己身上的炸药包。有人说他是故意这么写的,是为了羞辱雍正。这一说法似乎立不住脚,如果年羹尧厌恶雍正,就根本用不着迫不及待地写贺表,完全可以对"日月合璧,五星连珠"不予理会。因此,我认为误写的可能性很大。书写贺表时的年羹尧春风得意心高气傲,再加上戎马倥偬形成的雷厉风行的行事风格,年羹尧挥洒自如几笔写就,没有细看便装进信封派人送出了。

人非圣贤，孰能无过。这种错误是每个人都可能犯的。"夕惕朝乾"与"夕陽朝乾"太相似了。"惕"字与"陽"字很相近。左半部分都是瘦长字形，用毛笔书写的话也很像，右半部分只差中间一横，因此即使写错了，不细看是看不出来的。更有可能的情形是，"夕陽"是常用词，而"夕惕"平时却用得不多，就像现在百度搜索一样，打个"夕"字便会自动跳出"夕阳"词语。当时处于恍惚之中的年羹尧也可能是这样，在"夕"字后面脑袋里自然而然地跳出了"陽"字，也就随手写上了。如果是细心缜密的人也许能及时发现错误，可惜年羹尧不是，因而炸药包的导火索依然在燃烧。

雍正看到"夕陽朝乾"后恼羞成怒大为光火，长年累月积聚的对年羹尧的憎恨和愤闷一齐涌上心头。雍正认为，你年羹尧故意不写"朝乾夕惕"，是认为我雍正配不上这四个字啰？不写也就不写了，还来个"夕陽朝乾"！就算你不小心写错了，你本想写"夕惕朝乾"，难道不也是在诋毁我吗？夕惕是夜晚要保持警惕，你究竟在警惕谁呢？你分明警惕"朝乾"，我白天在主持朝政，你却要对我保持警惕，这不是明摆着对我有戒心吗？如果你故意写"夕陽朝乾"，那就更是大逆不道了。我雍正费了九牛二虎之力才继承了皇位，好不容易从事着治国理政的"朝乾"工作，屁股还没坐热，你年羹尧就给我来个"夕阳"西下，这不就是咒我早一点下台吗？看到这里，易友也许会说，欲加之罪，何患无辞。没错，只要你遇到了不对的人，那么无论你做什么都是错的。

雍正早就对年羹尧的所作所为怀恨在心，"夕陽朝乾"四个字像把利剑在雍正心上划了个大口子，使他忍无可忍，怒不可遏。这条乖戾无常的龙发威了，当即下旨将年羹尧革职调离，雍正谕曰："羹尧不以朝乾夕惕许朕，则羹尧青海之功，亦在朕许不许之间而未定也。"很快年羹尧被摘掉了川陕总督头衔，令其交出抚远大将军印章，连降十八级贬为杭州将军守护城门。剥夺其兵权后，雍正还不解气，继而全面发动群臣揭发年羹尧，把年羹尧打入了监牢，最终列举了年羹尧九十二条罪状，够他杀头八九回的。雍正还算给他留了一个面子，让他在狱中自尽。

表面上看起来，年羹尧死在写错了一个字，实际上这个坟墓是年羹尧一锹一锹自己挖的。我们来看看年羹尧到底做了什么。年羹尧居功自傲，除了皇帝，谁都不放在眼里，即使是各大亲王也无法入其法眼。用现在的话说，群众基础差，人缘不好，因此谁都希望他垮台，更不要说救他。年羹尧自恃功高盖世，个性张扬，傲慢无礼。在他打了胜仗班师回朝时，雍正亲自迎接，文武百官夹道欢迎，当雍正快步向他走去时，年羹尧却威风凛凛地骑在高头大马上，昂头挺胸，傲视群臣，迟迟不下马拜叩，惹得众人义愤填膺，纷纷指责，刚正不阿的丑官好官孙嘉诚则明确表态要参他一本。

雍正看到有士兵因劳顿困乏而倒下，出于关怀体恤，下旨让将士们可以解甲歇息，可这些将士却无动于衷，这使得雍正尴尬不已，而年羹尧却很得意，跟雍正说我的士兵只知将令，不知君命。潜台词是说我的兵只听我的，你皇上的话都不好使。

雍正主政后，出台了一系列革故鼎新的改革措施，可是既得利益的保守派阳奉阴违，处处设置障碍抵制改革。年羹尧本是雍正的左膀右臂，理应全力支持才是，可他的做法实在让雍正寒心。雍正派孙嘉诚去西北推行"火耗归公"改革。"火耗归公"是指各地在征税时，以损耗为由多收部分税费，这部分多收的税费称为"火耗"，"归公"是指上交朝廷。年羹尧知道这项改革会减少他用来花天酒地穷奢极欲的日常费用，便以西北情况特殊为由，处处设障，使孙嘉诚寸步难行，最终竟把他给杀了，这下等于狠狠地搧了雍正一记耳光，彻底把雍正激怒了。

此外，年羹尧自恃皇亲国戚，一人之下，万人之上，位高权重，一手遮天，又居功自傲，胆大包天，为所欲为。经济上十分贪婪，千方百计搜刮钱财，贪污银两四百六十万两。生活上极其奢靡，雍正在国库匮乏的情况下，带头与满朝文武一起每月俸银减半，勒紧库腰带，把省下来的银两支援大西北平叛大军，而年羹尧却天天美酒佳肴饕餮大餐，铺张浪费惊人。

特别让雍正深恶痛绝的是，年羹尧还培植自己的羽翼势力，组建自己的组织网络，插手和干涉朝廷官员的任免，以至于当时朝野为它取了一个专有名词叫"年选"。年羹尧的行为已经僭越了皇权，雍正绝不可能听之任之坐视不管。诸如此类，年羹尧可谓劣迹斑斑，罪恶累累，皆曰可杀，雍正早就想把他置之死地而后快了。

但是，雍正还是犹豫了。雍正有一百个理由杀年羹尧，也有一百个理由不杀年羹尧，因为年羹尧的功劳实在是太大了。正当雍正左右犯难举棋不定的时候，朝中老油条首辅大臣张廷玉递上了压死年羹尧的最后一根稻草。张廷玉本与年羹尧无怨无仇，但是孙嘉诚是张廷玉的门生，属于清流党，而张廷玉是个老政客，不参加任何派系，本可以通过孙嘉诚借助清流党制约年羹尧这样的硬核派系，可是年羹尧竟然胆大包天把孙嘉诚给杀了，此仇不报如何解心头之恨。于是，当雍正问张廷玉该不该杀年羹尧时，老道的张廷玉不直接表态，而是借口说各级官吏告他的诉状实在是太多了，民愤实在是太大了，对您皇上的害处实在是太严重了。张廷玉最后说："此人一日不去，皇上圣名就一日受到玷污。"

年羹尧的位阶在九四，但他对"四多惧"毫无感悟。把自己送上断头台的是对九三爻爻辞的误写，而真正的原因是，对九三之"厉"所蕴含的各种风险因素完全没有感觉、没有领悟、没有思考，因而也不可能有对策措施和具体行动。在对博大精深的中华文化和中华智慧的学思践悟方面，他比曾国藩差得太远了。假如年羹尧平时能多学点《易经》，其结局也许就是另外一番气象了。

这个案例就分享到这儿。谢谢各位易友！

46 乾卦"九四，或跃在渊，无咎"是什么意思？

　　本篇我们来介绍一下乾卦九四爻的爻辞。"九四，或跃在渊，无咎。"翻译过来就是，九四，带着疑惑，如同龙在深渊里跳跃，没有灾祸。

　　九四爻的爻辞应该说比较简单，从爻辞上看，主语省略了，好像不太明确，这个主语既没说是龙，也没说是人。我们原来讲过，三四爻是人位之爻，主体应该是人。但是，按照直观感觉，"或跃在渊"，在深渊里跳跃，这当然应该指的是龙。在人的爻位里，却说着龙的故事，看起来主体似乎有些分裂。如果我们把"君子"和"龙"这两个主体有机地结合起来，这个问题就不是问题了。也就是说，我们既可以把"君子"作为主体，又可以把"龙"作为主体。"君子"是主要主体，"龙"是辅助主体；"君子"是隐性主体，"龙"是显性主体。爻辞通过描述龙在深渊里跳跃的行为，来比喻"君子"努力尝试向更高层次攀登的壮举。"君子"积极进取向上发展往前冲刺，就像龙一样在深渊里跳跃，这样理解就将"君子"和"龙"两幅动态画面合二为一了。

　　如果用六个爻来比喻人生六个阶段的话，九四爻已经到了相当高的位置，已经到了上卦的初爻。大多数人都是在九三爻就止步了，只有少数人才能通过努力在九三爻获得成功以后，幸运进入到第四爻。能进入九四爻的人，基本上可称之为精英阶层，都是成功人士。从年龄上讲，这个时候应该是四五十岁，富有社会阅历、人生经历和工作经验，走南闯北，见多识广，各方面都非常成熟，是人生中一个比较接近高潮或者巅峰的阶段，也是充满希望非常美好的阶段。

从社会地位上来看，如果是一个专业人士，应该就是这个领域的专家了；如果是经商的，也是积聚了相当财富有所成就了；如果是从政的，至少也是中高层的官员了。总的来说，处于九四爻位阶的这个人群，都是人生事业中的赢家，对多数人来说是可望而不可即的。因此，能立足于九四爻的人士都是有故事有内涵的人，都是令人敬重和羡慕的。

但是，山外有山，人外有人。与九五爻主体相比，九四爻又处于从属辅助的地位，九四爻的职责是配合九五爻的工作或行为。我们常说九五至尊，如果九五爻是天子，那么九四爻就相当天子分封的诸侯或三公九卿等朝廷重臣，属于君主身边的人。关于九四、九三爻所代表的社会阶层，往往众说纷纭，分歧较大，公说公有理，婆说婆有理，都有些道理，但也各有各的缺陷。我认为九三、九四爻所代表的社会阶层没有明确的界线，相互是渗透掺杂的，你中有我，我中有你，有些可以分得清楚，有些不易区分清楚，不妨就让它模糊不清游移不定，反而适应性更强，用起来更加灵活，在判断处理时要具体情况具体分析，一切视情而定。

九三、九四爻所代表的社会阶层有所交叉的原因，在于社会阶层本身存在的复杂性。比如，诸侯是一个统称，其等级有公、侯、伯、子、男五个等级。"诸"代表数量不是一个而是有好几个，"侯"是五个爵位中的有代表性的名称，既不用第一个"公"，又不用第五个"男"，也就是说既不称他们为"诸公"，也不称他们为"诸男"，而是称他们为"诸侯"。这就相当于体现了交互卦的原理，去除两头极端因素，用有代表性的主体作为考察对象或行为依据，可以说这是交互卦原理在"诸侯"命名中的具体运用。诸侯的主要主体是公爵、侯爵和伯爵三个爵位；子爵、男爵只是极少数。因此，同样称诸侯，地位作用和影响力则千差万别，如果公爵用九四爻代表，一般没人提出异议，把子爵、男爵用九三爻代表也是合适的，而侯爵、伯爵就难说了，可上可下，是九三爻、还是九四爻，在可与不可之间，只能是随机应变视情而定了。

我国古代的"三公九卿"官制，每个朝代有局部调整，存在些许差别，但总体是一致的。"三公"是指：丞相、太尉、御史大夫。丞相是协助皇帝处理政事，太尉是掌管军事的，御史大夫是监察百官的。"九卿"是指奉常、郎中令、卫尉、太仆、廷尉、典客、宗正、治粟内史、少府。奉常管理宗庙祭祀礼仪，郎中令管理皇帝身边的侍从和警卫，卫尉统领宫门卫兵，太仆管理皇家车辆马匹，廷尉负责审理刑狱案件，典客负责接待诸侯、少数民族部落朝贡典礼，宗正负责皇家宗族事务，治粟内史掌管国家税收财政，少府负责皇家财政和饮食起居。

"三公"是朝廷中官爵最高、地位最重要的三大重臣要员，位高权重，声名显赫，一人之下，万人之上，是皇帝安邦治国所依仗的最得力的大臣，辅佐皇帝分别管理着全天下的行政、军事和官员队伍监察等事务。按照"三公"的影响力，仅次于九五至尊的君王，把他们与九四、六四爻位对应起来是合适的，更何况能担任"三公"之职的人，都是皇帝充分信任的人，有的是皇帝的兄弟或儿子，即王爷和王子，因此他们往往都被授予公、侯、伯等重要爵位，拥有自己的封地，这时"三公"和"诸侯"的身份是重合的，这时把兼有诸侯公、侯、伯爵位的"三公"定位于九四、六四爻是没有问题的，无论在诸侯、三公、地位作用等哪个路径来考察，与其第四爻位都是相适应的。

但是，有例行必有例外。"三公"并非都拥有爵位，如果没有爵位，也没有自己的封地，那么他的地位作用和影响力就没有那么大了，这时他只不过是皇帝的大秘或管家，皇帝信任他，充分授权，他的作用可以很大；一旦看不顺眼了，皇帝完全可以把他搁置一边，他的作用和影响力就非常有限了。比如，汉武帝执政时期，就对"三公"制度进行了改革，设置了内朝，大大削弱了丞相的权力，丞相府几乎被内朝架空了。就跟现在的总经理一样，不一定每个总经理都有公司的股份，这样总经理就相当于高级打工者，在公司的地位与董事长还是差距挺大的，他用你你就是总经理，他不用你你就什么也不是了。

有一种说法是，九三、六三爻是"三公"之位，我认为是有道理的。因此，我认为，一般情况下，诸侯归类在九四、六四爻，但个别诸侯如子爵、男爵可归类于九三、六三爻；"三公九卿"归类于九三、六三爻，但个别地位作用和影响力显著者，可归类在九四、六四爻。综上所述，第四爻是诸侯之位，但也包含部分三公九卿；三爻是三公之位，但也包含部分诸侯。这种划分体现了阴中有阳、阳中有阴、阴阳转化的易理，是比较符合实际的。在易学实践中应结合具体情形作出合理判断，灵活运用，不可僵化，唯变所适，不可为典要。

"或跃在渊"的"或"是什么意思呢？这要结合"或"字的演化历史和爻位特征来考察。古代因为汉字少，没有可用字的时候，往往会借个另外的字来表示，有时借着借着，假借后的意思成为该字的主要字义，原义反而淡化了，或者原义用这个字的改进版来代替，这是汉字中的有趣现象，我称之为"鸠占鹊巢"现象。就像有人借东西不还，用着用着这东西就变成他的了，从谁那里借来的反而忘记了，而被借的人只好自己再买一个或重新制作个类似的物件。

《说文解字》说：或【戈部】。或，邦也。从口从戈，以守一。一，地也。域，或又从土。以为疑或不定之意。清代段玉裁《说文解字注》：邦也。邦者，国也。盖或国在周时为古今字。古文只有或字。既乃复制国字。以凡人各有所守。皆得谓之或。各守其守，不能不相疑。故孔子曰，或之者，疑之也。而封建日广。以为凡人所守之或字未足尽之。乃又加口而为国。又加心为惑。以为疑惑当别于或。此孳乳寖多（生产繁衍而逐渐增多，即词义由派生演变而逐渐增多）之理也。既有国字。则国训邦，而或但训有。汉人多以有释或。

从《说文解字》对"或"字的解释中，我们大致可以梳理出"或"字词义的发展演变情况。"或"就是古时的邦国。由"口、一、戈"三部分组成，"一"代表大地、土地；"口"代表一定区域、地域、范围;"戈"是将士扛着兵器守卫这个区域,因此,"或"字就相当于古代邦国或者诸侯国的抽象示意图。大禹时期大大小小的邦国有一万多个,因而诸侯国又称万邦或万国,如万邦协和,万国来朝。由于邦国之间紧密相邻,边界有将士值守,所以对接近邦国城门的人都会被视为可疑对象而细加盘问,于是原来表示邦国的"或"字,被借用作表示怀疑、疑惑了。但是在使用过程中遇到麻烦了,人们看到"或"字究竟是代表邦国呢,还是代表疑惑? 古人是很聪明的,活人决不能被尿憋死,他们在"或"字下加个"心"组成"惑"字用来表示疑惑,心上有可疑的想法即是疑惑。再在"或"字外面套个大口,表示幅员辽阔的邦国,即产生了"国(國)"字;在"或"字左边加个"土",表示比邦国范围要小的区域或地域,又产生了"域"字。

但是,有些古人比较保守,仍坚持用"或"字来表示多种意思,因而"或"的原义和引申义长期并存交织使用。而有些古文写于"或"字演化之前。所以,我们看古文典籍时看到这个"或"字时,到底是指国家、还是指疑惑,要具体分析视情而定。后来"或"字又引申出"有"的意思。为什么会引申出此义,字典里没说。我判断还是跟邦国、疑惑的意思有关。邦国是实实在在存在的,可作为"有"的引申义依据,又因邦国数量众多,某件事不知道发生在哪个邦国,人们只能笼统地说有的邦国,于是"或"又引申出"有的"的意思,用于指代有的邦国、有的方国、有的地区等。卫兵对各式各样来往于城门的人保持怀疑而进行盘查,会觉得这个人可能是坏人,那个人可能是坏人;究竟哪个是坏人,是这个人,还是那个人? 在卫兵眼里,好人坏人常常模棱两可,似是而非，犹豫不决，举棋不定。于是，"或"字又引申出有的、有的人，也许、可能、大概、或许、或者等意思。

根据以上对"或"字的词义分析，九四爻的爻辞"或跃在渊"的"或"主要作三种解释：一是疑惑，二是可能，三是有的。作为疑惑解释的"或"取象于九四爻的爻位。九四爻这个位置很重要，同时也是极其危险的。我们以前介绍过，第四爻的特点是"四多惧"。惧，恐惧的"惧"，就是要以警惧的态度谨慎做事，这是由此爻的特殊位置所决定的。九五爻是老大的角色，九四爻是配合老大的角色，老大的性格像龙又像虎，神龙见首不见尾，老虎的性格暴戾多变，九四爻是辅佐老大的人，必须对此位的高度危险性有清醒的认识，时刻带着疑惑来为老大做事，要战战兢兢，如临深渊，如履薄冰，容不得丝毫的疏忽和松懈，脑子里要多想一些事情，多问几个为什么，考虑问题多拐几个弯，事事时时处处都要考虑周全妥帖，否则特别是在关键问题上稍有不慎就有可能大难临头或自毁前程，结局可能会很惨。

所以，这个位置的角色需要特别谨慎千万小心。前面讲到的年羹尧就相当于处在九四爻的位置上，但他身处险中不知险，常常游走在刀尖之上，不仅未能尽辅佐配合之职，反而屡屡挑战皇帝的底线，最终为自己的愚蠢付出了沉重代价。所以，"或跃在渊"的"或"首先要作"疑惑"来理解。在《易经》中，"或"常常通假为"惑"，是疑惑、迷惑、蛊惑等意思。

"或"的第二种理解是可能、大概、也许、或许等意思。相当于龙在深渊里跳跃，存在跃上去的可能性。民间俗称"鲤鱼跳龙门"，跳上去了，跃进了龙门，鲤鱼就完成了向"龙"演变的华丽转身。一旦鲤鱼变成了龙，其身价就不一般了。也就是说，九四爻跃上去了就晋级到了九五爻这个层面，站上了人生事业辉煌的巅峰。如果没有跳跃成功掉下来了，也很正常，毕竟跃上去的是极少数人，多数人是跃不上去的。人类社会就像是座金字塔，基座很大，越到上面越小，到九四爻已经是凤毛麟角了，再要晋升至九五至尊已经是难于上青天了。

当人生事业遇到类似"或跃在渊"的情境时，一方面要当机立断，抓住良机，作好充分准备，奋力一跃，尽自己最大努力，做最好的自己，力争做成不可能做成的事。这并不是鼓励大家去做大官，而是期望大家做成大业；另一方面要放平心态，做到一颗红心两种准备，努力争取实现最好的目标，随时准备接受最坏的结果，这样你就立于不败之地了。谋事在人，成事在天。一个人的成功因素有很多，有些自己能够掌控，有些自己无法掌控，存在一定的偶然性，这就是所谓的运气了。如果运气好便成功了，如果运气不好就可能功亏一篑。这运气不是迷信，而是环境条件综合因素，往往不以人的主观意志为转移。从客观现实情况上看，"或跃在渊"成功的是极少数，大多数人都是曾如此地接近目标，却与目标擦肩而过。常言道，不以成败论英雄。只要竭尽全力了，没有得到想要的结果，心里虽有失落却可以不留遗憾。

"或"字的第三种解释，可理解为有的、有人等。表明跳跃成功的人寥寥无几，多数人是跳不上去的。

九四爻的爻辞不长，后面那个结论性判断是"无咎"。无咎就是没有灾祸，这个结局还是不错的。如果跳上去了当然是无咎，甚至是大吉了。但是跳不上去也没有关系，因为大多数人都跳不上去。跃龙回落到深渊不会有大的伤害，人未能晋升也没什么损失，所以无咎，说明没有灾祸。无咎的意思是说原本是有咎的，比如，九四阳爻居阴位，不当位，表明行为举止不当，过于刚强；九四与初九无正应，得不到基层百姓的支持，等等，这些都是不利因素，本来可能导致咎害，发生灾祸。但是，由于乾卦全卦都是阳爻，都存在类似的缺陷，在各个主体面临相似的缺陷时，这个缺陷也就不成其为缺陷了。更主要的是，如果处在"四多惧"爻位的当事人，能够警惧谨慎，善始善终，慎终如始，就能有效避免灾祸的发生，也就做到了"无咎"。

君子居易以俟命，也就是说君子平常处在安全平易之地等待接受老天赋予的使命。人一辈子会遇到这样、那样的机会，但重大的绝好的机会不多，能遇到一两次已经很不错了。良机稍纵即逝，机会只给有准备的人，平时基础打得扎实，时刻准备着，有了机会就能抓住，就可能跃上更高层次。

大部分人当机会来临的时候，并没有准备好，这一两次难得的机会也许就错过了，老天不可能三番五次地给一个人机会。即使抓住了机会也未必能成功，因而大多数人都未能跃上去，那么掉到原来的位置，也没有关系，不管怎么样，都是一种锻炼，秉持着尽人事、听天命的心态就好。

所谓听天命并不是迷信。尽人事，听天命，是说一个人的成功，有一半可以通过自己的努力奋斗来实现，另外一半是外界条件所决定的，必须天时、地利、人和都具备了才能成功。因此，时间不到，条件不具备，你如何努力效果都很有限。我们只要把

"尽人事"做到极致，任务就算完成了；"听天命"则要看运气如何了，看外部的条件是不是成熟。如果外部条件不成熟，哪怕缺一个环节，就可能功败垂成，眼看着跳上去了，结果还是掉了下来。但是，不用感到遗憾和后悔，只要自己尽了最大努力，一切结果都是可以坦然接受的。

"跃"取象于巽卦和爻位。跃是用腿来跃的，这个腿是有卦象支撑的。如果九四爻发生爻变，那么上卦就变成了巽卦。巽为股，即人或动物的大腿；同时，巽为高，为绳直。组合起来就展现了一条龙正在往高处跳跃的生动画面。另外，九四是上卦乾卦的初爻，乾卦的错卦是坤卦，坤卦的初六发生爻变，就变成震卦，震为足。跳跃的动作由足与股即脚与大腿配合完成的。

"渊"取象于兑卦和爻位。爻辞有"在渊"的表述，表明是在深渊水域里。为什么九四爻会出现渊？如果九四爻发生爻变，则二三四爻变成兑卦，兑为泽，与"渊"的意境完全一致。同时，九四爻和初九爻是一对具有对应关系的爻位，初九"潜龙"潜在水里，通过对应性的爻位把两个爻象关联起来，就把水域的意境延伸到了九四爻。

47 乾卦"九五，飞龙在天，利见大人"是什么意思？

　　本篇我们来解读一下乾卦九五爻的爻辞。"九五，飞龙在天，利见大人。"把它翻译成白话文，意思是说，在九五爻这个阶段，龙在天空中飞行，适宜表现出大人物的风范。九五爻的爻辞都是常用字，而且非常简单，字面上的意思不难理解。

　　九五爻是全卦的核心之爻。意味着对全卦具有统领作用。它是君王之位。我们平时都听说过九五至尊，指的就是九五这个爻位的与众不同之处。九五爻作为人的主体，他是天下的老大，全国的老大，区域的老大，系统的老大，组织的老大，家族的老大，单位的老大，等等。因此，九五爻的地位非常重要，肩负的责任也非常重大。

　　九五的主体是"龙"。龙是中华民族的图腾，它不是客观世界中真实存在的动物，而是由多个动物拼凑而成的。有各种各样的版本和说法，众说纷纭，莫衷一是，都有自己的道理，但大多数又说不完整，它没有一个标准答案，因为龙本身就不是真实的存在，也就没有办法拿各种说法与不存在的龙去比照和验证。再说古代由于存在书写和信息交流的困难，龙的传说大多是口头创作和传播，因此出现多种版本和说法是可以理解的。

这些版本和说法中有一点是比较相同的，都说龙是有九种动物组成的。不过我认为这个"九"不是确数，而是概数，九是个位数中最大的数，因此用九来表示龙是由很多种动物组成的。龙是中华民族的精神化身，水陆空三栖动物，上天入地，神通广大，行云施雨，泽披万物，主持正义，除暴安良。在龙的身上寄托着中华民族的理想和愿望，因而《周易》的首卦乾卦将龙作为主角登上人文的舞台。乾卦六爻全为阳爻，代表六条龙或龙的六个阶段，乾卦的阳爻与龙几乎是画等号的，乾卦的阳爻就是龙，龙就是乾卦的阳爻。《易经》中的阳爻就是用个位数之极的"九"来表示的。代表阳爻的"九"，与构成龙的动物种类的"九"，在这里相遇了，可谓殊途同归，表现了积极进取自强不息的共同主题。

如果把九种动物的"九"视为概数，那么组成龙的实际动物种类至少在九种以上，可多达十七八种。比如，除了《40章》梳理的驼头、马脸、鹿角、鳄嘴、虎须、蛇身、鱼鳞、鹰爪、鳗尾等九种动物外，还有牛鼻、虾眼、鲶须、狮鬃、龟颈、蜃（shèn，大蛤蜊）腹、蜥腿、虎掌、鳗鳍、金鱼尾等等，这些是分别在各种版本里提及较多的。还有的说牛耳，因为已取牛鼻了，为了减少重复就不列入了，其实牛耳与驴耳相差不大，但没人说驴耳的；还有的说狮头，相比之下还是驼头更贴切；还有说鱼脊的，因已取鱼鳞就不再重复选取了。虽然龙不是真实存在的，但构成龙的动物却都是实实在在存在的，古人取各种动物的优点，通过强强联合的方式将它们组装成心目中虔诚崇拜的神物。自古以来，中华民族都是龙的传人，"龙"这一图腾对于形成中华民族的共同体意识,加强民族大团结,凝聚强大力量,有着十分重大的意义。

龙的图腾的形成反映了华夏民族政治、军事、经济、文化、哲学、艺术等发展融合的历史。中华民族是多民族国家,历史上曾经有成千上万个邦国或氏族部落。每个族群都有自己的图腾,通常都以某种实际存在的动物作为图腾或吉祥物。在当时对客观世界认识有限、生产力低下、人们的生产生活和生命安全得不到保证的情况下,人们希望通过图腾神灵来保佑他们。这样每个部落都有自己的图腾,也就是象征神物的吉祥物各不相同,有的是鹿,有的是马,有的是牛,有的是骆驼,等等。

夏朝时期有诸侯国或氏族部落一万多个,商朝约八千多个,周朝约两千个。随着总数的减少,诸侯国或氏族部落在兼并融合。为了使这些合并后的部落有个归属感认同感,华夏民族的首领就从各诸侯国或氏族部落原先图腾中选择一部分,通过拼装形成了大家共同拥有的"龙"的图腾,在龙的身上寄托着全体成员的共同理想。它有利于将广大民众团结在共同的旗帜下,形成大家庭的理念,为创造共同的幸福生活,精诚团结,同心协力,共同奋斗。

在上述思想意识和文化理念的铺垫之下,君主以真龙天子的形象出现,似乎是应运而生了。皇上工作的地方叫龙廷,皇上坐的椅子叫龙椅,皇上躺的床叫龙床,皇上乘的车叫龙辇,皇上戴的帽子叫龙冠,皇上穿的衣服叫龙袍,皇上的身体叫龙体,皇上摆谱叫龙威,皇上高兴了叫龙颜大悦,皇上生气了叫龙颜大怒,等等,不一而足。因此,龙成了皇权的象征。这时居九五至尊的君主是飞龙,飞龙就是君主,两者达到了深度融合,这对于获得民众的信任,君临天下,推进治国理政是大为有利的。君主是活生生存在的人,龙是存在于人们精神世界的神物,乾卦将两者关联起来合二为一,把神圣的光环戴在了君主的头上,自然有利于让民众相信君权神授的合理性。

孔子曾用龙的形象把老子大加赞美了一番,以至于老子的形象崇高得看不到顶,可见龙决非寻常之物,君王借助龙的形象,可以更好地安邦定国治理天下;君子如能借龙的形象将自己认同的道德品性、思想理念和价值观念传播开来,也必然能起到事半功倍的效果。此时的龙就是传播政治、思想、文化的形象大使。让我们来看看孔子是怎么评价老子的。据《史记》记载:孔子去,谓弟子曰:"鸟,吾知其能飞;鱼,吾知其能游;兽,吾知其能走。走者可以为罔,游者可以为纶,飞者可以为矰。至于龙,吾不能知,其乘风云而上天。吾今日见老子,其犹龙邪!"这段话的大致意思是说,孔子告别老子,返回后对弟子说,鸟我知道它能飞,鱼我知道它能游,野兽我知道它能跑。能跑的野兽可用网捕捉,能游的鱼可用鱼竿钓起,能飞的鸟可用带丝绳的箭射杀。说到龙我则不知道用什么办法对付了,大概只能任它乘风驾云而飞上天了。我今天见到的老子多么像龙啊!

在乾卦六个阳爻中,在爻辞中明确写出"龙"为主体的是,初九、九二、九五、上九。其实写龙就是写人,写一个人破茧成蝶,从普通人升华为君子,继而成为圣贤的过程。初九、九二爻是龙的成长阶段,也就是少年儿童的品德培养和启蒙教育;九三、九四爻本来就是人爻之位,就没必要再用龙来指代了,也不写一般人, 而是直接写人中之龙社会精英的君子, 龙是君子的象征, 君子是龙的化身, 龙就是君子, 君子就是龙。乾卦爻辞主体无论是龙也好, 君子也好, 其实主体就是一个, 那就是像龙一样的君子, 寄托君子精神的龙。

到了九五爻, 君子迎来了人生事业的巅峰, 到达九五至尊、核心之爻、君主之位。一是"飞龙在天", 受万众注目; 二是居中有德, 境界高尚; 三是行云施雨, 经济苍生; 四是神通广大, 上下自如。"飞龙在天"是一种比喻, 龙处于理想的飞行状态。海深可潜龙, 天高任龙行。这个阶段的龙, 神通能级的发挥达到了极致状态, 其行动区域非常广阔, 可上可下, 独往独来, 无拘无束, 挥洒自如, 极度自由。这是"龙"的理想境界, 用以描述君主的状态, 比喻君王、君主或者一个系统的老大, 像"飞龙在天"一样挥洒自如, 能量大, 资源多, 影响远, 其言行举止施及范围非常广泛, 对天下、国家、民族、百姓的功能作用意义重大。

每个人都可以拥有自己的"飞龙在天"。有人认为, 我这辈子不用说到九五爻, 就是到九四爻都没有可能。这是否意味着九五爻的事与己无关了呢? 不是的, 大丈夫能屈能伸, 易经可大可小, 其适用的伸缩性是非常大的。你当不了天下老大全国老大, 当个地区老大系统老大行不行? 当不了地区老大系统老大, 当个单位老大公司老大行不行? 当不了单位老大公司老大, 当个微信群老大朋友圈老大行不行? 当不了微信群老大朋友圈老大, 当个家里老大子女老大行不行? 当不了家里老大子女老大, 再不济当个自己的老大总可以做到吧? 事实上确有相当一部分人做不了自己的老大, 一辈子都活在别人的影子里, 这样的人生是很可怜也是很可悲的。因此，人最起码要做自己的老大，自己的事情自己做主。

我曾总结过《快乐五五诀》，可视作九五爻爻辞的个人实践应用案例，特与各位易友分享：

《快乐五五诀》

健康第一，是为基础；

自由第二，是为根本；

兴趣第三，是为内容；

知足第四，是为方法；

修德第五，是为保障。

《健康五子目》

正确养生，知行合一。

起居有常，早睡早起。

饮食有节，搭配合理。

不妄作劳，行举适宜。

每日运动，持续不息。

《自由五子目》

独立自足，无拘无束。

率性真实，不装不虚。

想做便做，从心所欲。

我为物主，量入为出。

对等往来，底线不逾。

《兴趣五子目》

研习国学，丰盈精神。

天天唱歌，愉悦振奋。

日日书法，缘墨润身。

铜管竹笛，怡神添能。

情趣洁雅，自娱娱人。

《知足五子目》

目标适当，勿勉其难。

淡泊名利，顺其自然。

有容乃大，平衡乐观。

惜物节用，舒适简单。

节制欲望，不比不攀。

《修德五子目》

弘扬正气，践行五常。

传承文化，提升德养。

履职尽责，吃亏当赏。

坚韧谦和，乐助好让。

戒急戒躁，光明坦荡。

也许是因为长年研习《易经》的关系，我比较喜欢"五"这个数字。心中装着九五至尊的样子,你就可能活出自己九五至尊的模样。不需要别人来认可,自己认可就够了,毕竟人生不是活给别人看的,重要的是自己对自己状态的满意和满足,并且在力所能及的范围内给这个国家社会和周边的人带来益处。2020年8月17日,《周易诠解》新书发布会在上海展览中心举办,我与读者的见面会是六场系列活动中的第五场。普通的思维会认为,安排倒数第二场有什么值得高兴的?但我却很高兴,因为这是九五至尊的位置。这就是易象思维的精妙之处,那场活动很成功,冥冥之中,如有神助。

2022年4月20日,北京大学出版社《教授书单第4期》的荐书嘉宾是温海明先生,文中介绍:"温海明,中国人民大学哲学院教授。北京大学中国哲学硕士,夏威夷大学比较哲学博士。山东省泰山学者、《孔子研究》副主编、《孔学堂》杂志副总编辑。兼任国际儒学联合会学术委员会副主任,山东大学易学与中国古代哲学研究中心、北京中国学中心(TBC)客座教授等。推荐《周易诠解》的理由:作者融合自身的人生和社会经验,形成自成体系的解易思路,力求丰富完整地展现各种解易方法的合理性,做到兼容并包,很好地理解和展示古今各种解易思路内在逻辑,尤其是取象的多样性,并说明卦变的合理性和系统性。该书体系完整,理象并重,在象数理占之间取得了较好的平衡,而且解释得通俗易懂。"

在所推荐的六部书单中,《周易诠解》位列第五,我依然很高兴。没过两天,便欣闻《周易诠解》有声书于2022年4月23日全民读书日入驻喜马拉雅学习平台。庄子在《天运》中借孔子之口说出的六经是:诗、书、礼、乐、易、春秋,《易经》也是位列第五,其九五至尊的地位稳如泰山。当然,请易友们别误会,我绝无老子天下第一唯我独尊的意思,真正研习易经的人不可能如此狂妄,往往是道行越深越是谦卑,我虽道行不深,却不至于浅薄到如此程度。但是,运用易象思维给自己鼓鼓劲,打打气,充充电,实行积极暗示,强化自我激励,却是符合易理的,也可以理解为是易经智慧的借鉴与运用。

《快乐五五诀》由五个五组成,非刻意为之,可视为九五爻象的实践运用案例。迄今为止实践下来居然感觉到了过去从未感觉到的轻松与快乐,感觉灵魂通透了,境界提升了,生活提质了。考虑到篇幅关系,这里仅将《自由五子目》稍作展开,与易友分享。我认为,作为一个人,自由是带有根本性的特质,没有自由谈不上快乐,更谈不上幸福。"独立自足,无拘无束。""独立"是人格的独立,不用依附任何人;"自足"有的朋友以为写错了,是不是应该独立自主,其实没有写错,"自足"就是依靠自己的力量满足自由的需要,如果不具备自足的能力,便做不到真正自由。就像毛主席所说的自力更生,艰苦奋斗,自己动手,丰衣足食。自由意志、独立人格是精神食粮和产品,不是谁施舍的,不能指望别人提供,依靠别人哪怕是家人都是靠不住的,要做到自由独立只能靠自己,只有凭自身的能力和条件努力开创方可获得。"无拘无束"是追求自由的目标,当然不是无法无天,而是在道德法律框架内,我的行为我作主,不受无缘无故的拘束。

"率性真实,不装不虚。"《中庸》说,天命之谓性,率性之谓道,修道之谓教。老天赋予每个人的先天性综合因素,统称为性，相当于这个人的显著特征。比如说，身体的遗传因素，高矮胖瘦强弱美丑智愚等等；性格因素，急性子、慢性子，细腻的、粗糙的，敏感的、木讷的，勇猛的、胆怯的，大方的、小气的，慷慨的、吝啬的，等等；身份因素，国籍、民族、城市、乡村、富裕、贫穷等等。当然，后天的因素会对性作些影响和改变，但总体而言，一个人的性是具有相对稳定性的，这是一个人区别于另一个人的重要因素。按照人的综合之性让它自由自在地发展是道之本质要求，适合当领导的当领导，适合当教授的当教授，适合搞体育的搞体育，适合搞艺术的搞艺术，适合当工匠的当工匠，适合当厨师的当厨师，等等。如何做到这样的状态，便是教育和教化的功能了。因此，是什么性的人都通过言行举止表现出来，要装是装不像的，要瞒也是瞒不住的。带着面具生活的人是不快乐的，与其装蒜，倒不如给人一个真实的自己，自己轻松快乐，别人也无须对你猜疑提防。

"想做便做，从心所欲。"这个欲当然是有界限的，不是非分之想，而是正常合理的欲望和需求。宋代程朱理学提出"存天理，灭人欲。"出发点是好的，但被人误解得太深了，二程蒙受了跳进黄河也洗不清的冤屈。"存天理"相当于率人之性的道，引导人们依道而行，本没有错；而"灭人欲"的本义是，消除不依道而行的那部分过分的欲望。比如，人要一日三餐吃饭，正常情况下是家常便饭，偶尔奢侈一下也说得过去。但天天要吃山珍海味饕餮大餐就太过分了，这就是理学要灭的"人欲"，而不是要灭正常的饮食需求。我所指的"从心所欲"也是指正常合理的欲望和需求。"从心"可以理解为遵从、跟从、随从、服从内心的需求,也可以理解为放纵、放任、释放、放走、怂恿、劝勉内心的想法,任其自由地产生内心的需求,这里的"从",通假为"纵"。内心有了想法,并不是出于一时的心血来潮,而是经过思考分析确实是想要做的事,或者是想要买的东西,那么只要经济物质条件允许,就遵从内心的需求去做就是了,不用等,不要拖,也不用看别人的脸色而迟疑不决。

"我为物主,量入为出。"这句话的意思是要做物的主人,而不要成为物的奴隶。意思简单明了,但要真正做到却不容易。老子说,五色令人目盲,五音令人耳聋,五味令人口爽(伤,败),驰骋畋猎令人心发狂,难得之货令人行妨(损害,妨碍)。千百年来,天下熙熙,皆为利来;天下攘攘,皆为利往。人为财死,鸟为食亡的悲剧在不断上演,那些贪了几个亿的腐败分子在戴上手铐时才痛心疾首地说我要那么多钱干什么。有些人表面风光,出手阔绰,一副土豪的作派,实际上却是债台高筑,过度消费,超前消费,透支消费,除了满足下虚荣心外,不可能得到真正的快乐。只有花自己的钱心里才是坦然而踏实的,有多少钱办多少事,有什么样的财富过什么样的生活,这样才能免除后顾之忧,无忧无虑即为自由。

"对等往来,底线不逾。"人生活在社会上,有家人,有亲戚,有朋友,有同学,有同事,有合作伙伴等各种各样的社会关系。就算最不喜欢交际的人也还是有人情往来的。作为追求自由的人,应当把无效社会交际降到最低,以便节省时间用于做自己喜欢做的事。但是,人是有感情的,讲求礼尚往来。天下芸芸众生,能讲得来的,或称得上知己的人寥寥无几。因此,不要辜负对你有好感有善意有热情的人。"对等往来"即是投挑报李，以善意回报善意。这种社会交往应当控制在社会道德和法律法规的框架内，这样可以防止因出格行为给自己带来一地鸡毛或惹上司官。人如能守住底线开展对等往来，就能保持独立的人格，自由的意志，你便是自由的。

以上与各位分享的是由九五爻的爻辞和爻象产生的联想和个人的一点感悟，以此说明《易经》对于人生事业的指导启迪是博大精深的。我的感悟不一定适合您，但愿对您能有所启发。《系辞下传》说，无有师保，如临父母。意思是说，当一个人成年后，已经没有老师、监护者在你身边了，父母也不会跟你一辈子，但有了《易经》这部书，当你遇到困难或问题时，就像父母到来帮你想办法出点子渡过难关一样，因此对于这样的父母是可以终生依托的，每个人都可以从《易经》里汲取神妙的智慧和满满的正能量。

"飞龙在天"的"飞"取象于离卦，"天"取象于乾卦和九五爻位。如果九五爻发生爻变，由九五变成六五，那么上卦就变成了离卦，离为雉，就是雉鸡、山鸡。山鸡会飞，以山鸡之飞过渡到飞龙之飞。上卦为乾卦，乾为天，代表天。天还取象于它的爻位，九五、上九两爻对应天。如果把天划分为两部分的话，九五、上九爻分别代表低空和高空，低空比较适合于龙的飞行，鸟类、鹰类的飞行，一般都在这个区域，跟地面比较接近，关联度比较大，所以在理想中这个区域最适合龙的飞行。

"利见大人"的"见"取象于离卦。在解读九二爻的时候作过详细分析，这里不作太多展开。若九五爻发生爻变即得离卦，离为目,为日,为火,为电。眼睛可以看见光明,有光明的时候事物才容易被人发现。"见"是多音字了,念成看见的"见"和发现的"现",都可以。在这里,最好念现。这个"利"就是适宜,居于九五至尊的君主或其他领域的老大适宜表现得像一个大人物,要把大人物的风范充分展现出来。

居九五至尊的大人本身已经是影响力很大举足轻重的大人物。所谓的大人,可以理解为权力很大,也可以理解为品德极高、道行极深、学问极好的人,总之是综合素质或者某方面特长显著异于常人的人物,他们有大志向,有大格局,有大风范,有大智慧,有大德行。他们身上肩负着整个系统,乃至为整个国家、天下谋福祉的重大使命。因此,他们考虑事情的格局一定是很大的,而不仅仅是考虑自己家族或小团体小圈子的那点私利小事,九五老大必须是我将无我大公无私的人,他们为全人类全天下而谋,为民族伟大复兴而谋,为全国百姓的幸福生活而谋。他们的神圣使命和职责,决定着必须表现出大人物的风范和风采。

同时,九五是现任的老大,物色培养合适的接班人也是其重要职责,以便伟大的事业后继有人,保持政治的连续性稳定性和社会的长治久安。这时,"利见大人"的"见"还是念成"现"比较合适,把他理解为主动发现培养接班人,老大到基层去调研考察,物色德才兼备的接班人,就跟当年尧帝去找平民舜一样,先让舜在朝中担任一个重要职位,以干代训,在实践中锻炼才干,经过几十年培养成熟后才把舜扶上君位,成为享誉千古的圣君,这无疑是尧帝的又一伟大功绩。

当然,把"利见大人"的"见"读成看见的"见"也是可以的。有的君主刚继位时，还比较年轻，阅历、能力、经验等方面都有所欠缺，尚未成熟，还需要学习、磨练、提升。前任退下来的君王可能还在世，世外还隐居不少高人。作为年轻的君主，去拜见这种大德大能大智慧的人也是明智之举，也是颇有裨益的。

"利见大人"的"大人"取象于乾卦、离卦和九五爻位。一方面《易经》对九五至尊的大人提出了很高要求，必须有大德大能大智慧的人才能居于此位，另一方面居于此位的大人必须高度自律时时刻刻事事处处体现出大德大能大智慧的大人风范。否则，就会像《系辞下传》孔子所言，位尊而德薄，智小而谋大，力小而任重，鲜不及矣。也就是说，无德无智无能的人占据九五之位是德不配位，智不足谋，力不胜任，必然会招致灾祸的。上卦为乾卦，乾为君，乾为天，乾为健。若九五爻发生爻变则上卦变为离卦，离为内心光明，代表德行光明正大。九五爻为上卦中爻，阳爻居阳位，居中有德，行为举止适当，能力出众。以上这些都是大人所具有的特质。

这一集我们就介绍到这里。谢谢各位！

48 乾卦"上九，亢龙有悔"是什么意思?

　　前两篇我们介绍了九四、九五爻的爻辞。这里补充一个九四爻"或跃在渊"的取象，作点拓展。"或"，通假疑惑的"惑"，还可以取象于巽卦。假如九四爻发生爻变，把阳爻变为阴爻的话，乾卦上卦是不是就变成巽卦了? 巽，就是风，还有一个与风有关的意思，即巽为进退，这是从风的特征中提炼出来的。风不全是走直线的，有时遇到障碍物它会绕着走，有时两三股风碰撞在一起，风就会改变方向，表现出迂回、旋转、甚至一百八十度大逆转。人们用风这种又进又退、进两步退两步、进进退退徘徊不前的状态，来形容人的心理活动状态，就有了迟疑纠结犹豫不决拿不定主意的情形，这就是疑惑。风是多变的，人心是多疑的，因而"或"取象于巽卦也是形象生动的。

　　还有一个"或跃在渊"的"渊"字，我们也拓展一下，增加一个取象，那就是"渊"字取象于兑卦。"渊"代表深渊、水渊、渊潭等。同样我们如果把九四爻作一下爻变的话，二三四爻，也就是乾卦的下交互卦，它组成了一个兑卦。兑为泽，相当于海、湖、水库、水塘等有一定范围的水域。

　　有的易友对兑卦和坎卦理解起来有点费劲，这里作点介绍。坎卦与兑卦都与水有关，初学的易友往往会发出疑问，既然都是水，为什么要用两个卦来表示，用一个卦表示不就得了？其实，两者有相同点，也有诸多的不同点，相互都是有各自存在价值的。就好比一家人中的兄妹关系，有相似的地方，也有更多不同的地方，他们是不能彼此替代的。

先看一下相同点，坎为水，兑为泽，泽中装的也是水；坎为陷，引申为坎坷曲折，兑为毁折，两者都是指不顺或有损害。再来看看坎卦与兑卦的主要区别，一是坎为阳卦，兑为阴卦。二是坎为中男，兑为少女。三是坎为心病、加忧，兑为喜悦愉悦。

四是在人的五官中，坎为耳。因为双耳在头部的形状像坎卦，两只耳朵形体小，小用阴爻表示，中间头部形体大，大用阳爻表示，组合起来便是阴爻、阳爻、阴爻的坎卦结构。而兑为口，如果将乾卦代表整个人体，把上爻由阳爻变成阴爻，就相当于出现一个豁口，乾卦上爻所代表的头部有口，当然就指向了张开的嘴巴。"兑"字的本义是喜悦的"悦"。"兑"的甲骨文，下半部分是一个人的形状，上半部分则突出了张开的大口以及八字形上扬的嘴角，这是一个人喜悦微笑的表情，这与兑卦的卦德是一致的。

后来，由"兑"字的张口代表喜悦，引申出"兑"为口、口舌的意思，用多了就把口、口舌作为常用义了，而用在"兑"字左边加竖心旁的"悦"来表示"兑"的本义，我称汉字演变发展中的这种现象为"鸠占鹊巢"，这是比较普遍的现象。后来，用"兑"左边加言字旁的"说"表示口中出言的说话之"说"。由于"兑"字本义是"悦"，因此古时"说"也常通假为"悦"。

　　五是坎卦在五行中代表水，兑卦在五行中代表金，由于是阴卦，因而是阴金。六是坎卦所指的水是江河溪泾中流动的水，河流的特点是中间水流流速快、两侧水流流速慢，与坎卦卦画中爻是阳爻、上下两爻是阴爻的结构完全吻合，坎卦还代表一般意义上的水，即相对于火而言的概念；而兑卦所指的水，是指海洋湖泽水库池塘，通常水被四周陆地所包围，是指有一定范围或面积的水域，并且相对而言水是平静状态的，这与兑卦卦画结构一致，下面两个阳爻代表承载水的实地，上爻是阴爻，代表水是柔弱的和相对平静的。

　　可能有易友会问，不是坤卦代表大地吗，它的三个爻全是阴爻啊，兑卦中为什么用两个阳爻代表实地呢，这不是自相矛盾吗？其实是不矛盾的，阴阳是相对的概念，大地相对天体是阴柔的，但从形态上看大地与水相比，大地是刚的，水是柔的。还有易友也许会问，海水也不全是平静的，有时会掀起巨浪狂潮，这当然是有道理的，但兑卦所代表的水域平静也只是相对于江河的奔腾不息而言的。因此，学习易经的思维必须是灵动的，千万不能滞泥僵化，唯变所适，不可为典要。

　　龙在大海、湖泽这些水域活动就稀松平常了，也就是说"或跃在渊"的"或"取象于巽卦，这个取象也是比较合理的。今天就拓展性地补充这么两个取象。

　　我发现在梳理书稿时，这个取象已经作了补充。为了保持视频课件的原汁原味，我还是保留了这段内容。大家要树立一个理念，学易经不要怕重复，适当的重复是必要的，就跟家人、同事一样，天天见面，就自然而然地相互之间了如指掌了。学易经也是一样，熟能生巧，重复得多了，知识就会扎根在你的脑海里。但这只是基础性的，相当于造房子准备了砖瓦沙石钢筋水泥等建筑材料。只有把易经知识通过学以致用，知行合一，把《易经》与现实生活、工作实践紧密结合起来，才能把易经的知识转变为智慧。

有哲学家说，一个新的哲学体系的构建和产生始于"无知"，无知是哲学家们探索研究的动力，假如对某些知识我们已经知道，就意味着失去了深入探究的动力了，也就不可能有新的重大发现和创建。易友们研习易经也是同理，如果你正好对《易经》不甚了了，那么恭喜你，如能抓住"无知"的契机深究细研，保持足够的兴趣和专注度，并结合人生事业生活工作学思践悟，说不定你将有重大发现和意外收获呢！

下面我们介绍上九爻的爻辞。"上九，亢龙有悔。"把它翻译成白话文，就是上九爻，高空之龙存在悔恨之事。"亢"，《古代汉语词典》相关解释是：高，过分、极度。综合起来就是很高、极高、高得过分、高得过头了等意思。亢龙，就是在高得过头的太空飞行的龙，上九爻这条龙飞得实在是太高了。物极必反，高处不胜寒。飞得太高了就会带来一些后遗症，会产生一些令人悔恨和遗憾的事。

如果用九五爻来比喻一个系统里的老大，那么上九就相当于这个系统的大佬。尽管听起来好像差不多，字音相差无几，只不过次序颠倒了一下，但实际上却有本质区别。九五爻是君主、君王或主镇一方的一把手，握有实权，能调动人、财、物等大量的各种各样的公共资源。而上九爻相当于退了位的君主、君王或一方老大，他只是曾经的老大，现在已退居二线，有的可能已经去世了，有的也许还在世，但已经没有实权了。因此，我们称上九爻是"宗庙之位"，包括两层意思，一层意思是这些退位的君主、君王或一方老大已经去世，但作为前任老大，他的影响力还不同程度的存在着，或多或少地影响着现任的施政行为。包括他们的思想理念、政策制度、政绩事迹等精神遗产，通过保存在宗庙里得以延续，继续发挥一定作用，这是由政权更迭的继承性、习惯性、连续性和延展性所决定的。另一层意思是，退位的君主、君王或一方老大还在世，人还活着，在同等条件下，其影响力可能比已经去世的还要大一些。

"亢龙有悔"是一个比喻，表面上在说龙飞得太高了，但实际上说的还是人间的事，说的是大佬的事、宗庙的事。我们用天、人、地三才来对应一个卦的六个爻，九五、上九爻代表天，九五爻指的是低空，而上九爻指的就是高空、太空，相对来讲低空比较适合于鸟类、鹰类的飞行，当然更适合龙的飞行。而高空、太空气温很低，况且空气稀薄，这是鸟类、鹰类无法企及的区域，龙虽然能在高空、太空飞行，却不是它飞行的理想区域，总会产生这样那样的不适感。

把龙在高空、太空飞行的这种不适状态引用到人文社会，情形是类似的，人世间也存在高处不胜寒的情况。上九爻是退了位的君主、君王或大佬，他贵而无位，高而无民。地位很尊贵，他是曾经的老大，大家都非常尊重他，现任的老大曾是他的臣子属下，名义上上九爻大佬的地位比九五爻老大还要高，但实际上并无实权，是个空架子，架子很大，但里面是空的，是民间所称的空壳大佬，就跟历史上的太上皇一样。

比如，武德九年（626）发生了玄武门之变后，李世民当了皇帝，李渊就成了太上皇。李渊是爹，李世民是儿子；李渊是太上皇，李世民是皇帝。看起来太上皇比皇帝还要高一格，名义上确是这样，但实际上却是没有实权的，已经失去了在朝廷发号施令的职权，他既不能任命大臣，又不能调动军队，无法发布政令，也没法调动人、财、物这些资源。

大佬处于一个十分尴尬的位置。如果说现在的君主、老大尊重他、信任他，放手让他做一些事情，他就可以发挥一定的余热，产生一定的影响力；如果说现在的老大对他并不感冒，并不信任，有意要屏蔽他，他就可能寸步难行无所作为。这也就是他悔恨的重要原因。他为什么后悔？他可能后悔看错了人，不应该接班的人接班了，该接班的人没有接班；他可能后悔做错了事，该做的事没做，不该做的事却做了；他可能后悔没有及早采取措施，让他的反对派先下手为强，占得了先机，造成了不可挽回的既成事实，等等。

李渊就有这样的悔恨。他出身于北周关陇贵族家庭，在隋朝因世袭成为一方诸侯，称为唐国公。如果说当时隋炀帝是九五至尊，那么李渊差不多可算处于九四层级了。由于隋炀帝昏庸残暴不得民心，便给了李渊"或跃在渊"的晋升机会，李渊不失时机地抓住了千载难逢的机会，在关陇贵族群体的支持下，取得了成功，完成了由九四爻向九五爻的晋级。他先是趁动乱之时起兵晋阳，攻下长安，拥立隋炀帝之孙隋侑为帝，安排隋炀帝为太上皇。也许这为后来李世民对李渊的安排提供了范本。李渊的九五至尊是怎么得来的也就会怎么失去，也许这就是老天跟他开的一个天大的玩笑，也可以视为以其治人之道还治其人之身。

隋炀帝当然想继续做老大，但时过境迁，他的幸福时光很快结束了，他花天酒地，暴殄天物，残暴成性，嗜血如命，过早地消耗了所有的福报。当他被李渊摆布为太上皇的时候，心里也有一百个说不出来的"亢龙有悔"，但这都是咎由自取罪有应得。李渊为什么要安排隋炀帝之孙为皇帝？并不是想为隋朝培养正统的接班人，而是这样的小皇帝比较容易玩于手掌之间，于是在傀儡皇帝掩护下，李渊自己做了丞相，受封为唐王。也许李渊这是受曹操剧本的启发而推演的，曹操当年就是这么干的，挟天子以令诸侯，历史总是惊人的相似。

后来隋炀帝被刺杀身亡，李渊便逼迫杨侑禅让于己，禅让只是给他留点面子说得好听点而已，实际上并没有讨价还价的余地。李渊终于如愿登上了九五至尊的宝座，年号武德。当时已年逾六十，在古代已算是高龄了。过河拆桥，卸磨杀驴，是不少人惯用的伎俩。人可以同苦，但不能同甘。这是人性的自私与卑鄙所决定的。为了削弱关陇贵族的势力，李渊派李世民骋驰疆场东征西讨，扫平了阻碍唐朝建国发展的一切障碍，李世民为大唐的崛起立下了赫赫战功。但李渊只想让李世民为他清除障碍，并不想让他接自己的班，而是在暗中培植长子李建成继位。一方是长子李建成，长子继位是古之通例；另一方是次子李世民，才能超群功勋卓著。李渊在这个问题上的糊涂和差池，就为自己"亢龙有悔"埋下了祸根，也为兄弟互相残杀点然了导火索。

在玄武门之变上，不少人谴责李世民用政变手段取得王位，认为杀害兄弟是不义，逼父皇退位是不孝。这都是有些道理的，但是离开具体情境的道德评判都是纸上谈兵切不中要害。在政治斗争中，李建成不是大哥，而是太子旗下政治集团的中心，李渊四子李元吉也是该集团的得力干将，再加上父皇李渊的支持，形势对李世民是十分不利的。再说李世民是极富智慧的人，对自己的类似九三、九四爻的危险处境十分清楚，多年的纵横捭阖戎马生涯，把他锻炼得异常成熟，再加上他身边那些精通《易经》的高人参谋，使得在生死攸关的夺嫡斗争中取得了先机。于是，李世民"或跃在渊"取得了成功，他也没有辜负老天的眷顾，偃武修文，治国安邦，成为一代明君，在历史上留下了耀眼的华章。唐太宗是一代开明的君主，创建了贞观之治，开启了开元盛世。

如果不是李世民先下手，那么历史可能又是另一副模样了。历史发展有自己的必然规律性，但同时又不乏英雄造时势的偶然突变性。这也是《易经》阴中有阳、阳中有阴、阴极变阳、阳极变阴、阴阳互变原理在历史发展进程中的体现。历史没有固定不变的轨迹，这是指它的多元性、多样性和偶然性，同时历史又惊人的相似，这是指它的规律性、周期性和必然性。黑格尔说过，人类从历史中吸取的唯一教训，就是人类从来不会从历史中吸取教训。

隋炀帝杨广从九五爻到上九爻，肯定对"亢龙悔恨"有切肤之痛的理解；唐高祖李渊从九五爻到上九爻，"亢龙有悔"足以让他把肠子都悔青了。这是有点极端的例子。多数人"亢龙有悔"并没有到如此严重的程度。可回过头来审视下自己的人生事业，总会有一些悔恨之事的。当然问题也不是很大，毕竟他已经走到了整个系统的最高位阶，作为人来讲，能走到这个位阶已是寥寥无几，他是绝对成功的人士或人中之龙。但作为他本身来讲，与九五爻的左右逢源挥洒自如的巅峰状态来比，他肯定会留下些遗憾。如果说他的行为能终止于九五爻位，使整个人生终止于九五爻位，那自然是最好的，但能真正做到的却是凤毛麟角。

人心不足，欲壑难填。贪婪是人的本性，不少人都会走到上九爻的这一步，多多少少会存在一些悔恨的事情、遗憾的事情。好在多数情况下结果并不严重，因为在《易经》的五个凶险等级里，悔、吝、厉、咎、凶。悔是最轻的一种，程度不是很严重。能登上上九爻的人生，照样算得上非常成功的人生。

"亢龙有悔"的"亢"取象于上九爻的爻位，"亢龙有悔"的"悔"取象于兑卦。因为它处于六个爻的最高位，相当于高空、太空区域。上九爻如发生爻变，则上卦变为兑卦，兑为毁折。如果说乾为圆，代表事物的完整和圆满，那么兑就代表圆形事物出现了缺口，出现缺口就不圆满，内心就有缺憾、遗憾和悔恨。

49 乾卦"用九, 见群龙无首, 吉"是什么意思?

　　本篇我们来分享一下"用九"的爻辞。"用九, 见群龙无首, 吉。"把它翻译成白话文就是说, 用九爻, 呈现出群龙无首的境界, 是吉祥的。一些易友认为这句话不太好理解, 因为现在我们说"群龙无首", 一般都是用来形容一个群体混乱不堪的状态, 但是在这里却说这种境界反而是吉祥的, 为什么? 我们来解读一下, 看了以后也许就明白了。

　　首先来看"用九"。用, 谁来用? 用, 当然是人来用。我们学《易经》的人, 按照《易经》的智慧来运用。用, 主体是人。"九", 就是代表阳爻。为什么会出现"九"字, 因为乾卦里六个爻全是阳爻, 它是一个纯阳爻的卦, 在六十四卦里六爻都是阳爻的卦只有乾卦。虽然只有一个卦, 但它代表的是一大类。六十四卦可以划分为三个大类: 一是纯阳的卦, 二是纯阴的卦, 三是阴阳间杂的卦。阳爻的特性是刚健有力, 这一特征在乾卦里展现得淋漓尽致。

　　"用九"就是"用阳"。"用九"相当于我们运用阳爻的原则或者规则。阳爻既代表客观世界中具有阳刚特征的事物, 又代表人所具有的阳刚之气的总和。作为人应该如何运用这些阳刚资源和优势，要有一个指导原则，不同的原则会产生不同的后果。"用九" 就是《易经》所倡导的用阳原则。

"阳" 代表有智慧，有资源，有能力，有财富，有力量，有特长，等等，阳爻所代表的事物往往是刚健有力，坚韧强壮，独具优势的。我们该怎么样来用好强壮这个优势呢？

我们中国人深谙《易经》的精髓，就是平常善于韬光养晦，收敛锋芒，不露声色，因此看起来平淡无奇，不少高人隐藏于民间，与普通百姓没有什么两样。正如毛主席诗句说的一样："寻常看不见，偶尔露峥嵘。"中国人 "用九" 不是为了显能示强，只是在该用的时候拿出来用一下，如果效果达到了马上回复到低调谦卑的常态。在一般状态下，在多数状态下，在条件不成熟的情况下，我们都是韬光养晦，收紧羽翼，不虚张声势的。

我们可以很强，但我们决不秀肌肉，也决不恃强凌弱。我们把强壮含蓄收敛了，放在内心深处，不轻易展示和使用。这在我们的影视剧、图书、小说里是司空见惯的，高人往往其貌不扬，外面看起来跟普通人没有两样，甚至是灰头土脸，蓬头垢面，衣着邋遢，弱不禁风，但只要他一出手，便动如脱兔，快如闪电，一招致胜，绝不给对手留下任何机会。这就是用九、用阳的智慧，不霸道，不逞强，不凌弱，藏而不露，低调本分，收敛锋芒，不显山露水，不张扬狂妄。

我们不惹事，但绝不怕事。我们无意充当群龙之首，但我们却是 "见群龙无首" 世界秩序的维护者和保卫者。我们学了《易经》以后，就要正确运用 "用九" 原则和自身阳刚的优势，这种规则就是要表现出群龙无首的境界并把它落实到行动上。一群龙没有首领就吉祥，怎么来理解?《易经》里讲的"六龙御天"，就是由六条龙来共同维护天道。俗话说，天圆地方，在古人的理念中天是圆的。那么，六条龙怎么来保护天比较合适? 我们边防部队保卫祖国边境安全，采用的是沿着边界线巡逻的方式。那么，六条龙形成一个圆圈沿着圆形天际线飞行巡逻，也不失为一种简单有效的方式。我们可以想象一下，处于圆圈队形的六条龙，能不能确定谁是头谁是尾? 答案是不能。在这样的情境中，六条龙是完全平等的，谁也不是头，谁也不是尾，同时也可以认为谁都是头，谁都是尾。六条龙目标一致，行动自觉，地位平等，机会均等，共同主持公平正义，都是为了维护天道。这是理想的境界，是非常良好的状态。

为什么说"见群龙无首"的结果是吉祥的呢?"见群龙无首"境界的形成是一个长期修行的过程，是一种标准和要求非常高的状态。龙是神通广大的具有灵性的神物，完全具备这样的潜质。修行得到正果后，这六条龙各有各的神通，形成合力，就是一股无与伦比的强大力量，攻无不克，战无不胜，摧枯拉朽，所向披靡。这是一个理想的群体，每条龙都具有高度的道德，高度的智慧，高度的能力，高度的自觉，高度的平等，把每条龙的御天功能发挥到了极致，这种状态当然是非常吉祥的，这就是我们要努力追求的一种境界。

如果把"见群龙无首"的这种状态引入到人文社会领域，那么就需要我们社会的精英阶层、一个系统的管理阶层，包括文化学术领域的仁人君子，都要具备这种高度的智慧、高尚的道德、高度的自觉，主动协调配合，形成整体合力，共同维护天道正义，努力创建"见群龙无首"的境界。其实行的途径就是要学习运用《易经》的这种理念和思维，学以致用，知行合一，积极主动地推进社会实践，推动社会人文精神的发展，朝着这种"见群龙无首"的境界努力奋斗。尽管要达到这样的境界是非常困难的，但是仍然要把它作为我们矢志不渝的追求，这样的追求对于人类、天下、国家、社会、民族等都是有重大意义的。

我们说乾卦六个爻既可以视为六条不同的龙，也可以视为一条龙的六个不同阶段。每条龙要想最终走向成熟，肩负起维护天道的责任，都要经过成长过程的六个阶段。龙在每个阶段的特征各不相同，其表现要与该阶段的要求相适应，也就是要做到因地制宜，因势利导，顺势而为，与时偕行。我们把它概括一下，第一爻的龙叫"潜龙"，第二爻的龙叫"见龙"，第三爻的龙叫"惕龙"，第四爻的龙叫"跃龙"，第五爻的龙叫"飞龙"，第六爻的龙叫"亢龙"。这六条龙看起来都很适宜，唯一有点缺憾的是第六条龙飞得过高了些，存在一定的后遗症，但问题不是太大，如能做到"亢龙有悔"，意识到自己的行为方式有些过了，过而能改，结果照样是正面的。

要把龙锻造成为"见群龙无首"之优秀"群龙"中的一员，使其在每个阶段都要有适当的表现，该潜的潜，该见的见，该惕的惕，该跃的跃，该飞的飞，飞得过高了，该后悔的要后悔，该调整的要调整，这就要具体情况具体分析，及时做好阶段性的调整，不同阶段要有不同表现，不能用一把尺子量到底而生搬硬套，不能一条道走到黑而不思变通，这个阶段该什么行动就采取什么行动，这才是与时偕行。

经过六个阶段的成长和历练，这六条龙就成了具备遂行御天职责的精英群体。它们有不同的名称，有不同的性情特征，有不同的表现方式，每条龙都是独一无二的，都是无可替代的，是各显神通、最佳匹配的理想群体，这就是"见群龙无首"的最高境界。

如果一定要表现出群龙有首，也就是说要在六条龙里推举出来一条龙作为元首，其他五条龙都要听老大的指挥，这样做能行得通吗？这是行不通的，尤其在高素质团队中更加行不通。这些达到"见群龙无首"境界的龙，都是大佬级的圣贤，个个道行高深，身手不凡。俗话说，文无第一，武无第二。如果硬要把这些大佬分个三六九等，其后果与"二桃杀三士"无异，这是对这些大佬的最大不敬，后果将十分严重。本来平等和谐的群体，被分割成领导被领导、指挥被指挥、支配被支配的两大阵营，这是人为地制造矛盾与对立。六条龙完全自由平等的状态会因老大的出现而被打破，只要哪条龙不愿接受老大的领导，"见群龙无首"的境界就不复存在了，自然也就没有了吉祥的结果。

二十多年前，我参观了重庆大足石刻，里面有几幅连环画式的群体石雕图，印象非常深刻。它反映了一头野牛被驯化成为人类服务的老黄牛的过程。野牛桀骜不驯，野性十足，人们无法靠近它，更无法驾驭它，弄得不好还要被它所伤害。这时的野牛与乾卦所象征的事物一样，浑身上下充满着野性的力量，由于尚未被人类驯化，这是一头个性张扬的牛，这时野牛的用九用阳状态，便是牛气冲天的霸道状态，阳爻所代表的野性不受控制，一味地自我表现，逞强好胜，目的是通过霸道表现换取自身的安全感。此时野牛与人类没有建立良好的互动关系，只能是头野牛，还不具备为人类服务的能力，对人类而言它存在的意义还不大。这种野牛与"见群龙无首"的境界基本无缘。

直到后来，人们与牛打交道的过程中，发现了牛的弱点，懂得了牵牛要牵牛鼻子，人类终于把牛驯化为勤勤恳恳的老黄牛了。一个小孩就能牵着它放牧或骑乘，即使放开牛绳牛也不再逃走。牛用它的强劲体力代替人们耕耘，成了几千年来帮助人类发展繁衍不可或缺的重要辅助力量。人们把牛当成农家之宝，给牛搭建牛棚，给它喂草料，保护它不受伤害；而牛勤恳老实，为人类耕地载物，体现了自身对人类社会的存在价值，生存安全也有所保障，得到了人们的些许尊重。从人类的角度考量，把野牛驯服为人类所用的过程，也是牛为人类作出贡献体现自身价值的过程。当一头桀骜不驯的野牛被完全驯化之后，它便从与"见群龙无首"无缘，逐步向"见群龙无首"的境界靠拢。完全驯化之后的牛依然充满阳刚之气和强劲力量，它不再自恃强大，霸道逞能，而是把力量用到了恰当的地方，用在了为人类生产生活辛勤耕耘这种有意义的事情上。

儿童的启蒙教育与野牛的驯化存在着类似的情形。人文教育最重要的教育是启蒙教育，一个令人受益终生的良好习惯的养成是在儿童时期。一张白纸可以画最美的图画，儿童期天真活泼，对什么事物都好奇，求知欲极强，儿童的学习力、模仿力、接受力都很强，可塑性非常大。刚开始他可能坐不住，喜欢玩耍，而不愿意学习，但通过耐心细致地说服教育，循循善诱，便能逐步进入学习教育的良性模式，慢慢地由习惯而成自然，就像野牛接受了驯化。儿童通过长期启蒙教育、升学教育、思政教育、科技教育、体育教育、美育教育等多学科多途径综合教育，成为德智体美劳全面发展的青年学生，再经过实践历练，就能成为国家的栋梁之才。这时，他离"见群龙无首"的境界就越来越近了。

没有受过教育的小孩，人们称他为野孩子，就像那头不服管束的野牛，谁要是与它发生了冲突，它便会耍无赖，其破坏力是惊人的。儿童一旦错过了最佳启蒙教育时期，就像长歪了的歪脖子树，再要正过来就十分困难了。因父母离异、双亲早亡或涉及刑事案件等原因，一些儿童幼小的心灵遭受了创伤，留下了挥之不去的阴影。不少成年人的心理创伤成因往往可追溯到6岁之前，由此带来的性格缺陷将影响几年、十几年、几十年，甚至伴随一辈子。现在城市中一些流浪儿童便是错失最佳启蒙教育机会的受害者，不仅不能成为国家民族的有用之材，反而将成为影响社会正常秩序的不稳定因素。这样的孩子在别人鄙夷的目光中长大，就像那棵歪脖子树，仇视社会，玩世不恭，对人怀有敌意，富有攻击性，往往以粗野的方式对待人，常用暴力手段解决问题。他们也许永远与"见群龙无首"的境界无缘了。

马克思主义哲学提出了"必然王国"和"自由王国"的概念。在认识方面，所谓"必然王国"是指人们对万事万物和客观规律还没有认识和掌握前，只能盲目被动地受外部世界和客观规律支配的一种社会状态；所谓的"自由王国"是指人们通过长期的认识和实践活动，认识了万事万物和客观规律，并能按照客观规律要求来支配自己和外部世界的一种社会状态。人类的认识史和社会史，就是从必然王国向自由王国发展的历史。必然王国与自由王国是个辩证相对和发展变化的概念，必然王国向自由王国的发展演化是一个没有止境的过程，没有最好，只有更好。

"见群龙无首"标志着群龙进入了自由王国的境界。要进入自由王国，必须先经过长期的必然王国，才能具备进入自由王国的综合素质和能力条件。孔子的一生就是由必然王国进入自由王国的典型案例。孔子说，吾十有五而志于学，三十而立，四十而不惑，五十而知天命，六十而耳顺，七十从心所欲而不逾矩。孔子一生的大部分时间处于必然王国，也就是锻造圣人的必由之路，从十五岁立志发愤修德学习，到三十立业付诸社会实践，到四十认识自然和社会不再感到迷惑不解，再到五十而明白老天赋予自己的职责与使命，到六十能顺应自然和社会发展的客观规律，或者听到不同意见，甚至反对意见不再感到逆耳和刺耳。孔子在世73年，等于前面69年都在朝着自由王国的奋斗目标，在必然王国中磨练自己，锻造自己，考验自己，历尽沧桑，尝遍艰辛，吃尽苦头，但始终不忘初心，永不放弃，孜孜以求，为了自己的理想而奋斗终身。老天不负有心人，到了七十终于使孔子置身于圣人行列，完成了从必然王国到自由王国的质的飞跃。"七十从心所欲而不逾矩"，这就是进入自由王国的境，这就是"见群龙无首"的境界。

孔子的一生就是乾卦六爻所代表的龙的发展成长六个阶段的写照。从青少年时期开始，不断地修德，不停地学习，坚定地追求，反复地实践，终于炼就了金刚不败之身。"从心所欲而不逾矩"，就是说孔子把道德、智慧、学识、规范、礼仪等圣人所必备的全部素质要求都浸润到骨髓里了，可以随心所欲地放纵自己的内心，无拘无束，非常自由，任凭怎么去做都不会坏了规矩逾了底线，哪怕是梦游时所做的事，都是符合社会规范的。他本身就是一个道德的化身，礼法的化身，文化的化身，正义的化身，智慧的化身，他怎么做都是对的。孔子就是"见群龙无首"中的龙。全天下、全国和全民族，如果有足够多这样的龙，那么便是天下之幸，国家之幸，民族之幸，百姓之幸。

龙从"潜龙勿用"到"见群龙无首"，经历了从必然王国转变到自由王国的过程；野牛从桀骜不驯的动物到为人类服务的老黄牛，经历了从必然王国转变到自由王国的过程；儿童从蒙昧无知的顽童到知书达礼的栋梁之才，经历了从必然王国转变到自由王国的过程；孔子从"吾十有五而志于学"到"七十从心所欲而不逾矩"，经历了从必然王国转变到自由王国的过程。孔子为我们树立了榜样，诠释了人生的价值和意义，尽管我们无论如何努力都爬不上这座高山的巅峰，但只要勇于攀登，总会离山顶越来越近。全天下所有仁人志士如果一起朝着"见群龙无首"的理想境界共同努力，我们的世界、国家、民族和社会一定会越来越好。

50 《乾文言》"元者, 善之长也" 是什么意思?

本篇我们来分享一下《文言传》, 它是十部《易传》之一。《文言传》分为《乾文言》和《坤文言》两个部分, 合编为一册。也就是说《文言传》只是针对乾、坤两卦所作的解读。这也说明乾、坤两卦地位的重要及与众不同。

今天我们要介绍的就是《乾文言》部分, 也就是乾卦的文言。这里所说的文言, 与我们现在所说的文言文的 "文言" 是有区别的。这个《文言传》是以孔子为旗帜的学术研究团体对《易经》所作的传, 已经是两千五百年前的事情了, 它对于我们来讲都是文言文, 对不对? 所以当时的文言并不是我们现在意义上的文言文的意思。

文言的 "文" 是什么意思呢?《古代汉语词典》有关的解释是: ①彩色交错。《周易·系辞下》: "物相杂, 故曰文。" 引申为花纹; 刻画花纹或文字。②文采, 文饰, 与 "质" 相对。③外表, 形式。④字, 文字。⑤文献, 典籍。又特指儒家的礼仪制度。⑥文章。文, 还读第四声, 修饰, 增添文采; 掩饰。

《康熙字典》又有解释说:《易·乾卦文言疏》文谓文饰。

因此, 我们可以把 "乾文言" 理解为, 用优美的语言和文辞对乾卦的卦辞、爻辞进行修饰美化，使其更显气质和本质魅力。如同我们现在的房屋装修、家居装饰，对老旧家具进行修缮粉饰，女士化妆，新娘化妆，对小女孩梳妆打扮，等等。这些都与"文"的意境有密切的关联。

《论语·雍也》说："质胜文则野，文胜质则史，文质彬彬，然后君子。"这段话的意思是，朴实胜过文采则显得粗俗，文采胜过朴实则显得浮华，文采与朴实和谐相适，才是君子风范。如果将事物分为"质"与"文"两部分，那么"质"所代表的这一部分是事物内在的固有的本质的主体部分，这时的"质"有本质、本体，质地、底子等含义，这种事物往往是未经加工修饰的，具有原始的粗朴的实在的特征，因而"质"又有质朴、朴实的含义。"文"所代表的另一部分事物是外在的后天的添附的辅助部分。如果将"质"理解为本体、本质，质地、底子，那么"文"是为"质"服务的，"文"要服从"质"的需要，"文"不及或过都不能取得最佳效果。如果将"质"理解为质朴、朴实，那么"文"作为美化的色彩和外在的形式，就要与"质"浑然一体融会贯通，才算是完美的结合。

我们对房屋进行装修，房屋及其居住功能是其主体，至于中式的还是欧式的，古典的还是现代的，豪华的还是简洁的都是其形式。形式是要为主体服务的。对老旧家具进行修饰，老旧家具是主体，破损部分用什么材料修补，是修旧如旧，还是对其整体焕然一新的喷漆涂抹等，是修饰的形式问题。修饰要服从于主体的效果需要。女士、新娘、小女孩的化妆打扮，主体是人，是对她化古典妆还是清纯妆，淑女妆还是芳华妆，学生妆还是公主妆，则是辅助形式问题。辅助形式要为主体内容服务，不同的妆适合不同的人群，要因人而异，因地制宜，而不能东施效颦，也不可邯郸学步。《文言传》也是同理，从经传关系看，经是主体框架内容，传是辅助解读内容，传要为经服务；从文言与卦爻辞关系看，文言是传的内容，乾坤两卦的卦爻辞是经的内容，文言是为卦爻辞服务的，目的是为了增强卦爻辞的影响力和效果，使人们更好地理解卦爻辞的实质内涵，而决不是要取代卦爻辞。

因此，文言可以理解为用优美雅致的语言来阐述乾卦卦爻辞，包括"用九"。《文言传》即是从儒家角度，对乾卦卦爻辞所作的深刻领悟、详细解读和系统阐发。相对而言，作为经文内容的卦爻辞是简洁、质朴、实在的，少有修饰，大都采用白描式的表述方式；而《文言传》文辞优美，文采飞扬，隽永睿哲，朗朗上口，富有美感。因而经常被学者、后人所引用。

有的学者将《文言传》的"文言"解释为："文"代表经文，"言"是对经文的解释。虽然不能算错，但不是很妥，有望文生义之嫌。这样的解释，使得《文言传》这一名称如同一杯白开水淡而乏味，使其内涵和风采逊色不少，因而不建议各位易友作这样的理解。

我们先看第一段。《文言》曰："元者，善之长也；亨者，嘉之会也；利者，义之和也；贞者，事之干也。君子体仁足以长人，嘉会足以合礼，利物足以和义，贞固足以干事。君子行此四德者，故曰：乾，元、亨、利、贞。"

我们看一下这段话的最后面，落脚点是"故曰：乾，元、亨、利、贞"，这是乾卦的卦辞。因此这段话实际上就是对卦辞的一种解读，文辞非常优美。前半段是对"元、亨、利、贞"进行定义，也就是什么叫"元、亨、利、贞"？翻译成白话文大意是：所谓的"元"，就是美善事物的官长；所谓的"亨"，就是美好事物汇聚在一起；所谓的"利"，就是遵循道义原则使不同事物和谐共生；所谓的"贞"，就是事业的支柱主干。

我们一句一句来看。第一句"元者，善之长也"。这个"元"就是"元、亨、利、贞"的"元"，以及我们前面讲过的乾元。《古代汉语词典》对元的解释是：①首，人头。②为首的。③始，开端。④根本，根源。⑤大。⑥善。⑦气，元气。⑧古代道家学派用以指万物之本。⑨古代历法（三统历）计算单位。⑩原来，本来。在这些意思里，与"元、亨、利、贞"之"元"关联最紧密的意思是，首；为首的；始，开端；根本，根源；善；气，元气等。元还有大的意思，《易经》里出现的"元吉"就是大吉，比《易经》中的"大吉"还要高一个层次。《易经》中的"吉"分三个层次，分别是元吉、大吉和吉。乾元在卦辞里是最重要的，也是整个《周易》里最重要的元素。乾卦里含有这种富有生命力的基因，也是真善美的基因。没有这个"元"，后面的"亨、利、贞"无从谈起。乾元的地位非常重要，意义非常重大，是一切美好事物的总源头。

"善之长也"。善，是善良的"善"，美善的"善"。《古代汉语词典》对善的解释是：①美好。与"恶"相对。又认为好。②友好，亲爱。③喜好，爱惜。④"膳"的古字。等等。"元"本身就有善的含义。"善"字的甲骨文活像一个羊头的模样。上半

部分是"羊",表明善与羊有关,古人认为羊是吉祥的牲畜,
"羊"+"示"为祥,吉祥之意。"羊"字上的两点是羊的两只角。
"善"字中部的两点是羊的两只眼睛,下面的小口当然是羊的嘴
巴。还有一种观点认为善字下半部分是两个"言"字的合体,意
即两头羊在彼此交流。总之,甲骨文强调了羊与善的关系,那么
为什么羊能成为善的象征和标志,它的理由是什么?

　　我判断有这么几点:一是羊是温驯的牲畜,除了公羊外,都
很驯服,对人比较友好,与人相处融洽,没有危险性;二是羊以
白色居多,白色象征纯洁,是古人喜欢的颜色之一;三是羊有跪
乳之恩,是古人欣赏的动物习性并将其上升为高尚的品德;四是
羊毛羊皮是上等的制衣保暖材料;五是羊肉味道鲜美,从"鲜"
字构成上便可看出,羊肉是上等佳肴,民以食为天,将羊肉列为
膳食的重要食物是顺理成章的。我认为"善"与"膳"也是古代
汉字"鸠占鹊巢"的现象。善的本义是膳食,后来因为在多种多
样的膳食中,羊肉是最鲜美的,便逐渐用善来表达好吃、美味
等含义,并从食物的美味含义,向其他领域拓展,比如人的心肠
好,人们称他为心善,而善的膳食本义反而淡化了,于是古人在
"善"的左边加个"月"字组成新的"膳"字来表达善的本义。

　　"长",是多音字,在此念家长的"长",是家长、尊长、官
长、首长、长辈等意思。"元,善之长也。"翻译成白话文就是,乾
卦中包含着的"元"基因,是天下美善事物的官长。换句话说,
天下美善事物起源于乾元。从时间上讲,"元"居于某个系统或
某个循环生态链的最顶端。乾元是天下万事万物的总源头。如
果没有乾元,后面的"善"也就没有了。

如果将"善之长也"的"长"理解为生长的"长",则"长"为生长、成长、增长、长大等意思。那么,"元者,善之长也"可翻译为,乾元是美善事物生长的内因和能源。这里的"长"是动词名词化。这与"亨者,嘉之会也"的"会"情况类似。

如果将"善之长也"的"长"理解为长短的"长",那么,"元者,善之长也"可以翻译为,乾元是美善事物长期存在的因素,也就是说美善事物之所以能长期存在,是因为有乾元的存在。

以上三种解释都是有道理的,只是表述的侧重点、着眼点和着力点有所不同,但殊途同归,都是旨在突出乾元的巨大功能和作用。

乾元是什么?似乎只可意会而不可言传,大致相当于或接近于老子所称的"道"的功能。大家都能感觉到乾元的存在,但谁也没有见到它的本尊真身。为什么这么说,因为乾元是无形无状无臭无味的,但它的表现形式是多姿多彩的,无处不在,无时不有,有多少种事物就有多少种表现形式,我们姑且称其为乾元的化身。也可以说乾元寓于万事万物之中,万事万物中都有乾元的存在,却不能说万事万物就是乾元,乾元是内核,万事万物的形象是乾元的表现形式。从这个意义上讲,人和动物的胚胎,植物最初的根须、种子生发的两片嫩芽等,都是"乾元"的象征和表现形式,但它不是乾元本身。乾元是它的因,它是乾元的果。

《系辞上传》说:"形而上者谓之道,形而下者谓之器。"这里的"形"是指万事万物的形态状貌。所有的事物千奇百怪形态各异,但都受同一个天道的控制。天道看不见摸不着,它不是具体形态的事物,而居于万事万物形态之上,统摄着万事万物

的生老病死周而复始。而这里的"器", 可理解为器物, 代表与
"道"相对的万事万物, 受形而上的天道的支配, 呈现出各种各
样的形态, 各自有各自的功能和用途。每种事物都是独特的, 都
有自己存在的价值或理由。人只是万事万物之一, 人善待万物,
万物也善待人; 人虐待万物, 万物必虐待人。

乾元大致相当于天道的概念。万事万物皆由乾元而生, 皆
由乾元而运, 皆由乾元而变。所以乾元之"元"是富有创造力、
创新力和生命力的。这是乾元之"元"与其他六十三卦之"元"
最本质的区别, 彰显了"乾元"无与伦比的特质和与众不同的
地位。

接下来"亨者, 嘉之会也。"亨, 就是亨通, 通达, 顺利。亨,
通"享", 飨宴。《周易·大有》: "公用亨于天子。"通"烹", 烹
饪。嘉, 嘉定、嘉善、嘉奖、嘉宾的"嘉"。"嘉"字的结构可以理
解为在"喜"字的基础上演化而来, 原来"喜"字下面一个口,
如果双喜临门, 好上加好, 那么就再加个口, 以表达加倍或加几
倍的喜欢、喜乐和喜庆。《古代汉语词典》对嘉的解释是: ①欢
乐, 娱乐。②喜欢, 亲善。③赞美, 赞赏。④嘉奖。引申上对下的
嘉惠。⑤美, 善。引申吉庆, 幸福。⑥嘉礼, 古代朝聘之礼。《左
传·襄公九年》: "元, 体之长也; 亨, 嘉之会也; 利, 义之和也;
贞, 事之干也。"由上可见, "嘉"就是欢乐、喜欢、赞美、美善、
嘉奖、嘉礼等意思。"嘉之会也"就是美好的事物汇集在一起,
聚集在一起, 这种状态就是"亨"的状态。既然是亨通, 美好的
事物自然会应运而生, 纷纷出现, 并且汇聚在一起, 形成欣欣向
荣繁荣昌盛的局面。从另外一个角度讲, 美好的事物汇聚在一

起，自然就亨通了。因为美好的事物是符合天道的，上天有好生之德，美好的事物能够相互成就，相互成全，因而就能亨通。好人遇到好人，好事碰到好事，美好的人和事叠加在一起当然就是更好的事情了，所以为人做事就会亨通、顺利。《古代汉语词典》有词语"亨嘉"，并对其解释说，美好的事物会聚在一起。语出《周易·乾》："亨者，嘉之会也。"后用来比喻优秀人物的聚集。

《古代汉语词典》对"嘉"字的第六个解释：⑥嘉礼，古代朝聘之礼。《左传·襄公九年》："元，体之长也；亨，嘉之会也；利，义之和也；贞，事之干也。"词典引用《左传》的这段话，很显然源于《乾文言》，但第一句由原来的"元，善之长也"，改成了"元，体之长也"。前面已经介绍过，元有"首，人头"的意思。"元，体之长也"，意即元所代表的人头就是身体的官长，表达了脑袋指挥身体的意思。改了以后文辞的意境反而缩小和降格了，可视为"元者，善之长也"的具体应用案例。

"利者，义之和也。"《古代汉语词典》对利的解释是：①锐利，锋利。引申迅疾，快速。②顺利，吉利。引申便利。③利益。引申有利于，对……有利。④利润，利息。《康熙字典》引用《广韵》的解释：吉也，宜也。因而"利"还可以理解为适宜。这里的"利"主要是适宜、利益等意思。"义"，我们常听说道义、礼义、仁义等，"义"就相当于规则、原则。我们说这个人很讲义气，他讲的是人与人之间的一种规则，一种从正统道德观上讲的做事原则，可以理解为为人做事的边界、原则，符合社会规范、法律规范和道义原则的言行举止，就是义。

"义之和也"之"和"是什么意思？《古代汉语词典》对和的解释是：①音乐和谐。引申调和。又和顺，和谐；和睦，融洽。②温和，喜悦。③天气暖和。④舒适。⑤适中，恰到好处。⑥和平。又和解，讲和。⑦古哲学术语，与"同"相对。有相反相成之意，即在矛盾对立诸因素的作用下实现真正的和谐和统一。此外，"和"还念hè，和谐地跟着唱或伴奏；随声附和，响应；答应，允许；依照别人诗词的格律或内容作诗词。"和"还念huò，掺合，混杂；还念huó，拌和。"和"字是个常用字，它的意思非常丰富，读音也有所区别。这些意思之间都是有关联的，相当于人们的血缘关系和社会关系，把人的血缘关系和社会关系搞清楚了，对这个人的了解也就八九不离十了。汉字的意思也是这样，了解了一个字的诸多音义，对于正确理解这个字在具体章句中的意思是很有帮助的。

这里的"和"主要是，和谐、调和、融洽、适中，古哲学术语，与"同"相对等意思。从哲学原理上讲，把不同的东西有秩序地结合在一起就是"和"，使不同的东西能够和谐地存在于一个体系里的状态，就是"和"的状态。比如和面的"和"，和面时，把面粉、水、鸡蛋、油盐、糖、葱花等不同的东西揉杂在一起，做成美味食物，就反映了"和"的一个状态。不同的东西能够和谐并存，并且各自发挥自己的功能，恰到好处，最后形成一个新的综合的美好的事物。这个"和"，相当于不同的东西放在一起，组成一个美好的新生事物。

和谐社会也是这个概念。和谐社会，意味着不同的阶层，不同的民族，不同的肤色，不同的文化背景，不同的经济状况等，所有形形色色三六九等的社会成员，共同生活在一个社会里，让他们人尽其才各尽所能，安排适当的工作，保障适当的生计，给于适当的救助，让每个人都能找到适合自己的生活路子或生存方式，都能幸福愉快地生活，这就是和谐社会的定义。用现在的政治术语来说，就是幼有所育、学有所教、劳有所得、病有所医、老有所养、住有所居、弱有所扶等。因此，这个"和"也体现出不同的事物能够和谐并存的意境。

有了以上的铺垫内容，再来理解"利者，义之和也"就比较容易了。把它翻译成白话文，大致是说，这个"利"的含义，就是让所有不同的人群，不同的事物，不同的利益团体，不同的意识形态，不同的理念观点等，按照公平正义、和而不同和统筹兼顾等共同的道义原则，让他们做到互利互惠，并行不悖，互不侵害，和谐共存的意思。

"贞者，事之干也。"《古代汉语词典》对贞的解释是：①占卜。②坚贞，有操守。③正。④通"桢"。筑土墙时两头竖立的柱子。比喻支柱，骨干。《庄子·列御寇》："吾以仲尼为贞干。"桢：①一种木质坚硬的树。②同贞④。"贞"字上头为"卜"，表示占卜；下面为"贝"，表示占卜用的道具或载体，如龟壳之类的材料。由于占卜时心要诚且正，引申出坚贞、有操守、正等意思。后来古人把有这种特质的树木称作桢树，由于桢树长得正直而且质地坚硬，又引申出支柱、骨干的意思。可见汉字的演化是有迹可循的，各个意思之间是有关联的。了解"贞"字的前世今生后，再来理解"贞者，事之干也"，就是水到渠成的了。翻译成白话文就是，守正是事业的支柱和骨干。如果把事业用筑墙来比喻，守正就是墙两头的桢木，没有桢木墙砌不正，也砌不好，即使勉强砌起来，也将很快倒塌。砌墙没有桢是不行的，同样创办事业做不到守正也是万万不行的。

贞为正，正确的"正"，"正"字的甲骨文，上面一个"口"，代表方国部落、城邑都邑等，后用"一"取代"口"，下面是"止"，止原义为趾，指脚。因此，正的本义是征伐不义的方国。因为属于正义战争，便引申出正义的意思。正的本义只好加个"彳"旁来表示，这是汉字中常见的鸠占鹊巢现象。"止趾"也是这种现象之一。"正"字还可拆分为由"一+止"组成，即"正"是"止于一"，这个"一"就是道，天道规律。止于一，就是要求人们将自己的思想言行放在符合天道规律的层面上，就是要坚持公平正义，做到守正。把守正作为事业的主干，没有这个主干就没有这个事业。因而要想把事业做大做强做久，必须先要做到守正。

《乾文言》前面这段话对"元、亨、利、贞"作了一个解读，后面要把"元、亨、利、贞"归结到人事方面来，所以才会出现"君子"这一主体，把乾卦卦辞与君子联系起来，因为君子作为一个理想的人格，是老百姓向往的一种人格，在君子身上体现出了乾卦卦辞的精神品格。

"君子体仁足以长人，嘉会足以合礼，利物足以和义，贞固足以干事。君子行此四德者，故曰：乾，元、亨、利、贞。"把这段话翻译成白话文，大致意思就是，君子能够按照仁的要求身体力行，所以有足够的德行和能力领导和引领百姓；美好的事物汇聚一起，就有足够的条件和因素合乎礼法规范；适宜或有利于万事万物的成长发展，就有足够的理由和依据使不同事物和谐共生并符合道义原则；守正并且巩固，就有足够的优势和条件创办事业。君子是实行"元、亨、利、贞"四种品德的人，所以乾卦卦辞说"元、亨、利、贞"。

让我们就"元、亨、利、贞"对应的内容作个对比，前面表述"元者，善之长也"，后面"君子体仁，足以长人"。通过分析可知，易传作者将"君子"与"元"相对应，"君子"足以作为人的官长而对百姓进行领导率领。由此可反推，易传作者对于"善之长也"之"长"的词义是官长、尊长、长辈等意思。这里"君子"代表"元"，是人类社会领域中的"善之长也"，也就是说，"君子"是天下百姓中的先进分子和优秀代表。"元"是个大概念，君子可视为"元"这一大概念中的元素之一。"元"有个意思是"为首的"，与元首、首领、首相等意思相近。"君子体仁，足以长人。"表明"君子"堪当天下百姓的领袖人物，而领袖人物必须具备君子德行和才能。

"足以合礼"之"礼"，是礼仪制度和法律规范，带有强制性。"利物足以和义"之"利物"包括利人，让人自由地成长，自由地发展，把人的品德能力和功能作用充分发挥出来，各尽所能，人尽其才，同样，把万事万物的功能、作用都充分地展现出来，使其物尽其用，物有所值。这样的一种理想情形，自然能得到老百姓的认同和支持，当然就"足以和义"了。"和义"一是表示不同的人和事物和谐并存，二是符合道义原则，包括礼仪规范、道德规范和法律规范等等。《乾文言》的这段话，实际上是学以致用，知行合一，将乾卦卦辞的"元、亨、利、贞"落实到现实生活和社会实践之中，而君子就是落实乾卦精神的关键主体，具有引领风尚的作用。从这个意义上讲，君子就是 "元" 的化身和践行者。无论是促进万事万物 "元、亨、利、贞" 自由健康的成长发展，还是促进万事万物 "贞下启元" 的无限良性循环发展，君子的主体作用都是至关重要并且无可替代的。

51 《乾文言》说"初九曰'潜龙勿用'何谓也" 是什么意思？

本篇我们继续来讲《文言传》。上一篇讲到的《文言传》内容是针对乾卦卦辞所作的解读。本篇我们讲的是《文言传》里针对乾卦初九爻爻辞所作的解读。《文言传》采用问答方式，前面是孔子的弟子问，主语是省略的，谁问不重要，一问一答，回答是子曰，就是孔子回答弟子提出的问题，相当于孔子为弟子解读乾卦"初九，潜龙勿用"这个爻辞，让我们来看一下原文。

初九曰"潜龙勿用"，何谓也？子曰："龙，德而隐者也。不易乎世，不成乎名；遁世无闷，不见是而无闷；乐则行之，忧则违之，确乎其不可拔，潜龙也。"

这段话翻译成白话文是这样的：初九说"潜龙勿用"，是什么意思啊？孔子说："这里的龙是指具有德行而隐居的人。在世上不改变自己的理想，不追求功名。远离社会不觉得烦闷，不被社会认可也不郁闷。喜欢的事就去做，烦忧的事就避开，信念坚定不可撼动，这就是潜藏之龙啊。"

下面，我们一句一句来解读。初九曰"潜龙勿用"，何谓也？这句是孔子的弟子请教老师时的提问，提问引用了乾卦初九爻的爻辞"潜龙勿用"，问老师"潜龙勿用"是什么意思，或者说这句爻辞说的是什么呀？"子曰"是孔子回答说。"龙，德而隐者也。"龙是主语，而不能把"龙德"连在一起解释为龙的品德，因为初九爻辞的主体是龙，孔子回答时自然是先解释龙是什么，指代什么人。孔子说龙是什么呢？龙指的是具有高尚德行，但是目前正处于隐居状态的这么一种人。这种人不是普通人，而是君子，他的品德和行为是符合天道要求和自然规律的。我们前面讲过，龙就是君子，君子就是龙，龙和君子有时候主体是重合的，只是表述的时候把它分成两个，一个是明的，一个是暗的；一个是实的，一个是虚的，实际上这两者概念是高度重合的。

接着说这样的人有什么特点？一是"不易乎世"。"易"，《易经》的"易"，是改变的意思。"世"就是世间、世界、天下、国家、社会等意思，这里指世俗、一般人、普通百姓的想法观点。因为君子是社会精英的代表，是正能量的象征，是公平正义的化身，往往有更高的境界，有与众不同的思想观念。"不易乎世"，就是他不因为世俗的眼光而改变自己的立场、观点、原则、目标和价值观等等。这种人有自己的独立见解，有自己的目标追求，有自己独特的行为方式，不因为世俗的议论、不同意见、不同价值观，甚至极力反对和抵制阻碍而改变，保持着独立精神，非常难能可贵。

二是"不成乎名"。"名"是名声、名誉、名利。名利往往是联系在一起的，人出名了，就能带来名人效益，随之而来的就是名利双收。如明星做广告，做产品代言人。名人好办事，名人的脸就是一张名片或通行证。他们在办事时，能享受某些照顾和诸多便利。天下熙熙皆为利来,天下攘攘皆为利往。自古以来追名逐利的人趋之若鹜,当今社会更是变本加厉,甚至到了无以复加的程度。当下不少高龄名人、过了气的歌唱家,为了逐利以几千几万的价格出售拙劣的所谓的书法作品,有的无端贬损排挤平民歌手,为了金钱财富连礼义廉耻都不要了,属于典型的小人行径。但潜龙所代表的这类人不是这样,他们坚守自己的一方净土,不图虚名,不受利诱,淡泊名利,视金钱如粪土。这样的人格是世人都为之敬仰的。

三是"遁世无闷"。"遁",隐遁。"遁世",指君子真正的隐遁于世,而不仅仅是作秀把隐遁作为入世的手段和跳板。"遁世"是远离政治中心、权力中心、名利场和竞技台。可以隐居山野林泉、乡村田园,也可以身居城邑,隐于闹市。"无闷"是不感到烦闷,即使自己处于隐居赋闲的状态也保持洒脱心境,宠辱不惊看庭前花开花落,去留无意望天上云卷云舒。《论语》中提到的宁武子、蘧伯玉就是"遁世无闷"的典型代表。

《论语·公冶长第五》子曰:"宁武子,邦有道则知,邦无道则愚。其知可及也,其愚不可及也。"这段话翻译成白话文就是:孔子说,宁武子这个人啊,邦国政治如果清明符合天道要求,那么他就表现得非常聪明睿智;如果邦国的政治黑暗违逆天道,那么他就装作愚笨和糊涂。他的聪明才智,别人可以赶得上;而他那装愚笨糊涂的水平,别人是赶不上的。宁武子装愚的行为,可归入遁世隐逸的表现形式之一。

《论语·卫灵公第十五》子曰:"直哉史鱼! 邦有道如矢,邦无道如矢。君子哉蘧伯玉! 邦有道则仕,邦无道则可卷而怀之。"这段话翻译成白话文就是：孔子说，史鱼真是正直啊，邦国政治清明符合天道要求，那么他表现得像箭一样正直，如果邦国政治黑暗违逆天道，他仍然表现得像箭一样正直。蘧伯玉真是君子啊！如果邦国政治清明符合天道要求，那么他出来当官做事；如果邦国政治黑暗违逆天道，那么他把自己的品德和才能卷起来抱在怀里。

由上可见，孔子对史鱼的评价是"直哉"，而对蘧伯玉的评价是"君子哉"。虽然史鱼的正直行为已属难能可贵，但孔子没说他是君子，因为史鱼对待邦有道、邦无道，都采用一样的态度，有些不知变通的嫌疑，在"邦无道"的情况下，很可能连自己的性命都难以保障，又如何为百姓做事呢。而蘧伯玉的表现就比较灵活，如"邦有道"出来为官做事，于国于民均有益；如"邦无道"则卷起自己的才智不做事，虽不能给邦国和百姓带来积极作用，至少不会与无道国君狼狈为奸欺压百姓，在政治黑暗的时期，能做到这样，已经是非常难得了。蘧伯玉的"卷而怀之"也可认为是遁世隐逸的行为表现之一。

四是"不见是而无闷"。见，被的意思。"是"就是对的。"不见是"，不被别人认为是对的。也就是说，他的理想追求、思想道德、价值观念、行为方式等不被现实社会所承认，他也不感到郁闷。这种情形让人联想到孔子。

《论语》说："学而时习之，不亦说乎？有朋自远方来，不亦乐乎？人不知而不愠，不亦君子乎？"这是《论语》的第一段话，对它的理解和解读也是众说纷纭莫衷一是。习，小鸟练习飞行，引申为实践。有，古代通假"友"，同志为友，同道为朋。愠，恼怒，怨恨。我对这段话的理解是，学习文化知识适时付诸实践，不是让人很愉悦吗？志同道合的友朋自遥远的地方而来，不是让人很快乐吗？别人不了解自己的德行才能但不生气，不也像个君子吗？"人不知"的潜台词是，当政者不了解自己，因而没有启用自己重用自己，没有给自己提供用武之地，没有让自己发挥才智，体现人生价值。"人不知而不愠，不亦君子乎"与"不见是而无闷"是高度契合的。这两句话都出自孔子之口，孔子的这种思想是一以贯之的。有种说法是，"学而时习之"书写有误，原文应当是"学天时习之"，因为古代"天"与"而"的篆书非常相似，因此抄书者将"天"抄成了"而"，以至于长期以来以讹传讹。我非常认同这种观点。"学天时习之"，翻译成白话文就是：学习天道精神并且适时付诸实践。这样《论语》的首篇内容与《周易》首卦乾卦"天行健，君子以自强不息"的精神就天衣无缝地融会一体了。

庄子《逍遥游》讲到宋荣子时说，"举世誉之而不加劝，举世非之而不加沮"。宋是宋国，荣是姓，子是尊称，相当于先生。宋荣子，即宋国的荣先生。这两句的意思是，全天下的人都赞誉他但他不因此更加勉励，全天下的人都批评他但他不因此而更加沮丧。可见，宋荣子的内心是多么强大，全天下的人对他褒贬评判，都不能对他产生影响。宋荣子是"不见是而无闷"的典型代表。

接着《乾文言》说，"乐则行之，忧则违之。""乐"就是乐意、快乐、喜欢、高兴等意思。"行"是行动、行为、实行、做事等意思。前半句话的意思是，自己喜欢的事情，认为有价值的事、有意义的事, 并且自己自觉自愿乐意去做, 那么就去做。"忧"是忧虑、忧愁、忧患、担忧、烦忧等意思。违, 是避开、离开、违抗、违背等意思。后半句话的意思是说, 让自己担忧的事, 给自己带来忧愁的事, 使自己忧郁的事, 就避而远之, 离它远远的。与危邦不入乱邦不居, 君子不立危墙之下, 远离是非之地的意境有些相似。

"确乎其不可拔。""确", 坚固, 刚强。又坚决。表明态度非常坚决, 意志非常坚定。"拔", 拔除, 剪除; 拔出, 拔起; 攻克, 攻取; 变易, 动摇等意思。"不可拔", 就是坚韧不拔, 坚定不移, 不能改变他。"确乎其不可拔"的意思是, 他立场坚定, 意志坚强, 态度坚决, 行为果决, 坚韧不拔, 无人可以撼动。体现了乾卦的自强不息、踔厉奋发、不屈不挠、愈挫弥坚的精神。

最后说"潜龙也"。就是说, 如上述这种行为表现的人, 就是乾卦里初九爻所反映的"潜龙"。大家可以感觉得到, 孔子脑海里的潜龙, 孔子眼中的潜龙, 内涵是相当丰富的, "潜龙"是隐士高人的代名词。这个隐士可以理解为暂时隐居, 因为出山做事的时机尚不成熟, 在时机不成熟时做事的效果是非常有限的。在时机不成熟的情况下该怎么办呢?《中庸》说: "君子居易以俟命, 小人行险以徼幸。"意思是说, 君子处身于平易安全之地等候接受老天赋予的使命, 而小人却会带着侥幸心理铤而走险。因此, 小人常常因冒险而失败, 身败名裂, 自食其果, 咎由自取。而隐士是依道而行的人, 深谙人生事业的客观规律, 对这方面易理的理解非常透彻, 能够做到该潜时潜、该现时现, 明白时机不到勉强做事不可能成功, 所以他不会盲目地勉为其难, 懂得只有在时机成熟时才会付诸相应的行动, 这是智慧的行事方式。

隐士并不都是不想做事的人, 而是以独特的方式, 以静制动, 冷静观察, 理性思考, 寻找和等待合适时机的出现。在我国历史上有很多隐士, 如巢父, 像鸟一样在树上筑巢, 居住在树上巢穴里, 巢父是当时有名的高士, 德行很高。尧帝想把天子之位让给他, 他不要, 依旧过着放牧为业的生活。还有个许由, 尧帝要把帝位让给他, 他也不接受。许由有三代宗师的盛誉, 也就是尧、舜、禹都拜他为师, 德行很高, 能力很强, 但他也拒绝了天子之位。

历史上的高人隐士, 还有商朝孤竹国国君的两个儿子, 一个是伯夷, 另一个是叔齐。两个儿子的德行都是非常高的, 都有胜任国君的德行和才能。按照我国的传统惯例应当嫡长子继位, 但孤竹君却想把位子传给小儿子叔齐。为此, 这位智慧不足的孤竹君死后却给两个儿子出了一道难题。

伯夷认为, 虽然按惯例该自己继位, 但既然父君有意传位给叔齐, 那么自己的存在就会让弟弟十分为难, 也有违父命孝道, 于是毅然决然地选择出走。叔齐认为, 按照传统习惯应当传位给老大伯夷, 现在父君想把位子传给自己, 这是陷父君和自己于不义, 是有违孝悌的, 为了自己父君破了常规惯例, 将遭世人非议, 这是对父君的不孝; 如果自己继位, 等于变相夺了兄长之位, 这是对兄长的不悌, 于是自己也选择了出走。最终兄弟俩都跑到了首阳山, 因不食周粟而饿死在首阳山上。

现在看来两人的行为有些迂腐, 但两人的内心却是高洁的, 令人敬仰。《论语·公冶长第五》子曰: "伯夷、叔齐不念旧恶,怨是用希。"意思是说,伯夷、叔齐不记过去的仇恨,因此别人很少对他们有怨恨。可见,孔子对他们给出了完全正面的评价。

　　许多儿子间是非恩怨的根源在于糊涂父母的不当行为,这样的事情在历史上俯拾皆是。熊掌难熟典故的主角楚成王不听令尹建议不该立商臣为太子时却立了,后来又欲改立宠妃之子为太子,不该废太子时却又想废除。商臣得知后发动了政变逼楚成王自缢,楚成王为自己的愚蠢买了单。骊姬之乱的主人公晋献公晚年也是个老糊涂,专宠骊姬并色令智昏相信了她的挑拨离间,导致父子之间产生重大误解,太子申生被陷害自尽,立骊姬之子奚齐为太子,迫使重耳、夷吾逃亡。最终奚齐、骊姬均死于非命,咎由自取。唐朝李渊也存在类似问题,一方面让李世民建功立业,功高盖主,另一方面又让李建成继位,两股政治势力形成了针锋相对互相残杀的局面,祸根来自李渊。

　　历史上还有著名的隐士,如鬼谷子,介子推、陶渊明等等,隐士高人的行为方式和表现形式也是多种多样的,各得其所,各有其长。儒家所讲的隐士并不是不食人间烟火的,也不是终老林泉始终不出来做事的那种人,它侧重于韫椟藏玉待善贾(jià,通"价")而沽的这种人,最终还是要做事的,有点像诸葛亮隐居卧龙岗等待刘备三顾茅庐的那种状态。

52 《乾文言》说"九二曰'见龙在田，利见大人'，何谓也"是什么意思？

　　本篇我们来讲讲《文言传》对乾卦九二爻爻辞所作的解读。

　　原文是这样的：九二曰"见龙在田，利见大人"，何谓也？子曰："龙，德而正中者也，庸言之信，庸行之谨，闲邪存其诚，善世而不伐，德博而化。《易》曰：'见龙在田，利见大人。'君德也。"

　　把它翻译成白话文，大致意思如下：九二爻说"见龙在天，利见大人"，是什么意思啊？孔子说："这里的龙，是指有德行而能坚守中正之道的人。平常言辞诚信，行为谨慎；阻隔邪恶保存其诚信，行善于世却不夸耀，品德高尚并能发扬光大。《易经》说：'见龙在田，利见大人。'这是君子之德啊。"

　　《文言传》采用一问一答的对话录方式，前面是孔子的弟子向老师请教问题，随后是孔子作出详细回答。我们一句一句来解读。九二曰"见龙在田，利见大人"，何谓也？这里提问的主体直接省略了，并不影响我们判断提问者就是孔子的学生。"见龙在田，利见大人"是九二爻的爻辞。前半句描写龙的行为，后半句写人的事。大致意思是说,龙现身在田野里,作为君子此时适宜去拜见大德大能大智慧的人,或者说自己应当表现出大人物的风范。

"何谓"是"谓何"的倒置,"何"为疑问代词,放在前面让人更容易识别这是疑问句,这一点与外语中疑问词前置有些相似。虽说汉语与外语有本质不同,但作为人脑思维产物的语言,或多或少地存在着某些共同点。这是符合《易经》阴中有阳、阳中有阴;同中有异、异中有同的观点的。"何谓也?"就是说它说的是什么意思啊?

孔子回答说:"龙,德而正中者也。"孔子对处于九二爻位"见(xiàn)龙"状态的"龙"的概念作了解释。从中看得出来,虽然九二的"龙"和初九的"龙",都是龙,但孔子对它们的解释是不一样的。因材施教,因地制宜,灵活应变,循循善诱,是孔子教学的明显特点。他不会把"龙"的概念固化僵化,将一个概念用到底,而是到什么山上唱什么歌,看菜吃饭,量体裁衣,针对不同阶段的龙,不同阶段的特征和要求,分别作出不同的解释。孔子对九二之"龙"的解释是,有德行或者道德高尚,并且能做到公平正义坚守中道的人。

"正中者也"之"正",是非常正直,非常公正。"中",坚守中道。"正中者也"取象于九二爻的爻位,因为九二爻是下卦的中爻。易经的一个原则是"居中有德",一层意思是能够居中位的人是有德行的人,另一层意思是只有品德高尚的人才能居此中位。因此九二爻代表着品德良好能力出众的基层干部形象。九二之"龙"是孔子眼中的"正中者也",能够坚守中道,品行正直, 这是非常可贵的品质, 适合担任基层干部, 维护好百姓的生活和利益。

《乾文言》接着说 "庸言之信"。"庸" 是中庸的 "庸", 平庸的 "庸"。中庸之 "庸" 是使用、任用的意思, 作动词。中庸, 就是用中, 可理解为按照坚守中正之道的原则和要求去使用和行动。平庸的 "庸" 是平凡、昏庸, 有点过于普通、过于平常的意味, 平淡无奇, 没有创意, 可理解为能力平平, 乏善可陈。"庸言之信" 的 "庸" 是平常、日常的意思, 与前两个意思是有关联的, 中庸是经常用中, 与平常、日常意思相近, 平庸是大多数普通人的平日常态, 也与平常、日常意思关联紧密。"庸言之信" 是指, 九二爻这条 "龙" 所代表的 "德而正中者" 的君子是个诚信之人, 平常所讲的话是可信的, 是值得人们信任的。他言而有信, 一诺千金, 说话算话, 掷地有声, 一口唾沫一个钉, 说出来的话有份量, 落在地上能砸个坑。就是这么一种状态。

"庸行之谨"。庸行, 就是平常的行为, 日常生活的表现。谨就是小心、谨慎、严格等意思。这句话的意思是, 他平常的行为表现小心谨慎, 而不是那种大大咧咧粗枝大叶的人, 也不是固执己见自以为是的人, 更不是口若悬河自吹自擂的人。这样的人为人做事踏实稳重, 诚信靠谱, 不唐突, 不冒失, 不张狂, 是文雅、谦逊、和善的儒生形象。

接下来的一句是 "闲邪存其诚", 意思是阻隔邪恶保存其诚信。"闲" 是空闲的 "闲"、闲置的 "闲", 但此处不是空闲、闲置的意思。平常我们对 "闲" 字了解最多的是空闲、闲置的意思, 但这不是它的本义。从 "闲" 字甲骨文上看, 上面是两扇闭合的

大门, 大门的中下方是三根木棒交叉在一起的 "木" 字, 就相当
于木制的门闩或木锁。这样我们就理解了 "闲" 字的本义就是
门闩装置。由此引申出诸多意思。《古代汉语词典》说, 闲: ①遮
拦阻隔之物。又特指马厩。引申范围, 界限。②限制, 约束。又防
止。刘禹锡《天论》"建极闲邪。" 引申捍卫; 抵御。③阻隔。④
大。⑤熟习, 后作 "娴"。⑥静, 安静。又文静, 又作 "娴"。⑦空
闲, 闲暇。又闲散。⑧空着的, 闲置的。⑨空, 空虚。

　　这些意思都是彼此关联的, 它反映了汉字发展变化的脉络
和轨迹。比如, 门闩是阻隔外人入内, 马厩是阻隔马匹外跑, 同
样是阻隔, 一个是阻止入内, 一个是阻止外跑, 含义有了拓展;
从阻隔他人入内的行为, 引申出限制、约束、防止等意思, 顺理
成章; 阻隔可直接从门闩的功能上派生出来; 两扇门组成的门
是家庭院落的大门, "闲" 多指大门的门闩, 由此引申出 "大" 的
含义并不奇怪; 古时夜晚关大门通常由家庭主妇负责, 做得多了
自然就熟练了, 即使闭着眼睛也能完成闩门动作, 于是有了 "熟
习" 的意思, 为了与 "闲" 的其他意思相区别, 后用 "娴" 字表达
熟习之义, 反过来我们可以从汉字的发展演变中了解古人的日
常生活和家庭分工状况; 关闭大门后的夜晚是安宁静谧的, 古时
负责关大门的淑女是文静的, 因此引申出 "静、安静、文静" 的
意思; 如果是因为家人外出而关闭了大门, 或者房舍无人居住关
闭大门, 那么就引申出 "空闲, 闲暇, 闲散; 空着的, 闲置的; 空,
空虚" 等意思。"闲" 有个异体字是 "閒", 意思是家人外出或房
舍空置, 只有月光从门缝中射入, 营造了非常清闲的意境。

　　由上可见,《古代汉语词典》第二个解释已经介绍了 "闲

邪"的意思。"②限制，约束。又防止。刘禹锡《天论》'建极闲邪。'引申捍卫；抵御。""邪"是不正，邪恶；邪恶不正的人；妖异怪戾之事。是与"正"相对的概念。如，邪门歪道、歪风邪气、东邪西毒。"闲邪"就是遮拦邪恶，阻隔邪恶，限制邪恶，约束邪恶，防止邪恶等等。"存其诚"就是把真诚、诚信保存下来。简而言之，"闲邪存其诚"就是摒弃邪恶，秉持诚信。

"善世而不伐。"直译即是，对人类社会作了很大贡献而不自我夸耀。"善世"的"世"就是社会、民族、国家、天下，由人类组成的整个世界。"善世"，对人类社会作贡献，这是君子的责任所在、价值体现和品格要求。为天下、为国家、为民族、为社会、为百姓开创事业，构建和谐社会，创造幸福生活。这样的人正如毛主席所说的是"一个高尚的人，一个有道德的人，一个纯粹的人，一个脱离了低级趣味的人，一个有益于人民的人"，是像周恩来总理那样从小就立志"为中华之崛起而读书"的人。

更可贵的是，他们作了这么大的贡献而不自以为有贡献。"而不伐"的"伐"，是夸耀、自夸的意思。"伐"的甲骨文是，左边是一个人，右边是手中握持的兵戈之器。与古代攻城掠地的征伐战争有关。征伐的"伐"是如何转变成夸耀的，让我们来看看它的脉络吧。《古代汉语词典》这样解释伐字：①古兵器名。盾。②功劳。③评功的品级中的一种。④媒人。作动词用时：①砍。②击，敲打。③讨伐，攻打。④夸耀，自夸。

"伐"原义是指盾牌之类的防御性兵器，现在"征伐"变成了一个词语，而古代是两个词或一个词组，"征"可以理解为攻打城池的主动行为，"伐"可以理解为防御对方攻击的兵器，后来征伐两字的意思逐渐趋同，以至于现在是合二为一为一个词了；古代将士手持兵器与敌作战有功，于是"伐"有了"功劳"的意思；论功行赏，功分不同等级，于是派生出评功品级的意思；男女婚配犹如一场战争，媒人就像是将军派出的征伐队伍，把女方拿下便意味着大功告成，于是"伐"又增添了"媒人"的意思。几个动词的意思就更加容易理解了，盾牌既可挡敌人的刀枪，也可以改制成攻防两用的兵器，既可守又可攻，既可挡又可砍。"击，敲打；讨伐，攻打"自然与"砍"的意思紧密关联。"夸耀，自夸"也是顺理成章的，有人为了表功和多得奖励，夸大其词，冒功领赏，也就不奇怪了。因此，要做到有功而不自我表功，有贡献而不自我夸耀，这是多么高尚的境界啊，"善世而不伐"，这才是真人君子。

"德博而化"。德博，是道德品质博大、宽厚和高尚，内涵非常丰富、广博和深邃，其德行是全方位的、立体的和有纵深感的，涉及到为人做事的方方面面，非常全面，堪称完美，是当下所称的六边形战士、全能型选手。"化"是教化，君子以自身的身体力行去教化整个社会风气，去引领整个社会风尚。正如《论语·颜渊》所说："君子之德风，小人之德草。草上之风，必偃。"风吹过之后，草木都是齐刷刷地随风倒向一边，非常整齐顺从，用它来形容社会治理，那么君子就是风的角色，使草木跟随自己朝一个方向倾倒，表明整体社会有共同的思想认识和价值观，相当于现在所倡导的精神文明建设引领时代和社会新风尚。榜样的力量是无穷的，君子引领风尚的积极意义是不容小觑的。

《易经》中讲到教化问题，往往是与风联系在一起的，风化、风尚、风气、风行等都与风的特性有关。巽为风，卦德为入为顺。巽为木，巽为高，树木的形象特征非常突出，于是人们用茂盛的树木状貌来形容人的形状面貌，如庙宇道观中的佛祖、神灵的塑像就取象于巽卦。风地观卦、风水涣卦都讲到了庙宇道观，均取象于巽卦，而且这两个卦的巽卦都在上卦，这与我们进庙宇道观看到的情景是一致的。巽为绳直，绳有继承的意思。因此，巽卦的内涵是非常丰富的。我们也可以理解为"德博而化"取象于离卦和巽卦。如九二发生爻变，下卦变为离卦，离为明，离为大腹，合在一起就是内心光明，而内心光明即为有德行的君子。如九二发生爻变，下交互卦则变成巽卦，与教化引领风尚高度吻合。

孔子接着说，《易》曰"见龙在田，利见大人"，君德也。这里，孔子引述了乾卦九二爻的爻辞"见龙在田，利见大人"。接着说这句爻辞讲的就是君德啊。"君德"可以理解为君主、君王之德，也可以理解为君子之德。孔子的原意有点偏重于君主、君王之德，当然没有错。但是，我认为在这里不一定局限于君主、君王的品德。因为九二爻在下卦，基本上处于一个基层干部的角色，讲君主、君王之德与他有些距离，因而还是把它解释为君子之德更加贴切。也可以理解为这位基层干部将来作为君主、君王的好苗子，从培养接班人角度而言，作为未来的国家领导人，用君主、君王之德来要求也是说得通的。从担任基层干部的时候，就注重君主、君王之德的培养，这样才能将基础打得扎实，将来能更好地为百姓谋幸福，为民族谋复兴，为天下谋大同，这样就能奠定一个坚实优秀的品德基础。总的来说九二爻是下卦中位，我们前面讲过"居中有德"，作为领导人和人民公仆，坚守中正之道比什么都重要。

53 《乾文言》说"九三曰'君子终日乾乾,夕惕若, 厉,无咎',何谓也"是什么意思?

本篇介绍的是《乾文言》里针对乾卦九三爻爻辞所作的解读。它的原文是这样的:

九三曰"君子终日乾乾,夕惕若,厉,无咎",何谓也? 子曰: "君子进德修业。忠信,所以进德也;修辞立其诚,所以居业也。知至至之,可与言几也。知终终之,可与存义也。是故居上位而不骄,在下位而不忧。故乾乾因其时而惕,虽危无咎矣。"

这段话比较长,因为九三爻爻辞本身也比较长。我在前面解读的时候说过,九三爻的爻辞非常重要,而且爻位也非常重要。大多数人的人生事业都停留在九三爻以前,能进入到上卦高层的寥寥无几,这并不是仅仅指当官当到多大,钱挣了多少亿。进入上卦是种境界,它是全方位综合性的,尤其指道德品质、学识涵养、艺术造诣、技能水平等等。如果道德低下品行不佳,官当得再大也是小人,钱挣得再多于世人也是无益,这样的人生是没有多少意义的,根本不足挂齿不值一提。

能进入上卦的往往是世人公认的精英或成功人士,很不容易。一分耕耘一分收获,成功不是人人都可以拥有的,更不是轻

轻松松就可以获得的。正如荀子《劝学》所言，"无冥冥之志者，
无昭昭之明；无惛惛之事者，无赫赫之功。"成功路上的酸甜苦
辣不是常人所能体会的。不努力肯定不能成功，努力了也未必能
够成功。如果能够悟透乾卦九三爻的爻辞，做到学以致用知行
合一，用《易经》来指导自己的人生事业，那么晋级的可能性就
会增加许多，人生事业可能就会是另一番气象了。

这段《文言传》把它翻译成白话文，大致内容如下："九三
说：'君子终日乾乾，夕惕若，厉，无咎'，说的是什么呀？"孔子
说："君子注重提升德养建功立业。忠诚守信，是其提升道德修
养的路径；修饰词句或撰写文章树立诚信，是建功立业的方法。
如果一个人知道该到达什么地方就到达什么地方，就可以与他
谈论深奥的事情了；如果一个人知道该什么地方终止就终止在什
么地方，就可以与他共同保持道义了。因此，君子居于上层高位
但不骄泰轻慢，处在下层低位却不怨恨忧愁，因而能天天积极
上进勤奋努力，并能顺应时势保持警惕，尽管面临诸多危险却
能做到没有灾祸。"

下面我们一句一句来分析解读。

九三曰"君子终日乾乾，夕惕若，厉，无咎。"孔子的学生引
用了九三爻的整句爻辞，后面说"何谓也？"意即九三爻的爻辞
说的是什么意思啊？"子曰"，孔子回答说。"君子"，九三爻辞
出现了"君子"，九三爻的主体是"君子"。"君子进德修业"，君
子的使命和职责体现在两大方面，一是"进德"。增进品德，提
升道德修养，这是君子的第一标准、首要条件和基本素质。二
是"修业"。《古代汉语词典》这样解释修：①修饰，装饰。②整

治,修理。引申修建。③学习,遵循。引申修养,修行。④编纂,书写。⑤置备,设置。⑥长,高。引申善,美好。又指贤人。⑦通"脩"。本指干肉,借指致送老师的酬金。等等。词语中列有与这段《文言传》相关的内容,第一个词语是"修辞"。修饰词句,也指写作。《周易·乾》"修辞立其诚,所以居业也。"第二个词语是"修业"。①古代写字著书的方版叫做业,所以把读书写作叫修业。②建立功业。《周易·乾》:"君子进德修业。"③经营产业。我们再来看一下《古代汉语词典》对"业"字的解释:①事业,功业。又指创立功业,使成就事业。②事务。③职业。又指从事某种职业。④学业。⑤产业。引申馆舍。⑥古代书写用的版称业,故书也称业。《管子·宙合》:"修业不息版。"等等。由上可见,"修业"的基本含义应当是建功立业,但这个"业"当作广义理解,包括的范围非常广泛。可以是事业、学业、职业、产业等等。从政治上讲,就是要为人民谋幸福,为民族谋复兴,为天下谋大同,这是最伟大的事业,也是君子最重要的事业。"进德修业"是君子的使命和职责。德是第一位的,如果没有德行就谈不上君子,不是君子创立的业就不是德业。儒家倡导立德业,没有德,这个业也就立不起来,即使侥幸立了业,如果没有道德去涵养,这个业也会很快失去。

接着,孔子说"忠信,所以进德也"。古人称"孝、悌、忠、信、礼、义、廉、耻"为"八德",也叫"八端","端"有开头,发端,又有边际、末端;方面;本;正,端正等意思,可以理解为这八个方面是做人的本源、根本和基础,是人人都应当做到的,做好了才能称其为行得端立得正,因而称其为"八端"。从边际、末端的意思拓展一下, 还可将 "八德" 与四面八方的八个方位联系起来, 意味着任何时间任何空间都不能忘八端, 如果谁要是忘了这八端, 那就不是人了。《古代汉语词典》这样解释忠: ①办事尽心竭力。《论语·学而》: "吾日三省吾身: 为人谋而不忠乎? 与朋友交而不信乎? 传不习乎? " ②指忠于君主。③通 "中"。符合。

古代 "八德" 是围绕 "仁" 来展开的, "仁" 应用在四种基本社会关系上各有不同的表现和要求。一是在父子关系里, 百善孝为先, 强调做子女的要孝, 须履行好子女的义务; 在兄弟关系里, 强调做弟弟的要悌, 尽到做弟弟的本分; 在君臣和上下级关系上, 强调做臣子和部属的要忠, 为人忠诚老实, 做事尽心竭力; 在朋友关系方面, 强调朋友之间要信, 人无信不立, 要言而有信, 诚实守信。

有了这四种社会关系的交往原则, 再配合 "礼、义、廉、耻" 进行综合要求, 一个人就大致不会差到哪里去了。"礼" 是国家礼法制度层面的要求, 这是法纪底线, 必须遵守。"义" 是社会交往中的原则、规范和界限, 这是风俗底线, 做人应当仁至义尽, 多行不义必自毙。"廉" 是自我品德修养中的正直、方正和清廉要求, 这是道德底线, 须臾不能离也。"耻" 是对事物的是非荣辱作出否定式评判, 对不齿之事应感到羞愧、耻辱或侮辱, 这是文化底线, 人若无羞耻之心, 则与禽兽无异, 猪狗不如。

"忠、信" 是八德的代表, 或者 "八德" 是在此基础上演化发展而来的。"孝、悌" 是有血缘联系的社会关系, 相对来说比较容易做到。而 "忠、信" 是没有血缘联系的社会关系, 处理起来自然比较复杂和困难，因此要靠教化倡导和文化引领，要靠核心价值观和精神文明的建设。把"孝、悌"品德拓展到社会领域就是"忠、信"，把对君之忠、对领导之忠拓展到国家层面，就是忠于祖国。把对朋友之信拓展至整个社会，便是人与人之间的相互信任和诚实守信。因此，孔子虽然只讲了"忠、信"两个字，而我们在理解时却要作广义的理解，应当包含"八德"以及不限于此的更广泛的品德要求。

怎样才能增进品德，孔子开出的药方是做到广义的"忠信"。"忠信，所以进德也。"可以理解为，忠信是增进君子品德的方式、方法、平台、载体、渠道和路径。也就是说，我们要增进自己的品德，首先要做到"忠"和"信"，对上级要忠诚，对国家要忠诚，对人民要忠诚；对朋友要讲信用，对同事要讲信用，对老百姓要讲信用。

"修辞立其诚"，直译的意思是：修饰词句写成文章用来表达和确立其诚信。如前所述，《古代汉语词典》收录的词语中有"修辞"一词。"修辞"，修饰词句，也指写作。《周易·乾》"修辞立其诚，所以居业也。"这个"修辞"的"辞"指的是语言、文字、文词等等的意识载体。"修"，前面介绍过，是修饰，装饰；整治，修理，引申修建；学习，遵循，引申修养，修行；编纂，书写；等等。"修"有比较讲究的意蕴，对语言文辞有一番梳妆打扮，精心修饰，就像对房屋进行装修装饰一样，要让它更具美感，把它用在写作方面，就是要选择最适当的语言，恰如其分地把作者内心的真诚表达出来，从而在周边人群中树立其诚信形象。值得注意的是，"修辞"不是说漂亮话，不是夸夸其谈。首先是其内心是诚信的,其品行是诚信的,这是主体、内容和基础,然后才通过适当的语言把它表述出来,把诚信反映出来,修辞是辅助性的,是形式。先有内容后有形式,形式是为内容服务的。"修辞"也是为"立诚"服务的,只有诚信在先,修辞才有效果。做人有诚信,这是底色,然后通过适当的语言把它表达出来,来彰显其诚信。在老百姓中,在一些人群中,在组织团体中树立一种诚信的形象,成为当事人居业的重要条件,为把功业或事业做实、做大、做强营造良好的环境,赢得大众的大力支持和帮助。

"所以居业也。"直译是:这是之所以能够保住功业的原因,或者说这是用来保住功业的方式、方法和途径。《古代汉语词典》解释,居,是坐、居住、住处、所处的地位、安居、平居、平时、处于、占、占有、停留、止息、储存、蓄养等意思。词语"居业"的解释为:①保功业。《周易·乾》:"修辞立其诚,所以居业也。"②固定产业。"所以居业也"是承接前面那句"修辞立其诚"而作的结论。因为能做到"修辞立其诚",因而能够保住功业。树立诚信是符合世人的道德观念的,得道多助,这样的事业将因诚信得到大家的认同、支持和帮助,不仅能保住以往的功业,而且能够促进事业进一步发展壮大。

后面一句是"知至至之"。这是什么意思?"至"就是我们要到达什么地方,到达的意思,如从南至北,北京至上海,那是到达的意思。"知至至之"是说,我明白自己应该到达哪里,那么我就到达哪里。言必信,行必果,知行合一,恪尽职守,很有分寸感。"知至"是认识,明白道理,通达事理,明确自己的职责定位，明白自己该做什么，什么是自己应尽的职责和义务。"至之"是行动，该到哪里就到哪里，该做什么就做什么，行动与认识合拍，言行一致，不折不扣，不敷衍塞责，不偷工减料，不偷奸耍滑，这是前面所言的"立其诚"的表现。

如果能做到这样，那么就"可与言几也"，可以与他商议机密隐秘的事情了，因为这是一个十分靠谱的人，值得信任。《古代汉语词典》对几(jī)的解释是：①隐微。《周易·系辞上》："夫易，圣人所以极深而研几也。"②事情的征兆。《周易·系辞下》："君子见几而作，不俟终日。"（俟：等待。）③轻微，婉转。《论语·里仁》："事父母几谏，见志不从，又敬不违，劳而不怨。"④机密。《周易·系辞上》："君不密则失臣，臣不密则失身，几事不密则害成。"⑤危殆。⑥尽，极点。⑦接近。⑧副词。几乎、差不多。等等。"几"的这些意思之间是有关联的。"几"的原义是隐微、微小，小得几乎看不清楚；可引申为机密，不宜被外人所知；再进一步引申就是深奥、奥秘、玄奥、奥妙的事情。也就是说，一个人品德诚信，做事有分寸，该到达哪里就到达哪里，对于这样的人我们就可以与他探讨机密的事情或深奥的事情了。

接着说"知终终之"，知道某事应该在什么时候在哪里终止，那么就在什么时候和哪里终止。"可与存义也"，就是说如果你遇见的是这样的人，就可以与他一起共同保障道义的存续。《古代汉语词典》对义的解释是：①合乎正义的行为和事情。②合理的主张和思想。③意义，意思。④善，美。⑤恩情。⑥公共的。等等。也可以理解为为人处事的原则。人与人之间是有边界的，人与物之间也是有边界的，越过了这个边界就是对他人他物的冒犯和侵害。为人做事有情有义, 便是坚守这种边界, 待人接物有分寸有底线。这样的人格就是君子型人格, 便可以与他一起维护公平正义和道义规则了。

孔子接着说, "是故", 鉴于这样的缘故, 从而引出下面的结论性表述。"居上位而不骄", 在整个行政组织体系和社会系统里, 处于上层统治地位的人, 作为一个官长, 一个领导者, 做到不骄纵不蛮横, 这是很不容易的。官很大, 位很重, 资历很深, 辈分很高, 学问广博, 从世俗的眼光看他们一定会专横跋扈, 但事实上他们却不骄傲, 不轻慢, 很谦逊, 这是我们这个社会所需要的, 能做到这样的人, 其境界、层次、道行都是相当高的。

"在下位而不忧", 并非所有德行高的人都在上位, 现实中像颜回一样德行很高却身居陋巷的人有很多。他们处在基层社会, 或是基层干部, 或是一般员工, 或是普通公民, 等等。虽然身处下位, 却不感到忧愁, 没有怨天尤人, 没有沮丧气馁, 没有随波逐流。他们日复一日一如既往地做好自己的事情, 履行好自己的职责, 愉快地过好自己的小日子, 做到积极乐观, 心安理得, 心态平和。如果整个社会能做到"居上位而不骄, 在下位而不忧", 抓好两头, 稳定中间, 每个阶层的人都有自己稳定的生活, 都有自己舒心的小日子, 都有自己逐步实现的小愿望, 也许整个社会就会和谐许多, 这正是我们要追求的一种社会状态。《礼记·中庸》说: "子曰: '在上位不陵下, 在下位不援上; 正己而不求于人, 则无怨。上不怨天, 下不尤人。'"陵", 通"凌", 欺凌、霸凌、凌辱。"援", 拉, 攀附, 攀援。"不求于人", 不苛求别人，而不是求助于别人。两者都出自孔子之口，思想理念是一脉相承高度统一的。

最后得出结论，"故乾乾因其时而惕"，大意是因此君子学习天体精神一天接着一天努力奋斗，积极进取，踔厉奋发，同时又能顺应时势要求，始终保持警惕，及时消除各种危险因素。这样的话，就能做到"虽危无咎也"。虽然面临各种各样的风险和危险，但由于思想重视，预防措施到位，最终却能做到没有灾祸。

54 《乾文言》说 "九四曰 '或跃在渊，无咎'，何谓也"是什么意思？

　　本篇我们继续来分享乾卦的《文言传》，《乾文言》针对九四爻的爻辞所作的解读。我们来看看原文是怎么说的？

　　九四曰 "或跃在渊，无咎"，何谓也？子曰："上下无常，非为邪也；进退无恒，非离群也。君子进德修业，欲及时也，故无咎。"

　　上面这段话把它翻译成白话文是这样的：九四爻说 "或跃在渊，无咎"，说的是什么意思啊？孔子说："上升下降存在不确定性，不是为了达到邪恶的目的；前进后退没有恒常的方式，不是为了离开原来的群体。君子提升品德创建事业要抓住恰当时机，因而没有灾祸。"

　　前面是学生提问：九四爻的爻辞 "或跃在渊，无咎"，何谓也？意思就是说的是什么意思啊？孔子回答 "上下无常"。上，往上升，晋升，晋级，擢升，发展等等。下，就是往下落，下降，降职，降薪，降效等等。上升下降就相当于人生事业往上升、往下降这两种状态。"上下无常"就是上下没有固定模式，情况错综复杂，表现多种多样。"无常"就是没有固定不变的常态和通行的模式。上下都是变化不定的，它是天时、地利、人和诸多因素综合作用的结果，受客观规律的制约，不以人们的主观意志为转移。规律是客观存在的，而现象是千变万化的，人们要认识规律难度很大，要把握客观规律所反映出来的各种各样的现象难度就更大了。

"或跃在渊"除了前面已述的诸多取象外，还取象于天文二十八星宿。河图并非通常人们认为的黄河之图，而是天上的银河星宿图。我国古代的天文学非常发达，古代天文学家发现地球所对应的上空东、南、西、北四个方向分别有七颗星组成的四大星系，总共二十八颗星，称其为二十八星宿。其中"东方苍龙七星"分别是角、亢、氐（dī）、房、心、尾、箕，把它们串联起来正好是一条龙的形状。角星是指龙角的位置，尾星是指龙的尾部。而尾部正好离银河系不远，就像这条东方之龙刚刚从银河中跃起一样。在后天八卦图中，东方为震卦，震为龙，震为木，颜色为青，位于后天八卦图的左侧，这是风水学中"左青龙"的来历。同样道理，"右白虎，前朱雀，后玄武"等也来自二十八星宿。

"非为邪也。"这个邪是邪恶，不正当的动机，丑恶卑劣的目的。"非为邪也"即不是为了邪恶的目的。就是说一个人或者上升或者下降，它是没有固定不变的模式的，一切皆有可能。但是无论是上还是下，都不是为了追求一种不正当的邪恶的目的。换句话说，你上也好，下也好，出发点和目的性，都是为了正当的、公益的事业。这里的"无常"这个词，与我们平常从佛教领域听到的"无常"，虽然字完全一样，但两个概念的区别还是很大的。《文言传》以孔子作为代表人物，写于两千五百年前。而佛教是西汉末年和东汉初年才传到我们中国的。佛教中的"无常"指奉阎王之命索人性命的鬼，从人的生死无常，世事变化无常，引申到佛教中成了能控制人之生死的鬼的代名词。追溯到源头仍然可以找到两者的联系。

下一句话说"进退无恒"。进和退跟上、下是对应的，上去相当于往前进，下来相当于往后退，上下是垂直空间的感觉，进退是水平空间的感觉，纵向的叫上下，横向的叫进退，表达的意思有相似性，是为了修辞效果的需要，上下、进退，纵向、横向都表达了，给人一种全面的立体的丰富的感觉。"进退无恒"的"恒"是恒常的"恒"。《古代汉语词典》对恒的解释是：①永久，持久。②恒心。③平常的、普通的。④从前的、旧的（做法）。⑤经常。等等。现代意义的"恒"多倾向于永久，持久，永恒，永远等意思；而古代意义的"恒"通常是经常、平常、时常等意思。由于上下、进退意思相近，因而此处的"恒"与"常"意思也是差不多的。

例如，《道德经》开头写道："道可道，非常道；名可名，非常名。"此前的版本是"道可道，非恒道；名可名，非恒名。"此处的"恒"与"常"意思是相似的，因而可以相互替代，互解互参。为什么要将"恒"改为"常"？是因为我国古代的避讳制度，西汉窦皇后是汉文帝刘恒的皇后，前期实际掌控着汉朝政权，后来尊为太皇太后，即史上著名的窦太后。由于窦太后崇尚道教，因此当时《道德经》被视为宫廷的教科书。为了避讳汉文帝刘恒的"恒"字，于是将《道德经》中的恒道、恒名更改为常道、常名。

意思基本不变。因此这里的"进退无恒"其实就相当于"进退无常"。也就是说，一个人的人生事业是前进还是后退也是没有固定形式的。进也好，退也好，其目的不是为了离开原来的那个群体。

这就跟当年我们农村孩子参加高考一样，当时的想法就是为了跳出农门，离开农民这个群体，觉得一辈子当农民受苦受累没有前途。等到考上了学，到了部队、机关和企业，转了城市户口，端上了铁饭碗，过上了稳定体面的生活，似乎就高人一等了，为脱离原来这个农民群体而庆幸。这好象是事实，但用孔子眼中的君子标准来衡量，这是自私狭隘、渺小鄙陋和目光短浅。作为君子，无论上下、进退，都要肩负起应有的社会责任和民族道义，而不能仅仅考虑个人的温饱冷暖吃香喝辣。虽然一些有君子情怀和使命感的人也来自农村，形式上看也是脱离了农民这个群体，但他们决不是以追求自己的个人幸福为目的，而是有更大更高更远的理想和追求。他们积极进取，勤奋努力，坚韧不拔，孜孜以求，为天下、为国家、为民族、为人民建立了卓越贡献。这样的人才配得上君子的人格，这样的人生才更有意义。

作为一个君子来讲，尽管在形式上好像也是离开了他原来的那个群体，但君子并不以此作为目的本身或追求目标，他们有正当的、正义的、公益的、积极的、宏大的、富有正能量的目标追求，总括起来君子群体不是为了自身安乐，而是要为全人类的解放而奋斗，要为人民谋幸福，为民族谋复兴，为天下谋大同，从而使全世界人民都能过上幸福美满的日子，享受太平和谐的生活。这才是君子群体的终极目标。

接着, 孔子说"欲及时也"。就是要抓紧时间, 抓住时机, 及时付诸行动, 一万年太久只争朝夕, 一个行动胜过一打纲领。光阴荏苒, 人生苦短。君子要为天下百姓谋福祉, 必须珍惜时间, 珍惜当下, 不要空想, 立即行动, 利用一切时间推进"进德修业", 以实际行动提升品德修养和精神境界, 做实做大做强自己的事业, 这样才能把为天下人类谋福祉的理想变为现实。

最后孔子为"进德修业"的君子行为得出结论说, 最终"无咎", 没有灾祸。既向学生解释了为什么九四爻的爻辞最终结果是"无咎", 又告诉学生要立志做一个及时"进德修业"的君子, 无论上下、进退情形如何, 最终结果都是没有灾祸。

这是因为君子是社会精英, 是民族脊梁, 是正义的化身, 具有理想的人格。他们志存高远, 胸怀天下, 公而忘私, 矢志不渝。他们追求和维护的是天下大众的公共利益和公共目标, 他们的事业具有公益性、正当性、崇高性, 得道多助, 能得到广大人民群众的拥护支持, 所以最后能做到没有灾祸。"无咎"的意思是说, 本来可能是有"咎"的, 存在着一些风险因素, 比如说"或跃在渊", 跳上去了就是成功了, 如果跳不上去, 还是要落下来的。要是落到不好的地方就有较大风险; 如果仍旧落到水里, 则对于龙来说是安全的。尽管跃上去的只是少数人, 而多数人未能跃上去, 最终仍将跌落下来, 可能会有怅然若失的感觉, 但是努力了就不用遗憾, 即使没有跳跃成功, 也能避免灾祸。"无咎"的结果, 可以视为对君子的一种最好奖赏。

55 《乾文言》说"九五曰'飞龙在天,利见大人',何谓也"是什么意思?

本篇我们继续来分享《文言传》关于对乾卦九五爻的爻辞所作的解读。我们先来看一下原文:

九五曰"飞龙在天,利见大人",何谓也? 子曰:"同声相应,同气相求;水流湿,火就燥;云从龙,风从虎;圣人作而万物睹。本乎天者亲上,本乎地者亲下,则各从其类也。"

把这段话翻译成白话文是:九五爻说"飞龙在天,利见大人",说的是什么意思呀?孔子回答说:"同频的声音相互感应,同类的气体相互吸引;水流向潮湿之地,火亲近干燥之物;云紧跟着龙,风伴随着虎;圣人问世而万物为人所见。本原来自天上的与上亲善,本原来自大地的与下亲善,因而事物各自跟随自己的群类。"

这段《文言传》的文辞非常美妙,形式还是跟前面一样,一问一答,由孔子的学生提问,"子曰"是孔子来回答。提问的主体在这里省略了,直接说:"九五说,飞龙在天,利见大人,说的是什么意思?"孔子就此作了回答。他列举了八种事物的特性作为一个铺垫,一是声音,二是气体,三是水,四是火,五是云,六是龙，七是风，八是虎，八种事物以成双成对的组合方式出现，两者性质相近或相反，突出了关联性、对称性和对比性，让人一目了然，增强了表现力和修辞效果。

"同声相应"，多指频率相同的两种或两种以上的声音，尽管古代没有频率这个词，但实际上古人已经观察到了同频共振的现象。"相应"相当于你有呼，我有应，声音之间发生交流响应。也就是相互感应，同频共振。两个或多个声音，因为振动频率相同或相近，从而发生了共振和共鸣，彼此的声音幅度得到了增强，组合后的声音因相互融合而变得丰满、浑厚和柔美。比如音乐中的和弦技巧，就运用了"同声相应"的原理。人们唱歌、奏乐，如果没有伴奏就显得单调乏味，缺少感染力，如果增加伴奏并且两者节拍吻合，那么听起来就非常优美而富有感染力。一个歌唱家唱一段咏叹调，可以震碎演唱大厅内的玻璃杯，所利用的也是同频共振的原理。每个事物都有自己固有的频率，玻璃杯也不例外，当咏叹调的声音频率与玻璃杯的频率一致时，玻璃杯会因此而发生共振，从而把自身振碎。

"同气相求"，就是两种或两种以上性质相同或相近的气体相互吸引。这里的"求"是感应、招致的意思，引申为吸引，一种气体把另外一种或几种气体招致过来，形成混合气体。古人已经了解掌握了气体的相互融合的特性。比如我们每天离不开的空气便是多种气体的混合物，虽然看不见摸不着，但经科技仪器分析检测，它们确是真实存在的，空气的构成分别有氮气、氧气、二氧化碳、二氧化硫、一氧化氮、二氧化氮、臭氧、水蒸气、稀有气体等等。

　　"水流湿"，直译就是水向潮湿的地方流淌。乍一看似乎有些逻辑毛病，实际上这是古人常用的类似白描的简洁的表述方法。其背后的逻辑是，水往低处流，地势低洼的地方是水流运动的流向地，由于水流的汇集和积累，低洼之地常处于阴暗潮湿的状态。如果省略中间这些过程性叙述，突出两头的直观表述，便是"水流湿"。老子在《道德经》中对水的谦卑处下的特性给予了高度的赞扬。老子说："上善若水。水善利万物而不争，处众人之所恶，故几于道。""江海之所以能为百谷王者，以其善下之，故能为百谷王。"这两段话的意思是说，上等的美善品德就像水，水善于给万物施予利益而不与万物争名利，心甘情愿地处在众人所厌恶的地方，因此水的这种美德最接近于天道。江海能够成为千百个山谷之王的原因，是因为水善于处在低下的位置，因此能成为百谷之王。孔子所描述的"水流湿"的特点，与老子对水德的高度赞扬，其实都是在讲"水往低处流"的特性。从化学元素分子结构来考察，水都用H_2O表示。但从水的形态来看却是多种多样的，有天上雨水，地上流水，地下之水；有溪水，江水，河水，湖水，海水；有奔腾之水，咆哮之水，涓涓细流，潺潺流水；等等。作为水系大家族可算得上事物的大类，性质相同的一大类事物具有共同的特征，水的共同特征就是善于处下，物以类聚的法则在水的身上得到了充分体现。

　　"火就燥"，直译就是火喜欢接近干燥的物体。这里的"就"是接近、靠近、挨近等意思。从五行关系看，水克火，也就是说水对火有抑制作用。在有水的地方，火的功能作用的发挥将受到限制。比如烧火做饭，刚砍来的柴禾或被雨水淋湿受潮的柴禾，由于水分很大就不能充分燃烧。在五行中，木生火。干燥的柴禾能燃烧成熊熊烈火，这便是俗语所称的"干柴烈火"，表明干柴遇火，一点就着，极易燃烧。秋冬季是干燥的季节，是火灾易发多发季节，这是"火就燥"的负面例子，提示人们要在思想上重视，做好火灾预防。

然后《乾文言》说"云从龙，风从虎"，意思是云气跟从飞龙飘移，厉风随从猛虎呼啸。龙是中华民族的图腾，并不是现实生活中实际存在的动物，而是一种思想文化层面的精神化身和人文象征，它反映了我国劳动人民几千年来的殷切期盼和美好愿望。"云从龙"的意境很可能跟前面讲到的二十八星宿之一的"东方苍龙"七星宿有关。东方七星分别是角、亢、氐、房、心、尾、箕等七颗星，它们构成了"龙"的图形。龙虽然不是真实存在的，但这七颗星却是真实的存在，古代天文学家在观测星宿的时候，需要避开云朵的遮蔽。

生活的经验告诉我们，有时是天从人愿，人们做事顺风顺水，左右逢源，心想事成。但通常是不如意事十之八九，多数时候是天不从人愿的，甚至是事与愿违，人们想要什么偏不来什么，不想要什么则偏来什么。这是人的主观愿望与外部环境发生冲突的体现，因为客观规律是不以人们的意志为转移的，属于正常现象。然而它却在人们的主观世界里留下深深的烙印。比如，古人在观测天文时，"东方苍龙"是观测对象，而云气的存在常常阻碍观测的进行，因此人们只能利用没有云气的窗口期去观测。有时观测正在渐入佳境时，倏忽间不知从哪里飘来了云气挡住了视线，好像云气在有意保护苍龙不被人们窥探一样。

这样"云"与"龙"的关联被反复强化了,以至于给人以"云从龙"的感觉。本来"东方苍龙"与"云气"是两件关联度不大的事情,但因人们的主观加工,使它们发生了关联。人们习惯于钻皮出羽,爱屋及乌。龙是吉祥之物,云自然也成了吉祥之物,人们对云的评价大多是正面的,如蓝天白云、祥云朵朵、彩云飘飘等等。因此"云从龙"带有强烈的主观色彩,有些神秘、神圣和神奇,其中蕴含着人们的美好愿望。

"风从虎",直译便是风伴随猛虎而产生。从气象物理角度考察,风与虎似乎没有必然关联性。风是因空气流通而产生的。空气为什么会流通?这是因为空间的气压不完全相同,气压差会使空气发生流通。老虎似乎并不能使空间的气压发生变化。那么,为什么人们不说"风从豹、风从狮、风从马、风从牛"等等,而偏说"风从虎"呢?我想这是由于虎的特性所决定的,"风从虎"的说法也体现了人们的主观感受。虎在人们的心目中占居重要地位,因为虎是百兽之王,有王者风范,自然与众不同。虎是凶猛的,人们对虎既恐惧又敬畏,并用虎来比喻古代的统治者,以虎威来表示大人的威仪,因而有"伴君如伴虎"的说法,人们害怕大人如同害怕老虎一样,只能敬而远之。人们对虎的这种矛盾心理,使得对虎敬畏有加。反映在思想文化上,便会自觉不自觉地为虎营造一种相应的氛围。"风从虎"便是在这样的心理背景下形成的观念。

我们在小说、戏剧、电影、电视里经常会看到这样的场景和镜头。老虎犹如主角,而主角的出场是需要作足铺垫和渲染气氛的,以此来彰显主角并非等闲之辈或寻常之物。先是先声夺人,虎啸山林,声震峡谷;接着是狂风怒号,悲怆凄厉,与虎啸形成呼应关系;再配以草木摇曳,树叶飘零,淅淅沥沥,纷纷抖落;最后才是威风凛凛的猛虎登场。老虎凶残而威猛,让人谈虎色变。老虎的凶猛和风的凄厉相结合,就进一步强化了人们的恐惧感,让人更加毛骨悚然,从而体现出百兽之王的至尊地位和威严形象。我们还可以将"风从虎"理解为,猛虎下山或饿虎扑食时展现出来的迅速敏捷的身手,快如闪电,虎虎生威,雷厉风行。因猛虎的行动迅疾而生风,并用风的快速来衬托猛虎行动的迅疾。

以上孔子谈到的声、气、水、火、云、龙、风、虎等八种事物,实际上是为后面引出"圣人作而万物睹"以及"物以类聚"的观点所作的一个铺垫。我们现在常说的物以类聚,人以群分,大概是从《易经》中演变而来的。《系辞上传》说:"方以类聚,物以群分。"说明古人在长期的观察实践中已经掌握了这一规律和现象。

在作了一番铺垫之后,孔子说"圣人作而万物睹",这是孔子要表达的重点内容和关键所在,直接与九五爻的爻辞"飞龙在天,利见大人"相关联。九五爻是核心之爻,君王之位。九五爻是上卦的中位,居中有德。古人注重内圣外王,君王应该是圣人,圣人与君王是合二为一的,君王是有位的大人,有权力的大人,主持公平正义的大人,应当是集大德、大能、大智慧于一身的人。君王的地位、职责、价值、功能和作用相当于"飞龙在天"的状态。

"圣人作而万物睹"可以有两方面的理解。"作"是兴作、兴起、发生、作为等意思。这句话的第一层意思是，圣人不是普通百姓，他的出现一定是不同凡响的。就像龙的出现一定有祥云伴随，虎的出现一定有风的跟从。而众人期盼已久的圣人一旦出现，一定是倍受众人瞩目的，反映了广大人民群众对圣君的期待和厚望。圣人出现，必有祥瑞，如众星拱月，万众瞩目，世人敬仰。

"圣人作而万物睹"的第二层意思，是因为圣人是依大道而行，主持公平正义，是真理的化身，是老百姓心目中的理想人格。圣君治国理政，就能国泰民安，政通人和，五谷丰登，百业兴旺。在这样的太平盛世里，万事创建顺遂，万物欣欣向荣，各种各样琳琅满目的美好事物纷纷呈现，为世人所目睹。就像我们小时候作作文时常写的那样，好人好事如雨后春笋般涌现出来，用它来解读"万物睹"的景象也许是合适的。"圣人作"与"万物睹"存在着因果关系。圣人的问世和兴作是万物纷纷出现的前提，只有在圣君的率领下，万事万物才得以竞相迸发充分涌流。如果没有圣人出现，那么社会就很可能风雨如磐，千疮百孔，百业凋敝，生灵涂炭。可见，一个圣明睿智的国家领导人，对于国家、民族和社会的长治久安和人民的幸福安康是多么的重要。

《乾文言》接着说："本乎天者亲上，本乎地者亲下。""本"指的是根本、原本、本原等意思。这两句话的意思是说，在万事万物中，本原来自于天的，就亲近于上方的天；本原来自于大地的，就亲近于下面的大地。从中可以看出，古人通过长期的观察和实践发现，看似纷繁复杂杂乱无章的万事万物，其实都是天地相互交流的产物,有的本原来自天,有的本原来自地,来自天的亲近于天,来自地的亲近于地,这样便可以对万事万物进行梳理分类了。物各有其本性,尽其本性,是天道法则的道理。反过来,人们可以通过事物亲上或亲下的特征,找出它的本原来自哪里。对事物进行分门别类,反映了人们认识自然能力的提升,为妥善处理好人与自然的关系打下了坚实基础。

最后得出结论就是"则各从其类也",翻译成白话文就是,于是可以知道万事万物各自随从自己的同类而生存成长和演变发展。用现在的话来说,就是物以类聚,人以群分。我们也可以倒推着来理解这段《文言传》,即万事万物是分种属类别而存在的;让万事万物为世人所睹,让他们纷纷出现,自由生长,自然发展,这是天道的要求;圣人是体现天道要求的人,把圣人放在九五至尊的位置就是圣君,圣君的职责和使命就是要确保万事万物纷纷出现为世人所目睹。正如"云从龙"、"风从虎"的原理一样,万事万物也是跟随圣人的出现而出现的。

56 《乾文言》说"上九曰'亢龙有悔',何谓也" 是什么意思?

本篇我们来分享一下《文言传》关于乾卦上九爻爻辞的解读。原文是这样的:

上九曰:"亢龙有悔",何谓也? 子曰:"贵而无位,高而无民,贤人在下位而无辅。是以动而有悔也。"

这段话的大致意思是:上九说"亢龙有悔",这是什么意思啊? 孔子说:"地位尊贵但没有实权职位,居于高处但不拥有民众,贤能之人处在下位而无法对其有所辅佐,由此导致他一旦有所行动便会产生悔恨。"

让我们逐字逐句地来对它展开解读。上九爻处于乾卦最高的一个爻位,也是最后的一个爻位。如果把乾卦看作是一个社会的话,上九是宗庙之位,相当于退了位的君王,可能还在世,但已经没有了实权,九五爻才是掌握实权的现任君王,上九爻在名义上可能有个好听的名字,比如太上皇之类的,但实际上只是一个空壳大佬,其角色不过是个摆设。

例如,唐高祖李渊与儿子李世民在玄武门之变之后,便处于这样的一种境地。李渊的本意是想把皇位传给太子李建成,可是李世民的能力、功劳和实力都在李建成之上,在接班继位的问题上,李建成班底和李世民班底都在实施你死我活势不两立的角逐。历史有其必然性,也有其偶然性。必然性寓于偶然性之中,并通过偶然性得以表现出来。其实,李世民如果动手稍迟一些,倒霉的可能就是李世民,而不是李建成。这样历史就会是另一副样子,贞观之治、大唐盛世能否出现就不得而知了。从现代眼光来看,老天选择李世民是正确的,唐太宗开明、勤勉、贤能,在我国的历史上留下了光辉灿烂的一笔。

在两者关系中,李世民是现任的九五至尊,而李渊就是处于上九爻的太上皇。李渊在名义上是前任君王、现任君王的父亲和太上皇,实际上他只是政治斗争的牺牲品,在皇权继承问题上李渊是站在李建成船上的人,玄武门之变中李建成被杀,及其同党弟弟李元吉同时被杀,原本李渊也是性命堪忧的。但是,李世民是有政治眼光和政治智慧的,他不但没有杀李渊,反而封李渊为太上皇,给足了李渊面子,同时又在国人面前保持了孝子的形象,世人对李世民的做法无不表示赞许。可是,作为处于上九爻尴尬之境的李渊,实际上已经完全被架空了,不可能在治国理政上发挥任何作用。这时的李渊回望过去的点点滴滴,难免不发生悔恨伤感,由于他政治上缺乏智慧,未能妥善处理好继位问题,导致三个儿子之间相互残杀,无论哪方取胜,都难免儿子人头落地,他作为父亲、作为一国之君难道能辞其咎吗?可惜世上没有后悔药,时间不会倒流,人死不能复生,李渊肯定会有后悔,当初要是不那样做也许两个儿子不会死,也许自己还可以在九五至尊的位置上继续享受那至高无上的权威。可是,现在一切都已过去，如梦幻般成为泡影。用"亢龙有悔"来反映当时李渊的心理状态也许是非常合适的。不是李渊有意要到上九爻的最高位，而是由于主观因素和客观因素相互交织不断地相互作用，才使得事态陷入无法掌控的泥淖境地。

上九说"亢龙有悔"，就是说龙飞得太高了，难免会产生一些悔恨。人非圣贤，孰能无过？其实即使圣贤，也会发生过错，只是圣贤懂得反思和补救罢了。只要认识到过失和错误，及时采取有效措施尽力挽救，最终问题不是太大，不至于到无法挽救的地步。"悔"在"悔、吝、厉、咎、凶"五个凶险等级里程度是最轻的。可以理解为有些遗憾、后悔和悔恨。

孔子的弟子问老师"亢龙有悔"说的是什么意思啊？孔子回答说处在上九爻位的人的第一个困难和弱点是"贵而无位"。就是说上九爻的地位很高贵，很尊贵，这是一个高不可攀常人难以企及的位置。但是，虽然很尊贵却"无位"。也就是说这是一个没有实际权力的位置，没有实权，只是虚职，不过是一种象征性的摆设。我们原来讲过，如果说九五爻是老大的话，上九爻就是大佬，大佬作用发挥得如何，取决于老大的态度。老大如果信任他，可以让他继续发挥余热，他就可以发挥一定的作用；如果老大不信任他，大佬就会被彻底架空，相当于他的权力被完全短路和屏蔽了，成了真空地段，大佬就发挥不了任何作用。实际上大佬的命运捏在老大手里，大佬只有与老大合作才能勉强过日子，若与老大作对则必将作茧自缚寸步难行。上九爻的这种仰人鼻息的处境就是"贵而无位"的状态。

处于上九爻位的人的第二个困难和弱点是"高而无民"。大致意思是，因高高在上而不拥有民众。这是因为上九爻所处的爻位过高。如果反映在社会中，相当于处于象牙塔的塔尖，它的地势是最高的。水满则溢，月盈则亏，物极必反，盛极必衰。高处不胜寒表现在两个方面，一方面民众都在基层，大多数集中在乾卦的初九爻和九二爻。初九爻、九二爻离上九爻距离很远，中间还隔着九三、九四、九五等三个阳爻，从理论上讲上九大佬与社会基层是完全脱离的，意味着他不了解基层也不了解百姓，与百姓大众没有情感联系，自然也无法与百姓大众进行沟通。另一方面，九五老大是一国之主，全国百姓都受他的领导，上九大佬即使想亲近百姓大众也不具备这个条件，九五老大不可能放任上九大佬动用民众资源而坐视不管。在这样的背景下，即使上九大佬深受民众信任，民众有意对他支持和帮助，也是心有余而力不足，只能是望洋兴叹爱莫能助了。

处于上九爻位的人的第三个困难和弱点是"贤人在下位而无辅"。即贤良能臣都处在社会基层的低下位阶，因而不可能对上九大佬有所辅佐和帮助。上九大佬是退了位的君王，尽管本身的素质可能是比较好的，也许有智慧，也有能力。但是，一个好汉三个帮，独木难支，孤掌难鸣，如果没有一支精明强干的干部队伍支持，就很难做成各种事业。所谓的"贤人"，是指社会精英阶层、仁人志士、有能力的骨干队伍等等，这些人有很好的潜质，有很大的发展潜力，但目前却身处基层下位。受"贵而无位、高而无民"不利因素的制约，上九大佬对于贤人的利用也是鞭长莫及，这些贤人不是他所能支配的资源，他无法动用他们。虽然彼此价值观相同，道德相融，智慧相通，但因为两者位置的差异产生了阻隔和壁垒，没法形成一个有效的共创事业的有机整体。所以，上九大佬兴办事业是缺乏资源的，事业要想有所成就，必须具备天时、地利、人和，缺一不可，而这些恰恰是上九大佬的软肋。论天时天不时，大佬已经退位，属于时过境迁，明日黄花，风光不再；论地利地不利，高耸危立，孤独无助，脱离社会，摇摇欲坠；论人和人不和，君王不睬，贤人无辅，民众不知。这就决定着上九大佬将是无所事事郁郁终老的结局。

鉴于上九大佬存在以上三个方面的困难和弱点，孔子最后得出结论说"是以动而有悔也"，意即由于这个原因处于上九爻的人一旦有所行动，便会出现令人悔恨的情形。也就是说上九大佬若要采取行动，其结果多半是不会成功的，留下的可能只有悔恨，悔不当初，悔恨以前看错了人，悔恨没有提拔重用某人，后悔听了谁的话或不听谁的话，后悔哪件事没有及时做，后悔哪件事没有做好，因此才导致现在这种无能为力无可奈何的窘境。

上九爻的爻辞比较简单，因为这是最后一爻，事物到了终结阶段，才发觉人生并不完美，总有这样那样的遗恨和缺憾。"贵而无位，高而无民"反映出上九大佬的一种孤独无助和孤立无援的凄凉景象。一个篱笆三个桩，一个好汉三个帮。做事业至关重要的是需要有一群三观相同的人才的高度集聚和团结协作，一个"贤人在下位而无辅"的人注定无法成就这样的事业，为此"是以动而有悔也"，也许这就是其大概率的结局。

57 《乾文言》说"潜龙勿用,下也;
见龙在田,时舍也"是什么意思?

　　本篇我们继续分享《文言传》之《乾文言》中的部分内容,我们先看原文:

　　潜龙勿用,下也;见龙在田,时舍也;终日乾乾,行事也;或跃在渊,自试也;飞龙在天,上治也;亢龙有悔,穷之灾也;乾元用九,天下治也。

　　把这段话翻译成白话文大致意思是:潜龙勿用,是因为它处于最低下的位置;见龙在田,是上天给它施舍了良好时机;终日乾乾,是指勤奋努力创办事业的情形;或跃在渊,是自我尝试以便进入更高层次;飞龙在天,是君王治国理政取得了成效;亢龙有悔,是因为走入穷途末路而导致灾祸发生;乾元用九,是因为只有这样才能使天下得到有效治理。

　　《乾文言》的这一段话主要围绕乾卦的六个爻和用九七句爻辞而作的概括性评价。这段评价简明扼要,提纲挈领,不在于对其作出全面、完整和系统的评价,而是择其重点作一个简评,抓住了事物的本质特征,起到了画龙点睛的突出效果。

　　《文言传》的作者不止一两个,他们是以孔子为典型代表的创作集体，比较鲜明地反映了儒家的思想体系和理念观点。其评价所针对的是，六个爻和用九所代表的人生事业的不同阶段，而每个阶段的侧重点不一样，因而使《文言传》的文辞起承转合多姿多彩。我们了解了《文言传》的每句文辞后，再来细细品味原来的爻辞，以经传并重有机结合的方式来学习《易经》，对于我们准确理解经文和传文的思想内涵是很有帮助的。下面我们逐爻逐句地来做些分析。

第一句是"潜龙勿用，下也"。主要是针对乾卦初九爻的爻辞"潜龙勿用"所作的评价。"下也"，评价很简单。意即为什么说潜在水下之龙不要试图发挥作用，为什么要这样说？《文言传》解释道，这是因为初九爻居于全卦的最低下最底层的位置。如果将乾卦视为一座六层楼房，那么初九爻就是第一层，这是基础层，最下层。如果将乾卦看成一个社会，那么此时的龙所代表的君子或精英阶层尚处在最基层，与普通百姓没有什么两样，人微言轻，没有人会理会他。他还处于学文化、学知识、学技能的培养教育阶段，还不具备有所作为、有所表现和发挥作用的能力条件。归根结底，"潜龙勿用"的关键原因是当事人处于最下位的缘故。

"潜龙勿用"并不是什么都不做，这个阶段主要的任务是培养今后大用所具备的德养、学识和能力。以我的儿子胡宁远同学为例，与初九爻相对应的阶段是读书接受教育的阶段。从2000年三岁进入哈密路幼儿园开始，一直到2021年底英国伦敦政治经济学院硕士毕业，长达二十多年的教育经历都属于"潜龙勿用"的阶段。他的入学经历分别是长宁区实验小学、东延安初中、延安中学高中、宁波诺丁汉大学、伦敦政经学院硕士研究生。这些年都在投入，没有产出，完全是"潜龙勿用"的状态。这一阶段是人生事业的打基础阶段，处于最下位，没有资源、资格和资本去发挥作用。如果勉强要说有过"收入"，儿子从小学开始一直参加声乐学习，通过了童声十级考试，三次在市级声乐比赛中获得第一。曾因参加艺校组织的商业性合唱表演取得过几百元的"收入"，当然这是跟各位开个玩笑。

高楼万丈平地起，基础不牢，地动山摇。有出息的孩子和没出息的孩子看起来都一样在接受基础教育，但基础打得是否扎实，直接关系到孩子将来是条虫还是条龙。世上没有教不好的孩子，只有教育不得法的家长。孩子小时候长得正，将来就可能是国家栋梁；小时长歪了，将来就可能是棵歪脖子树不堪大用。要想树木长得高，就得把根扎得深。因此，无论是固本培元的品德涵养、意识形成，还是夯实基础的性格培养、习惯养成，都应当从小抓起从儿童抓起。一旦错过童年这一黄金时期，效果就非常有限了。因此，作为孩子人生第一任老师的父母，其责任是十分重大的，帮助孩子扣好第一粒扣子其影响是深远的，将伴随其一生。严是爱，松是害。贪玩是孩子的天性，但父母不应该放纵孩子任性妄为我行我素，而是应该把这种天性和培养教育结合起来，避免孩子因无节制贪玩或沾染不良嗜好而荒废学习。小时候溺爱放纵孩子，必将贻误孩子的终生。不少问题少年的最大问题都出在"潜龙勿用"的人生起步阶段。

什么是幸福，幸福就是用长期的痛苦换来一时的快乐；什么是悲惨，悲惨就是用一时的快乐换来长期的痛苦。什么是幸福人生，幸福人生就是用现在的痛苦去换取将来的快乐；什么是悲惨人生，悲惨人生就是用现在的快乐去换取将来的痛苦。人们都希望追求幸福的人生，却不懂得付出与得到、耕耘与收获、吃苦与幸福的简单关系，不想付出就想得到，不想耕耘就想收获，不想吃苦就想幸福，到头来却避免不了不得不吃苦的结局。现在拔苗助长的事例比比皆是，如今有不少视频童星小网红，聪明伶俐，多才多艺，活泼可爱，有这么好的基础条件，本该在"潜龙勿用"阶段加强培养教育，把基础打得更加扎实，可是目光短浅的父母却热衷于拍视频做广告挣外块，小小的年纪被过早地拿来使用和消费，耽误了孩子的学业，也影响了孩子的健康成长和正常发展。这种违反"潜龙勿用"原则的行为，无异于杀鸡取卵饮鸩止渴。

　　幸好儿子胡宁远的少年时代总算是没有虚度。儿子的小名叫"牛牛"，因为是1997年出生的，那年为牛年，同时也是希望他学习老黄牛的精神，脚踏实地，勤勤恳恳，吃苦耐劳，奉献社会，有益于百姓。儿子是在部队大院里散养长大的，在部队大院里小有名气，人们都戏称其为"老牛"，因此"老牛他爹"是我的曾用网名，同事邻居也因此称我的妻子为牛妈。在刚上小学的时候，对学校生活并不适应，觉得还是幼儿园的生活快乐自由，他的内心是不想长大的，留恋自由自在的生活，不习惯被约束，对做家庭作业也比较抵触。牛妈对牛牛的培养教育非常用心，是位优秀称职的第一任老师。她对牛牛生活上无微不至，舍得为他花钱，因此牛牛从小就是美食家，玩具收藏家，NBA球衣收藏家，饮食品位比我这个当爹的要高出一截。在保障牛牛生活的同时,牛妈对牛牛的学习要求也是非常严格的,钉是钉铆是铆,丝毫不含糊。她看了许多教育孩子成才的书籍,在 "别人家孩子" 身上借鉴如何培养教育孩子的秘诀。而我觉得牛牛小小年纪学业如此辛苦,就有些不忍心,因此过问不多,我想牛妈的严厉已经让儿子够受的了,我如果再给儿子施压,那样的话他的童年生活会异常艰难。因此,我的定位是配合牛妈对儿子的培养教育,通常做些辅助性事务,如接送孩子,陪儿子打篮球,采购食物用品之类。

牛牛的小学语文老师,教学很有一套,为了培养学生的阅读习惯,她要求家长陪伴学生养成睡前阅读的习惯,久而久之就习以为常了,而这样的习惯给儿子带来了很大益处。牛牛对历史很感兴趣,以至于小学阶段他便对清朝十二帝熟悉得跟自己的姥姥、姥爷一样。有一次朋友送我一把印有清朝十二帝的纸扇,牛牛看一眼就指出有两位皇帝头像搞错了。我们刚开始不信,后经仔细比对,证明牛牛是对的。一般小学生学历史都是看故事书,而牛牛却一本正经看了好几部大部头专著,为了验证历史他数次专程到北京参观故宫。当十来岁的牛牛在大部头历史书前驻足浏览时,售货员阿姨善意提醒说:"小朋友,这是大人看的书,小朋友看的书在那边呢!" 在场的牛妈赶忙解释说,他要看的就是大人的书。爱好历史的习惯让牛牛受益匪浅,他在伦敦政经学院念硕士时就选择了经济史专业并以优异的成绩毕业,牛牛从中收获了自信,感觉这类专业特别对他的胃口,表示待工作几年有了一定经济基础后,他仍愿意去攻读经济学博士,最后到类似宁波诺丁汉大学这样环境优美的大学做个教授也是不错的选择。

牛牛活泼好动，但从不惹是生非，对人和善友好，人际关系良好。从小的生长环境为他的成长提供了安全感，父母的言传身教培养了他的正义感，牛妈的严格要求强化了他的责任感，老师的教育引导坚定了他的使命感。牛牛平时的成绩稳定在班级的前十名，初高中阶段一直担任班长，经常参加博物馆讲解、敬老院慰问表演、环保宣传等公益活动，使他拥有了更多的锻炼机会。由于长期高强度学业训练养成了不完成作业不罢休的良好习惯，他学习非常刻苦，经常学习到深夜，每次大考前更是自我加压。因此，诸如中考、高考、毕业考之类的关键性考试总是能超常发挥，考出比平时成绩好许多的结果。

在申报硕士研究生的时候，在七八个目标学校中，牛牛最看中伦敦政治经济学院，但按他的学业水准报考这所学校的难度是非常大的，成功的可能性很小。但不去试一试怎么知道自己不行呢？就如同"或跃在渊"一般，牛牛决定向最高目标发起冲击，我和牛妈也给予他以最大的鼓励和支持。最终胡宁远同学终于如愿以偿。并且在研究生期间，在高难度课题、高强度学业和快节奏教学的重压下，牛牛变压力为动力，学习更加刻苦，更加用功，更加努力，夜以继日，攻坚克难，毫不懈怠，最终也以优异成绩获得了伦敦政经的硕士学位。

在这里分享儿子牛牛的案例，不是说儿子有多牛，而是在于向大家分享儿童培养教育的心得和体会。让易友明白"潜龙勿用"不是无所作为，而是大有可为。给孩子留下亿万家产，不如教育孩子如何做人，如何成才，如何培养受用一辈子的好习惯。

儿女有出息才是父母的最大财富。培养孩子一个良好的习惯,等于给孩子攒下一笔丰厚的积蓄。对孩子严格要求和良好教育就是对孩子最深厚的爱。

这段《乾文言》的第二句是"见龙在田,时舍也",直译是龙出现在田野里,这是老天适时的施舍情形。"见龙在田"是乾卦九二爻的爻辞,孔子对此爻的评价是"时舍也"。"时"是及时、适时、逢时等意思,"时"是《易经》中的重要概念,时机不到做事不会成功,时机过了做事也不会成功,只有时机到了,而且竭尽全力去做,事情才能成功。这个"舍"就是施舍、施惠、施益等意思。"时舍"就是属于你的高光时刻来临了,时机成熟了,老天开始眷顾你了,你的付出,你的努力,你播撒的种子,此时要开始回报了。俗话说,一寸光阴一寸金,寸金难买寸光阴。因此,光阴很贵,年轻人应惜时如金,尤其不要挥霍"见龙在田"的这段光阴,要牢牢抓住老天眷顾"时舍"的良机,踔厉奋发,勤勉努力,这样的回报率非常高,性价比也是最高的。

"见龙在田"已经到了六层楼的第二层了,此时的龙已经上了岸,龙出现在田野里,被大家发现,受众人关注。老天把一个良好的时机施舍给龙,这是一种比喻性的说法,实际上是龙与时俱进长能耐了。随着时间的推移,龙学到了本领,得到了初步成长,能够防范和应对各种各样的天敌侵害和风险挑战了。九二爻是下卦的中爻,居中有德,因而"见龙在田"也可理解为由于此时的龙彰显了美好品德,愿意把自己的智慧和才能发挥出来,贡献给世人,施舍给天下。反过来,能为天下人带来益处的龙或人,自然深受大众的关注、赞许和支持。

如果对应人生的阶段，九二爻所处的阶段便是大学毕业后进入工作岗位，一直延续至工作十年左右的这段时间。《易经》告诉我们人生事业处于九二爻阶段的特点是"二多誉"，有了前面小学、初中、高中、大学等一系列培养教育，再加上工作岗位的实践锻炼，小伙子或小姑娘意气奋发，年轻有为，知书达理，彬彬有礼，勤奋努力，积极向上，逐渐在单位崭露头角，成为业务骨干或学科带头人，他的德行才能正在逐渐释放，作用发挥越来越好，逐渐成为单位不可或缺的重要力量。这时他们便与"见龙在田"的意境完全融合在一起了。

"终日乾乾，行事也"。直译便是：一整天接着一整天地工作，日复一日地努力奋斗，这是形容人们积极进取勤勉做事的情形。这里的"事"应作广义的理解，可大可小，小到油盐酱醋鸡毛蒜皮，大到事关人民幸福、民族复兴和天下大同。君子带着"终日乾乾"的精神状态为人做事，创建事业，为天下、为国家、为民族、为百姓兢兢业业，艰苦奋斗，坚韧不拔，推进各行各业和各项事业蒸蒸日上向前发展。

"或跃在渊，自试也。"直译便是：带着疑惑在深渊里跳跃，这是龙尝试着向更高平台跃升。九四爻是上卦的第一爻，对于人生事业来说，能进入九四爻层面已经是相当了不起了。但是，水往低处流，人往高处走。处在九四爻的龙或人仍然存在向前发展的上升空间。有了这样的机会就应当抓住，积极尝试，成功了自然可喜可贺，没有成功也没有关系，毕竟不是人人都能成功的，尝试了就不后悔。"或跃在渊"讲的是存在这样的机会和可能，"自试也"是对待机会和可能的态度。敢于把自己放到竞技场上试试，试试这把牛刀快不快，试试自己有几斤几两能吃几碗干饭，试试自己有没有能力跃上更高的平台。因此这就是一种尝试，一种自我挑战，一种对自己实力的检验。幸运往往眷顾那些敢于挑战和尝试的人，放弃尝试就等于放弃机会。

"飞龙在天，上治也。"直译便是：龙在天上自由翱翔，它反映了国家在君王的率领下得到了有效治理。这是孔子针对乾卦九五爻的爻辞所作的评价。"飞龙在天"是龙多种行为状态中最佳的状态，龙行天下，独往独来，无拘无束，非常自由，龙的行动范围很广，覆盖面很大。"飞龙在天"是六龙御天的典型特征和突出表现，其目的在于保护天道，维护公平正义。"上治也"，"上"指君主、君王，也指国家领导层和权力机构，或者高层行政体系和统治集团。相当于现在的政党组织领导体系和自上而下的社会行政管理体系。"治"既指治国理政的行为，又指治国理政取得了良好结果，国家社会得到了有效治理，国泰民安，物阜民丰，和谐安宁，井然有序。用社会主义核心价值观来解释"上治也"也许更加明白易懂，那就是作为国家层面目标要求是"富强，民主，文明，和谐"；对社会层面的目标要求是"自由，平等，公正，法治"；作为公民个人层面要做到"爱国，敬业，诚信，友善"。如果社会主义核心价值观的目标理念得到真正落实，那么便可毫无疑义地称其为"上治也"了。按现在的话来说，就是四梁八柱的构架已经建立，整个国家治理体系，从顶层设计，到中间布局，横向配套和上下衔接，直到末端实施，形成了相互协调的有机整体和闭环可控的运行机制，这样就为整个社会和谐顺畅的运行创造了很好的氛围和环境。

"亢龙有悔"就是指上九这条龙飞得太高了,会产生令人悔恨的负面效应。盛极必衰,物极必反,琼楼玉宇不胜寒,繁华过尽是凄凉。人生事业如果能终结于九五爻是最好的,可惜不是谁都能掌控得了的。人心不足欲壑难填是人性的弱点,人很容易被胜利冲昏头脑,会让繁华蒙蔽双眼,名利、荣誉、金钱、财富、官爵、地位等像高效的催化剂,搅得人们眼花缭乱,亢奋癫狂,自我膨胀,以至于病入膏肓,难以自拔。因而在强大的诱惑面前,相当一部分人会鬼使神差般地走到上九爻尽头,从而陷入"亢龙有悔"的境地。

孔子评价说这是"穷之灾也"。这个"穷",是穷尽人生之路,使自己走上穷途末路,再往前已经无路可走了。这种穷途末路的灾祸,不是别人强加给他的,是他自己利令智昏利欲熏心的行为招致的,咎由自取,自食其果。不过,老天给人关上一扇门总会留下一扇窗。"悔"在"悔、吝、厉、咎、凶"的五个风险等级里程度是最轻的,只要能有所悔悟,懂得反省,后果还不至于糟糕到不可收拾的地步。

最后是"乾元用九,天下治也",意思是说,乾卦之元采用了用九原则,标志着天下得到了有效治理。"用九"的原则就是用阳原则、阳爻使用原则,这个原则便是"见群龙无首,吉"。乾卦的六个爻均为阳爻,"用九"之"九"就代表乾卦的这些阳爻,并以此拓展至整个六十四卦中的阳爻。

乾卦卦辞所反映的"元、亨、利、贞"四个阶段,"元"是最重要的,"元"有两层意思,一是创造,二是开始。有了"元"才有后面的"亨、利、贞",没有"元"后面三者也就无从谈起。从某种意义上讲,这个 "元" 是乾卦里最主要的要素或者元素,是乾卦精神的集中反映和典型代表,是乾卦的标志性元素。有元才有乾,无元便无乾,这个 "元" 可理解为是 "道" 的产物,它与天道的关联是十分紧密的。"乾" 与 "元" 在某种意义上意思是相通的,因而《易经》中经常出现 "乾元" 的词组。以一颗种子为例,种子里蕴藏着 "乾元",但不能说种子就是 "乾元","乾元" 是看不见、摸不着的,潜藏在具体的万事万物里面,就像老子所言的道一样,看不见、摸不着,但我们能感知得到,万事万物里都有道的体现,同理万事万物里都蕴含着 "乾元"。

《易经》倡导的用阳原则是,我有很大的力量,阳刚是我的优势,但我从不凭借这一优势,张狂逞强,恃强凌弱,仗势欺人。我可以很强,但我绝不当头。这样的结局才是吉祥的。如果认为我很强,所以我就应该当头,那么其结局就不可能是吉祥的,以至于非常凶险。因为个体的力量再强,在人民大众的强劲势力面前,只不过是沧海一粟,依然是十分渺小的。

"乾元" 是阳爻或者阳性事物最典型的一个标志,"用九" 就是用来规范阳爻或者阳性事物行为的规则,用九的原则是要表现出 "群龙无首" 的状态,每个君子、诸多阳爻群体,都高度自觉,高度配合,自觉维护天道,维护公平正义。只有在这样的情况下,才能实现 "天下治也" 的愿望,这样整个天下才能得到有效治理,社会才能和谐安定,人民才能过上幸福生活。

58 《乾文言》说"潜龙勿用,
阳气潜藏"是什么意思?

本篇我们继续分享《文言传》,先来看这一段《乾文言》的原文:

潜龙勿用,阳气潜藏;见龙在田,天下文明;终日乾乾,与时偕行;或跃在渊,乾道乃革;飞龙在天,乃位乎天德;亢龙有悔,与时偕极;乾元用九,乃见天则。

这段话与前面那段话相似,也是一种综合性的评价。把它翻译成白话文大致意思如下:

潜龙勿用,阳气因潜伏水下得以收藏和积累;见龙在田,只因天下彰显文采和光明;终日乾乾,是因为能够保持与时间同行;或跃在渊,是因为乾卦的创始发展之道到了应当变革的时机;飞龙在天,是因为君王居于符合天道要求的位置;亢龙有悔,是因为与时间同行走到了尽头;乾元用九,是因为这样做体现了天道自然法则。

这段《乾文言》是从儒家的观点出发,对乾卦六个爻和用九的爻辞所作的评价。但是,这一段综合性评价,与前面那段有所不同,它是从另外一个维度来作综合性和系统性评价,可谓殊途同归。下面,让我们一句一句地来作一下解读。

"潜龙勿用,阳气潜藏。" "潜龙勿用" 是初九爻的爻辞,此前已经多次介绍过它的基本意思,这里就不再作重复解释了,对乾卦的其他爻辞也作相同的处理。"阳气潜藏" 之 "阳气",可理解为 "元气" "正气",也就是乾元之气。请大家注意,我国古代所称的 "气" 并不是现代意义上的气体、气流、气团等意思,而是有其特殊含义的。跟 "道" 的特性有些类似,它看不见摸不着,但可以感受得到。

"气" 是物质和精神彼此作用、有机统一、相互融合的综合体,它以元素、能量、意识、意象、意念等形态存在,并以感应、感知、感觉等形式表现出来。"阳气" 是阳刚强健具有膨胀、扩张、前进、上升、温热等特性的气。"阴气" 则是阴柔纤弱带有收缩、内敛、后退、下降、寒凉等特性的气。孤阴不生,独阳不长。阳气不是越多越好,阴气不是越少越好,以两者比例适当为佳。阳气过多,难以掌控,就会泛滥成灾,变成火气、怒气、傲气、匪气、戾气等等。阳气不能脱离阴气而存在,必须用适当的阴气来配合、辅助、滋润和涵养。同时,阴气也不能过多,阴气泛滥就会导致出现本末倒置阴盛阳衰的状况,从而使邪气、娇气、妖气、脂粉气、娘娘气、小家子气等等不良风气流行于世。

比如,在一辆飞速奔驰的汽车中,"阳气" 好比发动机、燃料、电池和电能等构成的动力系统,"阴气" 好比机械、液压、气压、电磁刹车等构成的制动系统,两者的目标是一致的,都是为了把主人或有关器物快速安全地送到目的地。但两者的功能作用是不同的,动力系统是推动汽车快速行驶,而制动系统是阻止汽车快速行进。如果光有动力系统，速度可能很快，但很难控制，极易发生交通事故，欲速则不达，最终很可能不能到达目的地。如果制动系统过于敏感，刹车过于频繁，也会拖累整个行程。因此，只有在动力系统和制动系统处于协调运行的情况下，汽车才能快速安全地到达目的地。可见，"阳气"和"阴气"是需要配合的，在两者之间需要找到一个适当的平衡点。

"阳气潜藏"可以理解为两层意思，一是积少成多，逐渐把阳气聚集起来；二是把阳气好好收藏，爱惜阳气，节约使用。因为初九爻的龙处于最下位，属于龙的幼年时期，阳气并不多，需要逐步积累，慢慢聚集。如果真有龙存在的话，龙的初始阶段和蛇应该不会有太大的区别，就跟白天鹅小时候和小鸭子混在一起时很难区分，模样还不如小鸭好看，因而受人歧视，被贬称为"丑小鸭"。虽然龙、白天鹅气质高贵元气满满，但在它们幼年阶段时这些优势和特征并不明显，龙与蛇、白天鹅与小鸭几乎没有太多差别。知道自己短板在哪儿，就应该缺什么补什么。当龙在初始阶段阳气不足时，聪明的做法就是扑下身子，潜在渊里，努力进取，不断提升和增长自身的阳气。同时，如果知道自己阳气不足，就要节物惜用，量入为出，量力而行，而不能毫无节制地耗费宝贵资源。

比如，我们以自然气象中的阳气为例。如果乾卦初九爻发生爻变，那么乾卦就变成了天风姤卦。姤卦代表农历五月，此时阴气开始萌生，整个天地万物由农历四月的乾卦全阳状态，变成了首爻变阴的姤卦状态。表明自农历五月开始阴气逐步回归，其变化趋势呈现为阴气逐渐增多，阳气逐渐减少，天地万物处于阴息阳消的通道之中。把这一自然节律应用到家庭社会领域，对于做好保健养生有积极的指导意义。民间有"五毒月"的说法，通常梅雨季节也发生在农历五月，在这期间气候潮湿闷热，器物容易发霉生菌，加上古代卫生条件不佳，人们容易在农历五月生病，因此古人采取了不少消毒防病措施，如插艾蒿、挂香囊、撒雄黄粉、吃雄黄豆、喝雄黄酒等等。并且认为农历五月初五、初六、初七；十五、十六、十七；二十五、二十六、二十七，再加上十四天地交泰日，便构成了"十毒日"，其间是禁止同房的。这里有讲究卫生，注重自我防护，远离病菌的意思，也有开源节流，保护元气，力求细水长流的含义，这与"阳气潜藏"的意境就相当一致了。

第二个阶段"见龙在田，天下文明"。直译便是：龙出现在田野里，天下尽显文采绽放光明。我们现在所说的"精神文明"，"文明"是一个双音节词，属于一个词，它的最早源头可能就来自这里。在古代，"文明"是由两个词构成的词组，与现在的"文明"，既有联系，又有区别。一个是"文"，一个是"明"。这个"文"是受什么启发产生的？"文"实际上取象于坤卦，我们以前说过，在《易经》里说乾卦的时候应当包含坤卦，乾卦的错卦是坤卦，坤卦的一个意思就是文，乾卦的六个阳爻中间断开就成了六个阴爻，相当于大片的田地，大地呈现出五彩缤纷多姿多彩的景象，这种景象就是"文"的含义。这个"文"就是文采、色彩、花纹、花样等意思。"明"就是光明，太阳绽放光明，这个"明"的意境来自于哪里？它取象于离卦。如果说九二爻发生爻变，乾卦下卦就变成了离卦，离为日，代表太阳；离为火；离为电等。太阳、火、电等都代表光明，因此才会有"天下文明"的说法。这都与九二爻居中有关，居中有德，造福天下，泽被百姓。"见龙在田，天下文明"，就反映了龙出现在田野上，全天下呈现出一派色彩斑斓、多姿多彩、光明灿烂的文明景象，这是一种非常美好的境界。

第三句是"终日乾乾，与时偕行"，意即君子日复一日地努力奋斗，伴随时代发展同步前行。"与时偕行"跟现在经常讲的"与时俱进"是一个意思，"与时偕行"的文辞非常美，与时俱进应该是在这个基础上发展而来的，或者说两者关联非常密切。它表明汉语的生命力非常旺盛，繁衍发展能力极强。"终日乾乾"，"终日"是指整个白天，从早晨到傍晚。"日"取象于离卦，九三爻如发生爻变，则下交互卦变为离卦，离为日，日为太阳，代表白天。"乾乾"是指下卦为乾卦，上卦也为乾卦。乾为天，乾卦均为阳爻，代表白天。将上述意境组合起来，就是君子学习天体日月星辰持续运行永不停息的进取精神，一天接着一天，积极进取，自强不息，努力奋斗。

对于君子创办事业来说，"与时偕行"非常重要。它要求你的事业应与社会的发展和时代的要求相适应，与时代的节拍相融合，这样才能把事业做实做强做大。《易经》是非常重视时机的，时机不到，或时机已过，再怎么努力效果都是非常有限的，这时做事是事倍功半；而当时机成熟或正逢其时的时候，如果能够抓住时机，全力以赴，奋发努力，就能收到事半功倍的效果。因此正确理解和运用"与时偕行"非常重要，比如，应经常思考以下这些问题，时代需要我们做什么，围绕时代需要我能做什么,我应该在什么时候做什么,不应该在什么时候做什么等等,假如我们的人生事业能做到与时偕行,那么成功的概率就能提高许多。

针对第四爻的文言是"或跃在渊,乾道乃革",意思是说,龙带着疑惑在向上跳跃,这是乾道即将发生变革的重要契机。"或跃在渊"是某个阶段的一种屡战屡败,屡败屡战,反复尝试,不断挑战的持续行为。其结果有两种可能性,一种是跃上去了,那就是晋升到了更高的层次;另一种是跃不上去,再跌落到原来的位置,甚至更低的位置。

"乾道乃革"的"乾道"就是创始之道、兴业之道、进取之道、奋斗之道等等。乾卦六爻全为阳爻,充满阳刚之气,它的主体是君子化身的龙,或者是龙所象征的君子。君子肩负着老天赋予的神圣职责和历史使命。君子的天职就是替天行道,主持公平正义,为天地立心,为生民立命,为往圣继绝学,为万世开太平。用现在的话来说,就是要为中华民族谋复兴,为中国人民谋幸福,为天下百姓谋大同。

九五爻是核心之爻,九五至尊,君王之位。而九四爻与九五爻只有一步之遥,但君王只有一个,九四爻可理解为君王人选的后备团队,未来君主就潜藏在九四爻的群体之中。有人如果在九四爻"或跃在渊"成功了,登上了九五至尊的位置,标志着新的政权产生了,即将开启新的时代。这时的"乾道乃革"可以理解为君王之道、统治之道、安邦治国之道、政权运作之道,随着君主的变更必将发生变革或革命性的变化。

"乃革"的"乃"是判断词,起加强判断肯定作用,相当于

"就是""就"等意思。"革"是革命性的变革,发生了本质变化。事物通常在一步一步地发生着量变,到一定的时候就由量变转化为质变,使事物发生一种本质性变革。变革是有风险的,可能变好,也可能变坏,挑战与机遇并存,困难与希望同在。"乾道乃革"只是存在着一种可能性,如何将可能变为现实,需要付出百倍的艰苦努力。如果能够紧紧抓住"或跃在渊"的天赐良机,自我加压,攻坚克难,坚韧不拔,奋力一跃,就有可能获得一个革命性的结果,一种非常积极的正面的美好的结果,一种行将成就的愿景,曙光初现,前程似锦,充满期待,孕育着希望,昭示着光明,预示着未来。

接下来是"飞龙在天,乃位乎天德",意思是说,龙飞行在天上,是指它获得了与天道品德要求所匹配的君王之位。"飞龙在天"是乾卦九五爻的爻辞,九五爻是上卦中爻,居中有德,代表着这是一位能够主持公平正义的君王。这个时候,龙也好,君子也好,他们居于这个具备天德的位置,一个系统里最重要的老大位置。占居九五至尊的位置,可以称得上真正的"有位"了,占居九五爻位的人可称之为"大人",是有位、有权、有大量资源的人,可以利用人财物各种资源,可以有效支配这些资源。"天德"便是天道所要求的君王之德,老大必须是有大德、大能和大智慧的君主。天有好生之德,那么就要求君王心系苍生,造福百姓,让他们过上幸福、快乐、安宁的生活。

"亢龙有悔,与时偕极。"意即龙飞得过高了就会产生悔恨,这是因为它伴时间同行走到了穷途末路。"亢龙有悔"是上九爻的爻辞。到了上九爻,已经到了乾卦的尽头。事物都有自己的生命周期, 从产生发展到高潮高峰, 又从高潮高峰到衰败消亡, 旧一轮发展结束, 新一轮发展开始, 新陈代谢, 循环往复, 不断前行。"与时偕极", 时间具有单向不可逆性, 一直往前延伸, 走向未来, 永无止境。时间没有尽头, 但是人和事物都是有生命尽头的。"偕"是人或事物与时间同行, 时间相当于忠实的伴侣, 主人公与时间结伴而行。"极"是极端、极致、尽头、末端等意思, 如地球的南极北极, 电池的正极负极。为什么会发生"亢龙有悔"的事情, 这是因为人生事业已经走到了穷途末路。虽然事业可能还在继续, 时代还在发展, 但已经更换了主体。

这段《乾文言》的最后一句是"乾元用九, 乃见天则", 意思是说, "乾元用九"所表现出来的"见群龙无首"的境界, 它所体现的即是天道法则。前面和此处连续出现"乾元用九", 说明"乾元"这一概念特别重要, 它是乾卦的精髓和象征。在经文中乾卦的"用九"是单独表述的, 是针对整个乾卦而言的, 而在《乾文言》中"用九"却是与前面的"乾元"联系在一起的, 由此可见"乾元"的地位非同小可。"天则"就是天道规则、自然法则、日月星辰运行规则, 以及万事万物发展变化规则等等。这个规则就是"见群龙无首"。这群维护天道的龙, 象征有高度境界、高度智慧和高度自觉的圣贤君子, 它们是高度独立高度平等高度自由的, 他们以共同维护天道为己任, 彼此是自觉自愿的配合协作关系, 不存在领导被领导、支配被支配关系。只有达到这种境界, 天下才能大治, 百姓才能幸福, 万事万物才能自由地发展成长。"见群龙无首"既是天则的要求, 又是天则的体现。

59 《乾文言》说"乾元者, 始而亨者也"是什么意思?

本篇我们继续分享《文言传》。这段《乾文言》的原文是这样的:

乾元者, 始而亨者也。利贞者, 性情也。乾始能以美利利天下, 不言所利, 大矣哉! 大哉乾乎! 刚健中正, 纯粹精也。六爻发挥, 旁通情也。时乘六龙, 以御天也。云行雨施, 天下平也。

这段话很美, 把它翻译成白话文大致意思如下: 乾元, 是具有创始功能并能使事物通达发展的元素。利贞, 是保持事物的天性和情态。乾卦之创始功能能够以美好适宜而有利于天下, 但并不标榜为天下谋利益, 多么伟大啊! 伟大啊, 乾道! 刚强稳健而居中守正, 多么纯正美好而洁净啊。事物在六爻所代表的时间和空间方位里兴起和散发, 形成了事物之间触类旁通的情态形状。顺应时序驾驭六条龙, 用来维护和保卫天道和自然法则。云气飘移, 雨水施洒, 天下呈现一派和谐太平的景象。

这段话是针对乾卦的卦辞所作的系统性、综合性、哲学性的评价和解读。让我们逐字逐句地来分析。"乾元者", 这是判断句的前半句, 是指拟对卦辞"元、亨、利、贞"的"元"作出解释。从《乾文言》表述看, "乾元" 是连在一起的, 从某种程度上讲, 这个 "元" 可以说是乾卦的主要代表, 或者标志性概念。"乾元者" 就是提出问题, 反问 "乾元" 是什么东西呢? 接着判断句的后半句回答作出解释, 它是 "始而亨者也"。"始" 是创始, 指乾卦所代表的事物所具有的创始创造功能。万事万物的初始是从无到有, 从零到一, 这是一个创造过程, 是一种创新方式, 用来表述事物的创造性开始。因此, 这个 "始" 既有开头的意思, 又有创造的意思。

庄子在《齐物论》中说: "古之人, 其知有所至矣。恶乎至? 有以为未始有物者, 至矣, 尽矣, 不可以加矣! 其次, 以为有物矣, 而未始有封也; 其次, 以为有封焉, 而未始有是非也。是非之彰也, 道之所以亏也; 道之所以亏, 爱之所以成。" 庄子这段话的大致意思是说, 古时有智慧达到极致的人, 何为极致? 有人认为宇宙初始时是没有物的, 这就是极致、最高的智慧, 已经是无以复加的了; 其次是认为宇宙初始是有物的, 但没有事物之间的边界; 再次一等的认为事物是有边界的, 但是无所谓是非对错。等到有了明确的是非对错观念, 道就开始亏损; 正因为道亏损了, 偏爱固执的观念才得以形成。

庄子是战国时期的哲学家, 在两千三百多年前, 他已经有了宇宙 "未始有物" 的认识, 在当时就有这种世界观着实让人高山仰止。庄子 "未始有物" 的 "始", 与《乾文言》"乾元者, 始而亨者也" 的 "始" 有某种渊源和联系。这个 "始" 不仅指万事万物之始, 也指宇宙初创之 "始"。宇宙和万物的最初形态不是具体的物, 而是乾元, 是元气, 是大道, 这是阴阳之气相互交织、相互融合、相互渗透、相互作用的混沌状态，这种混沌气团是无形状、无重量、无声音、无嗅味、无色彩的。

我们可以理解这种混沌气团里蕴含着"乾元"元素，这种"乾元"元素是受道控制的。如果说万物没有出现以前的混沌状态用"0"来表示，那么"乾元"在"道"的支配下，形成了宇宙，创造了天地，孕育了万物，人们见到了这些有具体形态的物就是"1"。我们称这种"0"与"1"的状态为阴阳状态，这是人们为了分析研究人为地把它们划分或分离出来的。实际上"0"与"1"是一体两面，对立统一，相互转化，相辅相成，是一个不可以分割的有机整体。

计算机里的基本符号只有"0"与"1"两种状态，却能模拟描绘出世界上万事万物，人们称之为虚拟世界。同样的道理，在我们生活的宇宙里，只有"0"与"1"阴阳两种状态，我们所见所听所觉的部分是具体可感知的事物，我们称之为真实世界。当然，真实世界里的大部分事物是人们无法直接感知的，人能看见的事物不到总数的5%。虚拟世界不过是人们通过科技手段复制或模拟真实世界而已，但虚拟世界和真实世界事物构成和运行机制却是相似的。真实世界是在道的支配下，发挥乾元神奇奥妙的功能和作用，使得万物物以类聚层出不穷，并拥有与自身相适应的生存发展之道。

也就是说，万物依道而生，按道生长，循道发展，循环往复，繁衍不息。而人类只是万物之一，也必须依道生活，遵道而行，而没有权力占有、统治和控制其他万物，更不能侵害其他万物，让它们断了生路。同样都是道的产物、乾元所赐、天地之子，人类如果违道而行逆天而为，做出伤天害理严重越界的事情，必将受到老天的惩罚和大自然的报复，这不是迷信，而是大自然的纠错机制和客观规律的惩戒。

而"亨"指的是事物创始产生后，到了第二阶段生长发展时期。"亨"是通达，顺利、畅通、发达，预示着新生事物是顺应时代和环境而产生的，有与其相适应的土壤和营养，有一个良好的开头，当然就可以有茁壮成长的延续。之所以能够有良好的开始和通达的成长，关键取决于"乾元"本身所独具的神奇而强大的功能，这就是伟大的自然力，而按照自然规律自由自在成长发展的万事万物必然是通达的。

《乾文言》进一步解读说，"利贞"是什么概念呢，指的是什么意思呢？它说"利贞"就是"性情也"。"性"是万物的天性，自然之性，天赋禀性。万物都有性，而且各自的性都是不同的，不同的性代表不同的功能和作用，这是万物各自存在的价值和理由，是一种事物区别其他事物的特征。每一种事物都有自己的性质特点，说通俗一点就是都有自己的个性和专长，都是不可替代的。"情"指的是情状、情态、情形、形象、形态、状貌等等，这是事物所表现出来的外在的形态特征。简单地说，为什么要"利贞"呢？这是由万事万物的天性和形状所决定的。"性情"都是事物与生俱来的自然禀赋，是老天赋予的，是造物主创造的，是天道化生的。所以，人的行为怎样做是适宜的、怎样做才算是守正的？那就是按照事物的性质去对待它，按照自然之理去做事，顺应自然去生养培育它们，让万事万物按照天性自由地生长发展，让它们表现出来本该有的情态和状貌，这就是"利贞"的内涵所在和内在要求。

《乾文言》接着说"乾始能以美利利天下，不言所利"。"乾始"就是"乾元"所代表的事物萌生的最初阶段，"始"就是"元"所包含的创造和开始两层意思之一。事物的始生状态都是美好的，能产生新生事物的时间节点、地理条件、土壤环境和社会状况都是适宜的。换句话说，"乾元"蕴含着能够使始生事物美好和适宜的功能，因而有利于天下万事万物的生长和发展。

"乾元"的功能相当伟大，"乾始"的作用非常神妙，但它"不言所利"，它自己不会说是我成全了你，它不会自我表功，说全是我的功劳。它在你的背后默默地帮助你成全你，乐意看到你过上幸福生活，但它不会说你的幸福是我给你的，你的成长是我帮你的结果。

"乾元"的功能和作用非常美妙，它以美好和适宜来成全万事万物。如同父母养育孩子一般，为了孩子的健康成长，父母无私奉献，付出了辛劳，努力为孩子创造良好的条件。天地是大自然的父母，万事万物是天地的子女。天地对于万事万物，正如同父母对待自己的孩子。父母为孩子做了那么多事，吃了那么多苦，遭受了那么多委屈，付出了那么多艰辛、心血和汗水，却认为这是天经地义理所应当的，从来不把它作为自我炫耀的资本。天地也是这样，施舍人间那么多美好、福祉和利益，却从来不自我标榜，自以为有功劳，自以为对人类作了很大贡献。

"乾元"作为天地的典型代表也是这样，"不言所利"，不说天下人的利益是自己带给他们的。有贡献却不说，送福利却不言，做好事不留名；默默无闻地帮助天下万事万物自由地、顺利地、尽情地成长和发展;万事万物各自得到了妥善安排,拥有了适宜的环境条件,最终有了美好的结果,却不知道这是"乾元"的创始功能带来的,这便是"乾元"的好生之德。这是一种多么崇高的境界啊,《文言传》作者感叹,"乾元"的创始功能是多么伟大,"不言所利"的精神是多么伟大,这种包容万物无私奉献的品德和境界是多么崇高,攒下了如此大的功德却不居功自傲,做了天大的好事却缄默不语,这是种多么了不起的品格啊。它值得人们敬仰,值得人们效仿,值得人们学习。俗话说,抬头三尺有神灵,没有天道的护佑,没有天地的宽容,没有大自然的养育,人类必将无法生存和繁衍,因而人们应当带着感恩的心态,敬畏天道,敬畏天地,敬畏大自然。

《乾文言》继续说"大哉乾乎"。乾卦精神是多么伟大啊!为什么说它伟大?因为"刚健中正,纯粹精也"。"刚健"就是刚强稳健,这是乾卦积极进取自强不息的精神内核。"中正"就是指乾卦的五爻是上卦的中位,居中有德,不偏不倚;阳爻居阳位,行为适当,光明坦荡,公正无私,能够主持公平正义,这是老百姓所期盼的美好品德。

"纯粹精也"。我们今天对"纯粹"一词耳熟能详,可《文言传》约产生于两千五百年前,古汉字的特点是单音节词,可以单独成词且有独立明确的含义,纯、粹、精三个字,也是三个词,意思相近,却各有侧重,连在一起运用,一是通过近义词叠加强化其深度和程度,相当于纯而又纯,粹而又粹,精而又精,这是相当纯粹的了;二是通过对多种类事物的并列描写旨在突出其覆盖面的宽度与广度。"纯"是丝织品,专指一种颜色没有其他颜色掺杂的丝线；"粹"字是"米"字旁，说明与大米等粮食有关；"卒"原本指带有标记的衣服，如古代衙役兵士等所着的服装，有点像现在的职业装或工作服，因此古装剧中经常看到士兵的服装上印有一个圆圈内写一个"卒"字。从士兵的着装引申为部队的编制，一百人为一卒；从着装的一致性引申为其他事物的整齐、规整、单一、纯正等意思，如果这种事物是大米，那么就是经过精挑细选的纯净、无杂质的大米。因此，《古代汉语词典》解释，粹，纯，不杂；引申为纯正，美好。又精华。"精"是精米、上等米、精选、事物的精华等。从中可见，"精"与"粹"的意思非常接近。从他们纯正、纯净、不杂等意思看，又与"纯"的意思重合。因此，"纯粹精也"形象生动而又深刻地描述了乾卦的特质，因为乾卦的六个爻全都是阳爻，充满阳刚之气，很纯粹，没有杂质，纯正美好而洁净。

《乾文言》继续说"六爻发挥，旁通情也"。"六爻"是指事物发展过程中所处的时间和空间方位，相当于龙的六个不同阶段，或者不同阶段的龙处在不同的地点方位，或者龙在不同阶段有不同的要求、不同的表现和不同的特点。现在"发挥"是一个词，古代这是两个词组成的词组。"发"是生，出；兴起，起于等。《古代汉语词典》解释，"挥"，散发。《周易·说卦》"发挥于刚柔而生爻。"词典里引用于《周易·说卦》的"发挥"与此处《乾文言》的"发挥"意思完全相同，都是兴起散发的意思。意思是万事万物在六爻所代表的不同时间、不同空间和不同方位里兴起和散发，尽情发挥着自己的功能和作用。或者可理解为六条不同功能的龙，都在发挥着自己的专长，做到各尽其才，物尽其用, 谁都是无可替代的, 都在发挥着自己的德行、才能和作用。

"旁通情也", "旁通"是指一种事物与周边同类事物互相贯通。如有成语"触类旁通", 是指通过接触某一方面的事物, 对其进行观察分析研究得出结论, 从而了解掌握与其同类的其他事物的性质状态。通过对六条龙、六个君子或六类事物, 或者说龙的六个阶段、君子的六个阶段和事物发展的六个阶段的观察研究分析, 可以了解其他同类事物的性质状态和功能作用, 起到窥一斑而知全豹、举一反三触类旁通的效果。"情"是真情, 实情; 引申情况, 情态; 也就是情状形态等。

接下来《乾文言》说"时乘六龙, 以御天也"。意即作为君子来讲, 要及时适时地驾驭六条龙, 用来保护天道。"时乘六龙"既可以把"龙"理解为载体、平台和工具, 君子凭借"六条龙"的资源和优势, 与龙合二为一, 一起捍卫天道的正常运行。又可理解为君子作为六条龙的象征和化身, 善于学习六条龙的积极进取自强不息精神, 按照天道要求, 维护好万事万物的自由生长和正常发展, 确保天下国泰民安百姓过上幸福生活。

本段《乾文言》的最后两句是"云行雨施, 天下平也"。也就是说天空云气在漂移行走, 雨在施洒, 自然气象运行正常, 天下百姓自然就太平安宁了。水在天中就是云, 云气积聚多了就开始下雨, 雨滴下到地面就变成了水, 云、雨、水都是同一物质的不同形状。水是生命之源, 是重要的生活资源, 也是自然造化赐予的恩泽。老天阳光普照, 行云施雨, 把阳光雨露均匀地施洒给万物, 使万物得以自由健康地成长, 这是天地万物和谐、自然、顺畅运行的良好状态。把自然状态引用到人文社会政治领域,要求君王、圣贤和君子等高层统治者和社会精英群体，也要学习老天阳光普照、行云施雨的精神，就像老天对待万物一样，要把阳光雨露和悲悯恩泽施及百姓，以求实现"天下平也"的理想结局。"天下"指普天之下所有百姓。"平"是公平、太平、平和、平衡、和谐、祥和等等。"天下平也"是百姓期盼的政治清明、官员清廉、风清气正、经济繁荣、社会和谐、百姓安居乐业、生活幸福的社会状况。当下我们正在大力推进的中华民族伟大复兴事业离这种社会状态已经越来越近了。

60 《乾文言》说"君子以成德为行，日可见之行也" 是什么意思？

　　本篇是《乾文言》针对乾卦初九、九二两个爻的解读，我们来看原文：

　　君子以成德为行，日可见之行也。潜之为言也，隐而未见，行而未成，是以君子弗用也。君子学而聚之，问以辨之，宽以居之，仁以行之。《易》曰"见龙在田，利见大人"，君德也。

　　把这段《文言传》内容翻译成白话文，大致意思是这样的：君子以品德养成作为其行为规范，每天都能在行为中表现出来。潜字的意思是隐身而没有出现，行为还没有达到道德标准，因此君子未能发挥作用。君子通过学习积累知识，通过提问辨明是非，以宽厚的态度处世，以仁爱之心行事。《易经》说"见龙在田，利见大人"，这是君子之德啊。

　　以上就是《乾文言》后面这段综合表述里对初九和九二爻的爻辞所作的解读。下面，让我们一句一句来分析。

　　"君子以成德为行"，主体就是君子，作为一个理想化的人格，是百姓普遍期望的社会精英人格。后面的"为行"是作为行为的规范，作为行为举止的常态。那么君子是以什么来作为行为规范或行为常态的呢? 就是"成德","成"是成全、养成、形成、成熟、成果、成就等意思。"德"就是品德、品行、德行等意思,人们遵道而行、依道而为所反映出来的外在表现便是德。在一定程度上讲,道是内容,德是形式。德与道相一致、相融合、相协调即是真德,德与道不一致、不融合、不协调便是伪德。"成德"是指一个人的品德是成熟的、成全的、成形的、质朴的、实在的、完整的、高尚的、过得硬的和经得起任何检验及质疑的。这是古人非常看重的一种品格和德行。具备成德的人是君子,君子就是具备成德的人。君子是品德高尚的代名词。衡量一个人是君子,还是小人,人品德行就是金标准,成为一种社会公认的品德标准。"君子以成德为行"的下一句说,"日可见之行也",这句话的意思是说,每天都可以表现在君子的行为之中。

"君子以成德为行,日可见之行也。"这两句话是最后这一大段《乾文言》的主旨或主题,作为全段的概括性引言,强调君子要把高尚品德的养成作为自己的行为规范,并且要做到知行合一,在日常行为举止中自然而然地表现出来。可以理解为修养高尚品德是君子的价值取向、积极追求和奋斗目标,同时又要把高尚品德的修养与日常生活和实践行为结合起来,使品德修养贯穿于日常的点滴细微的行为之中,使君子成为高尚品德的象征和化身。

接下来的四句话是针对初九爻的爻辞。"潜之为言也,隐而未见,行而未成,是以君子弗用也。"大致意思是说,"潜龙勿用"之"潜"作为言论语句所要表达的意思是,龙处于隐藏阶段尚未显现,潜龙的行为举止还没有达到成德所要求的品德高尚的程度，因此处于这个阶段或这种状态的君子是不能发挥作用的。初九爻的关键词是"潜"，此阶段的龙是"潜龙"，是龙的幼年阶段，还没有能力来到公开场合活动。这时的潜隐是迫不得已，能力不足，是为了自我保护的需要，只有潜在水里相对安全。

"行而未成"与"潜龙勿用"是相类似的。"行"指潜龙的行为、行动能力；"未成"还没有到成德的水准。一方面是行动能力非常有限，行动能力尚未形成；另一方面他的品行、境界、格局与成德所要求的道德标准相比，还存在很大距离，还不足以用来为百姓服务，为社会服务，为国家服务。

最后得出结论说，"是以，君子弗用也"。"是以"直译是：因为这个原因。"君子弗用也"：君子处于初九"潜龙勿用"阶段时，客观上是不能发挥作用的，意即尚不具备发挥作用的条件和能力。

这段《乾文言》接下来是针对九二爻爻辞所作的解读，"君子学而聚之，问以辨之，宽以居之，仁以行之"。前面讲了，这四句话的大致意思是，君子通过学习积累知识，通过提问辨明是非，以宽厚的态度处世，以仁爱之心行事。学海无涯，学无止境。时代在进步，科技在发展，知识在更新，智慧在提升，作为君子要甘当小学生，树立终身学习的理念，养成终身学习的习惯，活一辈子学一辈子。君子要做到"学而聚之"，通过不断的学习把学问做实、做活、做深。"聚"是聚集、集中、积聚、积累等意思。就是把知识、文化、学问、经验、体悟、智慧等逐渐地积攒起来。学问是通过冷板凳慢功夫熬出来的，这是一个漫长的渐进过程，急不得也荒不起，积小成大，积少成多，积腋成裘，积沙成塔，日复一日，日积月累，长年累月，在一点一滴不知不觉潜移默化中成就的。

"问以辨之"，通过请教提问辨别清楚作者或言语者所要表达的真实意思。学问学问，一是要学，二是要问。国人好面子，往往放不下架子去问别人，只能闷着头自己去悟，悟对了当然是好，但是如果悟错了，就可能误入歧途，因此古人倡导的不耻下问是有道理的。学问就是要问，或者是自问，或者是向别人提问、请教，通过各种形式提出问题、回答问题和交流观点，弄明白对方要表达的真实意思。"问以辨之"的这个"辨"，是分辨、辨别是非、曲直，到底哪个是真的，哪个是假的；哪个是好的，哪个是劣的；哪个是善的，哪个是恶的；哪个是对的，哪个是错的；哪个更恰当，哪个比较勉强等等。有的版本写成"问以辩之"，以为是与对方展开辩论争个你高我低，不能算错，但不如"问以辨之"格局更高。有些强词夺理的辩论，虽然赢了嘴皮子，但不一定拥有真理。

"宽以居之"这个"宽"，是宽容、宽厚、豁达、大度、包容等意思。"居"是停止、静止、安居等意思，"居"与"行"的词义是相对的，行是在行动，居是静止不动，可引申为平时居家状态，不是一点都不动，而是比较悠闲，暂时没有大事、要事、急事需要处理，泛指我们日常普通的生活、工作或劳动生产状态。也就是说，作为君子平时要宽大为怀，宽容待人，包容他人。就像人们常听说的那样，大地包容了种子，拥有了收获；大海包容了江河，拥有了浩瀚；天空包容了云霞，拥有了神采。我再加上一句，君子包容了他人，拥有了宽厚。

"仁以行之"这个"行"，是行为、行动、行事、做事、作为等意思。"宽以居之"与"仁以行之"具有对偶性、对比性和对仗性。"仁"与"宽"相对，有内在的宅心仁厚，才有外在的宽厚表现。"行"与"居"相对应，一动一静，一正一反，一阳一阴，代表君子所有的行为举止。这种对比、对仗、对偶的写法是古人常用的修辞手法，目的是为了增强修辞效果。我们理解时不能拘泥于文辞的表述方式，不仅仅是说"居之"需要"宽"、"行之"需要"仁"，其实无论是"居之"还是"行之"，都是需要"宽"和"仁"的。其中，"仁"是根本，"宽"是表现形式。"仁"就是仁心、仁爱、仁慈、仁厚等意思，它是由内而外地自然散发出来的，通过人的行为举止言辞等表现出来，以仁爱作为内心的种子，并在日常为人处世做事中生根、发芽、开花、结果。

后面《乾文言》接着讲，"《易》曰：'见龙在田，利见大人'，君德也。"这里引用的是乾卦九二爻的爻辞，而对这个爻辞的结论性评价是"君德也"。前面讲到的"学而聚之，问以辨之，宽以居之，仁以行之"，简称为"学、问、宽、仁"四种德行。这是对应九二爻的君子而言的，九二君子应该具备这四种德行，或者已经具备了这四种德行。正因为九二君子具备了这四种德行，才为众人仰望和关注，这就与九二爻的爻辞"见龙在田，利见大人"高度契合合二为一了。这样的九二君子就具备了"君德"。

君德可以理解为君子之德，也有的解释为君主之德或君王之德。前者所指的君子群体规模范围比较大，比较宽泛，君子分布在社会各个阶层；后者君主或君王范围相对较小，居于社会最顶层的政治中心、权力中心。但从道德要求来说,这两个概念是重合的,因为君王君主必须具备极高的道德水准,才能胜任此位。君子是社会先锋和精英阶层,具备高尚的道德境界和素养,成为社会意识形态和文化文明的引领者,是国家和社会重要的骨干力量和进入更高层级的后备干部队伍。所以君子和君王君主从道德要求上来讲,其实是一致的,因此在这里君德作两种理解都是可以的,可以兼而有之。

当我们读到"学而聚之,问以辨之,宽以居之,仁以行之"的时候,好象有种似曾相识的感觉。《中庸》里有五句短语是"博学之,审问之,慎思之,明辨之,笃行之"。两者之间应当存在思想文化上的渊源关系。"博学之"与"学而聚之"意境相同,"审问之"与"问以辨之"内涵相似,"慎思之"和"明辨之"是在"宽以居之"导引和情境中进行的,"笃行之"与"仁以行之"都讲到了行为行动的问题,"笃"是忠实、专心,这也在"仁"的意韵之里。多数学者认为《中庸》的作者是孔子的孙子子思,尊称其为子思子,他也是精通《易经》的,是中华优秀传统文化特别是孔子哲学思想文化传承中的正宗一脉。子思子生活的时期,与《文言传》形成的时期,基本处于同一年代,思想文化的这种渗透、交流、借鉴、融合是稀松平常的事。

这段《乾文言》分别针对乾卦的初九、九二两个爻而言,它并非空穴来风泛泛而谈,而是既有爻辞作为文理依据,又有卦象作为易理依据,同时还结合社会政治现实情况将儒家思想作为思想依据,因此《文言传》是三合一甚至是更多合一的思想文化结晶。那么这段《乾文言》的卦象依据来自哪里呢?先看第一

段 "潜之为言也，隐而未见，行而未成，是以君子弗用也。" 这段话取象于巽卦。乾卦的初九爻如果发生爻变，那么它的下卦就变为巽卦。巽卦的卦德为 "入"，入有潜、隐的意思；巽为股，即大腿，担负着人或动物的行走功能；巽为风、为进退，意即风向不稳，飘忽不定，进进退退，犹豫不决，徘徊不前，这与 "行而未成" 的情形相吻合。

再看第二段 "君子学而聚之，问以辨之，宽以居之，仁以行之。《易》曰'见龙在田，利见大人'，君德也。" 这段话取象于离卦。若乾卦九二爻发生爻变，那么它的下卦则变为离卦。离为火，为日，为电，为腹。离卦卦德为 "明"。九二爻居下卦中爻，居中有德。表明九二君子内心光明，坚守正道，这正是大人、君子应有的品德。"学而聚之，问以辨之，宽以居之，仁以行之" 君子四德与离卦卦德是融会贯通的。

61 《乾文言》说"九三，重刚而不中，上不在天，下不在田"是什么意思？

本篇我们继续分享《文言传》最后一个综合段，着重分享针对乾卦九三、九四爻的爻辞所作的解读。它的原文是这样的：

九三重（chóng）刚而不中，上不在天，下不在田，故乾乾，因其时而惕，虽危无咎矣。九四重（chóng）刚而不中，上不在天，下不在田，中不在人，故或之。或之者，疑之也，故无咎。

把这段话翻译成白话文，大致意思是：九三爻处于双重乾卦交界的刚爻上但不能居中，往上看不在天的位置，往下看不在田的位置，所以要像两个乾卦那样刚健运行自强不息勤奋努力，因能随时保持警惕，虽有危险却没有灾祸。九四爻处于双重乾卦交界的刚爻上但不能居中，往上看不在天的位置，往下看不在田的位置，往中间看不在人的位置，因此对事物发生困惑。对事物发生困惑，就是对事物存在疑问，所以没有灾祸。

九三爻处于乾卦的中部位置，是下卦的末爻，紧挨着上卦，起着承前启后的纽带作用。从全卦天、地、人三才的分布爻位看，九五、九六爻是天位，初九、九二爻是地位，九三、九四爻是人位。九三爻跟天有点距离，跟地也有点距离。有点上不着天、下不着地的悬空感觉。由于九三、九四爻代表人位,如果是个正常的人就应当按照九三、九四爻的爻位要求去为人处世;如果某些人的所作所为偏离或违反了九三、九四爻的爻位要求,那么他们的行为就不能算正常人的行为,因而人们称这类人为不三不四的人,也就是说这类人不是正经人,对他们必须保持应有的警惕,否则就可能上当受骗或者被他们坑害。由于九三、九四爻居于中间那个部位,位置相似,都代表人位,有一定的共性,因而《乾文言》在表述的时候针对这两个爻的前面三句话都是一样的,内容均为 "重刚而不中,上不在天,下不在田"。这三句话之所以会重复出现,主要取决于九三、九四爻这两个爻位的相似性。

"重刚而不中","重" 指的是上卦、下卦均为乾卦,两者重叠或重复出现。"刚" 指的是乾卦的卦德为 "刚",上卦是刚,下卦是刚,可视作一个系统或组织体系内的主方、客方,如能携手协作那就是强强联合的力量叠加,若是对抗阻碍则双方势均力敌很可能是针锋相对两败俱伤。同时,"刚" 的意境还可延伸至九三、九四爻的阳爻性质,"阳爻" 也称 "刚爻"。所谓的 "中" 不是指全卦的中部,而是分别指上卦和下卦的中爻而言的。虽然九三、九四爻从整个六爻卦来讲,这两个爻居于中间位置,但是需要注意的是,我们在具体分析卦画的时候,通常是把上卦、下卦作为一个整体中相对独立的两个部分来分析的,因此这里的 "中" 的含义主要是指九二爻和九五爻。九二爻相当于基层干部的位置,九五爻相当于君王的位置,都是掌握公权的代表人物,对于他们来说恪守中道显得格外重要。而九三、九四爻恰恰都不在中爻，《易经》中"居中有德"是个重要概念，它们两个都不居中，表明道德品质存在缺陷，其行为举止存在着风险因素。

接着是"上不在天"，因为天位是九五、上九爻；"下不在田"，因为田在大地上，地位为初九、九二爻，九三、九四爻于天于地两边都够不着。可以理解为，靠天靠地都靠不着，都不能给他带来帮助，必须自力更生艰苦奋斗，靠自己的双手去创造属于自己的人生事业和幸福快乐。"故乾乾"，由于不能依靠天地等外部条件的原因，所以必须学习上乾下乾这两个乾卦的精神，像日月星辰天体刚健运行一样，积极进取，踔厉奋发，坚韧不拔，自强不息，顽强拼搏，努力奋斗。在不懈奋斗的同时，还要保持警惕，预防各种风险，要"因其时而惕"。在《易经》揭示的事物发展规律中有"三多凶"的特点，九三爻正是事业吃劲、矛盾多发、风险集聚的关键阶段。人生事业处在这样一个困难重重危机四伏的环境中，只有保持高度警惕，才能避免祸殃。因而其结局是"虽危无咎矣"，虽然危险因素很大，但是谨慎可以避祸，最终是没有灾祸的。

接下来《乾文言》是针对乾卦九四爻的爻辞所作的评价。前面三句话与九三爻完全一样，就是说也处于一个不利的境地。虽然九四爻已经离开下卦走到了上卦，但还是紧挨着下卦，处在上卦的最低位。按照《易经》所揭示的人生事业规律，具有"四多惧"的特点。为什么人生事业的第四阶段会使人恐惧？主要是因为它存在着诸多使人恐惧的因素，从广义上讲这些致人恐惧的因素也是风险因素和危险来源，因而九四爻位也是非常危险的。必须战战兢兢如履薄冰，用这么一种心态和行事作风去做事，才有可能避祸。

　　九四爻与九三爻相比，有相似的地方，都是"刚而不中，上不在天，下不在田"；也有不同的地方，九四爻有"中不在人"的表述，而对于九三爻并没有这样的话。九三爻相对来讲还是在下卦，在下卦九三爻是人的正常位置。九三、九四都代表人位。九三爻是阳爻位，阳爻居阳位，是当位的，表明当事人的行为举止是适当的，可以作为正常人的代表。九四爻是阴爻位，阳爻居阴位，不当位，表明当事人的行为举止是不适当的。这样，《乾文言》这句"中不在人"的评价就显得十分微妙了，九四爻明明处在人位，《文言传》作者却说它"中不在人"，一方面作者没有否认第四爻的爻位是人位，另一方面却不认为九四爻的行为举止是正常人应该干的。也就是说九四爻的行为举止是存在缺陷的。若要使这种缺陷不发生灾害性后果，就要采取小心谨慎的态度。因此，《乾文言》接着说"故或之"。这个"或"是疑惑的意思，或者的"或"与疑惑的"惑"，在古代是个通假字。

　　《乾文言》进一步解释说："或之者，疑之也。"对某事物有"或"，就是对这些事物有疑惑的意思。九四爻主人公，作为君子也好，龙也好，对处于九四爻这样的情境，必须格外谨慎，保持疑惑，多观察，多思考，多掂量，多问个为什么，精心谋划怎么做，预先设想最佳和最惨的结果是什么，准备接受最惨的结果，努力争取最佳的结果。生于忧患，死于安乐。人处在风险丛生险象环生的旋涡之中，只有带着疑惑、谨慎、警惧的心态来做事，才可能避免风险，或把风险带来的危害降到最低。所以这段文言最后的结论性评价是"无咎"，这是非常不容易的。

　　"无咎"的意思是，本来是有咎的，是可能发生灾祸的，但由于采取了积极有效的措施最终避免了咎害的发生。九四爻的客观环境并不利，尽管它处在上卦已经有所进步，但此位风险系数很高，风险因素很多，通常都是有咎的，灾祸发生的概率很高。所幸九四爻君子能够带着疑惑和谨慎的心态去跳跃，做到一颗红心两种准备，敢于自我尝试，勇于面对挑战，跳跃成功了自然值得庆贺，跳不上去也没有什么。如果说主观上作了百分之百的努力，但最后还是没有成功，这不过是通过行动证明自己客观上尚不具备跃升的条件和能力，能够以此了解自己的短板和不足，何尝不是种收获。因为任何一件事的成功，都是天时、地利、人和综合因素相互作用的结果，缺一不可。如果你在主观上做到了极致，尽了自己的最大努力，最后没有成功，这很正常，责任不在你，无须遗憾，更不用后悔。即使最终跌回原地甚至更低，也没有关系，最终也能获得"无咎"的结果，没有灾祸的结局也是不错的。

　　我认为，我们没有必要去追求大吉大利，大吉大利毕竟是小概率事件，同时能维持大吉大利的时间也是十分短暂的，它如同虚幻泡影，瞬间破灭；又好像昙花一现，稍纵即逝。而"无咎"是可以通过努力保持一个相对稳定而持久的时期。人生不如意事十之八九，如果能长期保持无吉无凶无福无祸的"无咎"状态就是很好的了。因此，把"无咎"作为我们人生的最高境界和不懈追求，或许更有现实意义。

62 《乾文言》说"夫大人者，与天地合其德" 是什么意思？

本篇我们来分享《乾文言》最后一段的最后一节内容，这是针对乾卦九五、上九两个爻的爻辞所作的解读。文辞非常华美，清新自然，意韵隽永，最能体现《文言传》之"文言"的特质。建议大家有空的时候慢慢领悟，细细体会，很有味道。现在我们来看原文：

夫大人者，与天地合其德，与日月合其明，与四时合其序，与鬼神合其吉凶。先天而天弗违，后天而奉天时。天且弗违，而况于人乎？况于鬼神乎？亢之为言也，知进而不知退，知存而不知亡，知得而不知丧。其唯圣人乎？知进退存亡，而不失其正者，其唯圣人乎？

把这段话翻译成白话文，大致意思是这样的：所谓的大人，就是品德与天地相融合，内心与日月相辉映，行为与四季相适应，吉凶与鬼神相协调。其行为先于大自然但大自然不会阻碍他，其行为后于大自然却能奉行大自然的时令法则。大自然都不难为他，何况人呢？更何况鬼神呢？上九"亢龙有悔"说的是，懂得前进而不懂得后退，懂得生存而不懂得消亡，懂得获得而不懂得舍弃。大概只有圣人做得到吧? 懂得前进或后退、生存或消亡,并且不失中正之道的人,大概只有圣人吧?

这是《乾文言》最后一节的内容,它是针对乾卦九五、上九两爻的爻辞所作的解读。九五爻的爻辞是"飞龙在天,利见大人"。九五爻是九五至尊、君王之位、君主之位,也是全卦的核心之爻。"飞龙在天"是龙在六个阶段的表现中最为理想的阶段,这时龙的广大神通发挥到了极致,上天入地,遨游苍穹,独往独来,自由自在,随心所欲,挥洒自如。把这一情境移植到社会政治领域,君王作为天下之主或一国之主,享受至高无上的权力,控制着巨大的公共财富,拥有不计其数的丰富资源,这时居于九五至尊的君王就像那条神通广大的龙,其影响力施及天下各个角落。

权力是把双刃剑,可以用来为百姓谋福祉,也可以用来欺压百姓。因此,老百姓期盼道德品德高尚的人来做君王,或者希望居君王之位的人能够坚守公平正义。因此九五爻辞接着说"利见大人",一方面提示君王自己的治国理政行为要表现得像个大人物,与大人的职责要求相符合;另一方面要善于发现具有大人潜质的德才兼备的好苗子,作为未来的接班人。《文言传》作者正是基于这样的认识,对于"大人"应当具备的德行才能标准作了具体的阐述。针对九五爻的爻辞,他发表了对于大人素质要求的看法。"夫大人者","夫"是语气词,引出要解释的"大人"这个概念,类似于"什么叫做大人呢""所谓的大人啊""如何理解大人呢"等等。所谓的大人是指坐拥九五至尊、君王之位、君主之位、核心之位的人,作为"大人"应当具备什么条件呢？《文言传》作者用四句话来概括大人的品质内涵。

一是"与天地合其德"。大人的德行，也就是居君王之位的统治者的德行，要符合天道规律，要合天地之德。大人的德行、君王的德行、君主的德行应自觉地与天德、地德保持高度一致性。天有好生之德，怜惜生命；天行云施雨，普洒人间；"天地不仁，视万物为刍狗"，它不偏爱谁，对人对物一视同仁，因而要求"圣人不仁，视百姓为刍狗"，大人与圣人有点距离，但要向圣人学习，向圣人靠拢。"天地不仁，视万物为刍狗；圣人不仁，视百姓为刍狗。"这是《道德经》中的两句话。"刍狗"是草扎的狗，古代祭祀时用的道具，祭祀时把刍狗放在祖先或神灵的旁边作为陪衬，有点像现代人饲养宠物的味道，它寄托着后代对先辈或神灵的虔诚心意。"刍狗"有自己的盛衰规律，在祭祀前它们被人们精心制作，妥善地保管储存；祭祀时它们陪伴受祭的先祖和神灵，一起受众人的膜拜，爱屋及乌，地位尊贵而荣耀；祭祀结束后，刍狗完成了使命，它们被撤下再也没有荣耀的光环，被当成垃圾遭人践踏，或当成柴禾用来烧火。这就是"刍狗"的命运。"刍狗"的命运也是万物的命运，万事万物都有自己兴衰成败荣辱存亡的规律，作为天地只是公平普惠地提供自然生存发展条件，适者生存，不适者出局，优胜劣汰，物竞天择。天地并不特别偏爱某种事物让它一直活着或存在下去，也不会因为特别讨厌某种事物而让它立马消失。总之，天地是没有私心的，也是没有恶意的，它像睿智的老人，菩萨心肠，慈悲为怀，包容天下，淡定旁观，任由万事万物自生自灭，好自为之。天地是无为的，同时又是无所不为的，只是天地作为的方式是让万事万物自行作为而已。那么，作为圣人、天下君主、君王等也是一样，要有慈爱之心，天下为公之心，而不能存私心去偏爱自己的家族或贵族阶层，要创造公平正义的环境和条件，放开老百姓的手脚，让他们自由自在地去勤劳致富，过上自己幸福快乐的生活。"与天地合其德"是"大人"的第一个标准。它取象于乾卦，乾卦上下两卦均为乾卦，乾为天；乾卦的错卦是坤卦，坤为地。《易经》的法则是以阳统阴，讲阳的时候包括阴，讲天的时候包括地，因此《易传》作者才会有"与天地合其德"的表述。

二是"与日月合其明"。日、月是天体的象征和典型代表，万物生长靠太阳，太阳给万物带来了养分和能量；月亮给黑夜带来光亮。日、月的最大特征是光明，没有光明万物会消亡，人类也将不复存在。古人在公堂上经常悬挂"光明正大"的牌匾，这是公正无私的象征。太阳的光辉、月亮的光芒是公正无私一视同仁的，不会因为谁有钱就多照他一会儿，谁没钱就少照他一会儿；也不会因为谁官大就多照他一会儿，谁官小就少照他一会儿，更不会因谁是平头百姓而不照他。同时，光明与阴暗相对应，人们喜欢接近内心光明的人，而厌恶内心阴暗的人。内心光明的人，襟怀坦荡，磊落通透，没有坏心眼儿；内心阴暗的人，遮遮掩掩，包藏祸心，一肚子坏水。《乾文言》作者之所以倡导"大人"要"与日月合其明"，一方面是因为日月为人类、万事万物带来生存所需；另一方面是因为日月所蕴含的文化意境和精神内涵，对于人类社会的发展有着积极的重大的现实意义。作者倡导作为天下之主的"大人"，品德和内心要像日月一样的光明、正大、通透。"与日月合其明"是"大人"的第二个标准。它取象于离卦。若九五爻发生爻变，那么乾卦的上卦变为离卦。离为火，为日，为电，为目，为大腹。离卦的卦德是"明"，代表光明。内心光明是君子的特质之一，因此才会有"与日月合其明"的表述。

　　三是"与四时合其序"。"四时"就是一年四季不同的季节时令。这句话也就是说，作为一个君王、君主，其施政行为要符合四季的运行规律。春、夏、秋、冬四季各有各的季节特点，特别是我国长期处于农耕社会，民以食为天，四季对于农业生产有着特别重要的意义。春发、夏长、秋收、冬藏，是农业生产的规律，也可以把它拓展到百姓生活的方方面面，还可以延伸到人文政治、社会事业、气象自然各个领域。就是说作为一个君王、君主，要领导百姓、引领百姓、指导百姓，使自己的生产生活等活动适应一年四季的变化，在次序安排方面与四季的变化保持同步合拍。冷的时候该怎么办？热的时候该怎么办？什么时节该播种？什么时节该收割？就是按照四季特点和变化规律安排好农事、政事或差役。《论语·学而》说："道千乘之国，敬事而信，节用而爱人，使民以时。"意思是说，治理拥有上千辆兵车的国家，恭敬对待祭祀、战争等国家大事并讲求信用，节俭开支并爱惜领导人才，选择适当时期使用民众劳役。"使民以时"可以作为"大人""与四时合其序"的具体案例。要求统治者使用民力时要注意避开农忙季节，使百姓不因参加国家政府的差役而误了农时，影响农业生产。"与四时合其序"是"大人"的第三个标准。

　　"与四时合其序"取象于乾卦和离卦，乾为天，离为日，太阳在天空运行，或者地球围绕太阳公转，随着时间持续推移，地球分别处于轨道的不同位置，从而形成春、夏、秋、冬四季不同的时序。以上三个标准，均与老子"人法地，地法天，天法道，道法自然"的观点相契合。这里的"法"是仿效、效法、取法等意思。这里的"自然"不是现在的大自然的概念，而是自然而然的意思，即"道"自己原本就有的样子。

四是"与鬼神合其吉凶"。"吉凶"是以对人对事有利没利、好与不好作为其判断依据的，好的有利的就吉，不好不利的就凶。趋利避害、趋吉避凶是人的本能。"与鬼神合其吉凶"的意思是："鬼神"认为是吉的，"大人"也认为是吉的；"鬼神"认为是凶的，"大人"也认为是凶的。居九五爻的大人、君王或君主，其判断吉凶的标准与鬼神的价值取向或愿望要求是一致的。看起来这似乎有些迷信，其实这不是迷信。

所谓鬼神，现在基本上是一个词了，而古代是两个词，鬼是鬼，神是神。人死了以后称鬼，是否有灵魂存在不得而知，但是与当事人有关的记忆、轶事、信息、言论、思想、理念、精神、品行、评价、影响等作为意识形态还是存在的，并不随身体的消亡而消亡，将这些因素综合起来大致可以称作鬼的基本内涵。它本身不会主动发生作用，但可以因为与在世者的恩怨情仇而被动地起着作用。天下本无鬼，疑而生鬼。事实上不是鬼在作用，而是活着的人因内心有鬼而误以为鬼在行动。祭奠先人俗称祭鬼，说明被祭对象已经不在人世了，但是他们曾经生活在人世间，他们是今人的祖先。今天的人类社会是在祖先创造的基础上发展而来的。我们今天的美好生活，是祖祖辈辈一代接着一代的创造、奋斗、发展的结果，其中凝聚着祖先的智慧、心血和汗水。

"神"指的是他活着的时候为老百姓作出了重大贡献，他死去以后老百姓念他的好，封他为神。老百姓期盼这样的神灵越多越好，以便得到更多的安宁和护佑。比如关公，赤胆忠心，侠肝义胆，义薄云天，是正直仗义的化身，人们把关公奉为武财神之一。"神"通常是曾经存在于世的人物，他去世后人们给他一个封号，体现了老百姓对这种杰出人物的推崇和纪念，因此这也不是迷信。人们在一个庙里塑一尊关公的像，或者其他英雄豪杰的像，这是自然而然和正常不过的事，这是个非常好的载体和渠道。它体现了民心所向，体现了百姓的朴素情感，体现了精神的传承、品德的传承和文化的传承。因此，"鬼神"只是个特定的称谓，并不是迷信。

鬼神也是人，他们是曾经在世的人，只不过已经去世而已，他们活着的时候与我们今人没有什么两样。从某种程度上讲，我们灿若星汉的中华优秀传统文化是已成为鬼神的祖先创造出来的，对于这样弥足珍贵的精神文化财富，我们没有理由不把它好好地传承下来并发扬光大。能流传千百年的文化就是精华，无论是现在活着的人，还是已经作古的鬼神，我们共同拥有博大精深的中华文化根脉，判断吉凶的标准自然相差无几。作为一个君王或君主，在治国理政活动中，应当积极倡导传承弘扬中华优秀传统文化，取其精华，去其糟粕，把历史上一些好的精神理念、思想文化传承下来，这样的结果一定是"吉"的；反之，如果与"鬼神"的"吉凶"反其道而行，那么得到的结果很可能就是"凶"的。

最后一节自"亢之为言也"到《乾文言》全部结束，这是用来解读乾卦上九爻的爻辞"亢龙有悔"的。"亢之为言也",意思是说"亢"作为言语它要表达什么意思呢? 接着《乾文言》用三句话来回答这个问题,表明像上九爻这类过于亢进的人有以下三个特征: 一是"知进而不知退"。这种人一根筋,头脑简单,线性思维,不会拐弯,不知变通。只知道一味前进,不知道迂回退避。世界很复杂,人生很曲折,人一辈子走过的路,如同江河溪流一样弯弯曲曲,翻过了一山又一山,跨过了一坎又一坎,它不可能是一马平川一帆风顺的。道路有宽有窄、有平有坡、有直有曲,人生事业亦然,进进退退、有进有退是正常的,对此必须作好阶段性的调整。该捷足先登时果断大胆地进,该急流勇退时毫不犹豫地退。有时退便是进,暂时的退是为了更好地前进;有时进却是退,一时的冒进可能换来致命的大倒退。道理浅显易懂,但能真正做到的却寥寥无几。上九爻这类人便是反面例子,只知进不知退,这样的人"有悔"算是轻的。

二是"知存而不知亡"。与"进退"的辩证关系相类似,"存亡"也是一对矛盾,也存在相互对立、相互转化、相辅相成的辩证关系。长江后浪推前浪,世上新人换旧人。在万事万物发展过程中,新事物不断涌现,旧事物不断消亡,新陈代谢是事物发展的客观规律,这是谁也无法改变的。因此,作为一个开明的人就应当审时度势,循道而为,该保存的东西要保存,该消亡的东西就让它消亡,保存有用的,丢弃无用的;保存积极健康的,丢弃消极腐朽的;保存真善美,丢弃假丑恶等等。旧的不去,新的不来。人的生命是有限的,人的精力是有限的,人的负荷也是有限的,如果抱残守缺死死地抱着不合时宜的东西不放,必然会阻碍获得新鲜的更有生命力的更有意义的东西，如同拣了芝麻丢了西瓜一样，实在是得不偿失。

三是 "知得而不知丧"。"得丧" 就是得失。"得丧" 与前面的 "进退"、"存亡" 相类似，也是存在对立统一辩证关系的一对矛盾体。世界那么大，万物那么多，世人那么多，个体那么小。良田千顷不过一日三餐，广厦万间只需夜眠八尺。一个人活在世上的时间是有限的，能享受的福祉是有限的，需消耗的资源也是有限的，人不可能什么都得到，不可能什么都占有，不可能什么都享受，有得有失才是世之常理。人生就是一组接连不断的选择题，有所得必有所失，有所失也可能有所得。要得到，就要有付出；要得到幸福，就要付出努力；要得到收获，就要付出辛劳；要得到爱情，就要付出真情；要得到这个，就要放弃那个；得到了眼前的安逸，就可能失去将来的幸福；得到了来路不正的金钱，就可能失去良知和安宁；得到了不该占的便宜，就可能失去昂贵的人格；得到了不该得到的名利，就可能失去做人的尊严。失之东隅，收之桑榆。得失是个辩证关系，有时得便是失，有时失便是得，该是你得的终究是你的，不该是你得的终究会失去的。因此，"知得而不知丧" 是缺乏智慧、智力残缺的体现，是违反自然规律的行径。

以上三种状况是上九爻这类人的性格特征和行为表现，既是亢进的表现形式，又是强化亢进的风险因素。他们为什么会走到 "亢龙有悔" 这一步？为什么把事情做得如此过头而不知收敛？就是因为他们 "知进而不知退，知存而不知亡，知得而不知丧"。这样的人大有人在，因而出现 "亢龙有悔" 不足为奇，不少人都可能会犯这种错误。

孔子最后发出叹息："其唯圣人乎?"难道只有圣人能够做得到吗?"知进退存亡,而不失其正者,其唯圣人乎?"圣人能做到什么?圣人知道进退、存亡,该进的进,该退的退,该存的存,该亡的亡。这里省略了"得丧",因此还应加上该得的得,该丧的丧。圣人知道进退、存亡、得丧并且付诸实践,同时"而不失其正",也就是说圣人在任何时候都不会丧失他守正的立场和原则。两句"其唯圣人乎?"在两头重复出现,充分反映了孔子那种恨铁不成钢的忧虑、急切而无奈的心理,强化了感情色彩,增强了文章的感染力,从而引发人们内省和思考。我们不是圣人,但只要朝着圣人指引的方向去努力,我们的灵魂将会越来越洁净,我们的社会也将越来越美好。

63 坤卦的卦爻辞说的是什么意思?

乾卦的创始之道我们已经基本分享完了, 从本篇开始我们主要来分享《坤卦的配合之道》。

我们上一篇在分享《乾文言》针对乾卦的九五和上九两个爻的爻辞时漏掉了几句话, 这里首先补充一下。就权当是乾坤两卦内容的前后衔接、阴阳交互和彼此融合的案例吧, 它体现了《易经》所揭示的阴中有阳、阳中有阴的易理。

在针对九五爻的爻辞作解读时,《乾文言》说:"夫大人者, 与天地合其德, 与日月合其明, 与四时合其序, 与鬼神合其吉凶。"接着这几句话之后还有五句话, 上次由于疏忽没有分享, 今天打个补丁。这五句话是这样的:

"先天而天弗违, 后天而奉天时, 天且弗违, 而况于人乎, 况于鬼神乎?"

就这么几句话, 让我们一句一句来做介绍。第一句:"先天而天弗违", 大致意思是指, 大人的行为早于天时, 但是老天并不与大人发生冲突。怎么来理解"先天"? 请注意, 不要把"先天"理解成宇宙大爆炸前、天尚未形成的时期。也就是不要把"先天""后天"理解成天产生之前和天产生之后。因为天地未形成之前，万物和人类更未产生，作为人的"大人"也就无从谈起。因此，"先天""后天"要从一年四季春、夏、秋、冬的不同时令节气的角度、从时序的角度来理解。人生活在天地之间，人的行为必然受到天地自然规律的制约。地球围绕太阳公转产生四季，地球自转形成白昼黑夜，四季有不同的气象温度，昼夜温差也很大，这些都是人类生活的客观环境和自然条件。

　　人类社会在长期的生产生活实践中，培养了智慧，增长了知识，积累了经验，养成了未雨绸缪防患未然的良好习惯。比如冬天很冷，不适合农业生产，无法获得生活物资，那么就必须提前考虑储备粮食、置备棉衣棉被等过冬用品，这个筹备时间可能在秋天，甚至更早的季节。人们眼前可能生活在秋季，虽然冬季尚未到来，但已经在着手准备防冻保暖、预防饥荒以便安全越冬的事务，我们可以把这种情形理解为"先天"。"天弗违"，"弗"通"不"，"弗违"就是不违背，不违逆，不违反等意思。《文言传》作者在这里把"天"拟人化了，把"天"视为仁慈宽大睿智的老人。"天弗违"意即老天都不会违背他，不会为难他，换句话说老天也支持"大人"正当适宜的治国理政行为。这是一种诙谐的说法，因为"大人"是遵天道而行的，"大人"的行为与天道规律的要求是一致的，老天作为天道规律的主宰当然不会与"大人"相违逆。

　　接下来一句是"后天而奉天时"，与前一句话相对应，分成"先天""后天"两种情况。如果把"先天"理解成在时序上先于天，那么"后天"自然应当是在时序上后于天。我们同样以刚才那个防冻保暖、预防饥荒做好越冬准备为例。如果说严寒已经来临，但因种种原因有些人家缺衣少食生活艰难，那么作为"大人"的领导人就有责任有义务采取措施帮助他们渡过难关。这时，这些贫寒人家和"大人"的行为，在时序上属于滞后于天时，因为冬季已经来临，而他们却尚未做好冬季相应的防冻保暖和食物储备工作。尽管防冻保暖和储存食物的行为已经滞后于天时，但亡羊补牢，犹未为晚，需要立即采取补救措施，迅速解决眼前关乎百姓安危的迫切问题。

　　"后天而奉天时"，大致意思是，作为"大人"，如果其行为滞后于时序，那么他也能遵守和奉行天地时序的节律要求。也就是说"大人"能够结合当前困难和问题的实际情况，采取符合自然规律的措施，而决不会违反客观规律乱作为、瞎作为和滥作为。实际上还是"与天地合其德，与四时合其序"的意思，只是从不同的角度来解读而已。

　　后面三句接着说："天且弗违，况于人乎，况于鬼神乎？"大致意思是说，连老天都不与"大人"的行为相违逆相悖离，何况人呢，更何况鬼神呢？这三个主体在功能作用上呈现逐渐弱化关系，天最大，人居中，鬼神最小。天是万事万物的主宰，自然也是人类的主宰，没有天就没有人类，因此人类应当隶属于天；其次是人类，人类死后才扮演鬼神的角色，没有人类便没有鬼神，因此人类的思想理念、价值观念和意识形态等等决定着鬼神的内涵要素，因为世上本无鬼神的存在，鬼神是人们臆想出来的，存在于人们的意识中，因而没有人类便没有鬼神；鬼神是人死后被人幻化出来的有关精神意识、思想观念方面的产物，鬼神因人类而产生，自然应当臣服于人类。综上，从主体功能作用上讲，天比人厉害，人比鬼神厉害，因此鬼神要受人的制约，人要受天的制约。这三句在语气上呈现层层递进的关系，增强了文章的气势和说服力。老天都不难为"大人"；人是听老天的，也不会难为"大人"；鬼神是听命于人的，更不会难为"大人"！其实说到底，"大人"的独门绝技和秘密武器只不过是依天道行事而已。

"况于人乎"，老天尚且都不违背，何况我们人？"大人"按照天道规律为人处世和治国理政，主持公平正义，深受老百姓的支持和拥护，怎么会违逆这样的"大人"行为呢？然后又说，"况于鬼神乎？"鬼神是已经不在世的人，但人的精神遗产、思想观念和意识形态并不随着肉体的消亡而消亡，鬼神的这些精神意识体系与活着的人类社会精神意识体系是一致的，鬼神不可能有脱离人文社会而独立存在的思想意识体系，它随着人类社会思想意识的发展变化而发展变化。所以，人民大众都支持的事情，鬼神当然也是支持的。老天都支持他，老百姓也支持他，更何况鬼神呢？鬼神支持他自然是没有问题的。

以上是对漏掉的"五句话"作的补充解读。下面让我们一起进入《周易》的第二卦坤卦☷的解读。坤卦角色的最典型特征就是配合，它不是自己单枪匹马独行其事，在团队组织里它扮演着配角，是配合的、从属的、辅助的角色，是为主角服务的。但是又非常重要，没有坤卦的配合，乾卦也是办不成事的。

下面，我们来看一下经文原文，即坤卦的卦辞和爻辞，然后再把经文翻译成白话。在这一篇里，大家对坤卦的卦爻辞有一个大概的了解也就差不多了。详细情况待以后逐一解读。坤卦的经文原文是这样的：

坤，元、亨、利、牝马之贞。君子有攸往，先迷后得主，利西南得朋，东北丧朋。安贞，吉。

初六，履霜，坚冰至。

六二，直、方、大，不习无不利。

六三，含章可贞，或从王事，无成有终。

六四，括囊，无咎无誉。

六五，黄裳（cháng），元吉。

上六，龙战于野，其血玄黄。

用六，利永贞。

我把白话经文给大家说一遍，大家心里有个大概印象就可以了。

坤卦，开始，通达，适宜，保持母马般正固。有所行动，领先会迷失方向，跟随能找到主人。适宜西南可找到同类，往东北会失去同类。安于正固，吉祥。

初六，踩着霜，预示坚冰将至。

六二，秉持正直、方正、广大，即使不练习也无不适宜。

六三，含蓄文采并保持正固，带着疑惑跟从他人从事公务，不自我标榜有成就，有正常结局。

六四，扎紧口袋，无灾祸无荣誉。

六五，甘当黄色下衣，最为吉祥。

上六，天龙地龙交战于原野，其血又赤又黄。

用六，适宜始终保持正固。

64 坤卦在《序卦传》和《杂卦传》里是怎么说的？

本篇我们来介绍一下《坤卦的配合之道》的序言部分，我们去看看《序卦传》和《杂卦传》对坤卦是怎么描述的。

《序卦传》说："有天地，然后万物生焉。"大致意思是说，有了天地以后，万物才生长在天地之间。"焉"是代词，那、那里；这、这里等意思，此处指天地之间并且包含天地本身的空间区域。"生"既是生产、生育等意思，又是培育生长、成长壮大等意思。

"有天地，然后万物生焉"这句话，跟乾卦里描述的是一样的，也就是说《序卦传》的这句话是针对乾坤两卦一起讲的。乾对应天，坤对应地，乾坤就是天地，相当于大自然父母的角色，天为父，地为母。有了父母才有子女，因此说天地生万物，万物是天地的子女。坤卦六爻都是阴爻，乾卦六爻都是阳爻，正好是阴阳匹配。

我们以前讲过，《易经》里有三大类卦，一类是六爻全阳的卦，以乾卦为代表，一个卦就代表一个大类；第二类是六爻全阴的卦，以坤卦为代表，也是一个卦就代表一个大类；第三类是六爻阴阳间杂的卦，即除乾坤以外的其余六十二卦。由此可见，乾卦和坤卦的地位非常特殊，相当于家庭成员中的父母。乾坤两卦可视为《周易》的两扇大门，把这两个卦搞清弄懂了，就相当于《周易》入门了。

同时，乾坤两卦代表万事万物包括人类社会的天地父母。孤阴不生，独阳不长。光有父不能生，光有母也不能生，只有父母阴阳有了交流，才能产生万事万物这些子女。大自然的运行演化规则与人类小家庭的运行演化规则是相似的。把大自然缩小就是小家庭，把小家庭放大便是大自然。

再看看《杂卦传》怎么说，《杂卦传》说了"乾刚坤柔"这四个字，也是把乾卦和坤卦连在一起说的，它说的是乾坤两卦的卦德，即乾卦和坤卦各自的不同特点和显著特征，乾卦的卦德为"刚"，刚强、刚毅、坚毅、坚强、刚健有力等意思。坤卦的卦德是"柔"，就是纤柔、柔弱、柔和、柔顺等意思，具有阴柔之美。

让我们用具体的例子来进一步解释一下，如果乾卦代表天；君，君主的"君"，君王的"君"；主，主次的"主"；父，父亲的"父"；男人；白天；等等，这一类事物就是乾卦所代表的事物，它们的共同特点和显著特征就是"刚"。

坤卦所象征的事物就是跟乾卦相对应的一类事物，应当从乾卦所象征事物的对立面去寻找，与乾卦相对应的事物都有哪些类别呢？坤卦代表大地，与天相对应；臣，与君相对应的臣，坤卦就是臣子属下的角色；仆，如果乾卦代表主，那么坤卦就代表仆，仆人的"仆"，是一个辅助性的角色；母，如果乾卦为父，那么坤卦就是母，母亲的角色；女人，与乾卦代表男人相对应，坤卦就代表女人；黑夜，与乾卦代表白天相对应，坤卦就代表黑夜等等都归到坤卦所代表的这一类事物，它们的共同特点和显著特征就是"柔"。

如果我们把万事万物分成两大类的话，一类是乾卦所象征的事物，另一类是坤卦所象征的事物，它们共同存在于一个体系、一个组织、一个系统内，其角色分工是不同的。孤阴不生、独阳不长。不能都是阳性事物，也不能都是阴性事物，否则事物就无法继续往前发展而消亡。因此，乾坤两大类事物必须相互分工，密切配合，有效协作，这样才能推动事物不断向前发展。正如天地配合有了万物，日月配合有了光明，君臣配合有了国泰民安，父母配合有了和谐家庭。我们的人生事业都是如此，只有乾坤两大类要素的密切配合、无缝对接和有效协作，才有可能成就一番事业。

还有一点需要注意的是不要把它僵化，一般情况下，阳性事物用乾卦来代表，阴性事物用坤卦来代表，但是在现实生活中情况是千变万化的，《易经》讲的就是变。千万不要机械地认为这个事物是阳的，那个事物是阴的，不能把它们贴上固定不变的标签，否则就是把事物的角色固化了。性质的固化源于认识的僵化，认识的僵化就会带来行动的僵化，这样的后果会让人走入死胡同，人生事业便无法向前发展了。

我们要建立起这样的一个概念，阴阳是相对的，乾坤是相对的，阴阳是会变的，乾坤两个角色也是会转换的。在一个家庭里，从性别角色上讲，父亲就是乾卦，那母亲就是坤卦。但是如果从能力的角度去考察，父亲未必一定是乾卦，如果母亲的能力超强，父亲又心甘情愿地配合协助，那么父亲与母亲的乾坤角色发生倒置也是可以的，当然这不是常态，而是作为一种例外情形而存在。

有的女性在单位是一把手，当领导，走的就是乾卦的乾道，扮演的就是乾卦的角色。然而，从性别上看，她又是坤卦的角色。因此，不同的考察角度，她的乾坤角色是不一样的，乾坤角色是相对的，一定不能把它机械地固化了。

万事万物只有在乾坤相互分工、相互作用、相互配合下才能往前发展。事物发展需要有主导力量，也需要有辅助力量；需要有主动力，也需要有受动力；需要有决策者，也需要有执行者。乾坤两种角色、两种力量相互配合形成合力，才能成就事业。把这个原理引用到我们养生方面也是有积极意义的，身体里既要有阳刚的东西，又要有阴柔的东西，两者配合，阴阳平衡，才能构成一个健康的身体。

一个人的行为举止也是这样。该阳刚的时候要阳刚，该柔和的时候就要柔和，要做到张弛有度，有血有肉，有气质有情感，该当乾卦主角时要当仁不让，该作坤卦配角时要尽力成全对方。既要敢当红花，又要甘作绿叶。当国家、民族和人民需要的时候，要勇敢地站出来，铁肩担道义，热血铸忠诚，奋不顾身，舍身忘死，冲得上，豁得出，搞得定，这时走的即是乾道。然而，在待遇享受、名利荣誉方面，就要保持君子风范，做到先人后己，主动谦让，吃苦在前，享受在后，慷慨大度，甘于吃亏，这时走的便是坤道。在一个组织体系里，当不需要你出头的时候，就应与人为善，乐观其成，积极帮助主事方把事情做成，甘做一片衬托红花的绿叶。

在人生事业中，究竟要选择乾卦角色，还是坤卦角色；到底要走拥有主动力的乾道，还是走保持配合力的坤道，要看事情的具体情境和变化而定，适时地把自己的言行举止调适好，使其更加符合人生事业的客观环境、客观条件和客观需要。虽然我们不可能把每件事都做得正确恰当，但只要我们有意识地朝这方面努力，我们的人生事业之路就会越走越宽广，人生的状态必定会越来越好。

65 坤卦的卦名有哪些含义?

　　本篇我们来介绍一下坤卦的卦名含义。坤,左右结构,左边表意,左边一个"土",土来自大地,大地就是土,土也代表五行中的土;右边注声,右边一个"申",坤的发音与"申"有关联,坤与"申"的韵尾相同,同时"申"的词义与坤也有紧密联系。因此,坤是个形声兼会意的字。

　　"申"除了注声的功能外,也有表意的功能。比如,我们看到"申"字,自然而然地会联想到"田"字,而且"田"的意境与"坤"的意境是有些重合的,只是"坤"的意境更为广大。乾卦"见龙在田"的爻辞,就取象于九二爻象代表的大地,大地倒推回去就是坤卦,大地就是坤卦的卦象之一。由此说明"申"不仅仅是注音的,同时也兼具表意的功能。《康熙字典》就将"申"字归在"田"部。通常田地的范围是一个有限的区域,直观呈现出来的是四四方方的四块田地,而坤表示的田地范围却比四块田地要大得多。如果要在文字中把这个意思表示出来,那么将"田"字纵向拉伸出头便可实现这个表意的目的,这样我们对"坤"字的理解就更加简易直观了。"坤"字左边"土"代表这个字与土有关,右边"申"既是其发音的依据,又代表规模无限的田地，左右组合起来坤为大地的含义就形象生动了。

然而"申"的本义是闪电，"申"字的甲骨文就是一道闪电的形象，像一个树杈分别向上下延伸，因此"申"字与"电"字的字形很接近。从闪电这种自然气象中，人们至少可以得出两个意思，一是申明、申诉、告诉等意思。正常情况下天气是风和日丽，就像人心平气和的正常状态；闪电打雷是天气中的反常现象，就像人在大发雷霆一般。人在受了欺凌、误会或冤屈之后，可能情绪失控，暴跳如雷，用狠话发泄内心不满，似乎在诉说或申诉着什么。把人的这种激愤情境移植到老天身上，那么电闪雷鸣就像老天在发怒，似乎在诉说、告诫或谴责人间发生的大逆不道之事。二是伸展、延伸、延长等意思。发生闪电时光线迅速向两端延伸散发。"坤"字就是左边的"土"字旁所代表的土地，再加上"申"的发音和伸展、延伸、延长等意思构成的意境，这个意境与大地的意境就非常接近了。

"申"在十二地支"子、丑、寅、卯、辰、巳、午、未、申、酉、戌、亥"中位列第九位，在后天八卦图中，位于西南方向，而西南方向恰恰又是坤卦的方位，"坤"位和"申"位的重叠决不是巧合，而是匠心独运的结果，它反映了"坤"与"申"的内在联系。

我国古代有个申国。《辞海》介绍：申，古国名，姜姓，传为伯夷之后，居今陕西、山西间。周宣王时一部分被东迁，分封于谢（今河南南阳市东南），建立申国。春秋初为楚文王所灭。其留在原地部分，称"西申"，或称"申戎"，亦称"姜氏之戎"。后为秦所灭。本人判断，"申国"之所以取"申"作为国家的名称，应当与"申"所代表的方位有关。

周人祖先后稷的母亲是姜嫄，为帝喾之妻，传说她在郊野踩到巨人足迹之后怀孕而生下后稷。申的祖先也为姜姓，周幽王的皇后是申国国君之女，叫申姜或称申后，可见申国与西周王室存在表亲关系或姻亲关系。申国建立时的所在地是今河南省南阳市，相对于申国祖先伯夷所在地商朝都城朝歌即今河南省鹤壁市淇县朝歌镇而言，申国的位置正好在朝歌的西南方位，因此，本人认为申国的名称与其所处的申位、坤位是有关联的。周人的母系血亲来自商朝朝歌西南方位的申国，地支申的位置也在西南，周文王发明的后天八卦坤的位置也在西南，而坤为母，与周人母系血亲发源地相一致，其中蕴含着精妙的渊源关系，实在让人拍案叫绝叹为观止。

"坤"的第一个意思就是地或大地。它与乾卦所代表的天是对应的。古代科学技术还不是那么发达，那时对大地的了解很有限，不像现代人那样知道地球是圆的，几千年前还没有这个概念。古时的概念是天圆地方，天如同一个巨大的圆形盖子，大地是一个巨大的立方体，处于天的覆盖之下。因此大地是个三维空间，有长、宽、高三个维度。故而，坤卦爻辞中有"直、方、大"之类的表述，实际上是用来描述大地立方体状貌的。"坤"还有其他诸多意思，包括母亲、女性、阴性事物等等，这些都是跟乾卦的含义相对应的。

上面已经讲到了，"坤卦"代表西南方位。在后天八卦图里，坤卦位于西南方向。后天八卦图很有用，如果说先天八卦图所代表的是反映我国地理气象状况的地形气象图，那么后天八卦图就相当于我们的人文社会功能图，许多治国理政和社会生活所需的天干、地支、五行、历法、季节、时辰、方位等等多种功能元素都在后天八卦图中得到体现。坤代表西南方向便是其表示方位功能的体现。苏轼有两句诗说"我本放浪人，家寄西南坤"，这是说苏轼出身在眉州眉山即今四川省眉山市，眉山位于我国西南部，因此苏轼用西南坤来指代他的故乡。苏轼是精通《易经》的，他写过一部《易传》，对《易经》的研究非常深厚。

"坤"还代表坤道。我们前面讲到了有人走乾道，有人走坤道，坤道即是配合之道，坤字本身就有坤道、坤德等含义，能够心甘情愿地走配合之道的人就是有坤德的人，因为坤代表母亲、女性、女人、妇人、妇女等，因此坤德也叫为母之德、为女之德、妇女之德等等，反映了女性的柔顺、配合、顺承、忍耐、包容、坚贞等性格特征。坤卦的许多意思都是从大地的属性里引申出来的，母亲的角色与大地的属性，从大的方面讲是高度吻合的，因此我们经常说大地母亲，为母之道彰显的就是大地品德和慈母之德。

另外，《系辞传》里也有关于乾坤的表述。《系辞传》也是《易传》十册中的两册，分为上下册。《系辞上传》说："天尊地卑，乾坤定矣。卑高以陈，贵贱位矣。"把它翻译成白话文，大致意思是说，天是高的地是低的，这样乾坤的位置就相对固定下来了。低的高的在我们面前陈列展示出来，贵重和普通就各自回归到了自己的位置。

《系辞上传》这四句把天地的位置作了描述，尊就是高，"天尊"就是天高，在空间布局上，老天高高在上，无边无际，高不可及，人们只能仰望，它不是现代意义上的尊贵。卑就是低下、亲近的地方。"地卑"，只是相对于上天来说，大地处于低下的位置。所谓的高低，只是从人所处的位置作为基准而作的评价。人生活在大地上，人与大地处于同一层面，因而地是低下的。"地卑"只是表明大地处于老天的下方，不是现代意义的卑贱。在这里"尊"只有高的意思，"卑"只有低的意思，而不能把它与现代意义上的尊贵和卑贱划上等号。现代意义上的尊贵和卑贱带有褒义贬义等感情色彩和价值判断，是语言文字发展演变过程中逐渐引申出来的产物。两者有渊源联系，但不是一回事。在两千五百年前的语境中，只需把"天尊地卑"理解为天高地低这样一种客观的地理方位分布即可。

"乾坤定矣"用来呼应前面的"天尊地卑"。乾为天，坤为地，乾坤分别对应天地，因此在古代诗词歌赋散文中，乾坤常用来指代宇宙、世界、天下、人间、形势、环境等概念。天地的高低位置和分工定位是显而易见的，那么按照类比推理的方法，乾卦和坤卦的空间方位和功能定位也就可以明确界定了。比如在先天八卦图中，乾卦居于正南的天位，而坤卦则居于正北的地位。这是客观地理状况在先天八卦图中的反映。它并不代表天一定就是现代意义上的尊贵，并不代表地就是现代意义上的卑贱。如果真的以为地就是卑贱的，那么就等于说生活在大地上的人是卑贱的，我想睿智的古人不会这样作贱自己。"乾坤定矣"只是简洁地表达了随着天高地低位置的确定乾坤的位置也随之确定的意思。

"卑高以陈"，"卑高"就是前面所说的"尊"、"卑"，由此反推可见，"尊"即是"高"的意思。"卑"与"高"概念相对，

"卑"自然是"低"的意思了。"陈",陈列、摆放、展示、展览等意思。"卑高以陈"就是说低的和高的,低的是地和坤,高的是天和乾,它们像军阵队列那样陈列展示出来了。客观情况就摆在那里,让它的原状原貌原生态地展示呈现出来,让人一目了然一览无余。于是"贵贱位矣",哪个是贵重的哪个是普通的也就可以判断确定了。这里的"贵"和"贱"与现代意义的尊贵、卑贱是有区别的。物以稀为贵,这里的"贵"本义是指要花很多钱才能买到的东西;"贱"是指物品普通只需花很少的钱即可买到的东西。空气、阳光和水通常是不用花钱买的,加工过的水虽然要花钱,但花钱不多,可以说非常便宜,但绝不能说空气、阳光和水是卑贱的,而恰恰相反,它们对人的生命来说却是最最重要的。

"位"就是定位,也就是确定了位置、价位等。天上的东西可望而不可即,把它视为贵重的事物;大地上的东西就在身边触手可及俯拾即是,把它视为价格便宜的普通物品。

乾天高高在上,人们生活在蓝天下,通常只能是仰望天空,久而久之产生了对天崇敬的心理,主要是因为出乎对天道规律的尊崇。我们讲过《易经》里讲到天的时候要包括地,天地是一体的。相对而言,人生活在大地上,脚踩在大地,耕耘在大地,居住在大地,人跟大地最亲近,亲近就会产生随意,随意就可能表现为不够敬重。从这个角度上讲,是不是有一点对大地不那么尊重的意思在里面呢?当然,这不是此处"贱"的主要意思,只是有那么一丁点的意韵而已。"贱",左边的"贝"代表钱币,右边的"戋"是数量少的意思,组合起来就是价格便宜。此处的"贱"应该说有点家常普通、司空见惯和平易近人的意思,而不是现代意义上的卑贱。

没有大地，我们人类就无法生存，其实对大地是最应该尊重的。人类社会和万事万物都是由大地承载的。大地像一位含辛茹苦默默奉献的伟大母亲，温柔、仁慈、辛劳、包容、忍耐、承载，你怎么折腾她她都不离不弃无怨无悔。所以，我们要善待地球，保护好我们的共同家园。

贵贱就是一种辩证法。要看你是从地理位置上来评判，还是从它的应用功能和使用价值上来评判，不同的角度得出的贵贱内涵是不一样的。此处"贵贱位矣"这个"贱"是要打引号的，这个"贱"里包含着"贵"的元素。

《说卦传》是怎么来表述坤卦所象征的事物的？《说卦传》相当于一本字典，坤卦的丰富含义在这本字典里有集中的体现。在《说卦传》里，每个卦，当然也包括坤卦在内，列出了十几种、二十几种含义，但在某个具体的卦象中只是用到其中的一种、两种或几种含义，那么到底是哪一种含义？则要看卦象所代表的具体情境和实际情况而定，正确与否考验着解读者的道行功力。

根据《说卦传》，"坤，顺也"，坤代表柔顺的意思；"坤为牛"，坤在动物或牲畜中代表牛；"坤为腹"，坤代表人的腹部，坤卦的卦画极像腹部两列数排的肋骨，坤也代表人的身体；"坤地也，故称乎母。"坤代表大地，也代表母亲。坤本身有母亲的意思，又有大地的意思，因此我们经常称大地为母亲。"坤为地，为母，为布，为釜（fǔ），为吝啬，为均，为子母牛，为大舆，为文，为众，为柄，其于地也为黑。"

　　布可以引申出包袱、包裹的意思；釜就是古代的锅；吝啬就是节俭的意思，我们古代妇女以及老一辈妇女，母亲及奶奶、姥姥等都是注重节俭的，这里的"吝啬"是节俭的意思，是正面的，是个褒义词，同时也包含过于节俭的意思，有点小气，包含一点贬义的意味，事实上该用的时候还是要用，该花的时候还是要花，正如《易经》所言"苦节不可"，节俭过了头也不宜提倡；坤为均，平均的"均"，六个短横都是一样的，长短间隔都很均匀，意思形象生动简洁明了；为子母牛，也就是母牛和它的牛犊在一起的亲子组合；为大舆，舆是车，大舆就是牛拉的车，坤的卦形特别像大车的车厢，虽然速度不快，但拉的东西多，可以承载很重的物品，所以称其为大车；坤为文，文是花纹、花样、文采、色彩、文化、文明等等，我们看到祖国的锦绣河山五颜六色非常秀美，广阔无垠的田野有稻谷、麦子、玉米、油菜花等各种各样的庄稼，构成了五彩缤纷的风景图画，这些都反映出文的意境；坤为众，坤卦为六根短横，是八卦里笔画最多的，三人为众，用六划来反映众多也是不言而喻的，众就是众人、师众，代表人口数量众多的百姓、兵士、以及数量众多的聚集人群等；为柄，就是茶杯的把柄、锅的把柄等物品，它在器具中不是主体，属于附属器件，但是起着重要的辅助功能和作用，没有把柄，杯、锅等日常器具用品使用起来就不方便；其于地也为黑，如果用坤卦来表示土地的话，它的颜色是黑色的，因为一般情况下土地是黄色的，但有些地区的土地却是黑色的，如东北的土地，我们称其为黑土地。

　　《说卦传》把坤卦象征或代表的全部意思作了罗列，但其内容不仅限于此,坤卦还可以再拓展引申出更多的意思。《杂卦传》所讲"乾刚坤柔",主要突出了坤卦的柔顺特征,这是坤卦最显著的特点,坤卦的所有意境都为柔顺所涵盖,或与柔顺有关联,因此坤卦的含义是非常丰富的,需要我们在实践中慢慢去体悟积累。

66 如何理解"坤道成女"？

本篇我们继续分享《坤卦的配合之道》，继续对坤卦的含义进行拓展。坤卦含义非常丰富，上次介绍了《系辞上传》相关的四句话，《系辞上传》还有两句话也是跟乾、坤两卦有关的，那就是"乾道成男，坤道成女"。把它翻译成白话文就是，乾卦的创始之道成就了男人，坤道的配合之道成全了女人。也可以说，乾卦之道成为男人象征和行为特征，坤卦之道成为女人象征和行为特征。这两句话直接把乾坤两卦与男女角色发生了关联。

人分男女，男女有别。性别不同，人的特征也不同，包括体力、能力、性格、行为、兴趣、习惯、特长等各方面都表现出差异性。从力量方面看，男人是有优势的；从人际关系看，女人有特别的亲和力；从人生事业上看，男人更加渴望成功；从团队精神上看，女人更有协作配合意识；从感官功能角度看，女人更加细腻敏锐；从美学角度看，男人有阳刚之美，女人有阴柔之美。总之，男人有男人的优势和短板，女人有女人的长处和不足。孤树不成林，独木不成桥。合则两利，分则两伤。乾卦与坤卦、男人与女人只有合理分工、相互配合、共同协作，才能相得益彰相互成全，达到功效的最大化；如果相互孤立相互拆台，则必然相互内耗两败俱伤，各自的功能作用也会随之大打折扣。

"乾道成男"，就是说乾卦的卦德是刚，刚健有力，作为男性，要善于秉持和发扬乾卦的积极进取自强不息的精神，坚定地走乾卦的创始之道，勇于开拓有创造性、公益性和挑战性的事业。"坤道成女"，就是说坤卦的卦德是柔，柔顺承载，作为女性，适宜秉持和发扬坤卦的甘当绿叶厚德载物的精神，坚定地走坤卦的配合之道，心甘情愿地从事执行性、从属性和辅助性的事务。这是古人根据乾坤男女不同性质、不同特点、不同功能而作的一般性分工和角色定位。不是性别歧视，也不是重男轻女，与性别歧视和重男轻女没有关系。它应当属于现代的系统论范畴，只是阐述如何合理分工、怎样有效利用资源，才能实现效益最大化、达到最大性价比的问题，并不存在谁高贵谁卑贱的问题。

"乾道成男，坤道成女。"它所反映的是一种大概率的自然分工，适用大部分情况，并非适用所有情况。它存在特例，就具体个案而言，可能因人而异，需要具体情况具体分析，根据个体特征和实际情况作出合理分工，这恰恰是学习天地自然精神的体现。有的男人愿意走坤道，有的女人具有乾卦特质和能力，反过来走乾道可不可以？当然是可以的，这是作为一种特例情况而出现的，并没有违反事物发展的客观规律。有例行就有例外，任何事物都可能存在例外情形。《易经》通常讲的是普遍规律，但它也不否认特殊规律。一般情况下是"乾道成男，坤道成女"，但是在特定情况下反其道而行，也没有什么问题。总的原则就是要发挥各自的特长，把它的个性特长和功能作用充分发挥出来，人尽其才，物尽其用，使其本性和价值充分展现出来，这便是天道精神的内涵要求。

《说卦传》说："坤也者，地也，万物皆滋养也，故曰'致役乎坤'。"这是《说卦传》对坤卦的一个综合性的描述。

"坤也者，地也。"这是对坤卦作出解释，坤是什么呢？坤就是大地。然后进一步解释，"万物皆滋养也"，就是说世上的万物都是由大地提供滋养的，是大地养育了万物，提供万物生长发展所需的滋养。于是，得出结论，"故曰，致役乎坤。""致役"的"役"是劳役、劳动、劳作，"致役"就是开展劳动生产，进行耕耘劳作，付出辛劳和汗水。"乎坤"是劳动生产的场所，讲的是人们在大地上劳动生产，获得生活所需的粮食和其他生产生活资料。人作为万物的重要组成部分离不开大地的滋养，其他动物、植物、生物、微生物等都离不开大地的包容、承载和养育。

"致役乎坤"还有一层意思是关于劳作时间的含义。在后天八卦图里，坤卦的位置在西南方向，从一天的时间来看，坤位所对应的地支是十二个时辰中的未时和申时，未时五行属于土，坤卦正好也对应土，两者是相吻合的。午时是上午11时至下午1时，坤卦对应的未时和申时分别是下午1至3时和3至5时。从季节上看，后天八卦图的正南方离卦所对应的是夏季，夏季是抢收抢种的农业生产的大忙季节。人误地一时，地误人一年。因此，农民必须起早贪黑不失时机地进行夏收夏种。

夏季酷暑难当，尤其是正午时辰太阳毒辣热浪灼人，同时"双抢"任务又繁重而紧迫，如何处理好酷热与时效的矛盾？农民是最有智慧的。他们采取调整劳作时间的方式，起早贪黑，延长两头劳作时间，尽量避开高温时段。这样，一方面增加了劳动时间，做到不误农时；另一方面表面上看延长了劳动时间，农民似乎更加辛苦了，但实际上却是避开了可能让人中暑的高温时段，这种以延长劳作时间来换取减少阳光灼烤的方式，总体上有利于保持可持续劳动能力。此外，对于庄稼而言，在高温炽烤的环境下种植或管理也不利于它的正常生长和粮食收成。

因此，通常情况下夏季的正午是用来就餐和歇息，不是在万不得已的情况下，要避开正午阳光直射的时段劳作，待到未时太阳稍偏气温有所下降时再开展劳动生产。这样的安排是合乎自然规律的。农民在生产实践中总结出来在未时开始劳作比较合适，这与"致役乎坤"所包含的这层意思是吻合的。按照《易经》的道理，人或物处在阳气最旺盛的情境时，需要增加些阴气予以调和，因此夏季中午歇息或午休片刻，是懂得易理的体现。

曾经有位专家学者在讲到古代农民中午是不干活的情况后，立刻有人反对说农民哪有中午不干活的道理，网民讽刺专家不了解农民的艰辛。其实，他们所说的都没有错，但都没有说完整。国家那么大，十里不同风，百里不同俗。我国幅员辽阔，风俗各异，什么样的情况都是可能存在的。大中午干农活和大中午不干农活的例子都可以找得到，没有对与不对，只有合适不合适。比如像东北这样气温较低的地区中午就不一定不适合干农活，而大多数南方地区夏季天气炎热中午阳光毒辣，确实不宜干农活，尽力避免应是明智之举。

67 坤卦的卦象寓义包括哪些内容？

本篇我们具体来介绍一下卦象寓义，也就是说坤卦的卦画中蕴含着哪些卦象，分别代表什么含义，或者说这些卦象反映了什么样的意境。

坤卦六个爻都由阴爻组成，是一个很简单的卦画，如果没有想象力，不作卦画与事物之间的联想的话，看到六划就是六划，六条中间断开的横线，不知道坤卦代表什么含义，不知道坤卦所反映的自然景象或人文现象，那么这样的坤卦卦画就基本上没有存在的价值和意义。

世界上的事物多得不计其数，因此人们通常称其为万事万物。但是如果用八个卦来代表万事万物，那么万事万物大致可以分成八大类，相当于把世界上所有的事物分门别类装到八个筐里。如果再把两种相同或不同的事物组合配对，那么又会得到六十四种组合方式。这便是《易经》作为世界观方法论的哲学来解释和反映世界的基本原理。前面介绍过，根据《说卦传》，三爻坤卦通常代表十几种、二十几种事物，甚至更多。然后再把两个三爻坤卦叠加起来，上下分别代表几十种事物，通过联想使上下卦组成一幅幅有意义的图画景象，这些图画景象就是由坤卦卦画通过联想而产生的卦象。本篇要介绍的卦象寓义，便是这些卦象所要传达的含义或意境。

从一个简单的示意图，比如坤卦的卦画，由此产生联想，把它与自然景象和现实生活结合起来，上、下卦所代表的不同事物，两两搭配，就会在人们脑海里形成一幅幅形象生动的图画。可以推想，在文字没有产生之前，我们的古人大概采用的就是这种情景式的思维方式，我们可以把它归属于形象思维的范畴，就像看电影一样，镜头一幕幕呈现出来，人们从中感知领悟电影所要表达的意思。就像我们看原版外国影片，虽然听不懂外语，也没有文字翻译，但人们通过主人公的行为举止仍然能够看懂大致意思。因为人的情感是相通的，甚至于万物皆有灵性，人与动物之间有时也能相互感应心灵相通，其原理是相似的。

我们研学《易经》，如果能理解卦象寓义，把卦画背后引申出来的一幅幅不同组合的画看懂了，再去理解卦爻辞，就显得比较容易简单了。我们领悟一幅幅画的过程，实际上就是对《易经》的体悟提升过程。我刚开始研学《易经》的时候，一个六爻卦也就只能看出三四幅画；到了第二轮研学的时候，就能看出七八幅画；到了第三轮研学的时候，就能看出十几幅甚至二十几幅画。这样循序渐进，易象思维就会越来越灵动，所以说《易经》是很灵动的哲学和方法论，有利于启发和发掘我们的思维。学习掌握和实践运用《易经》的思维，对于推进我们的人生事业是非常有益的。我们要习惯古人的这种形象思维，从古代圣贤那里汲取更多的智慧和滋养。

今天我们要介绍的坤卦有八个卦象,为什么不是很多?主要是因为坤卦的上、下两个卦都是坤卦,上下卦都是相同的卦叫纯卦,乾卦是个纯卦,坤卦也是个纯卦。乾卦的六个爻都是阳爻,坤卦的六个爻都是阴爻,孤阴不生,独阳不长,因此这样的卦缺少些变化,相应的卦象自然就会少一些。

作为纯阴的坤卦,书中列举的八个象分别是"大地广厚之象、广阔田野之象、纯阴纯柔之象、农历十月之象、夏至黑夜之象、北方西南之象、内柔外柔之象和土土比和之象。下面作一个简要的介绍。

一是大地广厚之象。古人的概念是天圆地方,认为天是圆的,地是方的。因而我们可以把大地或者我们所生活的地球设想为一个立方体,地球是现代的概念,古时没有地球的概念,只有大地。立方体具有长、宽、高三个维度,三者构成一个地理空间。六爻坤卦的上卦是三爻坤卦,下卦也是三爻坤卦,就相当于两个立方体叠加在一起,体积扩大了两倍,由此我们可以引申出大地广阔无垠、极其深厚的景象。

二是广阔田野之象。坤卦六根阴爻用来表示广阔无垠的田野是非常形象直观的,既像整整齐齐排列着的田地,如同东北北大荒无边无际的大片土地、云南元阳层层叠叠的大片梯田;同时又像田野中宛如众多士兵全副武装整齐列队的满畈满坡的庄稼。民以食为天,在大地上对我们老百姓日常生活关系最大的就是农田、田地或田野。先祖们、农民们在田野里劳动生产,劳动生产的对象是庄稼果蔬,田野为我们提供了丰富的食粮,日复一日,年复一年,源源不断,绵延不绝,广阔的田野养育了人类，才使得人类子子孙孙，繁衍至今。大地中最宝贵的资源就是大片大片一望无际的田野。古人的财富多数来自田野，在田野里种植庄稼，还在田野里狩猎，因此古代狩猎也叫田猎，田猎的动物也成为财富的来源。此外古人还在田野里豢养家畜，古人在生活实践中，选择一些对人类友好、性情温驯、又能帮助人类生产生活的动物，通过饲养培育把它们驯化成六畜，即马、牛、羊、猪、狗、鸡。在古代，六畜也是在田地里建造圈栏饲养的，这从六畜之"畜"下面为田字旁的字型结构中可以得到验证。因此，田野是人类赖以生存的重要生产资源和生活基地，人类的大部分财富来自田野，粮食资源来自田野，田野滋养了人类，也滋养了万物，因此《说卦传》说"坤也者，地也，万物皆滋养也，故曰'致役乎坤'。"

三是纯阴纯柔之象。这个当然好理解，坤卦六个爻都是阴爻，是个纯阴的卦。前面我们介绍过，《易经》中有三大类卦，第一类是纯阳的卦，以乾卦为代表；第二类是纯阴的卦，以坤卦为代表；第三类是阴阳间杂的卦，其余六十二卦都是这类卦。坤卦虽然只有一个卦，却代表万事万物中的一大类事物，它表明这类事物的特征是纯阴纯柔的。在客观世界里，这样纯阴纯柔的事物几乎是不存在的，比如黄金，再纯也只是在%前99小数点后面再加N个9，可以无限接近100，但永远到不了100。万事万物中绝大多数事物是阴阳掺杂在一起的，阴中有阳，阳中有阴，阴极变阳，阳极变阴，在一定条件下阴阳是可以转化的，但几乎不可能停止或固化在纯阴纯阳的状态上。因此，纯阴纯柔的事物是人们理想化的产物，只存在于人们的主观世界，有时只是用来表达至阴至柔的极致状态，也就是说再也没有比此物更阴更柔的事物了。

四是农历十月之象。古人很聪明，很有智慧，利用《易经》六十四卦中的十二个卦，来表示农历十二个月份。这十二卦很整齐，阴阳变化呈现出循序渐进的规律性，形象生动地反映了农历十二个月份的阴阳气变化状况。我们称这十二个卦为"十二消息卦"。"消"就是削弱下降、减少消亡，"息"就是增强上升、增多生长，如银行的利息，一天天地在不断增长。在十二消息卦中，农历十月是用坤卦来表示的。它表明农历十月是一年中阴气最盛的月份。从坤卦卦画上看没有一个阳爻，看不出阳气的存在，但实际上农历十月的天气即使再阴再寒冷，也不可能一点阳气都没有。因此，阴阳是个相对的概念，农历十月相对于其他十一个月而言，这个月份的阴气处于最低端。在通常情况下，如果以农历十月作为一个参考基准，用百分制来表示，那么便可以认为农历十月的阳气为零，阴气为100。这个原理与海拔的计算有些类似，测量地面事物的高度以海平面作为基准，其数值为"0"，其他事物以此作为基准得出一个数值，就可以分出孰高孰低了。坤卦用来表示农历十月的阳气为"0"，这是一年中阳气的谷底状态，那么复卦表示农历十一月，临卦表示农历十二月，泰卦表示农历正月，随着月份的推移，卦画中阳爻逐渐增加，表明自然气象中的阳气也在逐渐增多。

从十二消息卦中可见，乾卦代表农历四月，坤卦代表农历十月，两者正好相差六个月，正好是六个阳爻变成六个阴爻的数值。一年十二个月份中，阴阳变化出现完全翻转的时间间隔是六个月，因此用《易经》六十四来表示一年阴阳气的变化是最恰当不过的了，这是因为《易经》产生于对自然规律的观察、提炼和总结，这种世界观方法论是符合自然规律的。人们反过来又用《易经》指导并应用于社会生活和生产实践，推动人生事业稳步健康发展。这与现代的实践—认识—再实践—再认识的认识辩证法基本是一致的，但是我们的老祖宗在几千年前已经发现并应用了这些规律原理，不得不为我们祖先的智慧所折服。

前面在分析乾卦的有关内容时讲到，按理说乾卦代表阳气最盛，那么农历四月阳气应该最盛，阳气最盛是不是意味着气温应该最高，可事实上气温与我们的感觉并不一致，通常最炎热的月份应该是农历六七月份，与十二消息卦表示的月份相差两个月左右。同理，坤卦代表农历十月，按理说农历十月应该最为寒冷，可人们实际感受到的却是农历十二月最为寒冷，也存在两个月左右的滞后期。导致这种最阳最阴与最热最冷有两个月左右时间差的重要原因，是由于地球上空的大气层产生的效应。大气层相当于天然的空调，当最强劲阳光直射的时候，有部分阳光被大气层吸收了，随着热量不断积聚，才慢慢地释放出来。正是由于大气层在中间插了一杠，才使得炎热的峰值往后挪移了一两个月。同样的道理，当太阳光最弱的时候，大气层此前贮存了部分热量，还可以持续释放一段时间，到存货完全用尽时，便不知不觉地过去了一两个月。

五是夏至黑夜之象。我们原来介绍过，夏至这一天白天和黑夜的时长之比为3∶2，正好符合用九表示的阳爻与用六表示的阴爻的比值，地球自转一个圆周为一天，如果把一天看作360

度圆圈的话，那么白天就是216度，夜晚就是144度。夏至这一天的白天和黑夜具有典型特征，古人把夏至作为说明阴阳爻的案例，白天有阳光，《易经》中用乾卦来表示白天；夜晚没有阳光，用坤卦来表示黑夜。

六是北方西南之象。在先天八卦图中，乾卦处于最上方正南方，而与乾卦相对应的坤卦处于最下方正北方。先天八卦图，相当于反映我国自然地理状况的中国地形气象图，古人有天南地北之说，《说卦传》说"乾为天"，因此正南方乾卦代表天的位置，而正北方正是坤卦所代表的大地的位置。因此，坤卦代表北方和大地，我国平原大多集中在北方，应当与此有关联。在后天八卦里，坤卦处于西南方位。如果说先天八卦图是中国地形气象图的话，那么后天八卦图就是人文社会的功能图。后天八卦图对社会生活的实践指导更有实用价值，应用更加广泛。天干、地支、四季、时辰、历法、风水、五行、地理、方位等等各种体系都建立在后天八卦图的基础之上，在我国人文政治和社会历史发展过程中扮演着重要角色，承载着重要功能，发挥着重要作用。坤卦代表西南方位，这与《周易》作者周文王王道基业发轫于西南方向的岐山也许有着某些联系。

七是内柔外柔之象。我们知道六爻重卦是由上卦、下卦两个单卦组成的。下卦也叫主卦、内卦，上卦也叫客卦、外卦。如果用一个重卦来表示一个组织体系的内外、主次关系，那么下卦代表这个组织的内部，在这个组织体系中处于主方地位；上卦代表这个组织的外部关系，如外部环境、合作伙伴、相对方、竞争对手等，它处于客方地位。如果这个组织关系的内外、主次关系与坤卦卦象相一致，那就表明这个组织体系中双方（内部外部、主方客方）都是处于柔顺的状态。凡事有利有弊，柔顺对于人际关系来说是有利因素，两个脾气好性情温柔的人不容易产生冲突，有利于双方开展合作；从财富资源方面考察，坤卦可代表数量众多，强强联合也是有好处的；但是从生机活力方面衡量，坤卦没有阳爻，缺少阳刚之气，软弱乏力，两个过于柔弱的双方搭配在一起，对于有些事是不能胜任的。

八是土土比和之象。在五行里坤卦是土的典型代表。土在五行中居中，是五行的基本元素，其他元素基本上都离不开土。同时，土对应的颜色为黄色，也与华夏儿女的黄皮肤相统一，黄色与其他颜色相配都比较协调，从中也反映出坤卦的柔顺、包容、承载、配合等特性。如果说一个组织体系里，内部环境和外部环境、主方客方都是坤卦之土。根据土的特性，两者相互叠加，彼此掺杂在一起，相容性好，粘合性强，双方可以达到完全融会贯通合二为一的程度，这实际上是强强联合的又一种体现。如果用它来反映合作伙伴关系，那么这是一对良好的合作伙伴，双方关系融洽，资源叠加，相互支撑，互利互惠，合作共赢，这是一种非常良好的局面。

68 坤卦的关联卦画有哪几个？

本篇我们来分享坤卦的关联卦画。所谓的关联卦画，就是指跟坤卦关系密切的卦画。人有人际关系，或叫社会关系；国有国际关系，天体有星际关系，同样卦也有卦际关系。我们来考察一下坤卦有哪些亲戚、朋友、邻居等。对于一个陌生人，当你了解了他的家庭、亲戚、朋友之后，就可以大致知道这是个什么样的人了，有助于对此人的总体情况作出基本判断。考察一个卦的卦际关系也是同样的道理，了解了一个卦的关联卦画，就能帮助我们更好地把握该卦的基本情况。下面让我们来认识一下坤卦的这些亲戚朋友吧。

第一个关联卦画是，坤卦的错卦是乾卦。也可以说，坤卦和乾卦是一对错卦，坤卦和乾卦互为错卦。或者说，坤卦的错卦是乾卦，乾卦的错卦是坤卦。这里的"错"是交错的意思，指的是阴阳相互交错，而不要理解为错误。坤卦的六个爻都是阴爻，那么把它全部变成阳爻，就是坤卦的错卦，这个错卦自然就是六个阳爻的乾卦。阴阳是一对矛盾，相互联系，相互对立，相互转化，相互依存，相互统一。一对错卦相当于矛盾的一体两面，错卦的哲学意义在于站在对立面的角度看问题，站在矛盾对方的立场来看问题，我们也可以称其为换位思考。身临其境，设身处地，以对方的角色扮演来思考解决矛盾分歧的办法。假如我处于对方的位置，我会怎样想，我该怎么做，把自己的利益与对方的利益统筹考虑，这样对事物的把握就更加符合实际，更加全面准确，更加合理可行。实际上错卦的思维模式是一种观察事物解决问题的方法论。

我们前面讲过，乾卦和坤卦，相互依存，没有了这一方，对方也将不复存在；同时又相互对立，有时会发生矛盾激化；还会相互转化，阴极变阳，阳极变阴，阴阳始终处于动态变化之中。阴阳爻的变化原理、错卦之间的相互转化原理，跟辩证唯物主义的原理是一致的，因为它们都是对自然世界和人类社会客观规律的观察、探索、研究、实践和总结的结果。错卦之间、坤卦与乾卦之间是可以相互双向变化的。它启发我们，一个人与家人、亲戚、朋友、同事等交往交流也是人生常态，他们的人生态度、思想观念、行为方式、生活习惯等也会相互影响而发生变化。近朱者赤，近墨者黑。人的交往影响着人生事业的走向，与负能量者为伍难免一生厄运，晦气连连；与正能量者同行必定生机勃勃，收获满满。

第二个关联卦画是，坤卦的综卦还是坤卦。或者说，坤卦没有综卦。综卦也叫镜卦、覆卦，就是把一个卦画颠倒过来，把卦画旋转180度。综卦的"综"，本义是指古代织布机上的一个部件，主要用于调节经线上下交替位置，经过这个部件的操作，经线完成上下变换的状态。把这个经线上下颠倒交换位置的原理，用于描述卦画的变化状态就比较容易理解了。比如说，我们在宣纸上写一个楷书"士",然后将它翻转180度,我们看到的字就变成"干"了。字还是那个字,没有经过任何改动,但我们看到的已经是另一个汉字了,读音不一样,意思也不一样。

综卦的哲学意义在于多角度、多途径、多方位考察事物,得到的结果都是不一样的,正所谓横看成岭侧成峰,远近高低各不同。这样我们就可以理解了为什么同一件事情会观点不一众说纷纭了,公说公有理,婆说婆有理,这是因为每个人的家庭出身、教育背景、思想境界、行为方式、生活环境、工作条件、职业习惯等都不相同。因此,相同的事物在不同的人看来,得出的结论可以是千差万别迥然不同的。作为国家、社会和单位的领导管理者,必须综合考虑各阶层各领域各种人群不同的情况,才能取得相对公平合理和协调和谐的效果。

综卦为什么又叫镜卦和覆卦?我想这个不难理解,从镜子的功能上去理解就可以了。如果墙上挂着一幅写着正楷"士"的书法作品,我们将一枚镜子镜面朝上垂直于墙放在书法作品的下端边缘,镜子里看到的像就是个"干"字的书法作品。这与综卦得到的结果具有一致性。同理,覆是颠覆、颠倒的意思。如果我们将这幅写有正楷"士"的书法作品,上端揭开,下端不动,并以下端为轴,将书法作品上端揭开往下拉并覆盖于墙面,我们可以从书法作品的背面看到一个"干"字,仍然与综卦的结果是一致的。综卦、镜卦、覆卦原理是相通的,可谓殊途同归。它启示我们做人做事的方式方法有许多,条条道路通罗马,一定要结合实际灵活运用,千万别在一棵树上吊死。

第三个关联卦画是,坤卦的交互卦还是坤卦。或者说坤卦没有交互卦。我们以前介绍过交互卦的概念，把某个卦初爻、上爻两头去掉，用剩下的中间四个爻组成一个新的卦，四个爻里的上面三个爻作为上卦，下面三个爻作为下卦，也就是中间二、三两个爻被使用了两次，上卦有它，下卦也有它，体现了你中有我、我中有你的交互意义。交互卦反映了事物发展变化的过程性状态。就一般卦而言，本卦与交互卦是两个不同的卦，它表明事物处于本卦的状态时，进一步往前发展变化，事物最有可能出现的状态就是交互卦所反映的状态。坤卦是六个爻全为阴爻的特殊卦画，去掉两头后，剩下的四个爻仍然全是阴爻，无论怎么扩充搭配，仍然全是阴爻的坤卦。坤卦的综卦和交互卦都还是坤卦。也可以理解为坤卦没有综卦和交互卦。这意味着什么呢？与乾卦的特殊情形有些类似，我们介绍乾卦时涉及到类似的问题。孤阴不生，独阳不长。纯阴纯阳的卦比较稳定，变化较少。把这种现象运用到万事万物中，表明纯净单一的事物缺少变化，形态比较稳定。若要使事物发生变化，必须有矛盾两个方面的因素相互作用，发生冲突甚至激化，或者须由阴阳两种元素相互交织相互作用才会发生变化。人多的地方事多，事多的地方是非多，是非多的地方事故多。因此，人如果想清静就少往人多的地方走，少在事多的地方逗留。一个适龄女性如果想谈情说爱结婚生子，则必须多接触适龄的男性对象，只有男女结合，共同配合，阴阳调和，才能营造温馨甜美的幸福生活，才能孕育出聪明可爱的下一代。事物的发展变化，离不开阴阳结合、相互作用和相互配合。两者只有角色分工不同，没有高低贵贱之分，一个是主动力，一个是受动力；一个是主导者，一个是配合者；一个是阳刚有力的，一个是阴柔纤弱的。这是万事万物发展变化不断推进的运行模式，自然世界如此，家庭社会如此，人生事业也是如此。

坤卦的第四个卦际关系是，坤卦演化三子。这是从三爻卦经卦角度考察的，而上面的卦际关系是从六爻卦别卦角度考察的，这是两者卦际关系类别上的不同。经卦也叫单卦，是三爻卦；重卦也叫别卦，是六爻卦。跟乾卦演化三女同理，在坤卦的基础之上可演化出三个儿子。《说卦传》说："坤，地也，故称乎母。震一索而得男，故谓之长男"；"坎再索而得男，故谓之中男"；"艮三索而得男，故谓之少男"。大致意思是说，坤卦代表大地，因而称其为母亲。震卦是在三爻坤卦的基础上，初爻变成阳爻而成，因而叫他长男；坎卦是坤卦的第二爻变成阳爻而成，因而叫他中男；艮卦是坤卦第三爻变成阳爻而成，因而叫他少男。震、坎、艮三卦是在坤卦的基础上演变而来的。可见，三个儿子与母亲的关联度更加紧密，这与现代生物学的研究结果是基本吻合的。

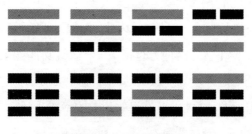

乾卦演化三女，坤卦演化三男

震在大自然里代表雷，在家庭里就是长子。也就是说，在一个大家族里，老大的出生是件惊天动地的大事，就像巨大的雷声一样震动了整个家族，表明这个家族后继有人，有了接班人了，家族对长男给予了很高地位，赋予了重大责任，寄予了厚望。坎在大自然代表水，水意味着风险和坎坷。最典型的实例就是我国的长江、黄河，这是一种川流不息的流动着的水。正如古希腊哲学家赫拉克利特所言"人不能两次踏进同一条河流"，自古至今，长江还是这条长江，黄河还是那条黄河，但水早已不是当初的水了。我们怎么来记住这个坎水呢？我们去江边河边去观察一下，可以发现江河中央的水流流得快，靠近两岸的水流流得慢，流的快就是阳爻，流的慢就是阴爻，这种"阴爻——阳爻——阴爻"的结构不就是坎卦生动形象的表达吗？如果将坎卦卦画平面翻转90度，也就是把坎卦卦画竖起来，就跟"水"这一汉字十分接近。卦画的出现比汉字早，卦画具有汉字的表意功能，可以说，汉字的产生与卦画有着千丝万缕的联系，卦画至少是汉字的渊源之一，不少汉字是从卦画的基础上演变发展而来的。坎为水险，意味着老二的出生，给家庭带来了风险和坎坷。我国古代生产力水平低，解决一家人的生计问题相当艰难，中男的出生给家庭增加了负担。贫贱夫妻百事哀，家里人口多了，消耗的衣食也多了，夫妇生活压力增大了，矛盾纠纷也随之增多，生活的困难、艰辛和坎坷也会越来越多。

　　艮在大自然代表山，山是静止的，其卦德为止。这是什么意思呢？就是说到了第三个儿子出生就差不多了，要停止了，不能再生了，再生就没地方住了，更加养不起了。《易经》认为一个家庭的理想结构是乾、坤、乾卦演化三女、坤卦演化三子，一共是八口之家。从父女、母子这种交叉关系看,《易经》背后蕴含着科学道理,或者说现代科学可以印证《易经》所揭示的客观规律的正确性。一般认为女儿跟父亲联系更加紧密,儿子跟母亲联系更加紧密。我们可以有意识地去观察体验一下这种现象,这种规律性或倾向性还是存在的,请易友们慢慢去体悟,这种现象非常有趣,它是《易经》在遗传生物学领域的反映,体现了阴中有阳,阳中有阴,相互作用,相互转化,合二为一,一分为二等易理。因而,我们有理由相信,《易经》在揭示自然规律、历史社会规律和人文规律方面,有它独特的智慧和价值。我们用《易经》来指导生活、工作和人生事业,必将大有裨益。

69 怎样理解坤卦的卦辞?

本篇我们来分享《周易》第二卦坤卦的卦辞。

卦辞属于经文的内容,象辞属于易传的内容,易传是用来解读经文的,象辞是用来解读卦名、卦义和卦辞的。因此,卦辞和象辞是相互配合的,就相当于乾卦和坤卦是相互配合的关系。如果说我们把卦辞当作乾卦的角色,那么象辞就是坤卦的角色,坤卦是配合乾卦的,为乾卦服务的,乾卦因坤卦的配合支持干成事业,坤卦因乾卦的成就彰显自身的价值。因此,《易经》说,一阴一阳之谓道,要成就人生事业都离不开乾坤两种元素的共同参与,它们往往以成双成对的结构模式出现。

下面我们来看一下坤卦卦辞的原文:

"坤,元,亨,利,牝马之贞。君子有攸往,先迷后得主,利西南得朋,东北丧朋。安贞,吉。"

相对于乾卦的卦辞,坤卦的卦辞长了许多,有相同的地方,也有不同的地方。我先把它翻译一下,然后我们再逐字逐句地来作进一步阐释。

译文是这样的:"坤卦,开始,通达,适宜,保持母马般正固。有所行动,领先会迷失方向,跟随能找到主人。适宜西南可找到同类，往东北会失去同类。安于正固，吉祥。"

乾卦的卦辞是"元、亨、利、贞"，很简单。在《周易》里卦辞特别简短的和特别长的都是值得特别关注的。短的简明扼要，意思十分明确；长的内容丰富，表明易作者在特意强调着什么。乾卦的卦辞只有"元、亨、利、贞"四个字，给人留下了很大的想象空间和解读余地，不同的易学家、易学者解读出五花八门种类繁多的意思、意象和意境，各自带有自己的特色和印记，这是不必感到奇怪的，学《易经》应当有一种包容的心态。

坤卦和乾卦相比，卦辞的长度、文字的数量增长了好几倍，凡是比较详尽的卦辞都值得我们去细细体会，别的卦辞都很简短，为什么它要写得那么长，它写了哪些内容，为什么要这样写？通过思考体悟，可以领略易作者的良苦用心。与乾卦卦辞"元、亨、利、贞"相比较，坤卦卦辞前面的"元、亨、利"完全一样，意思基本相同，但略有区别。"元"有开头、开始、源头等意思，在乾卦里还有创造、创始的意思，这是乾卦所特有的，而在坤卦里却没有创造、创始的意思和功能，其他六十二卦里的"元"也没有创造、创始的意思和功能，但可以理解为有辅助配合创造、创始的意思和功能。因此，坤卦卦辞的这个"元"是辅助配合乾卦创始的"元"。"亨"是通达。"利"是适宜，或者理解为有好处、有利于等都是可以的。

那"贞"呢？乾卦卦辞里的"贞"，有正固、守正、正直、正义等义。坤卦多了一个限定词，多了个定语，"牝马之贞"。也就是说，乾卦的"贞"是无限定条件的，意思明确，涵盖范围很大，就是要坚守正道，主持公平正义。而对于坤卦角色而言，一是应以乾卦之贞为贞，最好不要有自己独树一帜的贞。否则的话两个贞的内容不同、理解不同，就必然导致行为方式的不同。如果坤卦角色我行我素自行其事，那么就失去了坤卦的角色特征，从而变成了乾卦的角色。

二是作为坤卦角色就要像母马追随公马那样的守正。牝马就是母马，必须学习母马那种忠贞不二心甘情愿地辅助配合公马的守正精神。为什么要用牝马而不用牝牛呢？至少有两个原因，从中可以体会到易作者的深刻和细腻。

第一，根据《说卦传》乾为马、坤为牛，按理说坤卦卦辞写"牝牛之贞"是顺理成章的，而偏偏要写"牝马之贞"。这与国外女子嫁人随夫姓的道理有些相通之处。坤卦卦辞"牝马之贞"恰恰反映了坤卦角色的辅助配合精神，甘愿舍弃自身利益，全力成全乾道功德。

第二，马和牛相比，力气是牛大，速度是马快。从物尽其用的角度看，牛比较适合于体力活，比如耕田劳作、大车拉货，因牛拉的货物多，所以古人称牛拉的车为大车，相当于现代的载重卡车，适合从事物流工作，开展长途运输。而马呢，如果让它耕田拉货，其功效作用比不上牛，就跟现在用轿车拉货搞运输一样，恐怕连油钱都挣不回来。因此，马作为有奔跑快的特长，主要在于发挥它的风驰电掣飞速便捷的交通功能。

通常牛是勤劳温顺的，我们常用老黄牛精神夸人，但同时牛似乎缺少一点原则性，过于温驯就会丧失原则，有点老好人、和事佬那样的感觉。牛有时犟起来却非常倔强，异常凶狠，我们见过斗牛场上疯狂的公牛，桀骜不驯，牛气冲天，很难驾驭，因此我们说脾气很差的人为牛脾气。相对来讲，马更通人性，对主人更加忠诚，果敢勇毅、拼搏奋进的精神更加突出。对于人与马的关系来说，人是乾，马是坤；对于公马与母马的关系来说，公马是乾，母马是坤。乾坤最佳搭档和匹配协调的关系，在公马和母马关系中得到了集中完美的体现。

母马永远跟随着公马，公马奔跑到哪里，母马就跟随到哪里。有一个俗语是唯某某马首是瞻，也就是说母马唯公马的马首是瞻，夫唱妇随，忠贞不二，这就是牝马之贞所蕴含的意境。同时，母马是有原则性的，并且能够用适当的方式方法纠正公马的错误。比如，公马将马群引向了歧路，若任凭其发展下去就会走投无路，进入死胡同。这时母马如果有所警觉了，它不是不跟随，而是继续跟随并试图督促公马调整方向，改变路线，回到正常的轨道上来。它能够说服公马或者提示公马、警示公马纠正错误，这时"牝马之贞"的正向作用、纠偏功能和辅助价值便得到了充分而有效的发挥。当然"牝马之贞"是借马事说人事，引导人们处于坤卦辅助配合角色的人们，要学习母马的上述精神，甘当绿叶，乐助红花之成。

卦辞接着说"君子有攸往"。"君子"有两类，一类是具备乾卦特质的君子，一类是具备坤卦特质的君子，此处是指具有坤卦特质的君子；"有攸往"就是有所往，就是有行动的方向，有奋斗的目标，朝着正确的目标方向积极进取努力奋斗。

"先迷后得主"。"先迷"，"迷"是迷失、迷路、迷惑、迷惘等意思。这个"先"可以有两方面的理解，一是时间上的先后。主人还没动，作为配角的人员先动起来了，行动的时间超越了主人。这种情况下,十有八九是不符合主人意图的,就会受到主人的斥责,因而容易产生迷茫而不知所措。"后得主",如果说他的行动在主人之后,主人付诸行动,然后作为配合者根据主人的意图或要求,马上开展相应的行动,这样的行动是有的放矢的,将会得到主人的认可和肯定。

二是地理空间上的先后。正常情况下应当是主人在前面开路,随从在后面跟随。但是如果这位随行人员自作主张捷足先登,超越了主人来到队伍的前面,那么等遇到三叉路口的时候,很难保证不迷路,他不知道主人想走的是哪条路。要避免这样的错误,最好是老老实实地退回来,让带领队伍的主人先走,自己跟着主人走就是了。这就是"后得主"所要表达的意思。当然,这是一种比喻,目的是在告诫那些担任坤卦配角的人,为人做事要有分寸感,不要自作聪明,不要越俎代庖,不要替主人作决定,要尽到一个忠实的执行者的职责,不折不扣地履行好配合事务,这样才不至于在乾坤团队中定错位置迷失方向。

"利西南得朋,东北丧朋"。在古代"朋友"是两个词,同门曰朋,同志为友。"同门"是指同一个老师教出来的弟子群体,古代官场门派林立勾心斗角,因此派生出许多利益集团,因而称这样的利益集团为朋党,于是变成了贬义词,因为这样的利益团体内部经常相互勾结狼狈为奸,侵害百姓或其他团体利益。当然并非所有的"朋"都会发展成朋党,"朋"之本义并不带贬义,比如《论语》"有朋自远方来",此处的"有"通假为"友",这句话指的是好友和同学远道来访。现在的"同志"成为一个专用名词,而古代的"同志"却是一个词组,即有共同的理想志向、价值取向和目标追求的几个或一群人。这样的人不是同一个老师教出来的，但是他们志同道合志趣相投。"利西南得朋"的"朋"取的是它的引申义，引申为同类、坤卦类、女性同类，适宜往西南方向行动可以得到同类，如果向东北方向行动则将丧失同类。

为什么这么说？如果知其然而不知其所以然的话，很可能引起人们的疑惑甚至产生迷信心理。其实这个问题与当时周文王及其对手的地理位置有关。当时周文王所在的部落在镐京，就是现在的西安郊区，相对于商纣王的朝歌来说，他们处在西南方位，朝歌是商纣王的首都，在今河南省鹤壁市淇县朝歌镇，相对于周文王岐山部落都城镐京来说，朝歌位于东北。因此周文王作为《周易》作者写"利西南得朋，东北丧朋"的用意在于其宣传鼓动功能，号召仁人志士都到西南去发展，就像当年红色口号"到延安去参加革命"一样，动员更多的仁人志士有志青年加入到革命队伍里来。两者的意境和机理是相通的。

为什么要把坤卦放在西南的方位？我想应该与后天八卦作者周文王及其岐山部落的发展历史有关联。一是坤卦与岐山部落是商朝的诸侯国身份相符合。诸侯国与商王朝拥有的天下相比，诸侯与商天子相比，它扮演着臣子的角色，这正是坤卦的角色特征。岐山部落从古公亶父、季历到姬昌，都是商王朝任命的西伯。因此，周文王用坤卦来代表自己的岐山部落是非常合适的。

二是坤卦厚德载物的精神与周文王的德行高度契合。坤卦的主要意思是大地，拥有大地便拥有天下。坤卦所蕴含的承载、柔顺、包容、配合、忍耐等精神，与周文王的个人品德、对百姓的态度和社会治理风格高度契合。本来周文王也许没有更新换代的想法，只想做个尽心尽责的臣子。可是树欲静而风不止，实在是因为商纣王太不是东西了，不想让他做个合格的臣子，非得逼他起来反抗。这可从坤卦上六爻的爻辞"龙战于野，其血玄黄"中得到印证。周文王发现历史的发展是有客观规律的，它不以人们的主观意志为转移。因此预测到商周之间必有一战。周文王不是闲着没事写一部易经玩玩，实在是出于为岐山部落的长治久安而考虑的。我们也可以理解为，《周易》就是一部周代治国理政的教科书。只是这部教科书太伟大了，不仅周代适用，其他历朝历代都适用；不仅政治经济历史文化适用，其他各行各业各个领域都适用；不仅地球上的事物适用，而且地球外的事物也都适用。

三是坤卦与周代祖先具有圣母地位的姜嫄有关。相传周代的祖先是后稷，名弃，弃的母亲是姜嫄。姜嫄是古代五帝之一的帝喾之妻。有一次姜嫄到郊外游玩，无意中踩了巨人脚印而怀孕，生下一男婴。由于来路可疑，人们决定抛弃这个孩子，先是把他丢在陌巷让他自生自灭，但牛羊见了都小心避开而不踩他；于是人们想把他扔到山林里，正好有人经过没有扔成；最后把他丢在结冻河流的冰面上，这时有鸟飞来用羽毛给他温暖。人们觉得不可思议，便把他带回仍由姜嫄养育。由于这是个打算丢弃的孩子，于是给他取名为弃。后来做了尧帝的负责农业方面的官员，为天下百姓做出了巨大贡献，后人尊称他为后稷。后是君主的意思，稷是谷物、主管农业的官、五谷之神等意思。踩巨人怀孕当然是神话传说，反映了老百姓爱戴后稷的朴素真挚的情感，只想表达后稷乃天人所生，是老天给人间的恩赐，因为他对天下的贡献实在是太大了，不是一般人所能做到的，老百姓为了纪念他于是尊称其为谷神。实际上这一神话传说，反映了原始社会由群婚制向夫妻制过渡的"对偶婚制"，即男女在一段时期内相对稳定生儿育女，此前此后又与其他配偶一起生活。姜嫄是帝喾的妻子，按常理来说弃的父亲应该是帝喾，但神话传说并没有这样说，这说明弃的父亲应该另有他人，而且在当时的历史背景下姜嫄并无违反道德的嫌疑。作为周代最早祖先的她被周人尊奉为圣母级别的女性，深得世人敬仰。坤为母，周人发源地为位于西南的岐山，周人圣母姜嫄，我想这不会仅仅是一种巧合。

在后天八卦图里，坤卦母亲位于西南，乾卦父亲位于西北，上下南北相对应；巽卦长女位于东南，震卦长男位于东方，上下对应；离卦中女位于南方，坎卦中男位于北方，上下南北相对应；兑卦少女位于西方，艮卦少男位于东北，上下相对应。后天八卦图的显著特点是家庭成员中的女性均居上方，表明古人对女性的尊重，把女性放在家庭中较高的位置；家庭成员中的男性都处于下方的位置，表明古人倡导男性要放低姿态，降低身段，把自己置身于女性之下。

根据后天八卦图的八卦方位分布，再来理解"利西南得朋，东北丧朋"就比较简单了。西南是母亲，母亲以左紧挨着的是南方是中女、东南是长女，母亲以右的西方是少女，四个女性组成了妇女团体。这样，女性如果到西南方向，那么就能找到自己的同类；如果女性到东北方向，相当于离开女性群体，加入到了男性群体。也许有人会问，为什么只是用女性到西南或到东北来说事呢，为什么不说男人到西南或到东北呢？这是因为，我们现在分析的对象是坤卦，而坤卦是女性的象征。易作者这样写的目的，无非是假借后天八卦图的布局，表达大革命的光明前途在西南岐山部落的意图。因此，坤卦卦辞起到了政治宣言书和革命动员令的功效和作用。

此外，从卦象卦德方面考察，西南坤卦，坤为柔顺，坤为大地，人们可以在大地上驰骋，大地给人们的活动提供了广阔舞台；东北艮卦，艮为山，卦德为止。有崇山峻岭阻隔，人们开展行动困难重重，艰难坎坷。当然这也是借助坤卦卦象卦德阐述人生事业之理。如果人生事业的发展来到了十字路口，是往坤卦西南方向的顺境坦途发展，还是往艮卦东北方向走一条崎岖山路。何去何从，相信人们不难作出选择。因此，"利西南得朋，东北丧朋"的内容是相当丰富的。

最后是"安贞，吉。""安"就是安下心来，"贞"就是守正，此"贞"也是"牝马之贞"，作为坤卦角色一定要坚守"牝马之贞"，这样就能取得吉祥的结果。总的来说，坤卦卦辞告诉我们适合于坤卦角色的这一类人的做事原则，只要认真按照坤卦卦辞所指引的方向或方式方法去做，就能有一个良好的结局。

70 如何理解坤卦的彖辞？

本篇我们介绍一下坤卦的彖辞。前面我们讲过这个"彖"字，是个象形加会意的词，直观的意思是野猪的上下两排牙齿，锋利无比，几分钟就能咬断碗口粗的树，古人借用咬断之断来表示判断之断，而且"彖"与"断"发音相似。卦辞是经文，彖辞是传文，传是用来解释经的，因而彖辞是用来服务配合卦辞的，也就是说彖辞是给卦辞所作的解读和进一步展开。让我们看看《彖传》是怎么描述的，坤卦彖辞的原文是这样的：

《彖》曰："至哉，坤元。万物资生，乃顺承天。坤厚载物，德合无疆。含弘光大，品物咸亨。牝马地类，行地无疆，柔顺利贞。君子攸行，先迷失道，后顺得常。西南得朋，乃与类行；东北丧朋，乃终有庆。安贞之吉，应地无疆。"

坤卦的卦辞比较长，相应的坤卦的彖辞就更长了，内容更加丰富，而文辞非常优美。我把坤卦的彖辞翻译成白话文，大致意思是这样的：

彖传说，至广至厚呀，坤卦的初始之元。它为万物提供生命滋养，并顺从承接上天。坤所象征的大地敦厚而能承载万物，并将德泽覆盖于无边无际的大地和万物之上。包容博大，光明正大，将事物分门别类让它们都通达发展。牝马在大地上同类聚集，骋驰在辽阔的大地上，温柔驯顺，宜适正固。君子朝着一定方向有所行动，领先于群体将迷失道路，顺从地跟随其后可保常态。向西南行进可得到同道之人，这是与同类偕行；向东北行进将失去同道之人，但最终将有庆贺之事。安泰正固带来吉祥，顺应大地广阔无边。

下面我们再逐字逐句地来进行分析。"至哉，坤元"，至，就是说这个坤元非常了不起，已到了极致的状态，有点像多么伟大、多么崇高、多么神奇啊等意韵，这是易传作者对坤元的一种由衷的赞美，坤元实在是太伟大了，到了无上崇高、无比神奇，甚至是无以复加的程度了。乾卦里有"元、亨、利、贞"的卦辞，"乾元"是乾卦中的"元"，这是创始之"元"；坤卦有"元、亨、利、牝马之贞"的卦辞，"坤元"是坤卦中的"元"，这是配合创始之"元"。乾元、坤元的地位都非常重要，无可替代。孤阴不生，独阳不长。缺少任何一方，万事万物包括人生事业都将无法向前发展。

乾元和坤元这两个元素构成了大道之源，它们是老子所说的天道或者大道里最重要的元素。有乾元、坤元才有万事万物，没有乾元、坤元，万事万物也就不复存在，因此这两个元是非常重要的，一切生命的开始，所有事物生发开始的源头都在这两个"元"里。

现代科学推测宇宙大约始于138亿年前的一次大爆炸。"宇"是个无边无际不断延伸的空间概念，"宙"是从古至今不断延伸的时间概念。古人传说盘古开天辟地，天地被开辟之前是一团混沌的气团,阳气阴气、清气浊气合二为一,融会一体。对这样的混沌状态如果比较抽象不好理解的话,不妨用天上的云团来作比喻,天上的云有白云有黑云,有带正电的云有带负电的云,云团不是固定不变的,它在不断地白云苍狗风云际会变幻莫测地持续变化。当达到一定的气象条件时,正电的云与负电的云发生激烈的碰撞形成了电闪雷鸣,人们在大地上都能感受到地动山摇的轰鸣性。如果将这种雷电的能量级作无限的放大,是否对当初的那次诞生宇宙的大爆炸有些感觉了呢?《易经》中乾元、坤元概念所指的事物,大致相当于大爆炸前阴阳、清浊混合的混沌气团,乾元指的是阳气、清气,坤元指的是阴气、浊气。

《系辞上传》说:"易有太极,是生两仪,两仪生四象,四象生八卦,八卦定吉凶,吉凶生大业。"这是《系辞上传》写的《易经》对宇宙产生最初情形及其人生事业发展规律所作的描述。这段话的大致意思是说,《易经》所描述的太极,衍生演化出两种相互匹配的事物,这两种事物衍生演化出四种情态景象,这四种情态景象衍生演化出八卦,用八卦可以判定吉凶,趋吉避凶可以成就人生事业。

看完上述这段话感觉还是比较抽象,如果我们把它与天地和自然现象关联起来,也许就比较容易理解了。太极就是大爆炸前的混沌气团状态;两仪就是大爆炸后阳气、清气上升形成的天与阴气、浊气下降形成的地;四象并非只有四个情态景象,而是四大类型的情态景象,可以适用于N个领域,每个领域可以划分出四种情态景象,比如,从自然节气上看是春、夏、秋、冬四季；从一天的阴阳变化来看可以是少阳、老阳、少阴、老阴；从四大方位上看是东、南、西、北等；把四象再往下分，即每种象再分阴阳两种状态，那么就得到了八卦，也就是说把世上的万事万物分成八大类，分别用乾、兑、离、震、巽、坎、艮、坤来表示。在大自然，分别代表天、泽、火、雷、风、水、山、地；在家庭分别代表父亲、少女、中女、长男、长女、中男、少男、母亲；在动物界分别代表马、羊、雉、龙、鸡、猪、狗、牛；这八种事物的显著特征就叫卦德，分别是刚、悦、明、动、入（顺）、险、止、柔。按照这八类事物的显著特征，我们还可以将万事万物继续分门别类地纳入到这八个盒子里。

老子的《道德经》第二十五章说："有物混成，先天地生，寂兮寥兮，独立而不改，周行而不殆，可以为天下母。吾不知其名，字之曰道，强为之名曰大。"其大致意思是说，有一种事物是混合而成的，在天地产生之前就已经存在，安静啊空旷啊，独立存在不因外在因素而改变，周而复始地不停运行，可以视为天下万事万物之母。我不知道它叫什么名字，给它取个字叫"道"，勉强为它取个名叫"大"。老子在这里描述的先天地生的混成之"物"，就是大爆炸前的混沌气团。

《易经》所描述的"太极"，与老子《道德经》所描述的混成之"物"，与现代科学对宇宙产生前的混沌状态描述具有高度的一致性。乾坤所象征的天地是从"太极"状态中分离出来的，乾坤中起关键作用的是乾元和坤元。在太极中，乾元坤元是混合而成融会一体的。乾元坤元之所以有这么伟大这么神奇的功能和效用，归根到底是"大道"在发生作用，"大道"是宇宙万事万物发展变化的总根源。"大道"体现在易学领域便是乾坤之"元"。

由上可见，乾元和坤元是有区别、有分工的，正如乾卦和坤卦的角色有区别、有分工一样。"万物滋生"，维持万事万物生命、生长和生机的滋养，是由坤元提供的。正是有了坤元提供的滋养，万事万物才得以生长、成长和发展。离开了坤元，万事万物就会成为无源之水无本之木，就会干枯朽蚀，从而消亡。我国传统养生中有句俗语叫"滋阴壮阳"，说明人的身体要健康、阳气要充沛，离不开阴气的滋养。有了阴气的滋养，阳气才能留存在身体里。因此，要壮阳就要从滋阴着手，而滋阴中起主要功能效用的就是坤元。

"乃顺承天"。"乃"可以理解为连词、助词、副词、虚词等，没有实际意义，起到一个连贯语气、调整节奏的作用，可以译成只、仅；就、就是；并、并且；于是等意思。"顺"体现出坤卦的卦德是柔顺之德，坤元作为坤卦的典型代表，充分彰显了柔顺这一特质。"承天"也就是说坤元不但顺着天，并且还承载着天。"承"指的是某种事物居于下位承接着上位的另一种事物，这里的下位之物是坤元，上位之物是天。这个天是指广义的天，既指人们能感知的天，又指超出人们感知的天；既指显现的天，又指隐藏在其背景的无所不包的天道。坤元跟天是一种顺从、配合、辅助的关系，是地理上的、位置上的、空间上的配合，是功能上的配合，是角色定位上的配合。在这对关系中，天是主动力、主导力、主干力，坤或坤元是受动力，配合力、辅助力。历史上，人们把配合得最佳的君臣搭档叫做乾坤配，比如周文王与姜子牙、刘邦与张良、刘备与诸葛亮、李世民与魏征、赵匡胤与赵普、朱元璋与刘伯温、毛泽东与周恩来等等。

接下来是"坤厚载物"。这与我们耳熟能详的厚德载物意思差不多，可以视作厚德载物的前身，换句话说厚德载物是坤厚载物的升级版，易传作者把对大地的客观描述引入到人文社会领域，赋予自然事物一种人文情感和价值判断，这是人的主观能动作用的体现，是人对客观自然世界的主动反映或感应。天高地厚是自古以来人们对天地的认识观念，古代没有现代这样的测量仪器和工具，不知道大地究竟有多深多厚，但知道大地是非常非常深厚的。因为坤代表大地，大地非常博大、广阔和深厚。"载物"是承载、装载、运载事物。在与古人日常生活密切相关的六畜中，牛的力气是最大的，牛拉的车称其为大车，大车承载的东西多，运输起来方便、实用、高效，因此牛成了人们的得力助手，是庄稼人的命根子，也是百姓财富的象征。因此，《说卦传》把坤卦用来表示牛、大车、数量众多，这是符合现实生活实际情况的。如果我们把牛车的功能作无限的放大，把地球看成是一辆大牛车，那么对"坤为大地"与"坤为牛"之间的内在联系是不是有了更深刻的理解呢？牛车可运载许多东西，那么按现代的说法，以每秒600多公里的速度在宇宙空间中运行的地球，能承载多少东西呢？答案是万事万物。世界上的所有事物包括全部人类都是地球承载的，没有地球我们所拥有的一切将不复存在。地球只有一个，是人类共同的家园，我们必须善待地球，共同爱惜这架人生事业所倚仗的大车。

"德合无疆"。"无疆"是没有疆界，无边无际。"德"就是坤元之德，大地的承载之德，养育万物的滋养之德。"合"是覆盖整个大地，涵盖万事万物，大地上一切的一切都是坤元之德的施及范围，没有亲疏，没有歧视，没有遗漏，公平地对待每件事每个物。

"含弘光大"。"含"是含蓄、积蓄、储蓄、包含、包括、包容等意思，跟"合"在意境上有相通的地方。根据《说卦传》，"坤为布"。它象一幅巨大的幕布把万事万物都包裹在里面。"弘"作形容词解时是伟大、宏大、博大、庞大、巨大等意思；作动词解时是扩充、光大某个事物，使其伟大、宏大、博大、庞大、巨大等意思。根据"含弘光大"的结构，这里的"弘"用作名词，可视为动词名词化或形容词名词化。"光大"，光明之德，光明正大，将坤元之德发扬光大。没有私心，没有藏着掖着，没有见不得人的意图。这里光大的"大"也作名词解，也可理解为形容词名词化。

"含弘光大"可以理解为两个并列着的动宾结构词组组成的短语，当然按现在的观点也就是成语了。把它直译就是：包含接纳宏大事物，让宏大事物光明辉煌。"光大"也可以说，经过阳光照耀使小事物成长为大事物。

"品物咸亨"。"品"是三个口，可以把它看成三个盒子，把不同的物品放在不同的盒子里，这实际上就是对一堆东西进行分门别类地进行梳理。因此，"品"有品种、品类、品质等意思。《系辞上传》说："方以类聚，物以群分，吉凶生矣。"现代人改成了物以类聚、人以群分，是由上述的话演变而来的，所表达的意思是相同的。自然事物自然天成，能生长的就是适合的吉祥的。但圣人把这一原理引用到人文社会领域，人以群分就有些良莠不齐鱼龙混杂的意思了，跟什么样的人其结果就大相径庭了。因此才会有"吉凶生矣"的表述，与好人为伍结果就吉，与坏人结伙结果就凶。

看起来万事万物品种繁多杂乱无章，其实还是有规律可循的。有句俗语说，北人不梦象，南人不梦驼。这是因为大象生活在南方地区，骆驼生活在北方地区，古代交通欠发达，多数人活动范围狭小，北方人没见过大象、南方人没见过骆驼的人大有人在，没见过的东西当然就不大可能在梦境中出现。不同的自然气象和地理环境使得事物的分布具有地域性、聚集性和适应性。世上各种各样的事物都是一个品种一个品种、一个类别一个类别地聚集分布在大地上的。

我们经常说要成就一件事"天时、地利、人和"缺一不可。其中一个"地利"就是重要的地理环境因素。"地利"就是适宜的土壤环境生长适宜的物品种类。不同的事物种类有层次分颜色的自然分布，构成了五彩缤纷的世界，这便是《说卦传》所言"坤为文"的含义。文是花纹、花样和色彩。"咸亨"的"咸"就是都、皆、全部、一起等意思，"亨"就是通达。在鲁迅的作品里多次讲到"咸亨酒店"，其出处便来自《易经》。如果你到绍兴等地旅游就会遇见不少"咸亨酒店"。咸亨就是万事万物都能够通达发展，这是大地的豁达大度，这是大地的包容胸怀，这是大地滋养馈赠，是大地大爱无疆的无私奉献成全了万事万物。

"牝马地类"。牝马就是母马，"牝"字在《道德经》中出现得较多，原义是指母牛，左边是个"牛"字旁，说明与牛有关，右边竖弯钩是条牛尾巴，也是非常形象的，牛尾巴上半部分的一撇是指示性的表意符号，不言而喻这是指向牛的生殖器官。母牛是财富的象征，母牛生产牛犊会给主人带来财富。后来这个母牛的意思被拓展用来代指母马、母羊、母鸡、母狗、母猪，进而扩展到所有动物甚至人类。"牝"字反映了原始社会母系氏族社会阶段女性地位尊崇的状况。儒家对男女关系非常敏感，到孟子时期男女授受不亲已成为人们交往的礼仪规则，因而儒家经典中很少用到"牝"字，而卦辞通常认为是周文王所作，因此坤卦卦辞中出现"牝"字不足为奇。"地类"是指在大地上分成各个种类。马是群聚动物，牝马应当是与公马及其家庭成员聚集在一起，共同生活，共同觅食，共同御敌。

"行地无疆"。团结就是力量，作为一个强大的群体，行地无疆，就是母马追随公马一泻千里地飞驰在大地上，自觉配合公马，勇闯天涯，开创幸福生活。

"柔顺利贞"。柔顺，又柔又顺，阴柔顺从。这是坤卦、坤元或者坤卦所代表的一大类事物的显著特征和基本品德。利贞，"利"是适宜、有利于等意思。"贞"通"正"，是正固、坚守正道的意思。作为母马，以公马马首是瞻，以公马之贞为贞，忠心耿耿，忠贞不渝，密切配合公马成就事业。

象辞是对卦名、卦义和卦辞的解读。坤卦的卦辞前面部分是"坤，元，亨，利，牝马之贞。"那么，坤卦的象辞也是按照这样的脉络来展开的。"元"所对应的象辞是"至哉，坤元。万物资生，乃顺承天。坤厚载物，德合无疆。""亨"所对应的象辞是"含弘光大，品物咸亨。""利，牝马之贞"所对应的象辞是"牝马地类，行地无疆，柔顺利贞。"

"君子攸行"。象辞的叙述方式是，首先赞美坤元的伟大，其次阐述坤元的高贵品德和功能效用，再次描写牝马的美德，最后由描写牝马的德行转换到描写君子的德行。有点像电影制作中的蒙太奇手法。通过类比的修辞方法，一边是牝马一边是君子，一边是虚线一边是实线，一边是副线一边是主线，两者相互配合相得益彰。单纯地写马写得再好也意义不大，只有通过写马的德行来提升人的德行，这样的文辞才有意义。君子有乾卦类角色，也有坤卦类角色，这里的"君子"专指担负坤卦类角色的君子。"攸行"对应坤卦卦辞中的"有攸往"，就是所行、有所往，君子背负使命朝着一定目标和方向开展行动。

"先迷失道"。就是作为配角的你走到了主角前面，走得太快了，一是从地理位置上你走到了主角前面，二是从时间上你走在了主角的前面，主角还没有走，作为配角的你先走了。无论是哪种方式，这样做都会失道，就是迷失方向误入歧路，没有在正确的道路上就是失道。这里是一语双关，用日常生活中走路的失道，来比喻人生事业发展之路中的失道，人生事业如果走上了邪门歪道，栽跟斗翻车是早晚的事。

"后顺得常"。坤卦类配角顺从地跟随在乾卦类主角的后面可以获得正常的良好结局。如果从时间上说，乾卦主角动了，然后坤卦配角再动；如果从地理方位上讲，乾卦主角走在前面，坤卦配角跟在后面。这样主角与配角的关系就顺了，乾卦主角行进到哪里，坤卦配角跟随到哪里。双方在角色分工和协调配合中相互成就，取长补短，扬长避短，携手并进，合作共赢，那么结局一定错不了。

"西南得朋"。到西南方向能得到同类。前面已有详细介绍，这里不展开了。"乃与类行"。这是因为在西南方位可与同类共同行动。"东北丧朋"。往东北方向行动就会失去同类。"乃终有庆"。但是到最后，有值得庆贺的事情。离开了同类，还能有可庆贺之事，怎么理解呢？我们可以用"武王伐纣"的事件来作参照。经过多年的苦心经营和秣马厉兵，武装革命的条件基本成熟。打到东北去，这是离开革命根据地，这是离开同类的行为，这是背井离乡的战争。明知山有虎，偏向虎山行。战争是要死人的，是生与死的考验，充满着艰难险阻，这不是人们乐意做的事，但为了江山社稷的长治久安又被迫无奈不得不做的事。老实说武王发出东北伐纣号令的时候，能不能获胜心里是没底的。但是道义所驱，天职所在，正义之战没有把握也要打，正所谓谋事在人，成事在天；得道多助，失道寡助。"乃终有庆"。可以理解为必胜的信念，与当年中国共产党领导全国军民"打过长江去，解放全中国！"可谓殊途同归。

"安贞之吉"。就是安下心来，平静心态，坚守牝马之贞，根据自己的角色定位履行职责，自觉配合，积极协作，这样就会有一个吉祥的结果。这是呼应卦辞里的吉，坤卦角色的最后状态是吉祥。"应地无疆"。就是说，坤卦角色的行动最终获得吉祥结果，是因为其行为与大地的无边无际状貌相适应，如广阔无垠一望无际的大地与疾如闪电驰骋千里的骏马相互成就相得益彰；骏马与大地相互感应，大地心甘情愿承载天空，牝马全心全意追随公马。最终，广阔的大地与飞驰的牝马如同电影中的拉长镜头，渐行渐远，淡化模糊，融会一体，合二为一，若隐若现地消失在苍茫大地的尽头。

71 如何理解坤卦大象"地势坤，君子以厚德载物"？

本篇我们来分享一下坤卦的大象之辞。我们前面讲过，《象》分《大象》和《小象》。《大象》是《易传》的十册之一，与《大象》相对应的还有《小象》，也是十册之一。古典书籍中习惯上都称《象》，究竟是指《大象》还是《小象》，要视情况而定。《大象》是对整个卦画所描绘的景象，《小象》是对卦画中的某个爻所描绘的景象。

坤卦的大象之辞是，《象》曰："地势坤，君子以厚德载物。"

"厚德载物"这个词的知晓率非常广，几乎所有读书人都知道。清华大学的校训"自强不息，厚德载物"便来自乾卦和坤卦的大象之辞。我们再回顾一下，乾卦的《大象》是"天行健，君子以自强不息"，而与乾卦《大象》相对应的坤卦《大象》是"地势坤，君子以厚德载物"。两者结构相同，词性对称，句子对仗，体现了乾坤高度的阴阳匹配和彼此融合。

《大象》比较典型和集中地反映了儒家的思想理念。把乾坤两个《大象》翻译成白话文是：天体运行，是乾卦所反映的宏大景象，君子受此启发，应当做到自强不息，强大自身的内心和能力，积极进取永不停息；大地取势，是坤卦所反映的宏大景象，君子受此启发，应当厚德载物，培育自身敦厚品德，学习大地承载万物的精神。

乾卦的"天行"就是天体运行，这个"健"通假为"乾"，首先是指乾卦的卦名，而不是刚健的意思，刚健有力的意思是后来由乾卦的特性引申出来的。因此，我们在研习乾卦《大象》的时候，一定要记住这个"健"就是乾卦的"乾"。乾卦《大象》"天行健（乾）"与坤卦《大象》"地势坤"是相互对应的，"健"与"坤"结构、位置、词义等都是相对应的，以此也可用来反证"健"就是"乾"的通假字。

乾坤两个《大象》的表述也恰恰反映了两者的特征和定位。乾卦《大象》反映了动态的动，坤卦《大象》反映了静态的动。前面的"天行"所代表的天体运行，包括日月星辰、电闪雷鸣和风雹雨雪等自然存在和自然现象，周而复始，循环往复，刚健有力，从不停息，大幅度的运动特征非常突出。从古代文言文的表述特点看，"地势"的"势"具有动词特性，可理解为名词动词化，但这个动词是个静态性动词，与乾卦《大象》的"天行"相比，其相对静态的特征非常明显。

"地势"的"地"就是大地，是跟天空相对的大地。"地势"的"势"，这是一个静态动词，是取势、蓄势、守势、定势、形成某种态势等意思，尽管它是名词用作动词，但是动作的幅度不太明显。比如，喜马拉雅山虽然安静地矗立在那里，但是人们可以感受到它的取势高大巍峨、险峻挺拔，处处显示着它的崇高和威严。另外，地势有险峻的，也有平夷的；有广阔无垠的平原，也有一泻千里的江河，等等，它们相当于大地的地形图，各自呈现出其自身独有的态势。

"君子以厚德载物"。前半句讲的是大自然、大地的取势，包括山、川、湖、海等等，这是坤卦给大地所描绘的一个大象、一幅巨大的图画。那么作为君子，特别是具有坤德的君子，也就是适宜走坤道的君子，他看了这幅巨大的图画后有什么感悟，能得到什么启示呢？"以"就是凭借、以此、因此等意思，由此引申出"厚德载物"的理念，将自然景象引入到人文社会领域。《易经》通过这样的类象思维或形象思维，倡导君子向大自然学习，向大地学习。万物都是由大地承载的，承载这么多这么重的东西，忍辱负重，坚韧不拔，每天在不停地公转和自转。从大地的"坤厚载物"精神，自然而然地过渡到君子"厚德载物"，培养敦厚的品德，从而承载各种各样的事物，肩负起各种各样的道义职责和神圣使命。

坤卦的含义之一是代表母亲。我们经常说"大地啊，母亲！"母亲的形象与大地的特征非常契合。母亲含辛茹苦，一把屎一把尿把孩子们抚养长大，吃苦耐劳精神，承载配合精神，大度包容等精神在母亲身上体现得淋漓尽致。子女有各种各样的子女，有好看的，也有不太好看的；有聪明的，也有不够聪明的；有健康的，也有不太健康的；有优秀的，也有不够优秀的，但作为母亲都能包容他们，对每个孩子都关爱有加，这是绝大多数母亲的共同品德。

"厚德"是大地的敦厚之德，也是母亲的淳厚之德，坤德的内容是非常丰富的。作为一个积极向上好学上进的人，就要学习大地的承载配合、任劳任怨、坚韧不拔、大气包容的精神，只有这样才堪当人生事业重任，才配享名望、地位和财富之重。如果没有大地之德来支撑，即使到手的东西也会一件一件地失去。这是《易经》告诉我们的朴素道理和人生哲理，遗憾的是得而复失的悲剧仍在不断上演。

下面还有一点时间，我们再继续分享初六爻的爻辞和《小象》。

"初六，履霜，坚冰至。"这是坤卦初六爻的爻辞。爻辞和《小象》也是相互匹配的，爻辞属于经文的内容，《小象》属于传的内容。《小象》是对爻辞所作的解读或者阐释。"初六，履霜，坚冰至"是什么意思呢？把它翻译过来就是：初六爻，踩着霜，预示着坚硬的冰冻马上就将到来。到了冬天，人们走到田野路边、土路边或山路边，可以发现路边草上有霜，这是农耕社会人们生活中常见的现象。当你踩到霜的时候，说明冬天已经来临。用不了多久，就可能出现更加坚硬的冰冻，意味着天气将更加寒冷。这是天气发生季节性变化的客观规律和人们对它的经验认识，也体现了人们对客观事物发展变化的前瞻性判断。

爻辞为什么要这么说？这是由坤卦的角色功能和地位作用所决定的。因为坤卦是要配合乾卦的，对事物发展变化的前瞻性和预见性是辅助性人员的基本素质和要求。乾卦属于领导型角色，是把方向、管大事、断难事的，坤卦属于配合型角色，需要把大事落地落实落细，有时是细节决定成败，因此扮演坤卦角色的人员必须把事情想得细致周到，提前做好有关准备工作，统筹好方方面面的事务。像现在的秘书长角色，他相当于一把手的大秘书，没有秘书长职位的部门或单位，副职就是配合一把手的坤卦角色，就要有预见性和前瞻性，尽可能把事情考虑得周全些，把工作做在前面。这是初六爻辞给我们带来的启示。

爻辞是观象所得。也就是说易经作者根据卦画所蕴含的卦象，对卦象进行思考和联想，从而得出能够指导生活生产实践和人生事业发展的爻辞。"履霜"的"履"取象于爻位和震卦。如果把整个坤卦卦画看成一个人体，那么初六正好是足的部位。同时，如果将初六发生爻变，即由初六变成初九，那么下卦坤卦就变成了震卦，根据《说卦传》，震为足，履的动作是由足来实施的，这样足与履的关联就非常紧密了。

"履霜"的"霜"取象于坤卦所代表的农历十月。根据十二消息卦，坤卦代表农历十月，坤卦六个爻都是阴爻，表明农历十月是一年中阴气最盛的，但不是最寒冷的。最寒冷的月份应该是农历十一月或十二月。阴气最盛和气温最低有一两个月的时间差，这是由于地球是被大气层包裹着的，大气层起到了气温的调节作用。当阳气最盛时，大气层先吸收了一部分热量并储存起来，储存到一定的数量时再慢慢释放；当阴气最盛时，大气层此前已储存着一些热量，这些热量仍在持续释放，这样就形成了最阳与最高温、最阴与最低温之间的一两个月的时间差。有一点需要说明下，农历十月阴气是全年最盛的，坤卦六个爻全是阴爻，没有一个阳爻，但这并不表明在实际的气象里一点阳气都没有，其实即使再阳总还是有些阴气的，即使再阴总还是有些阳气的。用六个阴爻的坤卦来表明农历十月，只是表明一年中农历十月的阴气是最盛的, 这是一个相对的概念, 并不是一个绝对的概念。六爻坤卦的上下卦都是三爻坤卦, 其农历十月的寒冷特征是十分明显的, 这样爻辞中出现"履霜"是顺理成章的。随着时间的推移, "坚冰至"所表示的坚硬冰冻时节的来临也是自然而然的事。

《易经》的爻辞初看好像晦涩难懂、孤立突兀, 彼此没有关联, 当你深入学进去以后就会发现, 其实它背后都有卦象支撑, 其逻辑关系是比较严密的, 往往是多渠道、多路径、多纬度进入, 最终都能做到殊途同归, 最后落脚到爻辞上, 因而爻辞不是拍脑袋随随便便产生的。卦爻辞都很有哲理, 博大精深, 叹为观止, 凝聚着古代圣贤和劳动人民的集体智慧和结晶。

我们再来看看坤卦初六爻的《小象》。《象》曰:"履霜坚冰, 阴始凝也。驯致其道, 至坚冰也。"把它翻译成白话文的大致意思是说, 踩着霜就该联想到坚冰可能即将到来, 因为此时阴气开始凝聚了。顺着踩霜的道路继续往前走, 就会到达有坚硬冰冻的地方。"履霜坚冰"是把爻辞的内容引用过来;"阴始凝也"就是阴气开始凝结、凝聚和聚集了。"驯致其道"可有两种理解, 一是说你顺着有霜冻的这个道路继续往前走, 在不远处就可能看到坚硬的冰冻了, 可能在水沟上, 可能在水塘里, 也可能在小河小溪上。这是指地理位置而言的。二是从时间顺序而言, 假如现在这个时间段有霜冻出现, 那么在不久的将来, 可能会出现程度加剧的天寒地冻气象。"驯"是渐进的意思, 慢慢地进行, 逐步地进行。逐渐顺着气象的这个变化趋势继续发展下去, 坚硬冰冻的更加寒冷的季节便即将到来了。

72　坤卦"六二，直方大，不习无不利"是什么意思?

本篇我们来继续分享《周易》的第二卦《坤卦的配合之道》，主要就坤卦六二爻的爻辞作些解读。它的原文是这样的：

"六二，直、方、大，不习无不利。"

爻辞不长，也没有生僻的字，都是很常见的字，比较简单。"直"，正直的"直"。"方"，四四方方的"方"，方圆的"方"。"大"，大小的"大"。"直、方、大，不习无不利。"把它翻译成白话文就是，六二爻，秉持正直、方正、广大，即使不练习也无不适宜。这个意思应该说容易懂，不是很难理解。这个"直"就是正直，主持公平正义，很耿直，很正直，这是一种良好品德。"方"呢，就是方正，方方正正，包括方向是正确的、立场是正确的、处事是有原则的。

我们常听说一句话就是"没有规矩，不成方圆"。方圆这个"方"指的就是原则性。这个"圆"是圆润、圆通、融通等意思。"方"和"圆"，一个是原则性，一个是相容性，表现出一种相互融洽的状态。一个人的内在品质和外在表现是一体两面。我们还经常听到长辈教育晚辈做人要"内方外圆"，可以说这是为人处事的最高标准了。如果一个人能做到内方外圆，他就是一个非常难得的高人了。通常只有君子能做到内方外圆。也就是说君子把良知道义、原则规矩、法纪底线装在心中，融化在心里，表现出来的形式、方式、方法却是委婉的、谦和的、融通和圆润的。

车轱辘为什么是圆的？这是因为圆的轱辘非常容易运行而且非常平稳。车轴到地面的距离就是圆的半径，无论轮胎的哪个胎面落地，半径或车轴与地面的距离总是相同的。同时，圆形的轱辘特别是充气的轮胎接触地面面积小，因此车辆的阻力就小，非常适合通行。如果把这个车轮变成一个方的，那么车辆就会颠簸晃荡，人坐在上面就很不舒服，所载重物也会被震落下来，而且因为有四条边四个楞角，接触地面面积大，行进的阻力会非常大，因此方形是不适宜用来作为轱辘的。把车轱辘原理用来比喻人际关系的处理，其道理是相通的。一个楞角过于分明的人在人际关系复杂的社会中必将是步履艰难，到处碰壁，处处受阻。而一个懂得变通、处事圆润的人在人际关系复杂的社会中则能做到如鱼得水优游自如。

当然，圆通、圆润并非圆滑。圆滑的人是没有原则性的，他善于察言观色，见风使舵。而圆通、圆润的人是讲原则的，他只是把这种原则性放在内心，做到心中有数，而表现出来的方式是委婉的，和风细雨的，随风潜入夜润物细无声的，属于非尖锐、非激烈、非冲突的方式，易于让人们所普遍接受。因此，在一个复杂的人际关系里，能做到圆通变通、圆润无碍是难能可贵的，既要坚持公平正义保持原则性，又要善于变通，不伤害对方，不刺激对方，给对方面子，让对方下得了台阶。能够恰到好处地把握内方外圆的分寸是非常难的，所以说内方外圆是真君子。

内、外是两种状态，方、圆是两种状态，如果将他们排列组合起来，那么二的平方为四，就有四种组合方式。前面讲到的"内方外圆"是最好的，还有其他三种组合，"内方外方"、"内圆外圆"和"内圆外方"。先说"内方外方"，属于这种组合类型的人，说明其内心是有原则的，但是表现出来有点呆板，有点机械，有点僵化，给人感觉就是很固执，很偏执，很古板，这样的人人际关系是有缺陷的，在社会上往往吃不开、行不通，但他应当归属好人之列，是讲道理的人，有原则讲规矩的人，只是表现的方式非常生硬刻板，处事不够灵活圆润，相对于"内方外圆"的人来讲是次一等的。

接下来的一种组合是"内圆外方"。我们对于内圆的"圆"怎么来理解？内心的"圆"要作圆滑来理解，明显是贬义的。一个人如果说内心是圆滑的，那么意味着这种人在整个评价方面就不可能高，基本上与善人好人关系不大了。内心圆滑而"外方"，并不是真正的有原则，他是以对自己有利没利作为判断的标准，表面上看起来像个正人君子，其实是一本正经地假正经，其内心充斥着自私和奸滑，内圆外方的人是地道的小人，这样的人当然是更次一等的人。

最后一种组合是"内圆外圆"。内心是圆滑的，表现出来跟周边人群的关系好像也很融洽，对这样的人可是要小心了，这种人很有迷惑性，不叫的狗最会咬人，笑面虎吃人是不吐骨的。表面上是笑兮兮的，内心却是阴丝丝的，很可能在盘算着如何损人利己呢，这是典型的小人，对这种人必须保持高度警惕。

以上我们由"方"这个原则引申出的"内方外圆"的做人最

高准则，要尽力摒弃其他三种组合中的消极因素，努力向"内方外圆"的最高准则靠拢，同时要善于识别小人，对他们保持距离，尽量做到敬而远之，避免受到伤害。

"直、方、大"的"大"是广大、巨大、伟大、博大等意思。"直、方、大"的表述是怎么来的呢？它不是拍脑袋想出来的，而是有实物作为描述对象和表述依据的。实际上，我们可以把"直、方、大"想象成对一个巨大的立方体所作的描述。古人的概念是天圆地方，人们把居住生活的大地设想成一个很大很大的立方体，然后想象出整个圆形天空罩在大地之上。现在我们知道地球是圆的，但那时的古人还没有地球是圆的概念，误以为大地就是个巨大无比的立方体。

老子《道德经》说，人法地，地法天，天法道，道法自然。这里的自然不是指我们现在所说的大自然，而是指道的本体，即道自己本来的样子。人在最底层，人在向天地、大自然学习过程中形成了类象思维。大自然是怎样的状态、是如何运作的，人们就以此为标准，模拟天地大自然的运作方式。从大地的"直、方、大"形状体貌中参悟出做人的品德也应该如此，倡导民众要学习大地的这种品格精神，行得正站得直，做人要正直；要坚持原则，不逾规矩，守住底线；做人要大气、大度、豁达和包容。可以说"直、方、大"是根据大地的形体特征有感而发，引导人们学思践悟，把它装在心里，武装自己的头脑，指导人们的言行。"直、方、大"与厚德载物的精神内涵是高度吻合的。

"直、方、大"取象于哪里呢？它取象六二爻的爻位和坤卦。六二爻是下卦的中爻，《易经》的通行规则之一是"居中有德"。通常居第二爻、第五爻的人被视为天下、国家和社会的管理者，居第五爻的人相当于现在的国家领导人，居第二爻的人是基层干部或者国家领导人的接班人苗子。一方面要求居此位的人必须具备德才兼备的素质和能力，尤其注重其思想境界和品德修养；另一方面，古人推定居此位的人其思想境界和道德品质是过硬的。古代圣贤从爻位的"中"，联想到思想品德的"中"。这个"中"不是中等、中游、不好不坏，而是适中、适当、适合、恰到好处。是《尚书·大禹谟》"允执厥中"的"中"，是西周青铜器何尊铭文"宅兹中国"的"中"，是《中庸》"执其两端，用其中于民"的"中"。

同时，"直、方、大"取象于坤卦。六爻坤卦的下卦是三爻坤卦，坤卦所代表的基本意思是大地，从坤卦卦画，联想到巨大立方体的大地是很正常的事。大地有许多品德，如承载、配合、忍耐、坚韧、包容等等，而在六二爻这个基层干部的爻位上，《易经》作者有选择性地拾取"直、方、大"这一品格特征，这与爻位、与基层干部职位的匹配度更好，针对性更强，效果更佳。

"不习"的"习"原义是指小鸟跟着父母练习飞行，一次又一次，数百次上千次地练习，一直重复着飞行动作，这是一个技术活，学会了飞行相当于小鸟掌握了基本生存技能。"不习无不利"的意思是说，担负基层干部角色的人只要培养"直、方、大"的思想品德，即使不去一次又一次的重复练习，也没有什么不适宜或不利的后果。因为"直、方、大"属于意识形态领域，要靠学思践悟和长期修养获得，而不是像技术活一样靠反复练习学会的。不用刻意地去做，不用经常地去练习。

　　"直、方、大"品德的养成是一门自修课。人们只要内心装着"直、方、大"的理念和意识，然后自觉涵养，慢慢地去品悟、感悟、品味，在该表现出来的时候，自然而然地表现出来即可，这种方式与技术的掌握方法途径是截然不同的。美德在心中，是不需要像小鸟学飞行一样天天去练习的。只要心中扎根"直、方、大"的这种思想理念和品德修养，不需要用的时候可以什么都不做，可以不作任何表现，也就是说平时不大看得出来有德还是没德。到了该用的时候，才把"直、方、大"的思想境界和品德修养适当地表现出来。这样的一种为人处事的状态或做法可以理解为"不习无不利"。

　　"不习"的"习"取象于离卦。六爻坤卦的下卦是三爻坤卦，如果六二爻发生爻变，那么下卦就变成坎卦，由坎卦我们可以联想到它的相对方，即坎卦的错卦离卦。离为雉，就是山鸡，属于鸟类。而由鸟类联想到小鸟练习飞行是顺理成章的。

　　综上，我们可以看出来，作为坤卦的配合角色，品德要求是第一位的，品德要求要高于能力要求。坤卦角色的品德要求，包括正义感、原则性、包容度、工作态度、配合意识、角色定位、担当精神、吃苦耐劳精神、耐心细致作风等等。一个人的品德修养是在其生长生活工作环境中通过长期潜移默化逐渐形成的，不太可能在短期中得到根本性改观。因此，在选择坤卦这样的配合角色时，应把品德作为第一标准。而工作能力是可以通过学习锻炼逐步提高的。工作态度比工作能力更加重要，不是说能力不重要，能力也是很重要的，只不过旨在强调作为配角思想品德比能力更加重要。品德可以弥补能力的不足，而能力却不能弥补品德的缺陷。一个品德低劣的人，有时能力越强其破坏力就越烈。

73 怎样理解坤卦"六三，含章可贞，或从王事，无成有终"？

上篇我们讲到六二爻的爻辞"六二，直、方、大，不习无不利"。下面，我们对它的《小象》稍微作一下介绍。

《象》曰："六二之动，直以方也；不习无不利，地道光也。"

把它翻译成白话文就是，《小象》说："六二的行为举止重在保持正直，并且坚持原则；即使不去练习，也没有什么不适宜，因为大地的美德得到了发扬光大"。"六二之动"就是六二爻的动作，可以理解为其行为举止。如果将六二爻作为一个行为主体来看待，那么一方面《易经》要求其行为举止是"直以方"，"以"可以理解为连词，用来连接两个形容词，"直"是正直，"方"是有原则性；另一方面《易经》认为居于六二爻位的人，其行为举止具备正直和富有原则性这样的品德。

"不习无不利"就是不用去练习，不必像小鸟练习飞行技术那样数百次数千次的反复练习，也没有不适宜的。这是因为大地的精神品德得到了发扬光大。比如，大地具有直、方、大、承载、配合、坚韧、忍耐、包容等诸如此类的品格特征，而人一旦具备大地的这种精神品德去为人处事与他人打交道，必定是深受欢迎和令人赞许的，自然做什么事情都是适宜的，决不会因为坚守大地精神美德而带来麻烦。人学习大地这种精神美德不是靠重复的技术性练习得来的，而是靠内心反复自省学思践悟长期修养而成的。这是六二爻的小象。下面，我们介绍一下六三爻的爻辞，来看一下它的原文：

"六三，含章可贞，或从王事，无成有终。"

把它翻译成白话文就是：六三，含蓄文采并保持正固，带着疑惑跟随君王做事，不自我标榜有成就，有正常的结局。应该说，这段话不是太难理解，我们下面作一点展开。

首先来看一下"含章可贞"的"含"字，就是把东西含在嘴里。我们小时候都喜欢吃糖果，把糖含在嘴里细细品味，既不把它咬碎，又不把它吞下，而是去慢慢地享受它的甜蜜滋味。因此，这个"含"字是很有味道的，这种甜蜜的滋味，值得细细品味，慢慢享受。我们可以用人人熟悉的含糖的体验去理解"含章"的意蕴，含蓄、内敛，这是我们中国人敬重和倡导的一种人性品格，而不是一杯清水看到底缺乏内涵和深度。

这个"章"，是文章的"章"，一是花纹的意思，引申为有花纹的纺织品，炫丽多彩，赏心悦目；二是显著、明显，后作"彰"，这个意思是由第一个意思引申出来的，花纹很美，眼睛看见漂亮的事物瞳孔会自然放大，看得特别清楚，留下深刻印象，为了明确无误地表达这层意思，古人在"章"的右边加"彡"来表示，这"彡"指代花纹图案。"含章"就是要把这美丽的花纹或明显地夺人眼球的漂亮纺织品包裹起来，不轻易地暴露在外，更显得这些花纹或有花纹的纺织品的珍贵。表明此人有文采、有内涵、有德行、有内在美，含蓄地内敛于身，而不是一览无余地和盘托出，或急不可耐地一味表现。与"含章"相对应的就是喜欢表现、急于表现和善于表现，像孩子一样富有表现欲，迫不及待地希望得到大人的夸奖表扬，这是幼稚和不成熟的表现。小孩这样做无可厚非，符合他的天性。但是，如果成年人也这样做，那么就会被视为笑柄了，与"含章"相对而言这是一种非常浅薄的行为方式，不可能得到众人的认可和尊重。

"可贞"的"贞"，通正确的"正"，是守正、正直、正固等意思。既要保持含蓄内敛，同时也要保持一种正固，意识要正统，做人要正直，做事要正规。这是对六三爻所代表的群体提出的要求，因为坤卦本身是配合性的、从属性的、辅助性的角色，六三爻又处在不中不正的位置，表明本身的素质能力和基础条件有所欠缺，《易经》对此爻提出这样的要求显然是有针对性的。"含章可贞"就是要做到低调、深沉、含蓄、内敛，不要急于去表达，去逞能，去表现。

"或从王事"的"王事"指君王之事、朝廷公务，可理解为国家管理和社会治理中的与百姓生活密切相关的行政事务、公共事务和公益事业。"从"与"王事"连接，容易让人联想到"从事"这个词，即相当于现在从事什么职业、从事什么活动、从事什么项目等等。这样的理解恐怕是有些问题的，因为"从事"是现代的词语，在古代应当是两个词组成的词组，相当于跟随某人做事。因此，"或从王事"宜理解为"带着疑惑跟随君王做事"，而不宜解释为"带着疑惑从事君王公务"。

"或"通疑惑的"惑"，"或"是"惑"的前身，先有"或"后有"惑"。"或"原义指古代的国，是大大小小规模不等的诸侯国，相当于现在省、地、县一类的地方行政区域，多数诸侯国面积都不大，夏禹时期有万国之称。国的繁体字里面的部分就是"或"，而且这个"或"最早的本义就是国的意思。中间的一横代表大地，"口"代表国家区域，"戈"代表国家的城门是有兵卒持戈守卫的。遇到可疑人员进出城门，兵卒就严加盘问。于是"或"就从国的基础上引申出疑惑的意思了。为了区分这个"或"究竟是表示国家、还是表示疑惑，于是古人在"或"的外面套个大方框用来表示国家的意思，而将原来的"或"字让度给疑惑的意思了，我称汉字演变过程中的这种现象为鸠占鹊巢，这种鸠占鹊巢现象有一定的普遍性。谨慎可以远祸，带着疑问和疑惑的心态跟随君王实施治国理政，严谨细致，思前想后，反复再三，考虑周全，而不是与之相反的马马虎虎，敷衍塞责，盲目自信，自以为是。这样的结果一定不会太差。

"无成有终"，这个"无成"怎么来解释？"无成"就是作为国家和社会从事公共事务的工作人员不要自己认为很有成就，取得了很大业绩，作出了很大贡献，不要自我标榜，不要自我吹嘘，不要自我炫耀，不能自己往自己脸上涂粉贴金。

有些官员出事就出在过于自负上，错把权力当能力，错把职务影响力当人格魅力，错把应尽的职责当成捞取个人名利的政治资本，把国家和政府的公共资源当成自己任意处置的私有财产。长此以往，没有不出事的，正好印证了《系辞下传》所言"德薄而位尊，知小而谋大，力小而任重，鲜不及矣。"意思是说，品德低劣而职位很高、智慧不足而野心很大、能力平庸而肩负的职责任务很重，类似这样的情况是很少不发生灾祸的。喜欢自吹自擂、自我标榜、自我夸耀的人出现问题，表面上看似乎是性格作风上的问题，实质上是人生观、价值观、政绩观出现了问题。

其实，政绩的好坏虽然跟个体的能力态度是有关系的，但主要是借助行政体制的优势和力量，表面上看似乎是某个官员或工作人员取得了突出业绩，实质上不过是正确行使职责和权力的一种正常结果而已。这个业绩除了离不开自身的努力之外，离不开上级组织的正确领导，离不开本级本单位同事同僚的集体贡献。这不是套话奉承话，而是客观情况的真实写照。一个人取得的成绩涉及天时、地利、人和等方方面面的因素，没有上级的正确指导、同事之间的协作配合、合作方的支持等等，要想取得令人瞩目的业绩成就是不太可能的。因此，作为人的个体是渺小的，能力是有限的，作用也是有限的，千万不要高估个人的价值和作用。因此，在体制内从事公务的人员只有谦虚低调，真诚务实，勤奋努力，才能有正常的结局。"有终"是有一个良好的结果。

当然，事有经亦有权，事有例行必有例外。我们说"含章可贞"，是在多数的时候，在常态的情况下，要谦逊低调、含蓄内敛，但不是一味地缄默其口，不是任何时候都不开口。当情势需要你表达或表现的时候，也须抓住时机，当仁不让，让别人知道你的能量和存在的价值与作用。这种情况属于权变和例外情况，是对经和例行的补充，这是阴中有阳、阳中有阴、阴阳互补的体现。在"含章"的同时，还需要以适当的方式让周围的人了解你内涵的"章"，这样有助于尽力发挥你的作用，体现你存在的价值和人生要义。要处理好"含章"与表现的辩证关系，有时偶尔适当地表现一下也是必要的。

大家看看，"含章"取象于哪里？它取象于坤卦和艮卦。六三爻是下卦坤卦的上爻，仍在坤卦上；由二、三、四爻组成的下交互卦也是坤卦，当然上卦、上交互卦全是坤卦，因此坤卦的取象是非常丰富的。根据《说卦传》，坤为文，即文采、花样、花纹等意思，从"文"联想到"章"是自然而然的，"文"与"章"意思相近，在古代是一组近义词，而现代"文章"已成为一个词，足见其内在的关联性有多大了。同时，坤为布，与有花纹的纺织品高度契合。这样，坤又是文，又是布，用布来包裹花纹或有花纹的纺织品，就把"含章"的意境充分体现出来了。

这个"含"字还取象于艮卦。如果把坤卦的六三爻发生爻变，即由六三爻变为九三爻，那么下卦就变成了艮卦。艮卦的卦德是止，是静止、阻止、停止、制止等意思，让花纹静止、停止，不就是留住花纹吗？这与"含章"含而不露的意境也是一致的。此外，根据《八卦口诀》，艮覆碗，即艮卦卦画像只倒扣着的碗，如果把好东西用一只倒扣着的碗覆盖起来，这情形不也形象生动地表达了"含章"的意境了吗？因此我们说"含章"取象于坤卦和艮卦。

"或"取象于坎卦和六三爻位。"或"通"惑"，疑惑、疑问、困惑等意思，如果把九三爻进行爻变，那么坤卦的下交互卦，也就是二、三、四爻组成了坎卦。根据《说卦传》，坎为心病，为加忧。有心病和忧愁，不就是疑惑的意思吗？此外，六爻卦的爻位特征是：初难知，上易知；二多誉，四多惧；三多凶，五多功。六三爻是坤卦的第三个爻位，"三多凶"的意思是，事物发展到第三个阶段，长期累积潜在的风险很可能将在此阶段显现出来，因此六三爻阶段的风险因素是很高的。有风险，人就恐惧谨慎；人恐惧谨慎，就可以降低风险。这与"或"的意境是非常吻合的。

"或从王事"的"从"取象于震卦和六三爻位。"从"是随从、跟随的意思，这是一个动词。如果六三爻发生爻变，那么三、四、五爻组成的上交互卦就变成了震卦，震卦的卦德就是动，突出了行动的特征；而且震为足，足动代表行走，这是一个动态性画面，震卦与"从"的关联度非常紧密。此外，根据爻位分布，六三爻为三公之位，代表三公九卿，即丞相、太尉、御史大夫；奉常、廷尉、治粟内史、典客、郎中令、少府、卫尉、太仆、宗正。这与"或从王事"的意境是浑然一体的。

"王事"取象于乾卦。根据《说卦传》，乾为君，乾卦代表君王。上面已经介绍过，坤卦的取象是相当丰富的。坤卦和乾卦是一对错卦，错卦之间的联系是紧密的，两者之间的转化也属常态。坤卦配合乾卦，坤卦类角色是辅助君王的。因此，由坤卦联想到乾卦是不难理解的。乾卦与"王事"发生关联后，卦象与爻辞的意境就构成了一个有机整体。"或从王事"蕴含着两个主体，一个是君，一个是臣；一个是主导的、一个是从属的，一个是主动力，一个是配合力。它把"或从王事"的情景生动形象地呈现了出来，很有画面感。

"无成有终"分别取象于坤卦和艮卦。坤卦无论三爻还是六爻均为阴爻,从"有无"角度看,如果阳爻代表"有",那么阴爻就代表"无",因此用坤卦来表示"无成"也是贴切的。"有终"取象于艮卦。如果六三爻发生爻变,下卦就变成了艮卦。艮为止,"止"就有终止、终点的意思,用艮卦来表示"有终"的意境也是颇有道理的。

最后是六三爻的小象。《象》曰:"含章可贞,以时发也;或从王事,知光大也。"

小象说,把华丽的文采、美好的品德放在心中,并坚守正道,保持正固,以便等待时机成熟时把它表现出来;带着疑惑跟随君王参与治国理政事务,这是其智慧得到发扬光大的集中体现。

74 坤卦"六四，括囊，无咎无誉"是什么意思？

本篇我们来介绍一下六四爻的爻辞。它的原文是这样的："六四，括囊，无咎无誉。"

这句爻辞不长，比较简单，把它翻译成白话就是，"六四爻，扎紧口袋，没有灾祸，也没有荣誉。"六四爻已经到了上卦，是上卦的初爻，相对于下卦来讲，已经有了一个本质的飞跃。上卦对于一个国家和社会而言，已经来到了上层社会，但相对于上层社会来讲，它还是属于接近基层的位置。因此，这个位置是承上启下的，是非常重要的位置。我们前面在讲到六个爻特征的时候曾经讲过"四多惧"，就是人生事业或万事万物发展到第四个爻位阶段的时候，风险因素也是很高的，其危险程度达到了令人恐惧的地步。为此，提示人们要提高警惕，必须战战兢兢，如履薄冰，以极其谨慎的态度来处理有关事务，才能避免灾祸的发生。为什么要特别谨慎？实在是因为这个位置太危险了。我们说六四群体是君王或老大身边的人，九五爻或六五爻是君王之位，而六四爻相当于君王身边的大臣。伴君如伴虎，君王是条性格乖戾的龙，翻云覆雨，喜怒无常，捉摸不定，说翻脸就翻脸，身边的人稍有不慎就可能招致杀身之祸，或者产生一些灾难性后果，所以身处六四爻位置的人是非常危险的，没有一定的智慧是难以应对的。只有把《易经》学好了，善于把握它的精髓，像袋囊一样把住自己的口风，才能取得"无咎无誉"的结果。表面看起来，无咎无誉好像是不好不坏的中间状态，没有什么值得称道的。但是，如果一个人处在一个非常危险的境地，通常情况下出事的概率是很大的，此时不要说得到赞誉，就算是发生点小灾小难而没有发生大灾大难已属非常幸运了。倘若能做到没有灾祸，即便是没有赞誉，也无异于得到最高的奖赏了。

"括"是一个动词，收紧、结扎、捆束等意思。"囊"就是布袋。"括囊"就是把布袋收口扎紧。《古代汉语词典》解释："括囊，闭束口袋。《周易·坤》'六四，括囊，无咎无誉。'（孔颖达疏：'括，结也。囊所以贮物，以譬心藏知也。闭其知而不用，故曰括囊。'）"孔颖达是唐代著名学者，孔子的三十二代孙。他的解释是，括是结扎的意思，布囊是用来贮藏物品的，以此来作比喻，人心就像一个布囊，它是用来贮藏智慧的，关闭其智慧而不用，因此称其为括囊。这种智慧跟道家的无用之用方为大用的理念是比较相似的。

《道德经》第五十六章说："知者不言，言者不知。塞其兑，闭其门，挫其锐，解其分，和其光，同其尘，是谓玄同。"这段话的大致意思是，有智慧的人不多说话，多说话的人是不明智的，堵塞口舌嗜好，关闭欲望之门，挫平锐角，消除纷争，收敛光芒，混同尘俗，这就叫做玄同。上述引言中，"知"通"智"，"塞其兑"的"兑"应当理解为由兑卦所代表的人的口舌，以及由口舌产生的各种各样的欲望，许多欲望都是为了满足口舌之福或口舌之乐。老子是精通《易经》的，用"兑"来代表口舌是不难理解的。

"解其分"的"分"通"纷"，是纷争、争执、纷扰等意思，人们往往为了私利与他人争执，"解"是化解、消除、解除等意思。"和其光"的"和"在古代哲学中与"同"相对，有"不同"的意思，因此它的后面一句是"同其尘"，这里的"和"与"同"是一组相辅相成的相对概念。"和其光"的意思是，本来这束光与其他光的颜色是不同的，但这束光不想特立独行，它愿意主动融入到其他光的行列中形成一个和谐整体。这就像七彩阳光一样，我们看到的阳光大致是相同的，似乎只有一种颜色，但实际上它是多种颜色的光复合而成的，或者说阳光可以分离出多种颜色的光。"同其尘"的"尘"是人间、世俗的意思，"尘俗"是世俗、流俗，人间等意思。"玄同"是玄妙深奥的和同之意，把原本不同的事物天衣无缝地组合在一起，彼此衔接，融会贯通，浑然天成。《道德经》这段话的主旨在于提示人们应当收敛锋芒韬光养晦，这与坤卦六四爻的"括囊"具有异曲同工之妙。

《庄子·人间世》说："世人皆知有用之用，而莫知无用之用也。"庄子认为世人都知道去使用有用的事物，而没有人或者很少人知道怎么使用没用的事物。其实，所谓的有用没用是相对的概念，有些事物看起来是没用的，实际上用处是极大的；有些事物现在似乎没有用处，其实将来可能会派上大用场，只不过是其潜在的价值不为人们所发现而已。物是这样的，人也是这样，一个人有没有用，不能看一时一事，而要从长远的发展的眼光去看待，这样才不至于看走眼。"括囊"与庄子所称的"无用之用"

极其相似。作为君王身边辅助君王治国理政的大臣，没有德行没有能力是难以胜任此位的，但事事处处都想表现其德行超群和能力出众是十分危险的，因此要想在极其危险的职位上确保人身安全，就必须把自己的德行和才能装进布袋，用到的时候拿出来用一下，这是有用之用；用不到的时候就放在布袋里，不为人们所知，就跟什么都没有一样，这才是无用之用。这是一种人生智慧。

我们以前介绍过，《易经》的思维是种类象思维，以自然景象来说明人文现象，以自然之理来说明人文之理，以具体物象来说明抽象意象。如果了解掌握了《易经》的这一思维特征和思维方式，再去理解《易经》的卦爻辞，就不会有跳跃、突兀、割裂之感了，其实卦爻辞背后的逻辑性、关联性、整体性和融合性都是非常强的。

"括囊" 是一种比喻，它用来比喻什么呢？比喻处于六四爻位置的人口风一定要紧，嘴上必须把住门，就像把布囊口袋收紧一样，不要轻易发表意见或透露消息。这是为什么？因为六四群体处在君王或老大的身边，君王或老大的事情，包括重要的事情、机密的事情、战略性谋划、战役性方案、战术性计划等方面的事情，都是通过身边的人来办理的，是由六四这个角色的团队来实施的。六四爻代表一个团体、一个群体、一个班底，有点类似于现在的秘书长、办公厅文秘工作人员这一群体，也可以理解为君王或老大的智囊团。六四群体与君王或老大的关联非常紧密，君王或老大的意图都是通过六四群体来实现的。六四群体对君王或老大非常了解，掌握的情况信息非常多。由于君王或老大能左右庞大系统里各式人等的前途和命运，而人们又难以直接与君王或老大发生联系，因此六四群体所处的位置就显得至关重要，因其为通向君王或老大的桥梁纽带而倍受广泛关注，人们纷纷向他们打听消息，验证情况，传递信息。作为六四角色的人该怎么办？他不能实话实说，否则把机密的事项泄露出去，君王或老大怪罪下来，他就会吃不了兜着走。同时，又不能撒谎，欺骗下属，欺骗基层组织，愚弄百姓，等对方告了御状，照样吃不了兜着走。因此，六四群体必须口风要紧，该不该说？怎么去说？说到什么程度？这些都是考验人的智慧和水平的。万一说了以后产生不良的后果，谁来承担？他又不能说这是领导说的，也不能把责任推给上司，更不能把老大出卖了，有时只好打掉门牙吞进肚里，纵然有天大的委屈也只能自己承受。司马迁便遭受过这样的不白之冤。

当时司马迁作为太史令，在汉武帝身边工作，他的位置与六四爻非常类似。结果他被卷入了李陵事件。李陵是西汉名将李广的孙子，作为名门之后，李陵聪明好学，能力出众，具有超凡的军事才干，英勇善战，表现出色，屡建战功。在一次抗击匈奴的战役中，李陵心高气傲，立功心切，不愿做押运粮草的后勤保障工作，而是主动请缨打头阵，率五千人轻敌冒进，孤军深入匈奴腹地，不料被八万敌军重重包围。最终寡不敌众，降了匈奴。如果说刚开始是真降还是假降还不好说，当后来汉武帝盛怒之下杀了李陵一家老小所有家眷时，李陵彻底投降了匈奴，成了与汉朝为敌的叛将。在这样的情境中，原本事态尚存一丝挽回的希望，但随着各种负面因素的促成与推动，致使事态朝着相反的方向步步升级，最终恶化到万劫不复的境地。就在李陵事件刚刚发生，真相尚不明朗，朝廷议论纷纷举棋不定的时候，汉武帝来问司马迁，想听听他对李陵事件的看法。

　　本来此事跟司马迁没有直接关系，司马迁对李陵的印象不错但也没有过密的交往，最多是一个关系还算融洽的同僚而已。此时 "四多惧" 的危险正向司马迁悄悄逼近。司马迁在那样的情况下不可能不说，说对了没有功劳可言，说错了却有掉脑袋的风险。就像老天爷故意跟司马迁开玩笑似的，他运气有点背，他所判断的或者说一个善良人所希望的愿景，与李陵事件的走向偏偏是背道而驰的。司马迁从一个君子的视角，诚实地表达了自己对李陵事件的看法和情势预断，司马迁认为李陵投降是不得已作出的权宜之计，相信他不是真的投降匈奴，并且认为李陵寡不敌众是因为援兵没有及时跟进的缘故，日后李陵一定会伺机报效朝廷的。看得出来，司马迁在为李陵说好话，有些为其开脱的意思。事实上事态的预测预判是非常困难的，天时、地利、人和，缺一不可，哪一个因素发生变化，都可能促使事态朝着意料之外的方向发展。结果正是如此，事态的确朝着与司马迁所判断相反的方向发展。最后李陵彻底降了匈奴，并没有报效汉朝。司马迁因为自己的正直善良发了善心说了实话，却要为之承担欺君罔上的严重后果，他因此受了奇耻大辱的宫刑。

　　不是因为司马迁做错了，而是因为这个位置风险太大了，方方面面的各种各样的不可控因素太多了。在李陵事件中，司马迁夹在中间，成了替罪羊，所有在这件事件中的错误，比如援军不及时问题、满门抄斩迫使李陵铁了心投降匈奴问题、朝廷群臣判断失准处置不力等等，均由与此事没有直接关系的司马迁来承担。对司马迁来说这是无妄之灾，有时尽管自己没有做错什么，也免不了遭受如此惨重的天灾人祸。司马迁受了奇耻大辱，受了莫大的委屈，他在《报任安书》中对当时的心路历程作了详尽描述。所幸一部《史记》巨著的传世，足以使司马迁万古流芳。

下面，让我们来看看，爻辞中怎么会有"括囊"的表述，它是受什么卦象启发而产生的，"括囊"的爻辞取象于哪里？我先告诉大家，"括囊"取象于艮卦、坤卦和震卦。"括"取象于艮卦。如果我们把六四爻变一下，使它变成九四。这样的话，九四、六三、六二这三个爻组成的下交互卦就是艮卦。根据《说卦传》，艮为手，"括囊"的"括"是个动词，这个动作就是用手来完成的。那么这个"囊"呢？"囊"取象于坤卦和震卦。六爻坤卦的上卦是三爻坤卦，六四爻正好是上卦坤卦的初爻，坤有个意思就是布，"囊"是布囊、布袋，是由布来制作的。此外，若六四发生爻变后，六四就变成了九四，上卦就变成了一个震卦，根据《八卦口诀》，"震仰盂"，即震卦的卦画就像一个仰口朝上放置着的盂，也就是正放的容器。如果把这个布和容器组合起来，这个"囊"的模样就形象具体生动清晰地呈现了出来，再加上一双活动着的手，"括囊"这一动感画面便和盘托出了。爻辞以日常生活中的动作作比喻，提示人们处于六四爻位置的人，一定要像"括囊"一样，给自己的嘴巴上道锁把住关。身居六四爻位置的人，几人之下万人之上，地位非同小可，其言行举止，传递的正负信息均具几何级放大的作用，因此不能轻率地发表一些言论。一句话能成事，一句话也能败事。六四爻群体在关键问题上开口说话前务必慎之又慎, 思考再思考, 掂量再掂量。经过反复权衡利弊深思熟虑之后, 才委婉地留有余地地用适当的方式把自己的观点表达出来。这样才能得到"无咎无誉"的结果。当然, 这不是教人圆滑, 逃避责任。如果职责所在, 即使有风险, 该说的话还是必须要说的, 只是要谨慎地说, 并注意意见表达的技巧和方式。不该说的绝对不说, 口风一定要紧, 这样才能有效避免祸从口出。我们从"祸"字的构词上可以看出, 示字旁表示与神灵祭祀有关, 右边由"口内"两字组成, 祸从口出的意思已经表现得一览无余了。

有时遇到风险, 发生灾祸, 遭受挫折, 不是因为当事人德行不够能力不行, 也不是因为讲话不当, 实在是因为六四爻这个位置风险太大了。在某些极端情境中, 无论讲话当与不当, 都有可能引起灾害性后果。前例所举的司马迁就是这样, 人们都非常同情他, 就是因为他处在高风险的位置, 有时要为之付出惨重的代价。如果朝廷或某个政权体系发生了一个震惊全国的负面事件, 为了保持政治稳定平息事态, 必须向老百姓有个明确交代, 这时就需要有人来承担责任, 有些人恐怕就要成为为之埋单的牺牲品或替罪羊。这是六四爻爻位对我们的一种风险警示。

小象说: "括囊无咎, 慎不害也。"把它翻译成白话文就是, 小象说: "收紧口袋没有灾祸, 这是因为谨慎可以做到不受伤害。"可见, 身处高危之地, 只有谨慎才可以避祸。

75 坤卦"六五，黄裳，元吉"是什么意思？

本篇我们要分享的内容是坤卦六五爻的爻辞，爻辞如下：

"六五，黄裳（cháng），元吉。"

把它译成白话文就是："六五爻，甘当黄色下衣，最为吉祥。"六五爻的爻辞和白话文都非常简单，也容易理解，但要真正领悟其背后的深刻易理还是不太容易的。在六爻坤卦里，六五爻是核心之爻，君王之位，它集中体现了坤卦整个卦的主旨。因此别看它就那么几个字的爻辞，就四个字，但是其内涵是非常深刻的。需要我们好好地、慢慢地、细细地去品味和体悟，才能领略它的真谛。

我们看六五爻的爻辞，首先是"黄裳"。"黄"是黄色，黄色是五色之中的中和之色，也就是颜色里的基础颜色。所谓的中和之色，是指黄色与其他任何颜色都是可以搭配的，彼此能够相互增色相得益彰，显示出美美与共、两全其美的韵味。黄色不是最鲜艳的，也不是最素淡的；不是最夺人眼球的，也不是最不起眼的，它居于五色中间地位，是所有颜色里的中游状态。作画的时候要配色，这种黄色非常有用，它能够恰到好处地成全其他颜色，使其更加光彩夺目。它作为中和之色，能够毫无保留地成就其他颜色，使它们更加靓丽，更加光鲜，更加出彩。世界是多彩的，色彩斑斓，五光十色，五彩缤纷，光怪陆离，丰富的色彩构成了让人们眼花缭乱扑朔迷离的花花世界。我们可以从黄色在全色系的功能定位上，慢慢去体悟坤卦的配合之道。坤卦是配合之道，黄色是配合之色，黄色不是主角，主角却因其甘当绿叶无私的衬托而鲜活亮丽，其寓意是非常深刻的，两者的融合达到了天衣无缝浑然天成的程度。

土的颜色也是黄色的，而且土在五行金、木、水、火、土里也是一个基础性的角色，是古人认为构成物质世界五大元素中最基本的元素，其他金、木、水、火四大元素都离不开土这一基础。五行中的金是指物质世界中的金属大类，金属是在大地、山石中产生的，大地和山石归属于五行之土；木虽能克土，但是如果没有土壤栽培，树木藤草就失去了依托，也无法生长；水如果没有土壤岸堤的承载和围拦，也无法留存，更无法为人类提供帮助；火燃烧后变成灰土，与土有着直接联系。黄色在五色中是基础颜色，土在五行里是基础元素，而土兼有颜色和五行两大基础地位，或者说五行中"土"所扮演的角色与五色里的"黄"所起的功能是高度契合的，可谓天作之合殊途同归。在这里不得不惊叹于中华民族优秀传统文化的博大和精妙。

同时，黄皮肤还是我们亚洲人的肤色。在近代殖民地半殖民地的中国，中华民族和中国人民在政治上受帝国主义、资本主义和封建主义的统治和压迫，在经济上受列强的盘剥和压榨，在思想文化和意识形态上受尽殖民主义者的奴役和歧视。黄皮肤的中国人被侮称为东亚病夫，在洋人租界内挂着"华人与狗不得入内"的侮辱我国同胞的标语，给中华民族和中国人民带来了深重灾难和无尽伤痛。值得庆幸的是，洋人高人一等、中国人深受欺侮和屈辱的日子一去不复返了。

中华优秀传统文化在新时代焕发出了无限生机和活力，中国人终于扬眉吐气了，我们深为自己的黄皮肤而倍感自豪，我们深为拥有中华博大精深的传统文化而欣慰，因为我们的皮肤与我们的中华文化是高度融合的，这是我们中华民族和中国人民的独特优势。黄色是中和之色，中华民族历来讲求"和为贵"。4800年前，我们的祖先叫黄帝，我国长期处于农耕社会，土地是中国人民的命根子。土地的基本色是黄色，国人的肤色是黄色，黄帝的称谓带黄字，都与坤卦主旨不谋而合，所有这些决不是简单的巧合，而是中华祖先、圣贤和古代广大人民群众实践创造匠心独运的结果，是中华民族智慧的结晶，是中华传统文化深邃精妙的体现。

此外，自古以来黄色成了皇家宫廷里的基本颜色、当家之色和御用之色。在我们中华民族的色系里，黄色代表庄严、神圣、稳重、华贵、大气、吉祥和平和，与黄金一样精贵。同时，黄色也是皇权的象征，我们在影视剧里经常可以看到，假如某人得到一件皇帝赏赐的黄马褂，那么此人立马身价不菲了。这时，黄色就代表皇权，其意义非同小可。因此，黄色的内涵是非常丰富的。

在后天八卦图中，五色的分布情况是这样的，左边是青色，右边是白色，前面是红色，后面是黑色，而黄色居中央的位置，按现在网络语言来说它居于C位，其重要性是不言而喻的。五行在后天八卦图中的分布情况是，左边是震卦，五行之木；右边是兑卦，五行之金；前面是离卦，五行之火；后面是坎卦，五行之水。

后天八卦图的左边是东方，上方对应的星宿是苍龙七宿：角、亢、氐(dī)、房、心、尾、箕。这七个星宿构成了龙的形状，角是龙角，亢是龙的脖子，氐是脖根，房是肩膀和肋骨，心是心脏，尾是龙尾，箕是尾鳍。

后天八卦图右边是西方，上方对应的星宿是白虎七宿：奎、娄、胃、昴、毕、觜(zī)、参(shēn)。奎是胯的意思，奎宿由十六颗星组成，因其形似胯而得名，又因其形状像文字，古人便认为主文运或文章，我国多地还保留或新建不少奎星楼，许多学子们考试前拜谒奎星就是这个道理，它有利于增强考生的信心，给他们以积极的心理暗示。娄的意思之一是通"屡"，是多次、聚集、聚众等意思，引申为蓄养牲畜以祭祀天帝神灵的意思，因此娄星宿多被视为吉祥之星。胃宿形状像容器，为天仓，如同人体的胃一样用来贮存食物，天仓是用来囤积粮食的，故胃星多吉。昴宿由七颗星组成，又称旄头（旗头的意思），"昴"与"旄"读音相同。毕宿的"毕"的繁体字是"畢"，《说文解字》说：田网也。意思是说"毕"是用来田猎捕捉野兔、小鸟等小动物的带有长柄的网，繁体字的上半部分表示与田猎有关，下半部分与网状结构非常相似。毕星宿因其形状像长柄捕网，故有此称。觜星宿的"觜"，在古代通"嘴"，因此又读zuǐ，本人判断觜星宿的名称当与位于白虎虎口旁有关。参宿的"参"，同时又读sān，通"三"，因此这里参宿的"参"作为星宿名称读shēn，实际上是因为古时参宿由三颗星组成而得名，后来又拓展范围加入了四颗星，共有七颗星组成。

后天八卦图的前面是南方，上方对应的星宿是朱雀七宿：井、鬼、柳、星、张、翼、轸（zhěn）。井星宿因其星宿组合形状像井字型而得名。鬼星宿星光较暗，只有在很黑的夜晚才能看见，所以称其为积尸气，《史记·天官书》称其为"舆鬼鬼祠事"。《晋书》说："舆鬼五星，天目也。"意思是说鬼星宿是承载、运载鬼神的，与积尸意思相近，鬼星宿位于朱雀眼的位置，因此有天目之谓。柳星宿位于朱雀的鸟嘴部位，因鸟嘴形似柳叶而得名，嘴有口福之享，故柳宿多吉。星星宿有几颗小星星组成菱形的形状，这个菱形组合体像颗大星星，菱形的上角用一条直线与另位几颗星星集合体相连，星星宿的图案极像一颗用丝线吊垂着的大星星，故因此而得名。张星宿是朱雀张翅欲飞的样子，民间有"开张大吉"的说法，因此张星宿多吉。翼星宿位于朱雀翅膀部位，自然指代的就是神鸟的翅膀，有展翅飞翔比翼高飞的意思，翼星宿多吉。轸星宿的"轸"，原本指车后的横木，与之相对应的是轸星宿居朱雀之尾，因而轸宿又有"天车"之古称。

后天八卦图的下面是北方，上方对应的星宿是玄武七宿：斗、牛、女、虚、危、室、壁。斗星宿因形似斗勺而得名。牛星宿因形状似牛角而得名。女星宿形状像个簸箕，它是古代妇女常用的生活器具，用来颠簸粮食，去除杂物留下精粮，故女星多吉。

虚星宿的"虚"是什么意思呢？《说文解字》说："虚，大丘也。昆仑丘谓之昆仑虚。古者九夫为井，四井为邑，四邑为丘。丘谓之虚。清代段玉裁注，昆仑丘、丘之至大者也；虚者，今之墟字；虚本为大丘，大则空旷，故引申为空虚；又引申为不实之称。虚犹聚也，居也，引申为虚落，今作墟。可见，古时"虚"与"墟"

是通假字，原本指古时按劳动力编制的村落行政组织，一井为9人，井字正好把一方块划分为9份，指代9人；一邑为四井36人，一丘为四邑144人。从虚星宿的星星分布状况看，这个范围没有太多明亮的星，显得比较空旷、空虚，虚星宿因此得名。

危星宿位于龟蛇的尾部，古时战争频发，通常由队伍的末尾负责断后，这部位的士兵最为危险，危星宿由此而命名。室星宿像座房屋覆盖在蛇龟的上面，北方冬季天气寒冷，正需要建造房屋防冻保暖。壁星宿之"壁"是墙壁的意思，与室关联密切，都有建造房屋安全过冬的意思，有了房屋的四壁就能为房主人遮风挡雨和抵御寒冷了。

以前介绍过，如果说先天八卦图是中国的地形气象图，那么后天八卦图就相当于人文应用功能图。古人将后天八卦图与天干、地支、五行、方位、五色、星象等有机融合起来，用于指导百姓的生产实践和日常生活，发挥着重要的预测功能、文化功能和社会功能。比如，风水学中的左青龙、右白虎、前朱雀、后玄武、中明堂等布局原则，在历朝历代的建筑勘舆中应用得非常广泛，形成了丰富的风水文化，当然其中也不乏掺杂封建迷信的糟粕，如能剔除糟粕存其精华，那么我国长盛不衰的风水文化对今天的社会实践和百姓生活仍然有重要的借鉴指导意义。在后天八卦图中黄色和土居于中央位置，在庞大的中华传统文化体系中其地位是举足轻重的。

在微信成为日常生活中不可或缺媒介的今天，大家对九宫格并不陌生，可许多人对于九宫格的数字序号却不甚了了。其实，后天八卦图八卦的序号与先天八卦图是不一样的，先天八卦图的序号是:乾一、兑二、离三、震四、巽五、坎六、艮七、坤八,而后天八卦图的八卦排序却是:坎一、坤二、震三、巽四、乾六、兑七、艮八、离九。在后天八卦图中,八个卦对应的序号中没有五,不是说五不重要,而恰恰说明五非常重要,它居于九宫格的中央位置,"五""口"组成"吾","吾"的构词便来源于此,人们观察事物的主体是自己,因此"吾"代表自己,这个字与九宫格的关联性是极强的。如何来记住九宫格的数字,我向大家分享一则我加工过的口诀:戴九履一,左三右七,四二为肩,八六足立,五居中地。令人拍案叫绝的是,九宫格的三列纵队相加为十五,三列横队相加也是十五,两条对角线相加还是十五。六代表阴爻,九代表阳爻,十五正好是阴阳之数的和。不可思议的是三列纵队、三列横队、两条对角线,三三二相加的数字是八,正好与八卦暗合。因此,我们可以说,《易经》的背后是有活龙活现时刻变化着的数来支撑的。《易经》是哲学,是世界观方法论。有种说法是,物理的极致是宗教,数学的极致是哲学,也许是有些道理的。

巽4	离9	坤2
震3	5	兑7
艮8	坎1	乾6

九宫格

后天八卦图

　　"黄裳"的"黄"取象于哪里?它就取象于六五爻位和坤卦。六五爻是上卦的中爻，颜色中的中和之色就是黄色，两者具有一致性。《易经》里有一个很重要的概念就是"居中有德"，六五作为君王之位一国之君，道德水准必须是极其高尚的，集中反映了君王职责的公益性，他是要为天下百姓大众谋幸福的，就像我们今天所说的为中国人民谋幸福、为中华民族谋复兴的道理是相通的，要肩负起这份责任必须做到居中有德，离开了它是万万承担不了这份责任的，实在是因为这份责任太重大太神圣太艰巨了。只有大德、大能、大智慧的人才能担当起君王的职责。

　　坤卦的六五爻和乾卦的六五爻，有相同的地方，都是第五爻，都是君王之位;也有不同的地方，因为坤卦整个卦讲的是配合之道，同样坤卦里的六五爻仍然强调它的配合性。在坤卦体系内部来讲，它是主导的。但相对于乾坤两个卦际关系来讲，从更大的范围更大的体系中来讲，六五爻仍然是配合的角色。因此，我们理解六五爻爻义的时候要把主导和配合的意境融合在一起，总的最明显的特征是配合。因此，我们从爻辞里可以体会得到，黄色是用来配合其他主色调的。同时，这个"黄"字还取象于坤卦。六爻卦的上卦、下卦、上交互卦、下交互卦都是坤卦，坤卦本身就代表大地，大地的颜色以黄色为主色调。

　　"黄裳"的"裳"，大家可以从它的结构上体悟得到它的基本含义。我们古人对穿着是很讲究的，上下装分别采用不同的名称，称上衣为衣，称下装为裳。古代的裳与现代的裤子有区别，有点类似于现代的裙裤。从"裳"的上下结构看，它的"衣"字是在下半部分的，这与衣服中的下装意思是吻合的，上半部分与尝的繁体"嘗"是一样的，可以说这是"裳"的发音来源。这样就好理解了，作为下衣的"裳"不是独立存在的，作为人身上的整套服饰，它是与上衣相配套的。如果上衣是主角，那么下衣就是配角；如果上衣是乾卦，那么下衣就是坤卦。因此，"裳"与坤卦的角色和象征都是非常契合的，处处体现出坤卦的配合精神和特质。尽管六五爻爻辞非常简单，一个"黄"一个"裳"，非常典型地鲜明地体现了坤卦的配合之道。如果能把"黄""裳"两字的精要含义落到实处，做到内化于心，外见于行，那么其结果自然就是大吉大利的了。"元吉"之"元"有大的意思，元吉就是大吉。我们前面介绍过，《易经》里的"吉"可以大致分为三类，根据程度轻重，分别是元吉、大吉、吉，也就是说"元吉"是《易经》里最为吉祥的一个等级。因此你看六五爻能做到"黄裳"，结果就是"元吉"，是最为吉祥的。

那么，"裳"取象于哪里呢？它取象于坤卦和它的爻位。上卦、下卦、上交互卦、下交互卦皆为坤卦，坤卦常用的意思之一就是布，布当然是用来做衣服的，包括上衣和下衣，所以"裳"这个意思取象于坤卦所代表布这个含义。作为一个团体也好，一个单位也好，一个社会也好，一个国家也好，配合精神是非常重要而又可贵的。在日常生活中许多人都愿意当主角，不愿意当配角，但事实上《易经》告诉我们，没有任何一个主角是可以不通过配角取得成功的；同时任何一个配角只要不懈努力，极有可能成为主角，取得他人无法企及的成就。因此角色是会变的，阴极变阳，阳极变阴，阴阳无时不刻不在动态变化之中。因而时代和时机需要我们当绿叶时，我们要甘当绿叶，自觉自愿地去辅佐红花，在成就红花的同时我们自己离红花也就不远了。当时代和时机需要我们当红花的时候，也应不失时机地当仁不让抓住机会，义无反顾地带领绿叶一起成长。这样的话，我们的人生事业就会兴旺发达越来越好。

76 如何理解坤卦"上六，龙战于野，其血玄黄"？

上篇我们介绍了坤卦六五爻的爻辞，本篇我们接着讲它的《小象》，《小象》比较简单。

《象》曰："黄裳（cháng）元吉，文在中也。"

把它翻译成白话文就是：甘当黄色的下衣最为吉祥，这是因为文采花样居于中央。"文"是指文章、文采、花纹、花样、色彩、多彩、绚丽的颜色等等。这个"文"就取象于坤卦。根据《说卦传》，坤为文。农民在田野上种植各种各样的庄稼，在不同的季节呈现出不同的颜色，层层叠叠，五彩缤纷，色彩非常丰富，生动形象地呈现了"文"的意境。由色彩之"文"所代表的花样、花纹、文彩等具体形象进一步引申过渡到人文之文、精神之文、思想之文的抽象意境，如：文雅、文字、文章、文化、文明等等。

"文在中也"的"在中"就是居于中爻这个位置，也就是说跟它所处的爻位是有关系的。用"文在中也"来对"黄裳元吉"这个爻辞作出评价。表面上看，只是六爻卦中的一个爻位，六五爻不仅是上卦的中爻，也是全卦的核心之爻，由此表明须以中道对待全卦的每个爻，实际上《易经》是将全卦来比喻整个天下的，以六个爻代表天下或国家的不同阶层，"在中"所反映的是君王或国家领导人必须具备居中的品德，不偏不倚，公正无私，一碗水端平，平等地对待天下人天下事，以中正之德主持全天下全人类的公平正义。下面，我们来介绍一下上六爻的爻辞，它的内容是这样的：

"上六，龙战于野，其血玄黄。"

把它翻译成白话文就是：上六爻，天龙地龙交战于原野，其血又赤又黄。

上六爻到了坤卦的最后一个爻，也是最高的一个爻。乾卦的上九爻的爻辞是"亢龙有悔"，一般来说第六爻的爻位太高了，人生事业走到了穷途末路，往往蕴含着负面的信息，预示着可能产生消极的不利的后果。如果说乾卦的上九爻后果尚属于可控的状态，那么上六爻的后果就有些惨不忍睹了。"龙战于野"，又是交战又是流血，让人联想到战争的血腥场面。天龙地龙激烈搏斗，相互撕咬，遍体鳞伤，血流成河，场景非常惨烈。当然，对上六爻的爻辞的解读有各种各样的版本，我在这里只是采用了通行的、认同度比较高的一种说法，我也认同这种说法。对此不同的学者有不同的解释，众说纷纭，莫衷一是，有些版本还非常离奇，彼此之间的差异性还是很大的，这些都可以用作借鉴和参考，都是允许存在的。世界本来就是五彩缤纷多姿多彩的，万事万物不可能只有一种颜色一种味道一种状态。研习《易经》也是一样，要以包容的谦虚的审慎的心态对待各种各样的观点，做到和而不同，兼收并蓄，细思慢悟，最终选择自已认为最恰当的解释。在《易经》的卦爻辞中，凡是版本很多分歧颇大众说纷纭的地方，都是值得重视和细细体悟的。

乾卦里多数爻都在讲龙，而坤卦基本上不讲龙，但在末爻突然出现龙，是不是有点突兀的感觉？其实仔细去想一想，龙的出现虽在意料之外，却在情理之中，这是一个逐渐累积由量变到质变的过程。对于坤卦的配合角色来说，前面是坚守牝马之贞，母马积极主动全力配合公马的行动，一路走来非常柔顺，配合得十分默契。我们可以想象出这么一种情景，一匹很温顺的母马，心甘情愿地辅佐公马闯荡天涯，踔厉奋发，勇毅前行，共克时艰，收获了成功，陪伴公马走向了人生事业的颠峰，自己也因此登上了六五高峰，一人之下，万人之上，颇有些当年武则天的意味，这时她的内心发生了微妙的变化，如果止步于当止之位，那么其结局将是最佳的。可惜，人心不足，欲壑难填，人性的贪婪将把她送上高处不胜寒的境地。母马终于站上了一览众山小的泰山之巅，回望过往足迹，环视周边人等，竟然全属阴性之物，只有自己是最强大的，于是便顾盼自雄趾高气扬起来。这时上六爻便呈现出阳刚的韵味了。根据阳极变阴、阴极变阳的变化法则，上六爻变成了上九爻，既然没人可以做老大，那么干脆自己来做老大得了。这便为天龙地龙的交战埋下了伏笔，一场惊心动魄的恶战也就难以避免了。

一山容不得二虎，一国不可有两君。乾卦九五之龙是天龙，这是君主的象征，可以理解为这是正常途径培养成长的君主；坤卦上六爻萌生做君主的野心后，逐渐转变成上九爻，如同在大地里土生土长的龙，这是地龙，有点地头蛇的味道，强龙压不住地头蛇，可见其凶猛程度绝不亚于龙，可以理解为这是非正常途径试图篡位的奸臣，如秦朝的赵高、明朝的魏忠贤、刘瑾之流。天龙地龙的交战，残酷惨烈，血雨腥风，两败俱伤，它反映了历朝历代宫廷权力斗争的激烈状况。

　　天龙地龙在哪里交战？"龙战于野"的"野"就是野外的地方。古代的地理大致可以划分四个部分，核心圈是都，是一国的首都；第二圈是城，包括整个城邑；第三圈是郊，比城邑更大的圈，相当于现代的郊区；第四圈是野，这是比郊区更远的地方，野离都城的核心距离最远。古代的战争通常多在野外地区，如牧野之战。野外地旷人稀，回旋余地大，更适合展开战争。

　　这个"野"也是有来历的，它取象于哪里呢？它取象于坤卦和上六爻的爻位。如果说把坤卦作为一个大地来考察，初六也好，上六也好，无疑是大地的两端，而不可能是大地的中央。按照坤卦一至六爻从下到上、由初至终的排序规律，初六爻至上六爻体现了由近到远的趋势，那么上六爻就代表大地中最远的地方。用最远的地方来表示野外区域，两者是相当吻合的。

　　然后是"其血玄黄"，就是在你死我活的激烈交战中导致两败俱伤，双方都负了伤，流了血。天龙地龙两种颜色的血混杂在一起。一种是玄色的，玄就是黑色、青黑色、赤色、赤黑色的，赤是红色，黑红组合的颜色，可以把"玄"理解为似红似黑、红得发紫、紫得发黑的这种血色，这代表天龙的血色；另一种血是黄的颜色，自然就是地龙的血色了，因为大地之色是黄色的，地龙与大地的关联性非常紧密，把地龙的血色与大地之色关联起来，体现了《易经》作者的意图，也容易为人们所接受。由"其血玄黄"足以说明战争没有赢家,一旦交战,双方都将受到很大伤害,都将付出惨重代价,龙是这样,人也是这样,国更是这样。因此,上六爻启示我们,凡事都有度,当止则止结局吉祥,贪得无厌必定凶险。贪欲太盛了,野心太大了,攀爬太高了,做事太过了,其结局恐怕都将陷入坤卦上六爻的窘境。如同上面提到的我国历史上太监乱政的案例那样,赵高、魏忠贤、刘瑾之流,刚开始时把太监事务做得妥妥贴贴的,深得主子的信任,把辅助的角色做到了极致,成了太监队伍的标杆。可是随着君王的宠信、职务的擢升、地位的显赫,这些太监的内心翻起了波澜,看看自己伺候的主子们,居然多数是绣花枕头稻草包;环顾四周,朝廷文武百官多半也是脑满肠肥的蝇营者。他们做得皇帝,我为何做不得皇帝。于是潜藏内心深处的野心开始萌发并逐渐膨胀起来了,从而演绎出一幕幕一场场阴险歹毒惊心动魄的宫廷争斗好戏。当然,《易经》告诉我们,人算不如天算,奸臣们的如意算盘是不会得逞的,最终都被历史的正义车轮碾得粉碎。

"龙战"也是有来历的,"龙战"可取象于反震卦。这种取象一般情况下用得比较少,反震卦怎么来理解?如果我们把坤卦的上六爻变一下,是不是就变成了上九爻,这样上卦就变成了艮卦,把艮卦上下翻个个就是震卦。相当于我们看卦的角度不一样,看到的卦画就不一样了。从正面看,这是一个艮卦,当我们站到上面往下看,看到的就是一个震卦,这与综卦(覆卦、镜卦)的原理是一样的,只不过综卦(覆卦、镜卦)是指六爻卦而言的,艮卦为反震卦是指三爻卦而言的。根据《说卦传》,震是龙。反震卦就代表着反龙,一条想造反的龙、背叛谋逆的龙、欲与正龙殊死搏斗的龙。这不是一条规规矩矩的龙,这条龙是来捣乱的,反龙与正龙相遇必有一战。一正一反是一体两面,平时表现多为相辅相成,极端情况下可表现为尖锐对立,正如天地之间的关系那样。天地一体,相互交流,相互感应,相互配合,万物茂盛,国泰民安;天地分离,相互阻隔,互不感应,相互对立,万物凋敝,国破民穷。

最后,让我们再来看一下它的《小象》。《象》曰:"龙战于野,其道穷也。"小象的意思是说,天龙地龙交战于野,这是由于坤道走到了尽头。因为上六爻是坤卦的末爻,再往前已无路可走,已经是穷途末路,走到了尽头,表明坤卦的配合之道走过了头,走向了它的反面,出现了严重弊病。其警示意味十分明显。

77 坤卦"用六，利永贞"是什么意思？

本篇我们来介绍"用六"的爻辞，"用六"不是一个爻，但我们在这里不妨仍借用一下爻辞这个概念。"用六"的爻辞也非常简单，只有"利永贞"三个字。爻辞虽然简短，意义却不同凡响。

"用六，利永贞。"

把它翻译成白话文便是，阴爻角色的运行原则或行为规则是：适宜始终坚守正道。道理通俗易懂，正可谓大道至简，但是能够真正做到的却寥寥无几，有些人为此付出了生命代价，待到回天乏术无可挽救的时候才体会到"利永贞"的真谛，可惜为时已晚，这不就是人生的最大悲剧么！

在《周易》六十四卦里，只有乾卦和坤卦有"用九"、"用六"，其他六十二卦都没有。从这里我们也可以看出乾坤两卦作为《周易》大门的特殊地位，可以看出"用九"作为阳爻角色运行原则或行为规则，"用六"作为阴爻角色运行原则或行为规则的重要意义，说明它决不是多余的，决不能把它作为普通爻辞等闲视之。之所以在乾卦和坤卦里特意增加"用九"和"用六"的内容，这里蕴含着易作者的重要意图。因为乾卦是代表纯阳的一系列事物，坤卦是代表纯阴的一系列事物，它们在客观世界和现实生活中几乎是不可能存在的，因而它们只存在于人们的精神领域内，存在于人们的主观意识里，存在于人们的理想世界中。《周易》其他六十二卦都是阴阳事物的混合体，只要理解把握了纯阳纯阴事物的不同特质和规律，就能很好地指导把握阴阳相杂的事物。因此，如果我们把乾坤两卦作为易学入门的两扇大门的话，就可以把"用九"、"用六"当作进入易学大门的钥匙来看待，其重要性是不言而喻的。

我们来看看"用"的含义，什么叫"用"？"用"就是使用、运用、应用、作用、利用等意思，"六"是什么？"六"就代表阴爻，那么怎么来理解"用六"呢？前面已经涉及，我们可以把"用六"理解为，阴爻事物的运用原则或行为规则，也就是说作为一个处于坤卦配合角色的人，应该怎么为人处事的基本原则、参照标准或行为准则。人在社会在家庭在不同的领域其角色呈现出多元性、复合性和综合性，在有些领域扮演阳爻角色，在有些领域扮演阴爻角色；在有些时候扮演阳爻角色，在有些时候扮演阴爻角色。在扮演阳爻角色时运用"用九"原则，在扮演阴爻角色时运用"用六"原则。

用六的原则、规则、法则或标准只有三个字："利永贞"。我们曾屡次介绍过，在古代"贞"通假为"正"，正确的"正"，是坚守正道、保持正固等意思。这是《易经》中非常重要的一个理念，做人要正直，立场要正确，行路要正道，动机要正当，处事要正气，作风要正派。"正"字拆分成两个字就是"止"+"一"，很好地表达了"止于一"的意境。"止于一"的"一"，就是"正字"上面的一横，它代表大道，公平正义，不偏不倚，最恰当的那种状态。"利永贞"就是把自己的言行举止始终纳入正确的轨道之内。

得道多助，失道寡助。在任何时候任何地点，做人做事都要坚守正道，这样的结果肯定不会太差。人心向背是决定事业成败的关键，一个人的正与不正决定着人心向背。老百姓心里有杆秤，是几斤几两，是真君子还是伪君子，是真正经还是假正经，老百姓心里最清楚。而且这个"正"不是一时一事的正，而是要"永贞"，就是要始终保持、永久保持坚守正道的这种状态。"利"是适宜、有利于等意思，就是适宜始终保持守正这种状态，这是一种价值判断、思想引领和行为导向。这就是坤卦角色的运用原则或行为准则。

这里的"用六"可以理解为跳出阴爻看阴爻，相当于离开坤卦的六个爻，从六个具体的阴爻矩阵中跳出来，从更高纬度对坤卦所代表的阴性事物作一个高度浓缩的概括。作为坤卦的配合角色，如果能真正遵循"利永贞"原则，做到准确定位，知行合一，就等于基本把握住了坤卦配合之道的真谛。

爻辞非常简短，但要真正做到却是非常困难的。历史上确实有很多坚守正道、忠心耿耿、鞠躬尽瘁、死而后已的人，他们在践行坤卦的配合之道方面，为国家、为民族、为百姓做出了杰出的贡献。他们身上的共同特征就是"利永贞"，是坤卦精神的集中体现，是实践坤道的典范。比如姜子牙、周公旦、范蠡、诸葛亮、张良、魏征、刘伯温、曾国藩等等，他们都是忠实践行"利永贞"精神并取得事业巨大成就的典型代表。这些人基本上都是精通《易经》的，深谙人生事业的发展规律，因而能够自觉地用易理去指导实践，把"利永贞"作为自己为人处世的原则和标准，有效约束和规范自己的言行举止，因此他们没有走到上六爻的窘境。做到了当止即止，适可而止，一直忠心耿耿地辅佐君主，因此基本上都得以善终。他们是履行坤道正面的例子、典型的例子和成功的例子，这些杰出人士所承载的坤道精神值得世人学习借鉴。

坤卦"上六爻"之所以出现"龙战于野"的场景，就是因为地龙或当事人对"用六，利永贞"认识不深刻，把握不准确，行动不自觉，最终导致个人野心不断膨胀，疯狂滋长，一发而不可收拾。也许，他们刚开始时并没有这样的想法，只是想做好本职工作，做一个称职的臣属。但是人心是会变的，人心不足、欲壑难填是人性的弱点，如果放纵不管任其发展，很有可能达到无法无天无恶不作的程度。

《四十二章经》有言："欲念之人，犹如执炬，逆风而行，必有烧手之患。"人处于非常极端的情境中，欲望如不加约束，就会像脱缰的野马，四处撒野，难以驾驭。欲望又如猛虎，有时是非好坏、成败生灭就在一念之间，一个邪念可将人引入歧途，甚至吞噬自己的生命。有人明明看到了危险，却经不起诱惑，抱着侥幸心理，不惜铤而走险以身试法。这样的人实际上就是坤卦上六爻的典型代表，历史上这样的人不乏其例，现在也不少。一看自己的位置离权力巅峰仅一步之遥，便刺激产生极大贪欲并疯狂地付诸实施，结果把自己送上了不归路，这是这些野心家没有真正领悟到"利永贞"精髓带来的恶果。

因此，对于坤卦角色的人，尤其是目前非常成功的坤卦角色的人来说，"利永贞"是最最关键的。如果能够知行合一运用恰当，就可以获得完美的结局。比如曾国藩，《曾国藩家书》不少人都看过吧？他为什么要写那么多家书？家书本来就是家庭或家族内部私人领域的事情，家里的事情他为什么要公开，让那么多人都知道？目的就在于曾国藩不仅要坚定不移忠贞不渝地做一个"利永贞"的臣属，同时也要让周边同僚特别是皇上知道他在奉行"利永贞"的职责，申明自己绝没有篡位谋逆的野心。他在不断地向外界和重要接收对象传递着诸如此类的信息，我只想做一个兢兢业业死心塌地辅佐君主的忠实臣子，请各位千万不要误会，我从来没有做老大的想法。这样，久而久之，皇上以及周边的臣僚自然会放松对他的戒备，使曾国藩消除了自身潜在的风险因素，从而获得一个善终的结果。可以说曾国藩是历史上理解和践行"用六，利永贞"为数不多的最佳典范之一。下面，我们再来看一下它的小象。

《象》曰："用六永贞，以大终也。"

把它翻译成白话文就是，《小象》说：阴性事物的行为准则是始终坚守正道，以求获得丰大的结局。"终"就是终点、终止、终了、终结、结局等意思。"大"是丰大、硕大、重大、巨大等意思。"大终"就是一个正面的、如人所愿的、成果硕大的良好结局。之所以有这么一个好的结局，就是因为当事人在履行"利永贞"职责方面做得非常到位，善于把思想理念转化为行动能力，并在工作成效上体现出来，因而得到了正面的回报。

那么，在日常工作和现实生活中，我们如何对待和运用乾卦的"用九"和坤卦的"用六"呢？怎样来调节和指导我们的行为规范和人生事业呢？总的来说，要因人而异，因地制宜，随机应变，综合运用。一个人是乾卦角色也好，坤卦角色也好；走乾道也好，走坤道也好，这些都是相对的。因为人生社会面临的情况非常复杂，人的思想也非常复杂，客观条件环境因素也非常复杂，不要被纷繁复杂的现象所迷惑了。对于采用"用九"规则、还是"用六"规则，要具体情况具体分析，根据不同的情形、不同的要求，采用不同的规则，需灵活运用，视情而定，该走乾道的时候，当仁不让，这时采用"用九"规则；该走坤道的时候，甘当配角，这时采用"用六"规则。

有时在这个体系里，你是乾，走的是乾道；在另外一个体系里你是坤，走的是坤道；有时你的人生在这个阶段走的是乾道，在另外一个阶段走的是坤道。在不同的体系，不同的领域，不同的时间，你的角色都是不尽相同的。当你置身某种情境或条件下，要善于抓住主要矛盾，根据具体情势来确定自己的角色定位，再根据角色定位来选择"用九"还是"用六"。这样，以灵活的方式来运用《易经》的智慧，《易经》必将助推你的人生事业走向成功。

78 《坤文言》"坤至柔而动也刚，至静而德方"，说的是什么意思？

本篇要分享的内容是《坤文言》的第一、第二段，我们先来看第一段原文：

《文言》曰：坤至柔而动也刚，至静而德方。后得主而有常，含化物而化光。坤道其顺乎，承天而时行。

我们把这段话翻译成白话文是这样的：

《文言传》说：坤卦类事物最柔但行动起来却很刚强，她最安静但她的品德却传遍四面八方。跟随他人后面能找到主人从而保持了正常状态，含章可贞可感化万物进而使教化发扬光大。坤道是多么柔顺啊，承载上天而能做到与时偕行。

下面，我们稍作展开逐句分析。《文言》曰，"文言"就是指坤卦的《文言传》，平常我们常常经、传并称，卦爻辞属于经文，是主干；传文是用来解读经文的，传文也是非常重要的，没有传文《易经》也流传不到今天，因此学习《易经》要经传并重，不可偏废。传文也叫《易传》，有十册，《文言传》是十册之一。经文、《易传》两大部分构成《易经》或《周易》这个有机整体。《文言传》的内容包括两个部分，一部分是关于乾卦的，简称其《乾文言》；另一部分是关于坤卦的，简称其《坤文言》。本篇所分享的就是《坤文言》的部分内容。

《坤文言》说"坤至柔而动也刚"。"坤"指的是坤卦所代表的一系列阴性事物。"至柔"是柔顺到了极致状态，在柔顺的事物中从程度上讲它是最柔的，柔得不能再柔了，没有什么东西比它更柔顺了。"而"是一个起着转折作用的连词，可作然而、但是、可是等解。"动也刚"，当它行动起来的时候却是非常刚强的。从总体上、正常状态和一般情况而言，坤卦所代表的一系列事物是趋于静止的，非常安静和柔顺的。但是，事物都有两面性，在特殊情况下、特定环境中，或者满足某种条件的时候，阴极变阳，静极则动，一旦行动起来，则表现得非常刚强，出乎寻常。就像一根弹簧，压得越紧反弹得越厉害。正如鲁迅先生所言，不在沉默中爆发，就在沉默中灭亡。坤卦六五爻"黄裳，元吉"可视为"至柔"的体现；坤卦上六爻"龙战于野，其血玄黄"则可视为"而动也刚"的证明。

第二句是"至静而德方"，其表达方法与第一句是相似的，第一句是"至柔"，第二句是"至静"，从不同纬度描述坤卦或坤卦所代表的一系列事物的特性。一方面其常态是"至柔""至静"，同时两者各有其相辅相成的对立面，"至柔""至静"都是事物的极致状态，凡是极致状态都意味着正面状态的终结和即将走向反面状态的开始。"至柔"的结果是导致事物向"刚"发展。那么，让我们来看看"至静"的状态朝哪里发展呢？这里的"至"也是极致状态，到了极端的地步。"静"是静止、静谧、安静、宁静、寂静等意思，"至静"就是安静到了不能再安静的状态,它已处在安静的最极端的位置,没有什么情况是比它更安静的了。事物是不断发展变化的,这种极端状态往往是昙花一现稍纵即逝。"德方"是指坤卦配合之道所展现出来的品德传遍四面八方。坤德宜作广义理解,它的内涵是相当丰富的,凡是与配合之道相关的品格都可归属于坤德,如厚德载物、承载忍耐、贤淑善良、包容大度、坚毅坚韧、吃苦耐劳、忍辱负重、甘当配角、低调谦卑、忠贞不渝、成人之美等等。按理说"静"似乎就是默默无闻无所作为,但事实上为人称道的坤德却"动"得比什么都厉害,虽然没有翅膀却飞向了四面八方,好德美誉传遍了东西南北。由"至静"到"动"的痕迹脉络十分清晰,这就是"静"与"动"转换变化的辩证法。"德方"的"方",在这里应当作为动词来理解。

第三句"后得主而有常"这是针对坤卦卦辞"先迷后得主"所作的解读。这句话翻译成白话文是,扮演坤卦角色的人跟随他人的后面,可以找到适宜自己追随的主人。这个"后"宜作动词理解,是跟随在别人后面的意思。一是时间上的先后,别人没有行动时坤卦角色的人不宜行动,等别人行动了你再动,这样可以有时间判断谁的行动是正确、强劲、果决、有前途的,以便成为自己追随的主人,通过乾坤配合,主辅协作,从而干成一番事业;二是地理方位上的前后,坤卦角色的人不宜急于求成走到别人的前面去,而是应当跟随于大队人马的后面,这样有利于观察哪位乾卦角色始终走在正确的道路上,这样可以避免跟错人误入歧途,从而寻找到有智慧有能力有光明前途的主人。

"有常"就是有一个正常的结果,是正面的、积极的、状态良好的一种结果。这是坤卦角色忠心耿耿竭力配合的成果。坤卦角色对乾卦角色的跟随是一心一意的，是忠贞不渝的，是坚定不移的。无论从地理位置上的前后，还是时间上的前后，或是做事次序方面的先后，都是主动追随极力配合的，她是一个忠实的执行者，一个不折不扣的执行者，一个兢兢业业的执行者。追随的人是正确的，表明人生事业的方向就是正确的；辅佐配合是尽其所能全力以赴的，表明行动也是正确的。方向正确，行动正确，气力用在了正确的地方，然后获得正常的结局，一切都是自然而然水到渠成的事。

接下去，第四句是"含化物而化光"。这是针对坤卦六三爻"含章可贞"爻辞所作的解读。"含"就是"含章可贞"，是中国式含蓄的美，委婉内敛，低调谦和，含而不露，坤德蕴藏其内。这样的人足以令人感动，足以令人敬仰，足以令人亲近。"化物"就是感化万物，这种坤道美德能够感化人，化育万物，包容万物，融合天下。"而化光"，行而往之，久而久之，从而使这种良性互动的教化进一步发扬光大，蔚然成风，形成宏大的国家气象和良好的社会风尚。"光"，光明、光亮、光彩、昭明、明亮等意思，用作动词就是发光发亮，绽放光明，发扬光大。也就是说，"含章可贞"的美好品德不仅能够感化周边的事物，而且能够进一步教化天下，引领天下，成就天下，使这种坤道美德在天下发扬光大蔚为大观。

倒数第二句话是"坤道其顺乎"。这是一句感叹句，"其"是感叹词，用于加重语气，相当于多么、何其、如此等意思。翻译成白话文是，坤道是多么柔顺啊，坤道是何其柔顺啊，坤道是如此柔顺啊!

第一段最后一句是"承天而时行"。"承"是承接、承受、承载、顺承等意思。"承天"就是坤卦作为大地心甘情愿地顺承于天,顺从天,辅佐天,配合天。这相当于地对天的态度。"而"是连词,表明"承天"与"时行"是并列关系或递进关系,相当于并且、而且等连词。"时"就是及时、适时、恰逢其时等意思。"时行"就是与时偕行,随着时间的变化对辅佐配合行为作出及时调整。"承天"的态度是永远不能变的,而配合的方式是灵活多变的,时间情势要求什么样的配合方式,就采用什么样的方式。正可谓一阴一阳之谓道,有些是永远不能变的,有些是必须随机应变的。

《坤文言》的第二段,原文如下:

积善之家必有余庆,积不善之家必有余殃。臣弑(shì)其君,子弑其父,非一朝一夕之故,其所由来者渐矣,由辨之不早辨也。《易》曰:"履霜,坚冰至。"盖言顺也。

把它翻译成白话文大致是这样的:积累良善的家庭或家族必然拥有许多欢庆之事,积累不善之家必然遭致不少灾殃。臣子杀害君主,儿子杀害父亲,不是一朝一夕的缘故,它的原由和形成是一个逐渐演变的过程,本来是有渠道辨别的,但是却未能及早辨别出来。所以《易经》说:"履霜,坚冰至。"大概说的是事物发展都是有顺序的。

我们先来看一下这段话的前面两句,它非常有名。"积善之家必有余庆,积不善之家必有余殃。"这与佛学领域的理念是高度契合的,两者都揭示了事物发展的因果关系,但也有很大区别。"积善之家必有余庆，积不善之家必有余殃"可以理解为《易传》作者对人类社会历史发展规律观察总结后得出的结论，具有客观性；而佛教属于宗教，归属于唯心主义范畴，其因果论不是通过观察和总结得出的结论，而是反映了佛教创始者的主观愿望和思想理念，具有主观性。在这里两者殊途同归，结论具有一致性。

据说，佛教在西汉时期从印度传到我国以后，之所以能在我国生根开花结果并发扬光大，是与"积善之家必有余庆，积不善之家必有余殃"这两句话所起的桥梁纽带作用分不开的。佛教刚刚引进我国的时候，并没有多少信众，没有几个人对佛教感兴趣，影响力不大。直到发现了《易经》中的上述这两句话，于是反复宣扬佛教与中华文化源头《易经》的思想理念是一致的，都是劝人弃恶扬善，提升境界，净化灵魂的，经过不懈努力，佛教终于慢慢为国人所接受，并以此为契机，实现了佛教与中华传统文化的嫁接和融合。尽管佛教在印度本国几乎是断绝了，但在中华大地上却得到了发扬光大并传承至今，撇开佛教因果报应的唯心因素和迷信色彩，剔除糟粕，取其精华，其修心向善的正面意义还是值得肯定的。

可见，中华传统文化体系与佛学也是可以兼融的，两者和而不同，求同存异，和谐共处，并行不悖，彰显了中华传统文化的博大精深和大气包容。中华文化具有如此豁达的气魄和胸襟，中国在当今国际政治经济关系中也同样秉持着这种豁达的气魄和胸襟。为中国人民谋幸福，为中华民族谋复兴，为天下谋大同，正是我们亿万中华儿女的精神追求。

接下去的两句是："臣弑其君，子弑其父。"这是《坤文言》作者列举的违反乾坤关系的反面例子，君臣关系，是乾坤关系之一，本来这个臣应该是尽心尽力配合君的，然而臣却把君给杀了；父子关系也是乾坤关系之一，儿子应当是主动协助配合父亲的，可是儿子却把父亲杀掉了。民间这种儿子干掉老子的事情是极其罕见的，而在权力斗争异常尖锐复杂的朝廷特别是春秋战国时期的朝廷中却屡见不鲜。在这些恶劣的案例中，君与父、臣与子角色是重叠的，围绕权力争夺的政治斗争，可以不顾人伦，六亲不认；可以心如铁石，骨肉相残；可以不择手段，禽兽不如。欲望吞噬了良知，权力泯灭了人性，私利抛弃了人伦。这是一种严重悖离乾坤原则的谋逆行为，为大多数人民大众所鞭挞和唾弃。

接下来两句是："非一朝一夕之故，其所由来者渐矣。"第一句好理解，导致这种丑恶现象的缘故和机理不是一朝一夕形成的，从程度上是一点点的积累恶化，逐渐由量变到质变；从时间上是日复一日长期演变的结果。第二句的"其"是指"臣弑其君，子弑其父"的这种恶劣行径。"由来"与现代的"由来已久"的"由来"有联系也略有区别。现代的"由来"是一个词，而在古代是两个词组成的词组，"由"是缘由，"来"是来历、来源、来临、到来、出现、形成等意思。"者"是代词，指代"由来"的这种情况。"由来者"可译成缘由来历的这种现象或此类状况。"渐矣"就是逐渐、渐渐、慢慢等意思。换句话说，臣杀君、子杀父这种恶行不是临时起意的突发事件，也不是一朝一夕形成的，而是经过长期经营精心密谋的恶性事件，是恶行长期得不到纠正导致其愈演愈烈渐趋恶化和积重难返的结果。"其所由来者渐矣。"直译就是,之所以发生臣子谋杀君主、儿子戕害老子的原因、缘由和来历,是因为这种恶行逐渐形成并不断累积的结果。一个政治弊端不及时纠治,放任自流,任其坐大,最终必将恶化为难以根除的痼疾。

"由辨之不早辨也。"这个"由"是路由、方法、路径等意思,如必由之路。"辨"是辨别、分辨、清辨、辨认、辨晰等意思。这句话翻译成白话文是,对于臣弑君、子弑父这种恶行发生的苗头或征兆,本来是有渠道路径或方式方法可以分辨识别的,但是当事人因为缺乏意识、智慧和能力没有及早辨别出来。

"《易》曰:'履霜,坚冰至。'"这是引用坤卦初六爻的爻辞,实际上上述这段《坤文言》内容是易传作者围绕初六爻爻辞所作的解读,既有正面的阐述,如"积善之家必有余庆";更多的则是从反面来阐述把握和践行爻义的重要意义。作者在充分展开深入分析之后,归结到初六爻的爻义上来。"履霜,坚冰至"是坤卦初爻的爻辞所反映的自然气象,当人们踩到霜的时候,应该想到至少两种情况,一是过不了几天更寒冷的冰冻天气即将到来,提示人们要提前做好防冻保暖事务;二是沿着霜冻的小路再往前走,即将到达结着坚硬冰冻的地方,提醒人们应防止滑倒避免摔跤。易作者运用《易经》的类象思维,再由霜冻天气营造出并过渡到"防患未然,预防在先"的意境。

最后一句"盖言顺也。"翻译成白话文是,大概是说事物的发展是有顺序的。"盖"是大概、可能、也许等意思,这是古人常用的语气助词,用于不十分确定情况下留有余地的婉转表达。

其潜台词是，如果人们按照事物发展的规律和顺序去认识事物，及早识别积不善之家的灾殃后果，以及类似于臣弑君、子弑父的苗头和征兆，并及早采取有针对性的防范措施，有些灾祸或悲剧本是可以避免的。

人们说春秋无义战，这句话不无道理。它的意思是说，春秋战国时期所发生的战争大多数谈不上正义性。包括在诸侯国政权更迭和国君继位问题上玩弄权术，明争暗斗，你死我活，乱象丛生。为了权力斗争，父子亲情、兄弟手足之情弃之如敝屣，视之如仇敌。最典型的例子就是发生在楚国的"熊掌难熟"的典故。楚成王英明一世，最后却遭儿子商臣逼宫。商臣在发动政变的时候，他的父亲楚成王被将士围困。楚成王想施用缓兵之计，就跟儿子说，熊掌快蒸熟了，能不能让我吃完熊掌再上路。儿子商臣说，没有时间了，熊掌是很难蒸熟的，还是不要等了吧。说完扔过去一根绢带让他自缢。这是"臣弑其君，子弑其父"的经典案例，在我国历史的政权更迭方面开了一个很坏的先例。《文言传》对于类似的丑恶现象进行了无情抨击。唐太宗说，以铜为镜，可以正衣冠；以史为镜，可以知兴替；以人为镜，可以明得失。俗话说，亡羊补牢，犹未为晚。预防是避免祸殃的最好手段。如果人们能真正理解"履霜，坚冰至"的深刻内涵，不少悲剧和灾祸本来是可以避免的。愿各位易友都好人一生平安！

79 《坤文言》"直其正也，方其义也"是什么意思？

本篇介绍《坤文言》的第三、第四段。第三段的原文是这样的：

"直其正也，方其义也。君子敬以直内，义以方外，敬义立而德不孤。'直、方、大，不习无不利。'则不疑其所行也。"

把这段话翻译成白话文大致是这样的："直"就是何其正直，"方"就是何其正义。君子以内心的正直来保持其仪态的庄重，用外在表现合乎规范来彰显其正义性，仪态庄重、正义性都建立起来了，进而便能做到有德者不孤单。"正直、正义、大气，不用练习也没有什么不适宜。"意即对于这种高尚品行是不必怀疑的。

下面，我们稍微做点展开。"直其正也"，可以理解为"直，其正也"。可以判断这段《坤文言》是作者针对六二爻"直、方、大，不习无不利"的爻辞所作的解读。这个"直"就是"直、方、大"的"直"。"其正也"是对"直"字含义所作的一个解释。"直"就是代表正直。"其"是代词或语气词，可以解释为它是多么正直、它是何其正直等。"方其义也"的句式与"直其正也"相同，可以断句为"方，其义也"。这句用来解释"直、方、大"

的"方"，原义指立方体的形状，方形物体，引申为正直，方正。

"其义也"的"义"，《古代汉语词典》解释：义，合乎正义的行为和事情；合理的主张和思想等。"方其义也"直译便是，"方"它是代表正义，或者"方"是多么正义、方是何其正义。

第三句是"君子敬以直内"。请大家注意，这里出现了主语或叙述的主体"君子"。前面两句"直其正也，方义也"描述的显性对象是呈立方体的大地，"直"与"方"是就古人观念中的大地外形而言的。"正"与"义"是《坤文言》作者通过对方形事物包括大地观察思考后形成的理念，实际上它的隐性描述对象是"君子"，这是为后面正式引出"君子"概念事先所作的铺垫。从第三句开始，把由大地形状引申出来的思想成果应用于人文社会领域，推出了理想型人格"君子"，于是君子便成了正义的象征和化身，古人把观察实践总结梳理出来的正确理念都赋予了君子，并通过倡导君子品德和精神在全社会发扬光大形成风尚，从而促进国家和社会的和谐、文明和进步。"君子敬以直内"这里突出的关键字是"敬"，君子是严肃的、庄重的、恭敬的，这是人们从君子的外表感觉到的。那么君子这种外表的庄重是不是装出来的呢？非也，这种君子风范是由内而外、自然而然地显露出来的，装是装不了的。"以直内"放在"敬"字之后，就像一个补语结构，用来说明君子是如何做到"敬"的境界的。其实不复杂，君子只是用"直内"的方式来保持他的外在庄重。这里的"以"是凭借、借助、依靠、采用等意思。"直内"是什么？直，就是保持正直；"内"就是指人的内心世界。"直内"就是使我们的内心始终保持正直的品德。"敬以直内"即以内心的正直来支撑外表仪态的庄重。

"义以方外"的结构与"敬以直内"也是一样的。"义"是关键词，它是主语，正义之意。"以方外"，就是说以什么样的渠道途径或方式方法来彰显"义"这种品德或到达"义"这种境界。"以"就是采用某种方式。究竟是什么方式呢？采用"方外"的方式。"外"当然是和前面的"内"相对应的，"内"是内心思想理念和内在精神品德；"外"就是这些内在东西的外化或外在表现形式，内心装着正直的东西，外在表现出来的自然是正义的东西，这些正义的东西便是"方"的含义了。所以"义"和"方"实际上意思是非常接近非常相似的，都有正义、方正、讲原则、讲规矩等意思。"义以方外"直译就是，君子的正义是通过他的外在行为举止的正当性表现出来的。因为君子内在的正义感是看不见摸不着的，但人们可以通过他的言行举止真切地感受得到。

接下来说"敬义立而德不孤"。君子对于"敬"和"义"这两种良好品德都建立起来了，表明他是一个有道德的人，是一个高尚的人，是一个有益于他人的人。从因果逻辑关系来讲，有"敬义立"这个因，自然就有"德不孤"这个果。意思是有品德的人是不会孤单的，必定会有许多主动亲近他的人。《论语·里仁》说："德不孤，必有邻。"两者意思是相同的，《论语》与《易经》的内在联系由此可见一斑。得道多助，失道寡助。"敬"和"义"作为君子品德建立起来了，肯定不会孤单，就一定会有志同道合的人来响应，敢于主持公平正义的君子必定会受到百姓大众的爱戴和欢迎。尽管在某些特别时期或某些特定环境中，君子会受小人群体的排挤和孤立,但是从主流上和长期来看,"敬义立而德不孤"无疑是正确的。

接下去是"直、方、大,不习无不利",这是易作者将视线拉回到坤卦六二爻爻辞本身,大致意思是说,只要秉持正直、正义、大气等大地品格,把它融化在内心,不用像小鸟练习飞翔那样天天去练习也没有什么不利或不适宜的。最后一句"则不疑其所行也",这是对六二爻爻辞的结论性评价。意思是说,作为一个君子,只要把大地的"直、方、大"装在心中,即使不去一遍遍地练习也没有什么不利后果,这是因为这种君子的行为是根本不必怀疑的。换句话说,一个真正的君子其行为一定是符合道德规范和公平正义的,这样的行为结果还能有什么不适宜的呢!

接下来,是《坤文言》的第四段,它的原文是这样的:

"阴虽有美,含之,以从王事,弗敢成也。地道也,妻道也,臣道也。地道无成,而代有终也。"

把这段《坤文言》翻译成白话文就是:

"阴性事物虽然柔美,却能含蓄收敛,用来跟从君王做事,不敢自认为有成就。这便是大地之道,为妻之道,为臣之道。地道不标榜自己有成就,只是代天做事,因此有正常的结局。"

我们稍微作点展开。"阴虽有美"的这个"阴"就是坤卦所代表的阴柔事物。"虽有美",虽然有独特的阴柔之美,却不炫耀,而是"含之",与"含章可贞"意境相同,含蓄,低调,内敛。她不以阴柔之美作为资本到处炫耀,不自以为很美表现出优越感,不处处出风头吸人眼球。"含之"是中华女子的古典美。以这种心态去做一个臣属和配角,兢兢业业跟从君王做事,或者从事公共事务,必然能深受君王的信任和肯定。

"弗敢成也"就是不敢自己认为有成就。实际上作为君王的辅政大臣,他可能做了很多事情,发挥了很大作用,甚至作出了杰出贡献,但是作为一个君子是从来不会自我标榜自认为功劳很大的,他的作用再大也要说是君王领导有方,再加上同僚同事的无私帮助和大力支持的结果。具备这样的品德和操守,便符合了"地道也,妻道也,臣道也"的内涵要求。换句话说,只有具备这样品德的人才算是真正懂得大地之道、为妻之道和为臣之道并付诸实践的人。

最后两句是:"地道无成,而代有终也。""地道无成"与"弗敢成也"意境一致。前面的"弗敢成也"是对"地道"内涵的阐释,"弗敢成也"是地道的基本特征之一。后面的"地道无成"是作为因果关系从句中的原因条件出现的,因为具备了"地道无成"这一条件,所以出现了"而代有终也"的结果。在这里,"地道无成"的"地道"应作广义解释,"地道"应当同时包含"妻道"和"臣道"。"无成"不是碌碌无为一事无成,而是成就再大也决不能自认为有成就,有了成就不能自己说,而应通过百姓大众或君王同僚的口中说出来才令人信服。"而代有终也",这里的"而"是连词,起转折连接作用。"代"是代替别人做事,此处是"代天"的意思。在天地体系中,天是主导者,地是配合者,地只不过是按照天的旨意代天履行配合之道而已。以这样的心态去履行大地之道、为妻之道和为臣之道,就能做到"有终",也就是获得一个不错的正常结局。

《坤文言》的第五段原文是这样的:

"天地变化,草木蕃;天地闭,贤人隐。《易》曰'括囊,无咎无誉',盖言谨也。"

把它翻译成白话文就是:天地有交流、有变化、有沟通,这样草木就茂盛,天地如果闭塞不通互不沟通,贤良君子就会隐居起来。《周易》坤卦六四爻说,把口袋扎紧,做到没有灾祸也没有荣誉,大概说的是做事要谨慎吧。

这段话是围绕坤卦六四爻的爻辞"括囊,无咎无誉"所作的解读。前面两句话是讲天地要开展交流,天地只有充分交流,比如呈现出泰卦那样的情境,草木万物才能长得茂盛。

第三、四句讲天地如果阻塞没有交流,贤能良善的仁人志士就会隐居起来。实际上这里用天地来比喻治国理政中的政治环境以及统治集团与百姓大众的关系。"天地闭"就像是否卦的情境,统治者与老百姓相互割裂,没有信息交流,没有感情交流,在这种社会状态中贤人是不可能得到重用的,于是只好隐居起来。这是一种政治生态恶化的状态,不利于经济社会的正常发展。这是从反面来阐述,统治者与老百性应当有交流有共情有行动,才有可能实现国泰民安的局面。

为了实现这一良好局面,统治阶层必须有所作为,而六四爻角色作为辅佐人群的作用就十分关键,公务会非常繁忙。他们会获得许多信息,了解许多内幕,掌握许多资源。如果他们随便透露这些内幕消息,或利用权力资源为自己、家族或小集团谋私利,那么他们很可能危在旦夕,而导致死无葬身之地,现实社会中许多高官落马便是铁证。因此，六四的言行必须严谨，口风一定要紧，防止祸从口出，这是由其高风险的特殊位置所决定的。他们在老大身边，在君王身边，地位险要，政治险恶，伴君如伴虎，能做到"无咎无誉"，应该说已经是最好的结局了。

"括囊"是六四爻所要求的辅佐臣属的行为特征，为人处事一定要慎之又慎，精益求精，战战兢兢，如履薄冰。身处这个位置的人是容不得犯错的，尤其容不得犯政治性错误和方向性错误，有时一句话能成事，一句话也能败事，甚至可能就此葬送前程丢掉性命。对于常人来说，有些失误无关紧要，但对于处在六四爻这种位置的人却是至关重要的，因为在如此高危的职位上，无论是正向效果还是反向效果，都将是呈几何级的放大，因此容不得毛毛糙糙大大咧咧，必须小心翼翼一丝不苟。最后得出结论说，"括囊，无咎无誉"，只有收紧口袋把住口风，才能做到没有灾祸没有荣誉。"盖言谨也"是对"括囊，无咎无誉"的解读。"盖"是大概、也许、可能等意思。"盖言谨也"意思是说，大概讲的是为人做事要严密谨慎吧。

80 《坤文言》"君子黄中通理"是什么意思？

本篇我们来分享《坤卦的配合之道》的最后一部分，也就是《坤文言》的最后两段话。其中第一段话的原文是这样的：

"君子黄中通理，正位居体，美在其中，而畅于四支，发于事业，美之至也。"

把它翻译成白话文就是说，君子要善于从黄色和居中位置中通达事理，正确定位，置身其间，将美好放在心中，让它畅达到四肢，并在事业上表现出来，这实在是美极了。

这段话文辞非常直白，非常通俗，没有生僻字，但是却让人感觉很美。《文言传》与孔子的文风非常相似，白描手法，简洁平实，当你细品渐悟的时候，会发现不仅语言非常美，它的意境也非常美。下面，我们逐句展开稍作分析。

"君子黄中通理。"主体是君子，也就是说人们心目中的理想人格，也可以理解为国家和社会中的精英阶层，是体现一个国家和社会道德规范的精神化身。"黄中通理"的"黄"，是指黄的颜色。这个黄不是无缘无故出现的。这段《坤文言》其实就是针对坤卦六五爻爻辞"黄裳，元吉"有感而发的。"黄"既是对爻辞"黄裳"的解读，同时又与"黄裳"一样，取象于坤卦和六五爻

的爻位。因为六五爻所在的上卦为坤卦，坤为土，土的颜色通常
是黄色的；同时，六五爻是上卦的中爻。在五行五色中，土和黄
色居于中央位置。因此，"黄"字文辞极其简单，其中蕴含的义
理却是十分丰富的。土地的颜色是黄的，我们亚洲人的肤色是
黄的，皇家宫廷的主色调是黄的。土是其他五行元素的基础，黄
色与其他颜色都是协调匹配的，"黄"意味着中道与中和。"黄
中通理"首先是从"黄"这一基本色调中发掘内涵，扩大外延，
形成积极正向的思想理念，并用它来引领指导人们的行为规范
和社会实践。"黄中通理"的"中"就是中位、居中。如上所述，
因为六五爻居上卦的中位，居中有德，不偏不倚，坚守中道。这
个"中"与"黄"相辅相成相得益彰。我们的国家叫中国，考古
发现"中国"一词最早出现于西周早期青铜器何尊的铭文里，
其中有"宅兹中国"的内容，"宅"是呆在某处、居住、占据等意
思；"兹"是此、这、这个等意思。"宅兹中国"就是我们居住在
这个中国的意思。古代四书之一的《中庸》直接把"中"作为书
名的关键词，中庸就是用中。《中庸》说："喜怒哀乐之未发谓之
中，发而皆中节谓之和。中也者，天下之大本也；和也者，天下之
达道也。致中和，天地位焉，万物育焉。"这段话的意思是说，人
在喜怒哀乐这些情绪没有表现出来的时候，我们称这种状态为
"中"；如果这些情绪有节制地表现出来了，在人们普遍可以理
解可以接受的范围内，我们称这种状态为"和"。"中"是天下万
事万物中最重大最基础最根本的东西，"和"是天下最宽阔最畅
通最通达的道路。如果能够把"中"、"和"做到位，那么天地就
各得其正位，万物就均能得到教化养育了。《中庸》的这段话可

以视为对"黄中通理"的深刻领悟和具体运用。"黄"、"中"简单两字,内涵丰富,义理深邃,引人深思细悟,予人深刻启迪。

接着一句是"正位居体"。"正位"首先是要找准自己的位置,做到正确定位,既不越位,又不缺位。然后才能"居体",就是把自己置于正确的位置,做到适得其位,位所其位,并且做到在其位谋其政,处在什么样的位置就要做什么样的事,不能身在其位而不谋其政。"正位居体"与孟子关于"大丈夫"的描述是高度一致的。孟子非常有名的三句话,他认为什么才是大丈夫呢?那就是"居天下之广居,立天下之正位,行天下之大道"。

接着说"美在其中"。其逻辑关系是,君子因为"黄中通理",所以能够"正位居体";也是因为能够"黄中通理",才能做到"美在其中"。这里的"美"是在践行"黄中通理"思想理念中展现出来的言行举止之美,也可以理解为升华了的思想美德。这个"中"是指心中、人们的内心世界。有了"黄中通理"的思想引领和熏陶,美德自然而然地在心中孕育成长,并在内心扎根了,也就是我们现在常说的"内化于心,外见于行"的意思。

"而畅于四支"是顺着"美在其中"的逻辑所作的阐述。"而"是连接词,顺接前几句的语气,相当于于是、便、就等意思;"畅"是畅通、畅达的意思;"四支"即是人体的四肢。"而畅于四支"翻译成白话文便是,于是流畅地通达至四肢。这是古人形象具体接地气的表达方法。按现在的话来说就是这样的,因为心中拥有美好品德,这些美好品德自然会在一个人的日常言行举止中体现出来,这是因为言行举止主要是通过人的四肢来实现的。四肢就是两只手两只脚。实际上这是一种指代的修辞手法，即用具体的身体部位来指代人的行为，此处用四肢代表一个人的言行举止或外在表现。一个有德性的人，一个有正义感的人，一个有内在美的人，他所表现出来的言行举止必定是符合或接近道德规范、礼义规范和君子人格的。这跟孔子在《论语》里讲的"吾七十从心所欲而不逾矩"的意思非常相似。一个注重品德修养的人，到了一定境界后就成了道德的化身，集真善美于一体，真善美已经融化到了他的血液，已经升华为他的身体基因，以至于到了最后无论他怎么做都不会逾越人伦道德和礼法规矩，这是一种超凡入圣的极佳状态。

再接着是"发于事业"。内心的美不仅表现在行为规范上，继而进一步拓展到他的人生事业上。"发"是生发、兴发、发展、发达等意思。从一个君子的内心美好，继而体现在他的行为美好，进而兴发到其人生事业的美好上，最后得出结论说，这种状态就是"美之至也"，简直是美到极致了，这是非常美妙的一种境界。这与《大学》八条目的逻辑有些类似。《大学》曰："古之欲明明德于天下者，先治其国；欲治其国者，先齐其家；欲齐其家者，先修其身；欲修其身者，先正其心；欲正其心者，先诚其意；欲诚其意者，先致其知；致知在格物。物格而后知至，知至而后意诚，意诚而后心正，心正而后身修，身修而后家齐，家齐而后国治，国治而后天下平。"

《大学》在这里提出了治国平天下的八个条目或八个步骤，分别是：格物、致知、诚意、正心、修身、齐家、治国、平天下。我们也可以把它理解为精神文明建设、道德教化的八个环节。前五个条目都是围绕个人"修身"来进行的，关键词和落脚点是"修身"，其核心要义在于重塑心灵、净化心灵和美化心灵，这与《坤文言》"君子黄中通理，正位居体，美在其中，而畅于四支"的目标是非常契合的。"格物致知"可以对应"黄中通理"。"格物"就是探究事物发展变化的客观规律，从而更好的尊重规律、顺应规律和运用规律。"黄中通理"也是对事物的观察研究和分析提炼，从而将自然事物引入人文社会领域。因此，"格物"与"黄中通理"两者具有一致性。"致知"可以对应"通理"。"致知"的"知"不能狭义地理解为知识，而应作广义理解，相当于君子应具备的综合素养，包括智慧、品德、道义、原则、事理、作风、知识、学养、才能等在内。这样，"致知"与"通理"两者也具有一致性。

"修身"后的三个条目，主要讲的是一个品德修养完善和学识能力完备的君子，如何将内在的德才应用和奉献于大夫之家的治理建设、国家治理建设、乃至全人类全天下命运共同体的治理建设上。"齐家、治国、平天下"与《坤文言》"发于事业，美之至也"也是高度一致的。齐家、治国、平天下是人类高尚的事业、光荣的事业和正义的事业。"齐家"不一定要当地方官长，只要自己尽到在组织或单位中应尽的职责和义务即可；"治国"不一定当国家领导人，只要自己尽到作为公民应尽的职责和义务即可；"平天下"不一定要到联合国或国际组织机构中任职，只要自己作为一个真正意义上的人平等地善待五湖四海无论贫富各色人等即可。

《坤文言》最后一段的原文是这样的："阴凝于阳必战。为其嫌于无阳也，故称龙焉。犹未离其类也，故称血焉。夫玄黄者，天地之杂也。天玄而地黄。"

很明显这段话是针对坤卦上六爻的爻辞"龙战于野，其血玄黄"所作的解读。我们把这段话翻译成白话文大致意思是这样的：阴气过分凝聚则阴极变阳必有一战。因为上六爻嫌全卦没有阳爻，因此在爻辞里出现龙的称谓。其实上六爻并未脱离阴性的群类，因而在爻辞里写到了血。所谓赤黑色与黄色是指天龙地龙的血混杂在一起了。天龙的血是赤黑色的，而地龙的血是黄色的。

下面把这段话稍作展开。

"阴凝于阳必战"，也就是说阴气凝聚过多了，达到了阴气的极致状态，按照阴阳转化、阴极变阳的原理，这时阴气由量变到质变，显示出阳气渐盛的趋势。本来乾卦为阳，坤卦为阴，两者阴阳匹配，相互感应，夫唱妇随，密切协作，是一对理想的搭档。但是随着阴极变阳，坤卦上六爻阶段所显露出来的阳气就会与乾卦的阳气发生冲突，矛盾激化的时候就可能出现"龙战于野"，以至于恶化到你死我活势不两立的尖锐程度。

"为其嫌于无阳也"。易作者进一步解读说，因为上六爻回头一看，整个坤卦里居然没有一个阳爻，它对这种状况表示嫌弃、厌恶和不满，既然你们都不是阳爻，索性由我来充当阳爻角色好了。

"故称龙焉"。"焉"就是在那里、在这里等意思，指上六爻的这个时段和爻位。这句话的意思是说，因此上六爻在坤卦末爻这个阶段和这个位置，因此就自称为龙了。

《坤文言》接着说"犹未离其类也"。意即它还没有离开自己的阴性事物种类。其实上六爻仍然是阴爻，只不过上六爻自己看看全卦没有阳爻，便萌生出做老大的妄念，自己不恰当地把自己定位为阳爻了。只不过是她自认为的阳爻，在别人眼里她还是个阴爻，与阴爻类事物并无不同。

"故称血焉"。由于上六爻判断出现了问题，认识上出现了偏差，直接导致错误行为的发生，从而酿成血洒疆场两败俱伤的悲惨结局。两龙交战，腥风血雨，因此上六爻爻辞中出现了关于血的描述。

于是，易作者进一步解释说："夫玄黄者，天地之杂也。天玄而地黄。""夫"语气词，没有实际意义，旨在引出下面的概念。"玄黄者"是古代判断句的前半句，相当于提问玄色和黄色所指的是什么东西呢，易作者解答说是"天地之杂也"，就是天龙的血和地龙的血混杂在了一起。易作者更进一步解释说"天玄地黄"，就是天龙的血是玄色的，也就是赤黑色的；地龙的血是黄色的。现实生活中龙是不存在的，因而我们可以理解为这是人们通过想象加工出来的一种理想化的情境。赤黑色是天龙的血色，跟人血、动物血更加接近。昆虫中蓝色或绿色的血似乎是见到过的，黄色的血有没有不好说，也许会有，但不多见。人们想象中的地龙，可能因为大地土壤的颜色大都是黄色的，所以把地龙的血也想象为黄色，这是不难理解的。我国南北朝周兴嗣的《千字文》前两句是"天地玄黄，宇宙洪荒"，它反映了天地初创时期的情形，这里的"天地玄黄"的概念应当与《坤文言》"天玄而地黄"的表述存在着渊源关系。天玄地黄是我国古代长期以来形成的观念，用它来表示初创期天地的颜色或与天地有关事物的颜色，如天龙地龙的血色，也是顺理成章的。

　　到这里为止，《周易》第二卦《坤卦的配合之道》就全部分享完了，到目前为止是八十篇。再加上前面的《序篇》，总共是八十一篇。非常巧合，《道德经》也是八十一篇，那就让咱们一起沾点老子的仙气吧。九九八十一，八十一里包含着两个九，寓意长长久久；九代表阳爻，它激励我们积极进取自强不息；八十一篇里分享的内容是《周易入门》，而《易经》是八八六十四卦，八为偶数，属阴，因此阳中有阴，阴中有阳，事物总是在阳阴交互中不断向前发展的。我相信，所有对易经感兴趣的朋友，只要静下心来，慢慢地看，轻松地学，务实地悟，看它个两遍三遍，就差不多迈入易学的大门了。我愿做一位带各位易友游玩易林的导游，我就在入口处恭候各位光临。

附:《周易入门》占筮预测案例

　　我们平时经常听说占卜这个词,其实占筮与占卜是有联系又有区别的。联系在于他们都是古代一种预测事物的方法手段,区别在于两者借助的材质和操作的方法不同。占筮所用的材料是蓍(shī)草制作的筹策,操作方法是按照一定规则对筹策进行运作,以最终产生的卦画和卦爻辞作为预测的判断依据;占卜所用的材料是龟甲,操作方法是用火烧烤龟甲使其产生裂缝,用裂缝指向的文辞内容或图案作为预测的判断依据。占卜的"卜"是个象形字,字形就像龟甲烧裂后的纹路,同时"卜"又是个像声词,龟甲烧裂时发出"卜、卜"的声音。后来再由"卜"字的最初功能,引申出占卜的意思,民间有时将占卜和占筮混用,问题也不是太大。从严格意义上来说,今天所操演的是占筮,而不是占卜。

　　这个案例的问题是"我从今天开始录制《周易入门》视频课程能顺利吗?"当然,占筮只是一种预测方法,它不是迷信,不存在与神灵沟通的情况,但对于道行高超的占家而言可以得到有如神助的神奇效果。从客观上来说,作为预测事物的一种方法手段,其结果可能是准确的,也可能是错误的。它只是帮助当事人在作决策时启发一些思路, 引发一些思考, 提示一些风险, 提供一些资讯而已。它的结果仅供当事人参考, 可以采纳, 也可以不采纳, 一切因人而异, 视情而定。

这里有五十根筹策, 最好是用蓍草的茎做的, 我是用一次性筷子代替的。在占筮前需要清点一下是不是五十根, 当然我事先已经作了清点, 这是第一步, 因为如果数量有误的话, 它的操作结果也必然是错的。

同时, 还要准备纸和笔, 或者本子和笔, 经过运作以后, 需要把操作情况记录下来。在纸上中央适当位置自下而上写上一二三四五六, 以便记录六个爻的产生结果, 这六个爻完成后占筮的本卦就产生了。在占卦之前需要念念有辞, 这是从古至今流传下来的, 已经成为约定俗成的程式, 富有浓郁的仪式感。这段文辞表面上看好象是与神灵沟通交流, 向它提出祈求, 实际上是帮助占者调整心态, 安定情绪, 让心安静下来, 以便集中精力来完成占蓍预测工作, 它有助于提高操作的准确性和占筮质量。

我今天要用的这套方法, 就是《系辞上传》里介绍的揲 (shé, 又读dié) 蓍 (shī) 成卦法或揲蓍布卦法。《系辞上传》曰: "大衍 (yǎn) 之数五十, 其用四十有九, 分而为二以象两, 挂一以象三, 揲之以四以象四时, 归奇 (jī) 于扐 (lè) 以象闰, 五岁再闰, 故再扐而后挂。乾之策, 二百一十有六; 坤之策, 百四十有四, 凡三百六十, 当期 (jī) 之日。二篇之策, 万有一千五百二十, 当万物之数也。是故四营而成易, 十有八变而成卦。八卦而小成, 引而伸之, 触类而长之, 天下之能事毕矣。"

衍,丰饶,盛多之意。揲,用蓍草占卦,有取、积等义。奇,余数,零数。扐,手指之间,古代筮法,把四十九根蓍草分作两堆,每次取四根,剩余的夹在手指之间。期,一周年。乾之策和坤之策的数字是怎么来的?我们知道,阳爻用九表示,阴爻用六表示,可见阳阴之比是三比二,也就是说《易经》认为在某个系统里阴阳的恰当比例应当是阳爻事物占五分之三,阴爻事物占五分之二。这是古人从夏至这天的白天与夜晚的时长比例推算出来的。

当时,古人知不知道地球是自转的不敢确定,但是太阳行走的路线是在做圆周运动这一点是众所周知的。太阳从东方升起到次日再次从东方升起为一日,圆周运动一周为三百六十度,古人从合适的地点观察到,夏至这天白天运行二百一十六度,夜晚运行一百四十四度。如果将度数用筹策来表示,那么白天是二百一十六策,夜晚是一百四十四策。白天用乾卦来表示,夜晚用坤卦来表示。这就是"乾之策,二百一十有六;坤之策,百四十有四"的来历。白天与夜晚的比例正好是三比二,这也是阳爻以九表示、阴爻以六表示的客观依据之一。圆周运动一周是三百六十度,正好是乾坤之策的总和。古人习惯将一年称作三百六十天,乾坤之策的总和也恰好暗合一年的天数。

那么,一万一千五百二十代表万物的数字又是怎么来的呢?乾之策二百一十六,乾卦共有六个阳爻,每个阳爻代表三十六。而《易经》六十四卦共有一百九十二个阳爻,那么阳爻的筹策总和就是六千九百一十二;坤之策一百四十四,坤卦共有六个阴爻,每个阴爻代表二十四策,《易经》六十四卦共有一百九十二个阴爻,那么阴爻的筹策总数就是四千六百零八。阳爻总筹策数和阴爻总筹策数之和为一万一千伍百二十,取它的大概数就是一万,万物之数就是这么来的,用此数来表明世上事物数量之众多。十八变是指每个爻的产生需要操演三次,三次的结果不尽相同,相当于变了三次,那么六个爻全部产生则需要操演十八次,也相当于变化了十八次。

把这段话翻译成白话文的大致意思是,大衍之数是五十,其应用的数字是四十九。将四十九一分为二,用来模拟天地;从地数中抽出一根,用来代表天地人三才中的第三才"人";以抽取四根一组进行操演,用来模拟四季,把操演余下的四根以下的余数夹在指间,用以模拟闰月,五年中有两次闰月,因此手指间夹了两次后把它放在一边。乾卦的筹策数是二百一十六,坤卦的筹策数是一百四十四,两者相加共有三百六十,这是一年的天数。《周易》上下经的总筹策数是一万一千五百二十,这相当于万物的数量。因此用四根筹策一组运营而成就易经的模拟预测功能,总共完成十八次各有变化的操演进而得到占筮的卦画。八卦只是在较小的基本范围内自成体系,由八卦易理引申开来,触类旁通,可以得到进一步拓展和深化,天下万事万物的道理就能全部显示出来了。

由上可见,揲蓍成卦法是完全模拟天地产生、人类出现、四季形成、五年两闰历法、一年三百六十天、万事万物等与人们生产生活密切相关的情形而创设的一套占筮方法。其中蕴含着古人观察研究自然规律和历法创制的成果,是自然与人文有机结合的产物。现在会操演这套方法的人已经不多了,能正确操演的人更是少之又少，网络上操演的视频相当部分是不太正确的，我希望我介绍的这套方法能给各位易友提供些帮助。这段念念有词的文辞可以称其为筮辞，可以念一遍也可以念两遍，大致内容是这样的：

"假尔太筮有常，假尔太筮有常，今我胡玉成就'我从今天开始录制《周易入门》视频课程能顺利吗？'问题，未知可否，爰（yuán）质所疑于尔之灵，吉凶得失、悔吝忧虞，唯尔有神，尚明告之。"

"太筮"就是大筮，是对筮法的尊称。"太"相当于现在的大，是比大还要大一点的那种状态。"常"是经常、平常、日常等意思，引申为规律，"有常"是指这套筮法算得很准，不是时而准时而不准难以把握杂乱无章的无常状态，当然其中蕴含着我们中国人喜欢讲求客套的谦恭成分。爰，文言连词，相当于"于是"。质，是询问。虞，主要意思是意料、预料，事先有准备，担心、担忧等意思，但"忧虞"的"虞"不宜作此解释，否则与"忧"的意思重叠了，限制了占筮的覆盖范围。因此，这里的"虞"按照《古代汉语词典》解释应当通假为"娱"，是安乐、快乐的意思。这样"忧虞"就与前面的吉凶、得失相呼应了，并且更加符合占筮的实际情况，占筮的结果自然是有吉有凶、有得有失、有喜有忧的。

这段话的大致意思是："借助你伟大精准的占筮法则，借助你伟大精准的占筮法则，现在我胡玉成就'我从今天开始录制《周易入门》视频课程能顺利吗？'这个问题，不知道可不可行，于是只好将这个疑问求助于你神灵，无论是吉是凶，是得是失，有遗憾有小灾,令人忧愁,还是让人安乐的结果,只有你是神妙圣明的,还望你直接明了地将结果告知于我。"

筮辞念完后,我们开始操作。首先从五十根蓍草中拿出一根代表"太极",这一根代表"太极"的筹策是主体,是不参与运作的,我们把它用橡皮筋套住放在前面。剩下的四十九根筹策,这是一个奇数,把奇数一分为二的话,得到的结果肯定是一个奇数和一个偶数,用来象征天和地,天为阳,地为阴;奇数为阳,偶数为阴。奇偶数正好与天地的阳阴相对应。

《系辞上传》还有一段话说:"《易》有太极,是生两仪,两仪生四象,四象生八卦,八卦定吉凶,吉凶生大业。"把它翻译成白话文,大致意思是说,《易经》所描述的宇宙本原是个太极,这个太极演化生发出天地这对配偶,天地又派生出四季、四方等四类景象或现象,这四类景象或现象又衍生出可归入八个经卦的八大类事物,人们根据八卦易理进行占筮,就能判断什么情况下是吉祥的,什么情况下是凶险的。人们知道了吉凶以后,就能做到趋吉避凶以及逢凶化吉,这样重大的事业也就能因此得以成就。

据此,我们把四十九根筹策分成两半,就代表"是生两仪"。"仪"是配偶的意思,天地酷似一对配偶。我把它分成两半,左手拿着的筹策代表"天",右手拿着的筹策代表"地",我们先把右手的筹策放在前面。然后,我们不是说有天地,然后才有人么?因此要从代表"地"的筹策里拿出一根来代表"人",这样天、地、人三才都有了。我们先把代表"人"的这一根横着放在这里,这一根也是作为主体存在的,不参与模拟四季的运作。下面，开始操演，先从左手代表"天"的筹策开始，每次抽出四根，连续重复进行，代表大自然一年四季不断运行。运作数次后，最后余下几根，肯定是四根以内，可能是一根、两根，也可能是三根、四根。这次余下是三根，把它夹在左手的两个手指之间。然后把代表"地"的这些筹策拿起来，也是按照上述方法四根一组重复进行，余下来肯定是一根，这一根与上次余下的三根相加肯定是四。这相当于筮法中设置了一个验证机制或纠错机制，如果第一次余数是三，而第二次余数不是一的话，那说明操作出现了错误，需要马上检查纠正。

以上这样的操作要进行三遍，才能产生一个爻；六个爻就要操作十八遍，因此这种占筮方法是比较费时的。

夹在手指间的筹策，代表历法中为了保持时令节气的准确性而需要适时调整的误差天数。历法中采用五年两闰的办法。揲蓍成卦法也把这种历法原理模拟了出来。

我们把第一遍代表"天地"的筹策运作后余下的四根筹策放在代表"太极"筹策的左边。然后，开始第一爻的第二遍运作。代表"太极"的一根和两次余数的四根，仍然放着不动。应当还剩余四十五根，其中，四根一组运作的筹策一共是四十四根，代表"人"的是一根。第二遍运作便以这四十五根为基数。请注意这里有很重要的一点，这根代表"人"的筹策一定要收回来，与四十四根放在一起。好多在网上流行的视频，没有把它收回来，这是错的，关键问题就出在此处。只有把代表"人"的这一根收回来，才能保证第二遍运作的筹策总数是个奇数。如果这根代表"人"的筹策没有收回来，那么前面四根一组运行的筹策总数一定是偶数，将偶数一分为二，要么是两个偶数，要么是两个奇数，这与"是生两仪"象征天地的属性就不相符合了，这样的操作自然就错了。千万记住，在整个卦画形成的十八遍操演中，每一遍都要将代表"人"的这根筹策收回来，这是非常关键的一步。如果这一步有差错，必定会失之毫厘，谬之千里。

第一爻的第二遍运作，完全重复第一遍的程序和手法，我们可以操作得快一点，这里没有太多的技术含量。首先也是一分为二，代表"地"的筹策先放这里，还要从中抽出一根来代表"人"，横着放在这里。连续运作，代表"天"的筹策剩下三根，那说明代表"地"的那堆筹策剩余的肯定是一根，对不对？好，果然是剩下一根，我们将这四根筹策放在"太极"筹策的右侧。

下面继续第一爻的第三遍操作，先把代表"人"的那根收回来。第三遍的操作筹策数为四十一根。继续一分为二，代表地的筹策先放这儿，拿出一根代表"人"，横着放在一边。重复前两遍的动作，余数之和还是四根，放在"太极"中间。三遍运作下来的结果，太极一根，三遍余数共十二根，再加上代表"人"的一根，一共是十四根。那么最终参与四根一组的筹策数应当为三十六根。我们只要四根一组地数一数有几组并记录下来即可，第一爻共有九组，我们把"九"这个数字写在纸上。

采用与第一爻完全相同的方法，我们得到了第二爻的数字还是"九"。接下来是第三爻的产生过程。第一遍代表"天"的筹策余数是四根，那么可以肯定代表"地"的筹策余数也是四根。第一遍操作完毕后，注意把代表"人"的一根仍然收回，再进行第二遍操作，代表"天"的筹策余数还是四根，那么代表"地"的筹策数必然也是四根。再进行第三遍操作。操作完毕后发现第三爻的数字是"七"。至此,下卦就已经产生了,"九、九、七"对应的爻分别是老阳、老阳、阳爻,这是一个乾卦,初九、九二为动爻,因为数字九代表老阳。根据阳极变阴原理,老阳马上会向阴爻转化,上述两爻正处于阳转阴的动态变化之中,因而称其为动爻。

然后,继续第四爻的操作。第一遍前半段的余数又是四,说明后半段余数也是四。把它放在代表"太极"筹策的左边,再把代表"人"的筹策收回来,继续进行第二遍的操演,一分为二,从代表"地"的筹策中拿出一根,代表"人"横放在这里。前半段余数为三根,那么后半段余数定为一根。再进行第三遍操作。最后得出第四爻的数字为"八"。用上述同样的方法,得出的第五爻数字也是"八"。最后一个爻操作结果还是"八"。

这个占筮结果是一个泰卦,三阳开泰的"泰",这个卦的寓意还是很好的。我把它的卦画画出来,有两个爻是动爻。泰卦上卦是地,下卦是天,我们称其为地天泰。

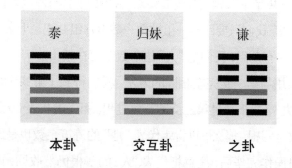

泰卦的交互卦是把两头去掉,上面三个爻作为上卦,那就

是震卦，下面三个爻作为下卦，是兑卦。震为雷，兑为泽，这是雷泽归妹，跟婚姻有关。雷泽归妹，反映了古代特殊的媵（yìng）妾制度。在《易经》中正常的婚姻关系是用渐卦来表示的，渐卦上卦是风，下卦是山，称其为风山渐，风对应的巽卦在家庭里代表长女，山对应的艮卦在家庭里代表少男，这是少男与长女的组合。可见在古人的眼里婚姻关系中女方年龄应比男方稍大些为好，因此在古代婚姻中女方年龄比男方大的现象比较常见。然后，是泰卦的之卦或变卦，就是把本卦泰卦中两个为"九"的老阳爻变成阴爻，这样泰卦变成什么卦了呢？上面那个卦是坤地卦没有变，下面这个乾天卦就变成了艮山卦。上卦为地，下卦为山，我们称其为地山谦。谦卦就是六十四卦里唯一的每个爻都是吉的卦，寓义当然是非常好的。

　　大家可能感觉到了吧，今天这个占筮的结果是非常棒的，我们的占筮问题是"我从今天开始录制《周易入门》视频课程能顺利吗？"我想答案已经是非常明了了。泰卦阴阳平衡，每对爻都有正应，三阳开泰，象征着三个小伙子在广阔天地里开疆拓土创办事业，意境非常美好。归妹卦少女远嫁诸侯，开启美好的婚姻生活，也许预示着《易经》文化走向世界传遍四面八方。谦卦承载着中华优秀传统文化的特质和基因，是人见人爱的高尚品格和崇高境界。所以，从这组本卦、交互卦和之卦的总体感觉上判断，卦象、易理、意境、寓义、象征等各方面都是积极正面的，这极大地提振了我们推行《周易入门》的信心，这说明我们从事正义的事业，连老天都会来帮忙的。

　　那么，如果要对这次占筮作再深入一步的解释，我们要作怎样的具体判断呢？本卦中有初九、九二两个动爻，那么我们就把这两个动爻作为判断依据。动是一种延续的活动，那么以哪个动爻为主呢？如果说一般情况下，事情出现了两次变动，当然应以最后一次变动的情况为准。比如说，我们接到一个通知，12月9日下午2时开会。过一会儿又接到会议更改通知，说领导因临时有事会议改在下午3时进行，大家对此都不会有异议。联系到本卦泰卦的这两个动爻，我们就可以确定应以第二个动爻"九二"的爻辞作为主要判断依据，而把第一个动爻"初九"的爻辞作为辅助判断依据。同时，还应参考泰卦的卦辞，因为卦辞的主旨和意境是覆盖全卦的。

泰卦九二爻的爻辞是"九二，包荒，用冯河，不遐遗，朋亡，得尚于中行。"翻译成白话文是，九二，包容荒秽，徒步过河，不遗漏边远地区，不结党营私，循中道而行可获得赞赏。这可以视为我们研习《易经》传播中华优秀传统文化的指导思想和行为准则。"包荒"讲求的是包容豁达，哪怕是蛮荒之地。"用冯河"讲的是学以致用知行合一的实践活动，学了《易经》就要用于指导我们的人生事业和社会实践，这样才有实际意义，才能体现文化价值。"不遐遗"不要遗漏老小边穷高原山区等经济不发达地区。"朋亡"是不要结党营私，形成利益团体。"得尚于中行"就是要坚守正道主持公平正义。

"初九，拔茅茹，以其汇，征吉。"《古代汉语词典》解释，茹，相牵引的样子。《周易·泰》："拔茅茹，以其汇，征吉。"（以：及。汇：类。征：征兆），个人感觉词典对括号中的注解值得商榷，"以"是凭借、用什么样的方式方法去拔。"汇"字解释是对的，其实就是汇聚起来的意思。"征"是出征、主动出击。《易经》里的"征"大多是这个意思。三个小伙或三个君子到广阔天地里去开创事业，当然需要主动出击积极进取的开拓精神。泰卦下卦是乾卦，三爻皆阳，刚健有力，自强不息，充满力量。再加上上交互卦为震卦，震为足，卦德为动，其出征进发的特征和强烈愿望跃然纸上。把初九爻辞翻译成白话文是，初九，拔除根须牵连的茅草时，要捏在一起拔，主动出征吉祥。

茅草根系发达，盘根错节，拔茅草时如果一根一根地拔，极可能拔断，很难被连根拔起。只有把数根茅草捏在一起同时拔，才可能连根带土完整拔起。可能有人会问为什么要连根拔呢？这是因为茅草是农民常用的捆扎之物，如果不是连根拔起，基本上就派不了用场。想必早在远古时期茅草就已经成为先民们的捆扎之物了。《易经》在这里写"拔茅茹"，只是拿生活中的常见用物作比喻。表明遇到错综复杂棘手难处的矛盾和问题时，要调动一切力量，整合一切资源，主动出击，迎难而上，总体设计，整体着手，综合施策，多管齐下，集中力量，一起使劲。只有这样，才能取得吉祥的良好效果。我们研习《易经》，传承和弘扬中华优秀传统文化，也是一项艰难而光荣的事业。泰卦初九爻的爻辞同样对我们推进这项事业具有重要的指导意义和激励作用。

泰卦的卦辞是"泰，小往大来，吉，亨。"译成白话便是，泰卦，小的往外退遁，大的陆续到来，吉祥，通达。卦辞是根据泰卦的发展前景和变化趋势而言的。泰卦在十二消息卦中代表正月，因此有"三阳开泰"之说，"三阳"指的是泰卦中的三个阳爻，代表三个小伙或三个君子，正月是春季的第一个月，一年之计在于春，春天正是播种的时节，对于人生而言青春正是奋斗的年纪。"开泰"就是开辟通泰大道。"泰"既指泰卦，又指大、大事业、大格局、安泰等意思。正月是地天泰卦，二月是雷天大壮卦，三月是泽天夬卦，四月是天天乾卦。因此，每过一个月，天气就会暖和一分，寒冷就会减少一分。体现在卦画上，就是每过一个月，阴爻便会减少一个，阴爻代表小，这是"小往"的取象依据；每过一个月，阳爻就会增加一个，阳爻代表大，这是"大来"的取象依据。泰卦卦辞告诉我们，通过研习《易经》，君子会越来越多，小人会越来越少；正能量会越来越多，负能量会越来越少；益处会越来越多，弊病会越来越少。

如果说本卦泰卦代表所占之事的当前状态，那么交互卦归妹卦则表示此事下一步很可能出现的过程性状态。也就是说，我们推行《周易入门》的下一步过程性状态，可以从归妹卦中得到启发。以归妹卦的卦辞作为主要判断依据，归妹卦的爻辞也可以作为参考。归妹卦的卦辞是："归妹，征凶，无攸利。"翻译成白话文是，归妹卦，主动出击征伐凶险，无利可图。此"征"与泰卦初九之"征"有所区别，初九是主动进发，而此处是征伐。多个朋友多条路，多个冤家多堵墙。征伐必定树敌结冤，不到万不得已切莫轻举妄动。不仅研习《易经》如此，为人处世也是如此。"无攸利"就是无所利，弘扬中华优秀传统文化是项高尚的事业，决不能成为赚钱谋利的工具，这一点我们历来是十分明确的，几年来《易经》研学公益班全都是免费的，从来没有过想通过研习《易经》或推行《周易入门》来赚钱的念头。

　　之卦反映所占之事的最终状态。之卦的"之"是个动词，相当于往哪里去、到什么地方去的意思。如前所述谦卦的意境非常美好。谦卦表明我们推行《周易入门》最终的结果是谦卦这个状态，这就为我们的行为增强了精神力量。谦卦的卦辞是："谦，亨，君子有终。"翻译成白话文是，谦卦，通达，君子有美善的结局。也就是说，我们研习《易经》，推行《周易入门》，积极弘扬中华优秀传统文化，道路必定越走越广阔，越来越通达，以中华优秀传统文化浸润涵养的君子群体必得善终，正所谓"自天佑之，吉无不利"。巧合的是，《周易诠解》的封面恰好是谦卦卦画，正可谓天合之作殊途同归了。

　　众人拾柴火焰高，凝心聚力事必成。我愿作一个向导，与各位易友一起畅游于易林的乾坤天地之间，让我们一起努力，帮助更多的人走进易学的大门！